O MÉTODO
VER-JULGAR-AGIR

Dados Internacionais de Catalogação na Publicação (CIP)
(Câmara Brasileira do Livro, SP, Brasil)

Brighenti, Agenor
  O método ver-julgar-agir : da Ação Católica à Teologia da Libertação / Agenor Brighenti. – Petrópolis, RJ : Vozes, 2022.

  Bibliografia.
  ISBN 978-65-5713-676-8

  1. Ação Católica 2. Igreja Católica 3. Teologia da Libertação I. Título.

22-113495   CDD-261.8

Índices para catálogo sistemático:
1. Teologia da Libertação : Cristianismo   261.8

Cibele Maria Dias – Bibliotecária – CRB-8/9427

AGENOR BRIGHENTI

O MÉTODO VER-JULGAR-AGIR

Da Ação Católica à Teologia da Libertação

EDITORA VOZES

Petrópolis

© 2022, Editora Vozes Ltda.
Rua Frei Luís, 100
25689-900 Petrópolis, RJ
www.vozes.com.br
Brasil

Todos os direitos reservados. Nenhuma parte desta obra poderá ser reproduzida ou transmitida por qualquer forma e/ou quaisquer meios (eletrônico ou mecânico, incluindo fotocópia e gravação) ou arquivada em qualquer sistema ou banco de dados sem permissão escrita da editora.

CONSELHO EDITORIAL

Diretor
Gilberto Gonçalves Garcia

Editores
Aline dos Santos Carneiro
Edrian Josué Pasini
Marilac Loraine Oleniki
Welder Lancieri Marchini

Conselheiros
Francisco Morás
Ludovico Garmus
Teobaldo Heidemann
Volney J. Berkenbrock

Secretário executivo
Leonardo A.R.T. dos Santos

Editoração: Maria da Conceição B. de Sousa
Diagramação: Raquel Nascimento
Revisão gráfica: Fernando Sergio Olivetti da Rocha
Capa: WM design

ISBN 978-65-5713-676-8

Este livro foi composto e impresso pela Editora Vozes Ltda.

Sumário

Prefácio, 7
Introdução, 15

Unidade I – O método ver-julgar-agir na Ação Católica, 23

1 A personalidade e as grandes etapas do pensamento e da obra de J. Cardijn, 25

2 Ver a realidade: condição para a inserção da Igreja nos meios de vida, 54

3 Julgar a realidade: a confrontação do real com o ideal, 91

4 Agir no mundo para humanizar o ambiente do trabalho, 121

Considerações finais sobre o método ver-julgar-agir no pensamento e na obra de J. Cardijn, 160

Unidade II – O método ver-julgar-agir na ação pastoral e na reflexão teológica, 173

5 O método ver-julgar-agir no magistério da Igreja, 177

6 O método ver-julgar-agir na pastoral, 203

7 Ver-julgar-agir e epistemologia da Teologia da Libertação, 232

8 Ver-julgar-agir e método da Teologia da Libertação, 270

Conclusão, 303
Referências, 309
Índice de assuntos, 347

Prefácio

Benedito Ferraro*

O texto de Agenor Brighenti apresenta o método *ver-julgar-agir*, oriundo da Ação Católica e, especialmente da JOC (Juventude Operária Católica), com enfoque na pessoa, obras e reflexões de Joseph Cardijn, de forma bastante elucidativa, através de uma pesquisa fértil e complexa. Como o próprio autor indica, foi necessário fazer uma pesquisa nas mais de 400 fontes escritas que compõem a bibliografia pessoal de Joseph Cardijn, compostas de manuscritos inéditos, "lições" dadas em semanas de estudo, conferências, artigos divulgados na revista *Notes de Pastoral Jociste*, e ainda os mais de 200 editoriais do jornal *La Cité*, como também as inúmeras brochuras e seu único livro *Laïcs en premières lignes*. Do estudo destas fontes resultou a reflexão sobre o método *ver-julgar-agir* da Ação Católica, com destaque para a JOC, que encontraremos na Unidade I com seus quatro capítulos: Capítulo 1: A personalidade e as grandes etapas do pensamento e da obra de J. Cardijn. Capítulo 2: Ver a realidade: condição para a inserção da Igreja nos meios de vida. Capítulo 3: Julgar a realidade: a confrontação do real com o ideal. Capítulo 4: Agir no mundo para humanizar o ambiente do trabalho. Há também, no final desta Unidade I, considerações finais.

Ainda alicerçado na pesquisa das fontes e na obra de Joseph Cardijn, como também nas obras de vários autores que trabalharam

---

* Assessor da Pastoral Operária de Campinas, vigário paroquial da Paróquia São Marcos Evangelista, assessor da Ampliada Nacional das CEBs e da Articulação Continental das CEBs, presidente do Centro Ecumênico de Serviços à Evangelização e Educação Popular (Ceseep).

e trabalham na produção da/s Teologia/s da Libertação, o autor nos apresenta na Unidade II: O método ver-julgar-agir na ação pastoral e na reflexão teológica, com seus quatro capítulos: Capítulo 1: O método ver-julgar-agir no magistério da Igreja. Capítulo 2: O método ver-julgar-agir na pastoral. Capítulo 3: Ver-julgar-agir e epistemologia da Teologia da Libertação. Capítulo 4: Ver-julgar-agir e método da Teologia da Libertação. Segue-se, no final, a Conclusão.

Contexto da retomada do método: Vaticano II, Aparecida, presença do Papa Francisco, Sínodo da Amazônia

O contexto sócio-histórico sempre interfere nas reflexões e nas ações econômicas, políticas, sociais, culturais englobando também as religiosas e, hoje, de modo especial, após a *Laudato Si'*, as ecológicas. A possibilidade de se voltar às fontes, no presente estudo sobre o método ver-julgar-agir, se compreende a partir do Concílio Vaticano II, que, sobretudo, na *Gaudium et Spes*, o utilizou em seu novo relacionamento com o mundo, superando o divórcio que havia se estabelecido entre Igreja e mundo desde o início da Modernidade. Eliminado da Conferência de Santo Domingo (1992), em Aparecida (2007), embora no meio de fortes discussões, foi reintroduzido por representar a caminhada eclesial do continente (Aparecida, 19-20). Mais recentemente, com o início do ministério do Papa Francisco, o método está presente em seu magistério na *Evangelii Gaudium* (2013), na *Laudato Si'* (2015) e na *Fratelli Tutti* (2020) e, por sua influência, está presente no Sínodo da Amazônia, como também está sendo utilizado na preparação para a Assembleia Eclesial da América Latina e do Caribe (22 e 27 de novembro de 2021).

Complexidade frente os quase 100 anos do método ver-julgar-agir: pertinência e relevância

Para se compreender esta retomada do método ver-julgar-agir é necessário, como nos relembra Agenor Brighenti, levar em consideração sua utilização nos Documentos da Doutrina (Ensinamento) Social da Igreja e que percorre, praticamente, todo o período de sua constituição até nossos dias, sendo aceito por Pio XI e Pio XII, quando nem mesmo se falava de Teologia da Libertação. Esta utilização referencia a pertinência e a relevância deste método, amplamente utilizado pela Ação Católica desde a década de 1920, assumido pela Igreja em geral, quer na reflexão como também na ação pastoral. Para elucidar esta utilização indicamos as encíclicas sociais que fazem parte da Doutrina (Ensino) Social da Igreja, em que se utiliza o método da Ação Católica: Leão XIII – *Rerum Novarum* (1891); Pio XI – *Quadragesimo Anno* (1931); João XXIII – *Mater et Magistra* (1961), *Pacem in Terris* (1963); Paulo VI – *Populorum Progressio* (1967), *Octogesima Adveniens* (1971); João Paulo II – *Laborem Exercens* (1981), *Sollicitudo Rei Sociales* (1988) e *Centesimus Annus* (1991); Bento XVI – *Caritas in Veritate* (2009); Papa Francisco – *Laudato Si'* (2015).

Sem dúvida, a permanência deste método por quase 100 anos de utilização demonstra sua pertinência e sua relevância em sua formulação a partir de Joseph Cardijn e seu movimento e foi recebendo novas formulações, novas nomenclaturas e expressões que retomam seu sentido primigênio, como bem nos indica Agenor Brighenti:

> Relativo ao ver é comum referir-se a "discernir a realidade", "partir do contexto", "partir da realidade", "partir da ação", "marco da realidade", "ler a situação", "fazer a análise da conjuntura", "pré-texto e contexto do texto", "ter os pés no chão", "quem somos", ter presente "o real da realidade" etc. Relativo ao julgar, aparecem expressões como "iluminar", "utopia cristã", "horizonte da Palavra revelada", "ponto de chegada", "marco doutrinal", "quem queremos ser", "olhos no horizonte", "desígnios de Deus para a realidade", "emitir a luz da fé sobre a realidade" etc. E relativo ao agir estão expressões como "intervenção na realidade", "volta à ação", "marco operacional", "momento da aterrissagem" etc. Nestas e outras expressões não aparece explicitamente a trilogia, mas ela se faz presente seja na pedagogia, seja na metodologia da reflexão e da ação. Ela tornou-se um *habitus*, tanto no procedimento dos agentes de pastoral, como daqueles no campo da reflexão teológica (p. 304).

Evolução do pensamento de Joseph Cardijn e de seu movimento como também a evolução da/s Teologia/s da Libertação

Como já indicamos, o contexto sócio-histórico sempre influencia a ação e a reflexão das pessoas. Isto também ocorreu com Joseph Cardijn em seus mais de 50 anos de atividade relacionada com a vida dos jovens trabalhadores e trabalhadoras. Há sempre uma interação, uma relação dialética entre as suas intuições e os movimentos eclesiais e sociais, como também suas práticas pastorais, de tal maneira que enquanto suas intuições fazem avançar a sua obra, por outro lado, o seu próprio movimento o fará assumir mudanças em seu modo de agir. Sendo homem *"da ação e da palavra"*, notamos, em sua trajetória, uma evolução, assumindo novas intuições e buscando levá-las para o seu movimento. Significativo, neste aspecto, é sua filiação, primeiramente, ao pensamento de Jacques Maritain com o conceito do *"ideal histórico concreto"* e passando a ser influenciado, entre 1953 e 1960, pelo personalismo de Emmanuel Mounier com seu conceito de *"consciência histórica"*, que iria influenciar a Ação Católica especializada latino-americana. Queremos sinalizar simplesmente que o método ver--julgar-agir é fruto de um longo processo de ação e reflexão pessoal e coletiva em diferentes espaços, inscrevendo-se na continuidade do Catolicismo Social com os Círculos Operários Católicos, fundados em 1871 e que foram assumidos pela Associação Católica Francesa, fundada em 1886.

O que se passa com a evolução na ação e reflexão de Joseph Cardijn, podemos notar também no processo de produção da Teologia da Libertação. Inicialmente trabalhando com a relação de classe intimamente ligada ao processo econômico, a reflexão da Teologia da Libertação foi assumindo outras relações ligadas às questões étnicas, culturais, de gênero, de geração e, ultimamente, a relação com a Terra, nossa Casa Comum, na perspectiva da ecologia integral. Agenor Brighenti indica que há uma articulação entre a Teologia da Libertação e as diferentes correntes teológicas na perspectiva da libertação que assumem estas outras relações, vendo nelas um denominador comum que se articula com a opção pelos pobres, com a ótica libertadora e com a perspectiva profética. Neste sentido, há um enriquecimento mútuo a partir das reflexões nas diferentes regiões do mundo. Nas teologias feministas, negra, índia e a ecoteologia, seus procedimentos epistemológicos e metodológicos se aproximam do método ver-julgar-agir, sem ter uma coincidência absoluta entre elas. Porém, não são teologias antagônicas, pois há entre elas uma afinidade de buscas comuns, mesmo considerando-se contextos diferentes.

Antecipando a *Laborem Exercens* n. 3 e *Laudato Si'* n. 128

Joseph Cardijn, com suas viagens ao Terceiro Mundo, em 1946, às três Américas e, em 1949, à Ásia, compreende o problema mundial do trabalho e dos trabalhadores e trabalhadoras como o mais central e o mais crucial. Suas viagens intercontinentais, entre 1946 e 1952, o levaram a situar o problema da juventude operária no conjunto da massa operária mundial, concebendo um programa inspirado na "libertação", "desproletarização" e "emancipação" dos trabalhadores e trabalhadoras. Sua reflexão aponta para a compreensão do trabalho como problema central ou mesmo chave da questão social nos inícios da incipiente Doutrina Social da Igreja, recém-iniciada com a *Rerum Novaram* de Leão XIII (1891). É neste sentido que Joseph Cardijn estaria antecipando a *Laborem Exercens* (1981) quando esta afirma que *"o trabalho humano é uma chave, provavelmente a chave essencial, de toda a questão social, se nós procuramos vê-la verdadeiramente sob o ponto de vista do bem do homem"* (*LE* 3). Estaria também numa *"previsão"* da *Laudato Si'* (2015), quando o Papa Francisco afirma que

> somos chamados ao trabalho desde a nossa criação. Não se deve procurar que o progresso tecnológico substitua cada vez mais o trabalho humano: procedendo assim, a humanidade prejudicaria a si mesma. O trabalho é uma necessidade, faz parte do sentido da vida nesta terra, é caminho de maturação, desenvolvimento humano e realização pessoal. Neste sentido, ajudar os pobres com o dinheiro deve ser sempre um remédio provisório para enfrentar emergências. O verdadeiro objetivo deveria ser sempre consentir-lhes uma vida digna através do trabalho (LS 128).

Legado da Ação Católica para a Igreja e através dos cristãos e cristãs para humanidade

A Ação Católica e também a JOC, em particular, tiveram momentos de muita influência e vigor em termos da ação na Igreja e no mundo, mas conheceram também um processo de arrefecimento ou mesmo eclipse. Entretanto, seu legado continuou e continua presente e influenciando os documentos do magistério pontifício, como também, mesmo se, em alguns momentos enfrentando resistências, os documentos emanados das Conferências Episcopais, especialmente, o Documento de Medellín, que fez a recepção do Vaticano II para todo o continente latino-americano e caribenho. Seu legado está também presente na metodologia da Teologia da Libertação. Podemos dizer que, mesmo com altos e baixos, o método da Ação Católica se constituiu em um *"espírito"* ou mesmo um *"habitus teológico-pastoral"* presente na reflexão e na ação pastoral, como também na redação de documentos eclesiais em vários níveis da Igreja, colaborando na superação do divórcio entre Igreja e mundo e possibilitando a inserção dos cristãos e cristãs no mundo através, de modo especial, das Comunidades Eclesiais de Base (CEBs) pela ligação da fé com a vida, como afirma Gustavo Gutiérrez:

> A inserção nas lutas populares pela libertação tem sido – e é – *o início de um novo modo de viver, transmitir e celebrar a fé para muitos cristãos da América Latina. Provenham eles das próprias camadas populares ou de outros setores sociais, em ambos os casos* observa-se – embora com rupturas e por caminhos diferentes – uma consciente e clara identificação com os interesses e combates dos oprimidos do continente. Esse é o fato maior da comunidade cristã da América Latina nos últimos anos. Esse fato tem sido e continua sendo a matriz do esforço de esclarecimento teológico que levou à Teologia da Libertação (GUTIÉRREZ, G. *A força histórica dos pobres*. Petrópolis: Vozes, 1981, p. 245).

A modo de conclusão

Com a Ação Católica, e especialmente com a JOC, compreendemos que a vida dos trabalhadores e trabalhadoras, especialmente dos jovens trabalhadores e trabalhadoras, sempre esteve presente na busca de se *"humanizar o meio ambiente do trabalho"* devolvendo-lhes a dignidade humana. Por sua ação, de modo especial no mundo do trabalho, a Ação Católica colaborou na compreensão da política como uma das dimensões da vida humana e também da própria fé cristã, contribuindo na construção de uma sociedade economicamente justa, socialmente igualitária, politicamente democrática, culturalmente plural e com uma ecologia integral, como marcas do Reino de Deus, pregado por Jesus de Nazaré, na precariedade da história.

Com a/s Teologia/s da Libertação tomamos consciência de que a libertação não é um tema genérico, a-histórico, mas que faz parte da *"luta dos oprimidos para sair da opressão"* e que busca a libertação em todas as dimensões da vida: dimensão econômica, social, política, cultural, erótico-sexual, psicológica, pedagógica, ecológica. Antes de se fazer teologia é necessário fazer libertação. E como nos afirma Agenor Brighenti, a Igreja da libertação precede uma teologia da libertação. A teologia como *"ato segundo"*, ou seja, *"reflexão da práxis histórica à luz da fé"*, é sempre precedida pela práxis da comunidade eclesial onde o teólogo e a teóloga estão inseridos.

O estudo de Agenor Brighenti tem uma ótica respeitadora da tradição teológica e procura centrar a novidade da Teologia da Libertação no seu método de aproximação da realidade vivida, tomando a libertação não como um tema genérico, mas como uma perspectiva particular de ler a globalidade da Mensagem revelada a partir da opção pelos pobres. Indica que estamos diante de *"um novo modo de fazer teologia"*, sem necessariamente compreender esta forma de teologizar como *"um novo começo"*. A Teologia da Libertação entra na grande corrente da tradição teológica da/s Igreja/s.

O texto de Agenor Brighenti demonstra grande esforço de pesquisa, colocando o método ver-julgar-agir no patamar da tradição teológica da/s Igreja/s.

Introdução

Após as três décadas de "involução eclesial" (J.I. González Faus) que precederam o pontificado reformador de Francisco, marcadas por tentivas de uma "reforma da reforma" do Vaticano II, há um novo cenário eclesial muito promissor. Três eventos principais propiciaram este novo momento na Igreja: a Conferência de Aparecida (2007), que resgatou a renovação conciliar e a tradição libertadora da Igreja na América Latina e Caribe; a renúncia do Papa Bento XVI (2013), em grande medida, fruto do esgotamento de um projeto de evangelização atrelado à Neocristandade, vigente desde o pontificado anterior; e a eleição do Papa Francisco, que retoma o Concílio Vaticano II na perspectiva de sua "recepção criativa" (J. Sobrino) na América Latina, de onde o novo papa é originário. Trata-se de uma reviravolta inusitada, que deixa a maioria perplexa, a outros entusiastas e, os segmentos conservadores, em oposição aberta.

É um tempo alvissareiro também para o método *ver-julgar-agir*, criado pelo padre belga Joseph Cardijn (pronuncia-se "Cardên"), fundador da Juventude Operária Católica (JOC), o movimento que fez a passagem da Ação Católica Geral para a Ação Católica Especializada por ambientes. O método da JOC, amplamente usado no seio da Ação Católica desde a década de 1920, foi depois recomendado pelo magistério pontifício e assumido pela Igreja em geral, tanto na reflexão como na projeção da ação pastoral. Enquanto presente também na *Gaudium et Spes* em torno ao discernimento dos "sinais dos tempos", o método da JOC entrou inclusive na teologia e está na raiz da epistemologia e do método da Teologia da Libertação. O resgate do método se dá inclusive pelo Papa Francisco, perceptível em todo o seu magistério, assim como foi amplamente usado no processo do Sínodo da Amazônia.

O distanciamento do método *ver-julgar-agir* se deu gradativa e explicitamente durante todo o período de "involução eclesial", a partir da Conferência de Santo Domingo (1992). É que a crise da Modernidade e da racionalidade que a caracteriza mergulhou-nos em uma crise generalizada dos referenciais até então seguros, tornamo-nos subjetividades vulneráveis e vulneradas, com a consequente tentação de se agarrar às velhas seguranças de um passado sem retorno. É o que muitos segmentos da Igreja e da sociedade têm feito, recorrendo a novas e velhas formas de fundamentalismos, tradicionalismos, enrijecimento institucional e entrincheiramento identitário. A "volta ao fundamento" da doutrina e da tradição plasmada no seio da escolástica medieval traria de volta uma racionalidade dedutiva, essencialista, a-histórica e pré-moderna, que tende a fazer da história o espaço de aterrissagem de uma ortodoxia previamente estabelecida. Neste contexto, o método *ver-julgar-agir*, tributário de uma racionalidade indutiva, existencial e histórica gestada no seio da Modernidade, é acusado de "sociologismo", o que levaria à "politização da fé" por não "partir de Jesus", mas da realidade. Seria preciso esperar por *Aparecida* e o pontificado de Francisco para resgatar a renovação do Vaticano II e da tradição libertadora latino-americana e, com elas, a pertinência e a relevância do método *ver-julgar-agir*, não só para os dias atuais como para o futuro. E como estamos desafiados a caminhar sempre para frente, com os pés no chão e os olhos no horizonte, o método da JOC continua sendo uma ferramenta útil para projetar um amanhã melhor, pois "a tessitura do risco é a única garantia de futuro" (K. Rahner).

Por isso, revisitar o método *ver-julgar-agir* não é uma volta ao passado. Em momentos de travessia, como são os tempos de crise, ousar vislumbrar "o passo adiante" implica a necessidade de dar "um passo atrás". Como diz Jostein Gaarder em *O mundo de Sofia*: "se em algum momento não sabemos para onde ir, pode ser muito útil saber de onde viemos". Não é possível avançar, sem voltar às fontes e remeter-se às próprias raízes, dado que o futuro, em muitos aspectos, depende da reinvenção do passado. Entretanto, há dois modos de revisitar o passado: um é fazendo dele um refúgio (volta ao fundamento), outro, como refontização (volta às fontes). Fazer do passado um refúgio é um olhar retrospectivo, que nos condena a repeti-lo em um contexto que o tornou caduco; já revisitar o passado como refontização é um olhar prospectivo, pois fonte é água que corre, é origem que está continuamente se originando. O mesmo vale ao se revisitar agora o método *ver-julgar-agir*.

Enquanto pedagogia ativa, o método *ver-julgar-agir* nasceu como um método de ação, mas logo se tornou também uma metodologia de reflexão, dado que ação-reflexão são dois polos de uma mesma realidade, articulada dialeticamente a partir da vida vivida ou dos processos históricos. Historicamente, a Ação Católica nasceu na esteira das práticas eclesiais, em particular do Catolicismo Social, berço da *Rerum Novarum*, movimento que contribuiu significativamente para a passagem da Igreja da Cristandade à Modernidade, na perspectiva da renovação do Vaticano II. E foi seguindo os desafios oriundos das práticas da Ação Católica geral que se deu o passo para a Ação Católica especializada, em seus diversos ramos, segundo os ambientes: Juventude Operária Católica (JOC), Juventude Universitária Católica (JUC), Juventude Agrária Católica JAC), ao lado da Juventude Estudantil Católica (JEC) e da Juventude Independente Católica (JIC). Na sequência, o método *ver-julgar-agir* seria assumido por João XXIII na *Mater et Magistra* e, em seguida, adotado como método de reflexão na *Gaudium et Spes*, em torno da leitura dos "sinais dos tempos", precisamente a raiz da epistemologia e do método da Teologia da Libertação. Embora o método da Ação Católica não seja o método da Teologia da Libertação, entre ambos, entretanto, há estreita relação, não só histórica como também epistemológica. Gustavo Gutiérrez, quando estava escrevendo a obra fundante da nova teologia – *Teologia da Libertação: perspectivas* (1971) – testemunhou que por duas vezes veio ao Brasil discutir questões com jovens da Ação Católica, em especial da JUC. Tributo a esta relação é a dedicação de seu livro ao Pe. Henrique Pereira Neto, assessor de Helder Camara e assistente da JUC no Recife, morto pela ditadura militar. Clodovis Boff, em sua obra *Teologia e práxis – A teologia do político e suas mediações* – faz uma sistematização do método da Teologia da Libertação entre *mediação socioanalítica, mediação hermenêutica, mediação prática* e *método ver-julgar-agir* da Ação Católica, mostrando uma estreita relação, uma relação fontal, o que não significa simetria ou sobreposição de métodos.

Fazer uma caracterização do método *ver-julgar-agir* é uma tarefa complexa, pois o movimento da Ação Católica não é único e nem unívoco. Primeiramente, há a diferença entre Ação Católica "geral" e Ação Católica "especializada". Depois, no seio desta, mesmo que a JOC tivesse sido considerada "um tipo acabado de Ação Católica" e que os movimentos ligados a outros meios específicos tenham adotado o mesmo modelo, na realidade a pedagogia assim como o próprio método da JOC, nem sempre foram praticados da mesma maneira. Isso sem falar nas diferenças entre grupos do movimento de um mesmo meio específico, pelo fato de se situarem em diferentes países e continentes. Daí a razão pela qual, para não se cair em generalizações, vamos nos ater ao método *ver-julgar-agir* no pensamento e na obra de J. Cardijn, seu criador. Para isso, vamos nos remeter diretamente aos seus escritos. O que também não é tarefa fácil, pois são mais 400 escritos que compõem sua bibliografia pessoal[1], compostos de manuscritos inéditos, "lições" dadas em Semanas de Estudo, conferências, artigos divulgados na revista *Notes de Pastoral Jociste*[2], os mais de 200 editoriais do jornal *La Cité*[3], como também as inúmeras brochuras e seu único livro *Laïcs en premières lignes*[4]. Fizemos um estudo de todas

---

1. Toda essa documentação pode ser facilmente encontrada, quase toda classificada, nos seguintes arquivos: *Archives de la JOC*. Rue des Moucherons, 3 ; Bruxelas. • *Archives Cardijn*. In: *Archives Générales du Royaume*. Rue de Ruysbroek, 2-6. Bruxelas. • *Archives de la JOC Internationale*. Rue Plantin, 11. Bruxelas. • *Archives des Anciens et Anciennes de la JOC*. Rue des Moucherons, 3. Bruxelas. • *Katholiek Documentatie – Kadoc*. Mgr Ladeuzeplein, 21. Lovaina. Quanto aos editoriais, cf. VV.AA. *Cardijn face aux événements 1950-1963 – 200 éditoriaux parus dans La Cité*. Bruxelas: Vie Ouvrière, 1976, 294 p.

2. Trata-se do boletim dos assistentes eclesiásticos da JOC belga, que circulou de 1931 a 1957.

3. Fundado em 1950, J. Cardijn publicou neste jornal de Bruxelas, de 1950 a 1963, 213 editoriais.

4. Cf. CARDIJN, J. *Laïcs en premières lignes*. Bruxelas: Vie Ouvrière, 1963, 200 p. Este é o único livro publicado por J. Cardijn, às vésperas de seu 80° aniversário, a pedido dos padres do Concí-

estas fontes. Em um primeiro registramos todas as referências explícitas e implícitas a cada um dos três passos ou momentos do método da JOC. Dado que os documentos registram, sobretudo, textos de alocuções e que a questão da metodologia é um tema que se presta pouco a conferências, existe muito mais referências implícitas do que explícitas a respeito. Em segundo momento, organizamos todas as referências ao método por ordem cronológica, para averiguar a evolução do pensamento de J. Cardijn. Desde as primeiras fontes, que são as cartas de quando trabalhava como formador no Seminário de Wavre em 1902, até as últimas, que são as intervenções no Concílio Vaticano II já como cardeal em 1965, é um período de mais de meio século. É comum afirmar-se que J. Cardijn, durante mais de cinquenta anos, "disse sempre a mesma coisa". Mas não é verdade. Embora as fontes que registram seu pensamento sejam um material de difícil manuseio devido, é verdade, às constantes repetições, no entanto, um olhar atento constatará que, em meio às repetições, há pequenas, lentas, mas contínuas inovações, que atestam uma real evolução em seu pensamento à medida que sua obra – a JOC – evoluía. Salvo suas intuições, que sempre parecem antecipar a prática, como homem de ação, as ideias de J. Cardijn evoluem com sua obra ou, melhor dizendo, nascem e se desenvolvem com ela. Por fim, em um terceiro momento no tratamento das fontes, antes de fazer uma explanação sistemática de cada um dos passos do método *ver-julgar-agir* no pensamento e na obra de J. Cardijn, procuramos organizar toda a informação em uma ordem tanto quanto possível lógica e coerente, com o cuidado de não trair o pensamento do autor. Cabe também registrar que no intuito de guardar um contato o mais próximo possível com a forma com que J. Cardijn expressou seu pensamento, optamos pelo registro de suas ideias através de citações textuais, traduzidas do francês por nós mesmos[5], sem fazer muitos comentários ou emitindo juízos em relação ao pensamento do autor.

---

lio, sendo que os 11 capítulos que compõem a obra, na realidade, são uma coletânea de 2 artigos publicados em 1935, 7 em 1951 e somente 2 redigidos especialmente para o livro.

5. Quanto às citações de alguns documentos redigidos por J. Cardijn em neerlandês serão trabalhadas traduções para o francês efetuadas por outros, mas indicando-se sempre o tradutor.

A abordagem do método *ver-julgar-agir* no pensamento e na obra de J. Cardijn é feita em quatro capítulos. No primeiro, apresentaremos a personalidade e as grandes etapas do pensamento e da obra de J. Cardijn, particularmente informações gerais relativos ao método *ver--julgar-agir*; no segundo capítulo, abordaremos o primeiro momento da trilogia – o *ver*, para J. Cardijn, a condição para os jovens se inserirem de maneira consequente nos "meios de vida"; no terceiro capítulo, nos ocuparemos do momento do *julgar* a realidade, através do qual se faz a inter-relação do real da realidade dos jovens em seus meios específicos de vida com o ideal da fé; e, no quarto capítulo, abordaremos o momento do *agir*, que na JOC consistia em inserir-se no mundo para humanizar o ambiente do trabalho, segundo os desafios da realidade apreendida e iluminada pela luz da fé. Terminaremos a Unidade I com algumas considerações gerais a respeito do método, em forma de uma visão global sintética.

Na sequência – a Unidade II – se propõe abordar o método *ver--julgar-agir* para além da Ação Católica. Além de entrar no magistério da Igreja, inclusive do magistério pontifício, o método passou a integrar as metodologias de ação, em especial no planejamento pastoral, para finalmente constituir-se em método de reflexão teológica e raiz da epistemologia e do método da própria Teologia da Libertação. Concretamente, tal como já fizemos referência, primeiro foi assumido por João XXIII na *Mater et Magistra* e se fez presente na própria *Gaudium et Spes* em torno à questão do discernimento dos "sinais dos tempos". Depois, na América Latina, o método iria entrar explicitamente na Conferência de Medellín (1968), orientando não somente a reflexão, como também se constituindo em forma de estruturação do próprio texto, tal como atentam os 16 documentos conclusivos do evento. Finalmente, nas décadas seguintes, o método *ver-julgar-agir*, além de constituir-se em um *habitus* teológico-pastoral, viria integrar a própria teologia latino-americana, na medida em que, enquanto "reflexão da práxis da fé" (G. Gutiérrez), estabelece, a partir da práxis, uma relação dialética entre contexto e texto revelado, tal como se procedia há décadas no seio da Ação Católica. Esta

Unidade está, igualmente, constituída por quatro capítulos. No primeiro, veremos como o método *ver-julgar-agir* foi assumido e se faz presente no magistério pontifício, em especial na *Gaudium et Spes* e no magistério da Igreja na América Latina, particularmente em *Medellín*. O segundo capítulo aborda a influência e presença do método na reflexão e na ação pastoral, bem como no planejamento pastoral. O terceiro capítulo se ocupa em mostrar a relação entre o método da Ação Católica e a epistemologia da Teologia da Libertação. O quarto, por sua vez, explicita os vínculos entre o método *ver-julgar-agir* e o método da Teologia da Libertação.

Unidade I
O método ver-julgar-agir na Ação Católica

Esta unidade tem por finalidade apresentar o método da AC no pensamento e na obra de J. Cardijn, a partir de seus próprios escritos, como frisamos, sem maiores comentários e sem entrar no terreno da análise. Começaremos com alguns elementos da personalidade e das grandes etapas do pensamento e da obra de J. Cardijn, o fundador da JOC, no seio da qual nasceu o método *ver-julgar-agir*. Em um primeiro momento serão evocados alguns traços da vida e da obra: sua vocação social, o contato direto com o Catolicismo Social, a passagem deste à Ação Católica juvenil, a fase embrionária da JOC em Laeken, a fundação da JOC e o nascimento da AC especializada e a evolução do pensamento de Cardijn e da JOC. J. Cardijn não foge às contingências de todo agente social. Ele é fruto de seu tempo e suas ideias nascem das práticas, por mais que seu pensamento seja desbravador e vá abrir novos caminhos no seio da Igreja. Num segundo momento, traremos à tona as raízes do método da JOC: a AC como herdeira do Catolicismo Social, a pedagogia da Associação Católica da Juventude Francesa como base da pedagogia da JOC e a gestação de um novo método, indutivo e ativo em três momentos imbricados entre si. Cardijn tira o novo do velho.

Na sequência, apresentaremos cada um dos três momentos do método. O capítulo 2 aborda o *ver*, o primeiro momento do método da JOC concebido por J. Cardijn como condição para uma inserção dos jovens em seu meio de vida. Contempla cinco diferentes aspectos: "por que" *ver* a realidade – o imperativo de uma metodologia indutiva e ativa; "para que" *ver* a realidade – sua finalidade e suas consequências na determinação dos aspectos da realidade a ser conhecida; "o que" *ver* – a realidade do mundo do trabalho e seus diferentes componentes; "através de quem" *ver* a realidade – os jovens operários enquanto matéria e sujeitos de estudo; e, "como" *ver* a realidade – o levantamento de dados através de enquetes pessoais e coletivas.

O Capítulo 3 aborda o *julgar*, o segundo momento do método da JOC, concebido por J. Cardijn como "confrontação" entre o "real" da situação dos meios de vida, levantado pelas enquetes, com o "ideal" do plano de Deus a seu respeito. Veremos o que J. Cardijn entende por *julgar* sob quatro aspectos: o *julgar* enquanto exame da realidade à luz da "doutrina" ou da Palavra de Deus; em que consiste o "ideal" invocado como luz sobre o "real"; a teologia subjacente ao momento do *julgar*; e o procedimento deste segundo momento do método no seio das seções locais.

O Capítulo 4 aborda o *agir*, o terceiro momento do método da JOC, voltado para a transformação do mundo do trabalho. Caracterizaremos o terceiro momento do método em aspectos: o que J. Cardijn entende por *agir* a partir de dentro, da própria ação; o lugar da ação da JOC em relação à sociedade; a finalidade última do *agir* no seio de sua obra; o programa de ação da JOC; e a modalidade ou a forma de organização do movimento.

Sem querer tirar conclusões, terminaremos esta primeira Unidade com algumas considerações finais sobre o método da Ação Católica especializada. Em uma espécie de síntese global se procurará correlacionar os três momentos do método vistos separadamente. Também faremos algumas considerações quanto às bases do pensamento de J. Cardijn e as origens da JOC, bem como a respeito da evolução de seu pensamento em relação aos três momentos do método, tanto em seu conjunto como em cada um deles em particular.

1
A personalidade e as grandes etapas do pensamento e da obra de J. Cardijn

A abordagem do método *ver-julgar-agir* da Ação Católica, mais propriamente da Ação Católica especializada, cuja primeira expressão e a mais genuína deste segundo momento foi a Juventude Operária Católica (JOC), passa, necessariamente, pelo conhecimento da personalidade e das grandes etapas do pensamento e da obra de J. Cardijn, sob pena de perder de vista os aspectos que marcam certa distância entre o autor e sua obra[1]. O pensamento de J. Cardijn é marcado por uma relação dialética entre suas intuições, que dão a impressão de um homem "iluminado", e os movimentos eclesiais e sociais, bem como as práticas pastorais que o circundam, sobretudo sua própria obra, que na realidade é seu lugar privilegiado de reflexão e fonte criadora de ideias. Tanto que, se de um lado, suas intuições fazem evoluir sua obra, de outro é a evolução de seu movimento que o fará superar muitas de suas posições até então defendidas.

A abordagem, aqui, tem dois momentos. Num primeiro, apresentaremos alguns traços da vida e da obra de J. Cardijn e, num segundo, alguns aspectos gerais da pedagogia e do método da JOC.

---

1. Conforme testemunho de Françoise Rosart, professora na Faculdade de História da Universidade de Lovaina, o título dado por ela à publicação das atas do *Colloque* realizado em Lovaina (KUL), em 1982, *Joseph Cardijn, un homme, un mouvement*, quis chamar atenção para esta distância. Sobre este Colóquio, cf. *Joseph Cardijn, un homme, un mouvement – Actes du Colloque de 18-19/11/1982*. Lovaina: Éd. Universitaire/Kadoc.

1 Alguns traços da vida e da obra de J. Cardijn

Costuma-se geralmente associar J. Cardijn e o movimento jocista, mas se esquece muitas vezes que os dois não nasceram juntos[2]. J. Cardijn tinha 42 anos quando da fundação da JOC que, por sua vez, de certa forma, já existia em suas características básicas, desde os seus primeiros anos na Paróquia de Laeken, em Bruxelas. A vocação social e as intuições visionárias do "apóstolo da juventude operária" vinham de longa data.

1.1 Sua vocação social

J. Cardijn nasceu em 13 de novembro de 1882 em Schaerbeek, nos arredores de Bruxelas, membro de uma família operária de origem flamenga de quatro filhos. Aos seis anos começou a frequentar a escola e levou um choque ao constatar que muitos de seus colegas de primeira comunhão, em vez de irem à escola, eram obrigados a ir ao trabalho e, influenciados pelos comunistas, começavam a se opor à Igreja: "[...] meus amiguinhos de primeira comunhão, muito mais inteligentes e piedosos do que eu, eram obrigados a ir para a fábrica e para o trabalho e eu os achei corrompidos, contra a Igreja, não querendo mais brincar comigo"[3]. A conquista da classe operária para Cristo e para a Igreja e o grave perigo do comunismo ateu, duas bandeiras de sua obra por durante muito tempo, tiveram aí suas raízes.

---

2. Os traços de sua biografia esboçados aqui são oriundos de notas autobiográficas em obras *de* J. Cardijn, mas também de obras *sobre* J. Cardijn. Para uma bibliografia básica sobre ele, cf. obras publicadas por secretariados da JOC: *Joseph Cardijn, fundador da JOC*. Rio de Janeiro: Jocistas, 1956. • *Joseph Cardijn, Père de la JOC Mondiale*. Montreal: Jocistes, 1947. • *Joseph Cardijn, The Workers' Apostle*. Montreal: Jocistes, 1947. • *Joseph Cardijn, un homme, un mouvement*. Op. cit. • *Un Message liberateur, Hommage à J. Cardijn*. Bruxelas: Ouvrière, 1963. • ARRUTHNOTT, E. *Joseph Cardijn, Priest and Founder of the Y.C.W.* Londres, 1966. • AUBERT, R. La signification historique de l'ouvre de Monseigneur J. Cardijn. *Collectanea Mechliniensia*, 47, p . 602-610, nov./1962, p. 602-610. • DE LA BEDOYERE, M. *The J. Cardijn Story*. Londres, 1958. • DHANIS, T. Joseph Cardijn prophète, son influence dans le renouveau théologique contemporain. *Les Dossiers*, p. 361-364, ago.-set. • FIÉVEZ, M.; MEERT, J. *Joseph Cardijn*. Bruxelas: Vie Ouvrière, 1969. • MEERT, J.; MALAGON, T. *Joseph Cardijn*. Madri: Augustinas, 1968. • VV.AA. *Va libérer mon peuple! – La pensée de Joseph Cardijn*. Paris/Bruxelas: Ouvrière/Vie Ouvrière, 1982. • VERHOEVEN, J. *Joseph J. Cardijn – Prophète de notre temps*. Bruxelas: Labor, 1971. • WALCKIERS, M. *Joseph J. Cardijn jusqu'avant la fondation de la JOC*. Tese de doutorado. Louvain-la-Neuve, 1981 [datilografada].

3. CARDIJN, J. Note autobiographique. *Archives J. Cardijn*.

Aos 14 anos, em 1897, J. Cardijn ingressou no seminário: "até aos 14 anos eu jamais tinha pensado em ser padre, talvez minha mãe; mas algumas conversas com o diretor do Instituto e minha vocação sacerdotal estava decidida para mim e por mim"[4]. No seminário, além de se destacar pelos brilhantes resultados escolares e por uma grande facilidade de expressão, ele lia muito, entre outros, os clássicos franceses, mas também os românticos, sobretudo Victor Hugo, Lacordaire, René Bazin, passando por Péguy e Claudel. Lia também Jules Verne e os autores flamengos, especialmente Emile Verhaeren, Henri Conscience, Guido Gezelle, Stjin Streuvels, Smulders. Estão igualmente em sua leitura os escritos dos católicos sociais franceses, como Lammenais, Montalembert, Ozanam, Albert de Mun. Sem falar na vida de santos, particularmente do místico flamengo Ruysbroek, Tereza d'Ávila, São Francisco de Assis. Leu diversas obras filosóficas e de moral recentes como as obras de Françcais Eymieu, Ollé-Laprune, E. Hello, Van Tricht. Não faltou, enfim, a leitura dos filósofos anglo-saxões como W. James, Spencer, assim como o Cardeal Newman, traduzido por Bremond[5].

Os primeiros documentos que registram sua vocação social são suas 40 cartas endereçadas a E. Possoz, entre 1902 e 1906. Nessas cartas, ele já deixa entrever o programa de seu futuro ministério: remediar, pela ação social e religiosa, a miséria moral e material dos operários e reaproximar da Igreja as classes populares. Entre outras preocupações, J. Cardijn expressa seu inconformismo com a indiferença por parte da maioria do clero da época, frente à situação da classe trabalhadora: "me resignar à vida cotidiana dos padres atuais, eu não consigo. Eu desfaleço ou morro"[6]. Revela também sua vontade de promover os jovens assalariados, através da educação: "pela minha vocação social, sinto-me destinado a mostrar o caminho aos outros, a ser tudo para todos [...] esta pobre jovem operária da fábrica de Postweg ou do Vondel tem uma alma e um corpo; isto é suficiente

---

4. Ibid.

5. São estes os nomes dos autores citados por J. Cardijn, em correspondências da época e em suas notas autobiográficas. Sobre isso, cf. as 40 cartas escritas por J. Cardijn a E. Possoz, entre 1902 e 1906: Archives O.F.M., St-Trond e também em Note autobiographique. In: *Archives J. Cardijn*.

6. Cf. Carta de J. Cardijn a Possoz, jun./1906. Op. cit.

para enlouquecer"⁷. Expressa também sua paixão pelos jovens: "promover as pessoas, os jovens e as jovens, torná-los educados, belos, ensinar-lhes o que é amar, que vale a pena ser amado, purificá-los e reafirmar neles o gosto pelas coisas, que apostolado!"⁸ São linhas cheias de paixão pela vida e pela missão, que revelam traços nítidos de sua personalidade e de sua futura obra⁹.

1.2 O contato direto com o Catolicismo Social¹⁰

Ordenado presbítero da Arquidiocese de Bruxelas em 1906 pelo Cardeal Mercier, o jovem inteligente e turbulento J. Cardijn, que alguns de seus professores o julgavam pretensioso e "modernista", continuaria ainda por um ano seus estudos na Universidade Católica de Lovaina¹¹. Entretanto, em seus estudos, ele não opta pela filosofia tomista, paixão do Cardeal Mercier, tal como este poderia ter esperado: "eu gostaria de conceber os meus estudos da maneira mais vasta possível – moral natural, história das religiões, meios gerais de desenvolvimento social, educação, situação econômica e estudo dos sindicatos existentes e, em particular, as cooperativas na Alemanha e na Inglaterra"¹². Sua natureza observadora e explosiva, somada a seu senso já agudo da realidade social de seu tempo, o conduziria instintivamente para a sociologia. Ele inscreve-se, então, no curso de Ciên-

---

7. Ibid., 24/12/1905.

8. Ibid.

9. Cf. VALCKIERS, M. Quarante années qui façonnèrent les conceptions et la personnalité de Joseph J. Cardijn. *Joseph Cardijn, un homme, un mouvement – Actes du Colloque de 18-19/11/1982.* Lovaina: Universitaire/Kadoc, p. 15-23.

10. O Catolicismo Social caracteriza-se por um movimento de restauração da Cristandade Medieval, surgido inicialmente de modo particular na França, Alemanha, Itália e Bélgica. Antes de 1848 caracterizava-se por um compromisso contrarrevolucionário. Depois de 1848 até a *Rerum Novarum* (1891), destacou-se pela iniciativa dos "patrões sociais", marcados pelo paternalismo e pela reimplantação da Cristandade de cima para baixo. A partir da *Rerum Novarum*, o Catolicismo Social começou a visar uma transformação a partir das bases, dando origem à Democracia Cristã, que iria impulsionar a Ação Católica. Cf. COSTE, R. L'Église et l'avènement de la société industrielle. *Nouvelle Revue Théologique*, n. 8, p. 849-874, 1970.

11. Cf. Mercier à Deploige. *Archives I.S.P.* Malinas, 17/10/1906, Trata-se de uma carta do Cardeal Mercier em resposta a Deploige, reitor do seminário em Malinas, que havia informado o bispo sobre os limites do jovem padre.

12. Cf. Carta de J. Cardijn a Possoz, jun./1906. Op. cit.

cias Políticas e Sociais[13] e segue, sobretudo, os cursos do Professor Victor Brants que, em 1885, havia criado um curso livre de economia social sobre a questão operária e que, em 1892, havia inaugurado uma Escola de Ciências Políticas e Sociais. Mas, de modo particular, J. Cardijn seguirá os cursos práticos de economia social do Padre Rutten e de Jean Belpaire, precursores de Brants. Com esses cursos, J. Cardijn descobre uma nova dimensão do problema operário na situação de então e consagra todo o seu tempo livre e suas férias à pesquisa. Estudos sobre as condições nas quais trabalham os menores nas minas e nas grandes indústrias causam-lhe profunda impressão.

Em 1907, ele empreende uma viagem à Alemanha para fazer uma pesquisa de campo sobre o trabalho doméstico dependente da indústria, especialmente o trabalho das mulheres[14]. Na oportunidade, ele se pôs em contato com Sonneuschein e os chefes do Movimento Operário Cristão de Colônia, Munique-Gladbach, Essen e outros, bem como com os Gesellenvereine de Kolping e as Ligas Femininas da Alemanha[15]. Em julho do mesmo ano, J. Cardijn vai à França participar da Semana Social de Amiens e aproveita a ocasião para entrar em contato com o Catolicismo Social francês, especialmente com Marc Sangnier, dirigente do Sillon[16]. Entra em contato também com o futuro Dom Six e com os grupos operários cristãos de Lille, com Léon Harmel e sua indústria-modelo no Val des Bois[17], com as

---

13. FIÉVEZ M.; MEERT, J. *Joseph Cardijn*. Op. cit., p. 27.

14. Paradoxalmente, na Alemanha, onde a industrialização é mais tardia, que se situa a origem do movimento social católico mais realista, favorável a uma limitação do liberalismo econômico por uma legislação social, que encontraria sua primeira expressão oficial na encíclica *Rerum Novarum*. O caráter social do catolicismo alemão, que se recusa a se restringir às obras de puro assistencialismo, tal como se pratica normalmente na França, permite-lhe conservar profundos laços com as massas populares e encontrar nelas um apoio quando teve de enfrentar a burguesia radical no processo da *Kulturkampf*. Cf. AUBERT, R. Les débuts du catholicisme social, cap. 7 da obra *Nouvelle Histoire de l'Église*. Première partie, Tome 5: L'Église dans la société libérale et dans le monde moderne (1848 à nos jours). Paris: Seuil, Paris, 1975, p. 160.

15. Sobre esta pesquisa, J. Cardijn publicou dois artigos: L'industrie à domicile en Allemagne (*Revue Sociale Catholique*, Lovaina, p. 170-183 (abr./1907). O segundo, sob o mesmo título, em setembro, p. 339-348.

16. Sillon é um movimento de jovens franceses católicos e democratas, com uma ação social notável, mas condenado por Roma e dissolvido em 1910.

17. Será Léon Harmel (1829-1915) quem irá fazer a transição do legitimismo e do paternalismo para o sindicalismo e a democracia cristã. Em 1867, ele cria uma associação religiosa de homens,

obras sociais de Dom Bosco e os "patronages" do Padre Allemand em Marselha[18].

Em setembro de 1907, há uma aparente ruptura em seu processo de inserção no mundo do trabalho. J. Cardijn é nomeado professor no Seminário Menor de Basse-Wavre, onde permanecerá até 1911, segundo ele, "uma desgraça providencial que parecia me afastar do apostolado social, mas que me deu a melhor preparação"[19]. Nesse período, ele tem a oportunidade de conhecer de perto o mundo operário do Vale de la Dyle[20] e aproveita as férias escolares para novos contatos

---

que transformará em círculo católico, depois sindicato misto e, por fim, em 1893, em conselho de fábrica. É uma cooperação dos operários dentro do próprio conselho de administração, porém com participação restrita aos católicos. Em 1872, no Congresso de Poitiers, ele se engaja nos Círculos de Albert de Mun e torna-se homem de confiança de Leão XIII. Entre 1885 a 1892, toma a iniciativa de organizar peregrinações de operários a Roma, que se constituem numa das origens da *Rerum Novarum*. São realizadas quatro peregrinações (1885, 1887, 1889, 1891) com o objetivo de sensibilizar os católicos franceses sobre a situação do papa, prisioneiro do Vaticano, assim como de sensibilizar o próprio papa sobre as questões econômicas e sociais. Nesse ínterim, em 1886, é criada a Associação Católica da Juventude Francesa (ACJF), marcada por Albert de Mun e a obra dos Círculos Católicos de Operários, composta de jovens burgueses, que reconhece o Estado moderno e põe sua preocupação prioritária na religião. A evolução de León Harmel é marcada pelas divergências com os patrões do Norte, sobretudo em relação ao salário-família e ao sindicalismo, cf. TALMY, R. *L'Association catholique des patrons du Nord, 1884-1895*. Lille: 1962. León Harmel vai se posicionar a favor de um sindicalismo independente e de uma democracia cristã, pelo sufrágio universal. Em 1897, chegou a pedir ao papa a bênção para a democracia cristã; cf. VAUSSARD, M. *Histoire de la démocratie chrétiennes – France, Belgique, Italie*. Paris: 1956. Mas o papa se opõe, como já o tinha feito na encíclica *Rerum Novarum* de 1891.

18. Esta primeira fase do Catolicismo Social na França corresponde ao início do segundo Império, sob Napoleão III. O movimento vai evoluir em duas etapas: a primeira, de 1850 a 1870, época sob a influência de Armand de Melun e Le Play; a segunda, de 1870 a 1890, época de Albert de Mun e a obra dos círculos operários católicos. Sobre esse período, cf. Rollet, H. *L'action sociale des catholiques en France*. 2 vol. Paris, 1951-1958.

19. Cf. *Notes inédites*, apud FIÉVEZ, M.; MEERT, J. *Joseph Cardijn*. Op. cit., p. 30.

20. Como na França, a industrialização na Bélgica também é anterior a 1850 e os pensadores do Catolicismo Social são influenciados pela fase liberal e democrática de Lammenais. Sobre os inícios do Catolicismo Social na Bélgica, cf. REZSOHAZY, R. *Origines et formation du catholicisme social en Belgique, 1842-1909*. Lovaina: 1958. Entre os pensadores do Catolicismo Social belga, três nomes se destacam: Edouard Ducpétiaux (1804-1868), François Huet (1814-1869) e Bartels (1802-1862). Edouard Ducpétiaux é a figura principal do Catolicismo Social belga. Ele publicou sete obras, as duas mais importantes: *De la condition physique et morale des jeunes ouvriers et des moyens de l'améliorer* (1843) e *Le paupérisme en Belgique* (1844). Em suas obras, ele trata dos problemas sociais a partir dos princípios cristãos. Os contrastes sociais são contrários à lei divina da fraternidade. Ele critica a indústria. A tecnologia não é má em si, mas explora o homem. O remédio é uma economia antropocêntrica para que o ser humano possa desenvolver todas as suas faculdades espirituais e morais. Todos têm direito ao trabalho, o que era um direito novo dentro da doutrina católica. Influenciado por Saint-Simon e Fourier, defende a necessidade da livre-associação e da participação dos operários nos benefícios das empresas. Prega que os operários devem se associar entre eles, em vez de se associarem com os patrões. Para isso, é

com o Catolicismo Social, como foi a caso de sua viagem à Inglaterra, nas férias de 1911. Na Grã-Bretanha, J. Cardijn entra em contato com Ben Tillet e causam-lhe grande impressão a conotação educadora e o caráter não marxista dos sindicatos britânicos[21].

1.3 Do Catolicismo Social à Ação Católica juvenil

Cabe aqui perguntar-se porque J. Cardijn entrou em contato com as obras e as grandes figuras do Catolicismo Social da época, movimento essencialmente voltado para operários adultos, se o movimento que ele iria desencadear seria constituído exclusivamente de jovens entre 14 e 21 anos. As razões, segundo o próprio J. Cardijn, estavam ligadas à sua preocupação pela formação da juventude operária. Conforme chama atenção no segundo Congresso Geral da JOC[22], "a adolescência é a idade por excelência da formação do homem e, sobretudo, de sua formação moral"[23]. É verdade que essa preocupação pela educação da juventude já estava presente no seio do Catolicismo Social, como no caso da Associação Católica da Juventude Francesa[24] e também da Ação Católica geral, em sua ala jovem. J. Cardijn conhecia bem os objetivos, a organização e a ação da Associação Católica da Juventude Belga, com a qual, em 1924, a sua Juventude Sindicalista, como veremos a seguir, entraria em conflito e daria origem à JOC. Foi essa mesma preocupação pela formação da juventude que levou o jovem presbítero à Inglaterra para conhecer Baden Powell e seu recém-criado movimento dos escoteiros. A sua JOC,

---

necessário que os operários conheçam os princípios fundamentais da moral. Uma educação a ser ministrada não somente na família, mas também na escola. Sua visão global da vida social se baseia na estatística, método que ele defende como o mais seguro. Sobre o plano político, opta por uma reforma do parlamentarismo, que permita a participação dos operários no poder. No plano internacional, pronuncia-se sobre a necessidade da criação de um *bureau* internacional do trabalho.

21. De regresso, J. Cardijn publicou dois artigos sobre esta viagem: *L'organisation ouvrière anglaise*. In: *Revue Sociale Catholique*, p. 381-390, out.-nov./1911. O segundo, sob o mesmo título, p. 20-30, nov.-dez. 2011.

22. Este segundo Congresso Geral da JOC teve lugar em Namur, em 11/04/1926.

23. CARDIJN, J. *La vie morale des Jeunes travailleurs au Travail*. Bruxelas: Jocistes, n. 5, 1926, p. 5.

24. A Ação Católica da Juventude Francesa (ACJF) é uma evolução dos Círculos Operários Católicos de Albert de Mun que darão origem à Ação Católica francesa. A este respeito, cf. MOLETTE, C. *L'association catholique de la jeunesse française* (1886-1907). Paris: Seuil, 1968.

em seus primórdios será, antes de tudo, uma escola. Conforme ele próprio frisa, "se a educação infantil constitui a base indispensável de toda formação ulterior, se a questão da educação primária preocupa antes de tudo os que querem o bem do país, é preciso jamais esquecer que esta educação é fatalmente comprometida se ela é abandonada aos 14 anos e se ela não tem continuidade durante toda a fase da juventude"[25].

Entretanto, mesmo se a preocupação de J. Cardijn com a educação da juventude é a mesma de algumas associações ligadas seja ao Catolicismo Social seja à Ação Católica geral, os jovens que integrarão seu futuro movimento serão de procedência diversa. Conforme atestam, tanto a discussão com Baden Powell como com os responsáveis pela Associação Católica da Juventude Belga, J. Cardijn critica o caráter burguês desses movimentos e defende a criação de um movimento especializado, adaptado à "juventude assalariada ou operária". Justifica-se ele: "a gente nunca repetirá demais: é a adolescência assalariada, a juventude operária, a grande massa dos jovens trabalhadores de 14 a 21 anos, que é a grande vítima deste abandono moral, desta ausência de educação metódica"[26].

1.4 O apóstolo da Juventude Sindicalista em Laeken – Fase embrionária da JOC

Em 1912, J. Cardijn foi nomeado vigário paroquial em Laeken, onde permaneceria até 1918. Era uma paróquia num bairro semi-industrial de Bruxelas, habitado por cerca de 25 mil pessoas, em sua maioria operários, vivendo em precárias condições de vida. Inicialmente, foram-lhe confiadas as obras femininas, mas ele dedica também grande parte de seu tempo a visitar os bairros operários, que não viam um padre há muito tempo. Desde o início, ele deu provas de que seria, sobretudo, um homem de ação. Em apenas um ano, a partir do *patronage des jeunes filles*, J. Cardijn fundou: uma *Ligue des Femmes* que unia diversão, educação e entreajuda; o Sindicato de Aiguille, com

---

25. CARDIJN, J. *La vie morale des Jeunes travailleurs au Travail*. Bruxelas: Jocistes, n. 5, 1926, p. 6.
26. Ibid.

a ajuda do movimento social feminino e da Senhorita Cappe, em particular, com cotização, indenização-desemprego etc.; um círculo de estudos para a formação das sindicalizadas mais interessadas; um sindicato de aprendizes para as mais jovens; e, finalmente, um sindicato de empregadas. Nestas obras, J. Cardijn imprime uma linha que se distancia da ótica do Catolicismo Social, que designava suas obras com o nome "católico", mas que na realidade eram obras de pura assistência social. J. Cardijn, ao contrário, imprime em suas obras um caráter missionário e educativo.

Esta superatividade de J. Cardijn, num único ano, rendeu-lhe a fama de apóstolo do sindicalismo feminino[27]. Nos anos seguintes, graças à ajuda do Comité National de Secours et d'Alimentation, J. Cardijn fundou uma creche, uma escola de comércio, um curso para lenhadores e promoveu inúmeros retiros para jovens operárias. Tudo isso em meio a êxitos e fracassos. O Sindicato de Aiguille, por exemplo, jamais ultrapassou os 40 filiados e ainda deixando muito a desejar em sua atuação, como atestam seus ricos *Manuscritos da Prisão de St-Gilles*. Ele se queixa à Senhorita De Roo que, entre outros, "falta ao Sindicato de Aiguille um cabeça", bem como "um verdadeiro espírito sindical", pois "a maioria não se preocupa e não dá muita importância ao sindicato". Ele se queixa também que o sindicato "não é animado por nenhum espírito religioso e a moral de algumas deixa muito a desejar"[28]. O fato é que os membros do Círculo ou sindicato eram, em sua maioria, jovens da burguesia, que geralmente trabalhavam a domicílio. Ninguém trabalhava numa grande indústria, por exemplo. Quanto ao sindicato de aprendizes, predominou nele um caráter quase que exclusivamente educativo, ao invés de profissional[29].

Seja como for, no conjunto, o saldo das obras de J. Cardijn era muito positivo, tanto que após o seu terceiro ano em Laeken, em

---

27. Sobre suas atividades em Laeken, cf. *Papiers De Roo* e, particularmente, os interessantes cadernos de relatórios das discussões nas reuniões dos diferentes *Círculos de Estudo* entre 1912 e 1922, conservados nos *Archives J. Cardijn*. Cf. tb. a dissertação de mestrado de JORET, B. *Les origines de la JOC (1912-1925)*. Lovaina: UCL, 1970, 125 p.

28. Cf. Manuscrits de Mgr J. Cardijn à la Prison de St-Gilles (inédito). In: *Archives J. Cardijn*, n. 109-111 • Cercle d'Étude des jeunes filles, 14/09/1915. In: *Archives J. Cardijn*.

29. VALCKIERS, M. *Quarante années que...* Op. cit., p. 31.

1915, o Cardeal Mercier já o nomeava diretor das Obras Sociais de Bruxelas, função na qual ele deu prioridade, sobretudo, à formação de militantes sindicais.

Em 1916, em plena Primeira Guerra Mundial, quando os ocupantes alemães começaram a deportar operários belgas para Alemanha, mais precisamente no dia 17 de novembro, em nome dos 130 mil sindicalizados cristãos de Bruxelas, J. Cardijn endereça uma carta solene de protesto às autoridades ocupantes, às forças neutras e ao papa, que lhe valeram uma condenação de detenção, no dia 6 de dezembro, de treze meses. A prisão só foi relaxada no dia 15 de junho de 1917, mas após sete meses de pena[30]. Solitário em sua cela, conforme seu próprio testemunho, ele se dedicou a uma lenta leitura de toda a Bíblia e da obra de Karl Marx[31]. No ano seguinte, em 1918, acusado de espionagem, é condenado novamente à prisão, de junho a setembro. Dotado de um espírito de coragem e de um profetismo único, J. Cardijn torna-se, a partir de então, um defensor intrépido dos operários, expondo-se a riscos pessoais de graves represálias da parte do ocupante do território belga.

1.5 A fundação da JOC e o nascimento da AC especializada

Após a Primeira Guerra Mundial, a necessidade de uma associação especial para jovens assalariados já era sentida por certos dirigentes do Movimento Operário Cristão (MOC)[32]. Uma necessidade que, pouco a pouco, se tornaria realidade. As pessoas formadas antes e durante a Primeira Guerra seriam as promotoras de um grupo que, desde 1919, se denominaria "Juventude Sindicalista" e, em 1924, passaria a se chamar "Juventude Operária Católica" (JOC). Na verdade, desde 1920, J. Cardijn já havia se dado conta de que o efetivo de 4 mil sindicalistas cristãos de Bruxelas era insignificante diante dos outros

---

30. A este respeito, cf. a carta endereçada ao governador alemão, o Barão von Bissing, pelo advogado Alexandre Braun, em 12/02/1917. Cf. tb. as demais cartas endereçadas pelas organizações operárias e sociais. Cópias destes documentos estão em *Archives J. Cardijn*.

31. Cf. FIÉVEZ, M.; MEERT, J. *Joseph Cardijn*. Op. cit., p. 41-43.

32. CARDIJN, J. *Manuel de JOC*. Op. cit., p. 9. O MOC alinhava-se à Democracia Cristã.

180 mil sindicalistas cristãos ou dos 600 mil sindicalizados socialistas organizados no país. Ele sonhava com um movimento diferente daquele da Ação Católica geral, provinda dos Círculos Operários e da Associação Católica da Juventude Francesa, obras de Albert de Mun. J. Cardijn queria um movimento centrado sobre a educação dos jovens operários, independente das atividades capitaneadas por intelectuais ou pelos sindicatos de adultos, pouco sensíveis às necessidades e às aspirações dos jovens adolescentes[33]. Como ele atesta pessoalmente, "desde 1920-1922, eu via a Ação Católica de outra maneira daquela que se organizava sob meus olhos. Esta Ação Católica que se queria geral, única e uniforme em toda parte e para todos, eu a queria como uma coordenação unificadora (e não uniformizante) no seio da comunidade paroquial, diocesana e eclesial, em vista do apoio mútuo de que os apóstolos leigos têm necessidade; [...] para mim, a Ação Católica era essencialmente especializada [...], adaptada às necessidades e aos diversos meios"[34].

Concretamente, as raízes remotas da JOC datam de abril de 1912, quando um jovem trabalhador de 17 anos procura o vigário de Laeken para reclamar que ele não havia feito nada para os jovens do sexo masculino. Era Fernand Tonnet quem, na ocasião, colocou-se à disposição de J. Cardijn para ajudá-lo, caso ele se decidisse fazer algo a respeito. Logo em seguida, outro jovem, Paul Garcet, se junta a Tonnet. Por fim, em 1919, Jacques Meert associa-se ao grupo dos pioneiros, constituindo o trio do primeiro secretariado nacional da JOC, que se tornaria conhecido mundialmente.

A futura JOC e sua metodologia começam a se esboçar com as semanas sociais para universitários católicos, realizadas anualmente, entre 1920 e 1925. Dentre os instrumentos de ação mais importantes utilizados por este grupo de estudantes, destacava-se a aplicação de enquetes, com o objetivo de conhecer a realidade de seus meios de vida. Um exemplo ilustrativo é a enquete de 1922 sobre *"l'adolescen-*

---

33. Cf. Lettre de J. Cardijn à Fernand Tonnet. Cannes, 22/12/1919. In: VALCKIERS, M. *Sources inédites relatives aux débuts de la JOC (1919-1925)*. Lovaina, 1970, p. 3-4.

34. CARDIJN, J. *Laïcs en premières lignes*. Op. cit., p. 22.

ce salariée" (a adolescência assalariada), uma lista de 500 questões, minuciosamente reagrupadas em capítulos e aplicadas pessoalmente pelos estudantes, com a finalidade de colocá-los em contato pessoal com seus colegas de trabalho, levantar a realidade com maior objetividade, com o objetivo de se chegar a uma ação mais consequente. Será precisamente sobre os resultados da aplicação desta enquete que, mais tarde, o programa geral da JOC irá se alicerçar, redigido por J. Cardijn e adotado como base de ação do movimento no Primeiro Congresso Nacional de 1925[35].

Entretanto, como todo o novo que irrompe muitas vezes em meio a velhas práticas viciadas, a JOC, desde a sua gestação, não deixou de provocar sérios conflitos, tanto no âmbito eclesial como no campo social. No social, surge a oposição dos socialistas, que querem manter a qualquer preço o monopólio no terreno sindical e político-partidário. No âmbito eclesial, a oposição vem de duas frentes: por um lado, dos bispos, que temiam que o seu apoio às reivindicações sindicais e políticas dos operários pudesse favorecer a ascensão do socialismo e, com isso, quebrar a unidade do Partido Católico; e, por outro, dos dirigentes da Confederação dos Sindicatos Cristãos, que queriam manter a Juventude Sindicalista dentro do quadro das organizações de adultos e da Associação Católica da Juventude Belga. Fundada em 1919 pelo Cônego Abel Brohée com estudantes da Universidade de Lovaina e aprovada em 1921 pelos bispos, a Associação Católica da Juventude Belga pretendia unir, a partir da paróquia, o conjunto da juventude, sem distinção de meio social e manter a direção do movimento nas mãos de assistentes eclesiásticos e de jovens intelectuais. Ora, J. Cardijn pensava exatamente o oposto, ou seja, que através de um movimento na linha da Associação Católica da Juventude Belga jamais se formaria jovens trabalhadores plenamente responsáveis "entre eles, por eles e para eles"[36], num espírito de camaradagem espontânea, segundo um método e uma linguagem verdadeiramente operários, em vista de uma ação

---

35. Cf. FIÉVEZ, M.; MEERT, J. *Joseph Cardijn*. Op. cit., p. 47-61.

36. Esta formulação, que será contextualizada na sequência e marca a especificidade e o caráter indutivo do método *ver-julgar-agir*, será retomada por diversas vezes neste estudo.

concreta sobre seu meio de vida natural e cotidiano. O conflito não tardaria a ser deflagrado. Golpe duro foi o do Cônego Brohée, que acusou a Juventude Sindicalista de "esfacelar o Corpo Místico de Cristo" e de pretender, ao separar os jovens operários de outros jovens cristãos, de "quebrar a unidade e promover a luta de classes"[37]. A acusação deflagrou um doloroso debate, durante o qual a Juventude Sindicalista morreu, mas para adotar, a partir de abril de 1924, outra denominação – *Juventude Operária Católica* (JOC).

Mesmo assim, continuou-se diante de um impasse. Os bispos não tinham a coragem de tomar posição, temendo o enfraquecimento do Partido Católico. Então, não restou outra alternativa a J. Cardijn que recorrer a Roma e pedir as bênçãos do papa para a sua obra. Como ele mesmo atesta, "eu pude ir a Roma no início de 1925 e tive a graça providencial de ser recebido em audiência privada por Pio XI, que aprovou a JOC em seu objetivo, método e organização"[38]. De retorno ao país, os bispos não tiveram outra opção senão autorizá-la oficialmente e aconselhar sua implantação em todo o território nacional. O Primeiro Congresso Nacional, realizado nos dias 18 e 19 de abril de 1925, marcaria a fundação oficial da JOC como movimento de Ação Católica especializada, ramo autônomo da Associação Católica da Juventude Belga, ainda que filiada a ela[39].

1.6 A evolução do pensamento de J. Cardijn e da JOC

Analisando de perto, em ordem cronológica, a farta documentação que registra o pensamento de J. Cardijn, homem "da ação e da palavra", constata-se que, à medida que o tempo avançava e a JOC fazia história, suas primeiras intuições passam por um processo de maturação e outras novas advêm, avanços que ele tentará inculcar em seu movimento. Sem pretender enquadrar o pensamento de um homem livre

---

37. FIÉVEZ, M.; MEERT, J. *Joseph Cardijn*. Op. cit., p. 67.
38. CARDIJN, J. *Laïcs en premières lignes*. Op. cit., p. 26-27.
39. Esta filiação teve um caráter meramente formal e estratégico, pois, na realidade, desde o início, a JOC trilhou caminhos diferentes da ACJB, para não dizer opostos a ela, no sentido de um movimento especializado, independente da tutela de jovens universitários e do atrelamento ao sindicalismo cristão ou ao Partido Católico.

numa classificação rígida, saltam aos olhos, pelo menos nove fases de seu pensamento e, de certa maneira, de sua obra.

A fase embrionária da JOC (1912-1918)

A passagem do Catolicismo Social à Ação Católica geral e, depois, com J. Cardijn, à Ação Católica especializada, se fez lentamente. No que diz respeito à fase de inserção no seio da Ação Católica geral e, partir dela, a gestão da Ação Católica especializada, ela durou sete anos. Corresponde ao período de J. Cardijn como vigário paroquial em Laeken, fase marcada pela Primeira Guerra de 1914-1918 e de sua prisão, por duas vezes, em St-Gilles.

Durante esse período, J. Cardijn trata de demarcar a separação da Ação Católica geral de outras formas e organizações de apostolado leigo, como a ação social e política ligada à linha do Catolicismo Social, às congregações marianas, às ordens terceiras etc. Para isso, ele acentua duas características básicas da Ação Católica. A primeira, para J. Cardijn, a Ação Católica é uma preparação, uma escola de treinamento, um serviço e uma ação representativa, destinada "por mandato da hierarquia", a suscitar e formar leigos em vista do apostolado, assim como a coordenar suas diferentes expressões. A segunda, os leigos se formam e se treinam, assim como realizam um apostolado específico na vida real dos meios de vida habituais, assumindo sua situação tal como ela se apresenta cotidianamente e tratando de descobrir, de julgar e de resolver seus próprios problemas e os dos outros.

Trata-se de uma nova concepção de Ação Católica, que J. Cardijn foi concebendo, desenvolvendo e aperfeiçoando em sua experiência em Laeken, através da criação da Liga de Mulheres, do Sindicato de Aiguille, de um círculo de estudo, do Sindicato de Aprendizes etc.[40]

A fase de separação da Ação Católica especializada da Ação Católica geral (1919-1922)

J. Cardijn não queria simplesmente uma Ação Católica independente do Catolicismo Social. Ele queria um movimento especializado e

---

40. A documentação mais importante sobre esse período são os *Manuscritos da Prisão St-Gilles*.

adaptado aos meios de vida. Seu projeto lança raízes no seio do Movimento Operário Católico (MOC), do qual em 1919 nasce a Juventude Sindicalista que, por sua vez, em 1924 se transforma na Juventude Operária Católica (JOC).

A principal diferença entre a Ação Católica geral e a Ação Católica especializada é que, a primeira, é um movimento ligado a partidos políticos católicos e ao sindicalismo cristão, comandados por jovens intelectuais. Ora, J. Cardijn queria um movimento centrado sobre a educação, como a Associação Católica da Juventude Francesa de Albert de Mun e a Ação Católica geral, mas não um movimento geral, único e uniforme em toda parte e para todos. Ele, nesta fase, sensibiliza os jovens e o clero em vista de uma Ação Católica especializada e adaptada aos diversos meios de vida. Para ele, a Ação Católica era essencialmente, de um lado, especializada em sua forma, uma vez que ela devia responder e se adaptar às necessidades dos diversos meios de vida e, de outro, complementar do "apostolado sacerdotal" na vida cotidiana.

Nessa época, J. Cardijn tem clara a necessidade de uma Ação Católica essencialmente especializada e condicionada à idade, ao sexo, aos meios de vida, aos problemas e condições de vida, com objetivos bem específicos. Mas nem por isso deveria deixar de ser englobante, precisamente por uma concepção e uma colaboração que abarca a totalidade da missão da Igreja. Em resumo, ele queria uma Ação Católica totalmente encarnada, tendo por objeto "a cristianização da totalidade da vida profana, individual e social".

A fase de criação da JOC (1923-1924)

A fase de criação da JOC caracteriza-se por uma série de conflitos, diante dos quais J. Cardijn vai dar prova de sabedoria, diplomacia e, sobretudo, de coragem e persistência. Como se viu anteriormente, num primeiro momento a fundação da Juventude Sindicalista gerou a incompreensão crescente do clero e a desconfiança dos meios burgueses. Depois, veio a oposição dos movimentos tradicionais. J. Cardijn evita a confrontação com o Cônego Brohée e o Padre Picard da Associação Católica da Juventude Belga, assim como com as organizações operárias cristãs, dissolvendo a Juventude Sindicalista e fundando a JOC. Diante da hesitação dos bispos, J. Cardijn recorre ao Papa Pio XI, que, em março de 1925, abençoa seu movimento. Em 18 de abril do mesmo ano, tem lugar o Primeiro Congresso Geral do movimento nascente, no qual 200 jovens trabalhadores fundam oficialmente a JOC.

A fase de implantação e estruturação interna da JOC (1925-1926)

Após a bênção do papa ao seu movimento, a aprovação dos bispos e sua oficialização no Primeiro Congresso Geral de 1925, a preocupação primeira de J. Cardijn, durante os anos de 1925-1926, foi implantar a JOC em todo o território nacional e dar-lhe uma sólida estruturação interna. Surge a JOC, militante em seus dois ramos: a JOC feminina e masculina, cada uma com sua organização própria nas regiões francófona e flamenga.

Quanto à estruturação interna, segundo o próprio J. Cardijn, ela consistiu basicamente em assumir "o programa que estava em estudo desde 1912, data da fundação dos primeiros grupos de jovens trabalhadores que lançaram o movimento [...], aprofundado e escrito durante a Guerra de 1914-1918" [...] e adotado no Primeiro Congresso de 1925"[41]. Tanto que o primeiro Manual da JOC[42] belga, na verdade, compõe-se basicamente das atas do Congresso de 1925, que definem os seus estatutos[43], o ato de filiação à Associação Católica da Juventude Belga[44], bem como seu programa geral, centrado na educação dos jovens assalariados e sua organização, através da determinação do papel da Federação Nacional, das federações regionais e das seções locais[45].

Nessa fase, constata-se que há no perfil do movimento uma forte conotação moralizadora[46] e uma supervalorização da educação.

---

41. CARDIJN, J. *Jeunes travailleurs face aux temps nouveaux – Leçons données à la Semaine d'Études des Dirigeants Fédéraux, Pâques 1942*. Bruxelas: Jocistes, 1942, p. 51.

42. Cf. *Manuel de la JOC*. Bruxelas: Jocistes, 1925, 218 p.

43. Cf. ibid., p. 147-151.

44. Cf. ibid., p. 217-218.

45. Cf. ibid., p. 61-141. Cf. tb. Cardijn, J. *Jeunes travailleurs face aux temps nouveaux* (1942). Op. cit., p. 51.

46. Cf. CARDIJN, J. *La vie morale des jeunes travailleurs au travail*. Op. cit.

J. Cardijn define a JOC como sendo, sobretudo, uma escola e dá grande ênfase ao engajamento no âmbito paroquial, mais que no mundo do trabalho[47].

A consolidação da independência da JOC em relação à Ação Católica geral (1927-1928)

Nos dois anos que se seguiram (1927-1928), J. Cardijn empenha-se em conquistar a independência da JOC em relação à Associação Católica da Juventude Belga através da aplicação em seu movimento de uma metodologia própria, adaptada ao seu meio específico. Nesta perspectiva, ele vai dar grande destaque ao meio social dos jovens assalariados, ao mundo do trabalho[48], confirmando a JOC como um movimento de Ação Católica especializada, diferente da Associação Católica da Juventude Belga. É uma Ação Católica adaptada à realidade dos jovens do meio operário, um movimento autônomo da tutela, tanto do movimento sindical como dos partidos políticos, assim como dos assistentes eclesiásticos e de jovens intelectuais. Nessa fase J. Cardijn define a JOC como um movimento de jovens operários – *"entre eles, por eles, para eles"* –, ainda que em estreita colaboração com a família e a escola, uma vez que a principal missão do movimento é favorecer uma educação permanente dos adultos.

A conquista e reconquista do mundo operário (1929-1945)

O pensamento de J. Cardijn na década de 1930 é caracterizado por um espírito de conquista do mundo operário. O programa da JOC, definido em 1929 e levado à prática a partir de 1930[49], confirma a Ação Católica especializada como uma das derivações do catolicismo intransigente[50]. Na realidade, com o surgimento da primeira grande crise do

---

47. Cf. CARDIJN, J. *La JOC et la Paroisse*. Bruxelas: Jocistes, 1925, 16 p.

48. Cf. CARDIJN, J. *Le travail des jeunes salariés et la Charte Jociste du Travail*. Bruxelas: Jocistes, 1928, 31 p.

49. Cf. HERMANS, A. La conquête du monde ouvrier dans l'action pédagogique de la JOC (avant 1940). *Joseph Cardijn, un homme, un mouvement – Actes du Colloque de 18-19/11/1982*. Lovaina: Universitaire/Kadoc [orig. em flamengo; trad. de Ir. Isidoor Hermans).

50. POULAT, E. *Église contre Bourgeoisie*. Paris: Casterman, 1977, p. 220.

sistema capitalista mundial em 1929, pouco a pouco se delineia nos meios católicos mais comprometidos, uma espécie de terceira via da Ação Católica especializada, marcada por um "espírito de reconquista", típico do projeto da Neocristandade nascente, sistematizado em 1936 por Jacques Maritain[51].

Este projeto, porém, entra em crise durante a Segunda Guerra. Sobretudo na França, os jovens jocistas, obrigados a conviver em espaços comuns com jovens de outras tendências, sobretudo marxistas, começam a questionar este estreito programa de reconquista. Concretamente, o postulado da necessidade de uma "consciência histórica" em substituição ao "ideal histórico concreto" iria suscitar divergências entre a JOC belga e a JOC francesa, afetando inclusive a JOC internacional[52]. O conflito se prolongaria até o final da década de 1940. Em 1949, J. Cardijn tenta uma solução. Ele convida os assistentes gerais da França, Inglaterra e Bélgica a se reunirem em Tourneppe, durante quatro dias de reflexão, com um grupo importante de teólogos e de especialistas; entre eles, J.M. Dominique Chenu, Yves Congar, Vilain, Tiberghien, Henri Desroches, Dondeyne, G. Thils, Roger Aubert etc.

Apesar dos esforços, entretanto, as divergências permaneceriam. A JOC belga, embora pioneira no método, continuaria apoiada principalmente sobre o substrato cristão da sociedade, mais tradicional em seus documentos, na doutrina e na teologia, dando grande ênfase à transmissão da "mensagem". Já a JOC francesa, consciente da ampla descristianização da classe operária, se apoiaria mais sobre o ser humano enquanto tal que sobre o cristão, desenvolvendo um programa

---

51. Cf. MARITAIN, J. *Humanisme Intégral*. Paris: Aubier, 1936. A "terceira via" da Ação Católica, que será descrita na sequência deste trabalho, marca sua distância frente ao socialismo e ao liberalismo, encarnada principalmente no programa da Democracia Cristã. Quanto ao "espírito de reconquista", ele marca a adesão da Ação Católica ao projeto de Neocristandade, que substitui o "espírito de conquista", ligado ao projeto de cristandade do Catolicismo Social nascente, especialmente francês, que queria apagar o "equívoco" da Revolução Francesa.

52. A esse respeito, cf. o testemunho de Jeanine Wynants expresso no Colóquio sobre J. Cardijn em Lovaina: MOULAERT, J. La pédagogie de J. Cardijn. *J. Cardijn, un homme, un mouvement*. Op. cit., p. 236. Estas duas diferentes posturas serão explicitadas mais adiante. Mas, diga-se de passagem, o "ideal histórico concreto" está ligado ao projeto de Neocristandade e o de "consciência histórica" rompe com ele, evocando a necessidade dos "princípios médios" para uma ação eficaz da fé dentro da sociedade.

de ação que une mais estreitamente evangelização e promoção humana, abrindo-se inclusive aos meios socialistas[53].

O problema operário num contexto de Terceiro Mundo (1946-1952)

Nos anos do período pós-guerra (1946-1952) o pensamento de J. Cardijn e a JOC entram numa nova fase. O movimento ganha uma estrutura verdadeiramente internacional. Era uma necessidade que se fazia sentir já há algum tempo, mas retardada propositalmente por J. Cardijn, que se justificava sempre dizendo que era preciso "primeiramente fazer alguma coisa, existir; depois virão as estruturas e os estatutos". Citando o Papa Pio XI, fazia lembrar nas horas difíceis em que "a criança, antes de tudo, fala; somente mais tarde ela aprende a gramática"[54]. Entretanto, em 1945, tinha chegado mais do que a hora de uma primeira página de gramática da JOC mundial. Para isso, um *Bureau* internacional é criado, patrocinado inicialmente pela França, Inglaterra e Bélgica, e um secretariado internacional se estabelece em Bruxelas. Estava, assim, aberta a era do jocismo internacional, na qual a realidade, os desafios e as aspirações do "Terceiro Mundo", provocariam grandes mudanças no seio do movimento, tanto em sua concepção como em relação à sua prática.

Foi durante esses anos que J. Cardijn empreendeu suas grandes viagens intercontinentais. Em 1946, ele fez sua primeira visita às três Américas e volta fascinado com maravilhas do avanço da tecnologia na América do Norte, mas também escandalizado com "proletarização" da América Latina[55]. Em 1949, ele foi à Ásia. Neste ínterim, a publicação na Europa do livro *Geografia da fome*, do brasileiro Josué de Castro, juntamente com a criação da categoria "Terceiro Mundo" por

---

53. Cf. FIÉVEZ, M.; MEERT, J. *Joseph Cardijn*. Op. cit., p. 153-155.

54. Ibid., p. 160.

55. Cf. CARDIJN, J. *J. Cardijn dans les trois Amériques*. Bruxelas: Jocistes, 1946. Cf. tb. CARDIJN, J. Premières impressions d'une randonnée mondiale. *Notes de Pastorale Jociste*, dez./1947-jan.1948. Bruxelas, p. 37-42. Cf. tb. CARDIJN, J. Coexistence du régime communiste et du régime capitaliste. *J. Cardijn face aux événements*. Op. cit., p. 37-38.

Alfred Sauvy[56], contribuiriam também para que J. Cardijn começasse a situar o problema da juventude trabalhadora no conjunto da classe operária mundial[57]. J. Cardijn passa a falar da necessidade não somente de uma "revolução interior", como fizera até então, mas de uma "revolução a partir da base"[58]. Afirmava que "a dignidade e o destino de cada trabalhador exigem a desproletarização, a libertação [sic], a emancipação da massa"[59].

Com isso, embora em nível do discurso a questão operária continue presa à visão "obreirista" da JOC – isto é, situada no "mundo do trabalho" –, na realidade, J. Cardijn já a situa no seio do "mundo da política". Em lugar de "cristianizar", ele começa a falar em "humanizar" o meio operário, ainda que continue defendendo o projeto da Neocristandade. Em suas palavras, "a dignidade de cada trabalhador requer um regime cristão, que sustente e favoreça este destino único e essencial"[60]. Mas são mais palavras que sua postura e ação frente à complexidade do mundo do trabalho, agora consciente do enfrentamento entre Hemisfério Norte e Hemisfério Sul, resquícios do período colonial.

A influência do personalismo de Emmanuel Mounier (1953-1960)

A partir da segunda metade da década de 1950, o grande problema para J. Cardijn era a despersonalização, consequência principalmente da robotização do trabalho e da influência massificante dos meios de comunicação social. Em lugar do "ideal histórico concreto" de Jacques Maritain[61], toma corpo o conceito de "consciência histó-

---

56. TIHON, A. Agir dans la société, vision politique, économique et sociale de J. Cardijn (1942-1967). *J. Cardijn, un homme, un mouvement.* Op. cit., p. 187.

57. CARDIJN, J. *L'Église devant la révolution mondiale.* Bruxelas: Jocistes, 1947, p. 18. • CARDIJN, J. *L'Église face au problème de la jeunesse travailleuse.* Bruxelas: Sécrétariat International de la JOC, 1949, p. 30.

58. CARDIJN, J. *L'Église face au problème de la jeunesse travailleuse.* Op. cit., p. 47.

59. CARDIJN, J. *L'Église devant la révolution mondiale.* Op. cit., p. 17-18.

60. Ibid., p. 18.

61. Postura inserida no seio do projeto de Neocristandade. Cf. Maritain, J. *Humanisme Intégral.* Op. cit.

rica" de Emmanuel Mounier[62], que iria influenciar principalmente a Ação Católica especializada latino-americana. J. Cardijn começa a fundamentar a dignidade da pessoa humana tão simplesmente no fato de ela ser humana e se interroga sobre a necessidade de uma justificação religiosa para o reconhecimento da dignidade do ser humano enquanto tal[63].

É também nesse período que o *ver* da trilogia *ver-julgar-agir* vai ser colocado por J. Cardijn como polo da articulação dialética da trilogia. Querendo contrapor à dialética materialista do marxismo a dialética jocista[64], em 1933, ele falava de três verdades fundamentais: a verdade religiosa ou de destino do homem (tese), a verdade moral ou vocacional (síntese) e a verdade física ou dos fatos (antítese)[65]. Depois, a partir de 1935, J. Cardijn referia-se a uma verdade de fé (tese), de experiência (antítese) e de pastoral (síntese)[66]. Mas, em 1949, e sobretudo na década de 1950, J. Cardijn rompe com seus últimos resquícios idealistas, renunciando ao primado da doutrina, para falar de "suas três verdades", numa ordem verdadeiramente indutiva, ou seja, uma verdade de fato (antítese), de doutrina (tese) e de método (síntese)[67]. Ele refere-se também ao método como "revisão de vida", noção que vem da Juventude Agrária Francesa (JAC)[68]. O ponto de partida de sua metodologia passa a ser a pessoa humana e seu meio de vida, ou seja,

---

62. Cf. MOUNIER, E. Feu la chrétienté (1950). *Oeuvres de Mounier*, vol. 3. Paris: Seuil: Paris, 1962. Esta posição, ao postular a necessidade dos "princípios médios" da ação, levará ao rompimento com o projeto de Neocristandade.

63. TIHON, A. *Agir dans la société*. Op. cit., p. 187.

64. CARDIJN, J. *Laïcs en premières lignes*. Op. cit., p. 9-10.

65. CARDIJN, J. *Problèmes fondamentaux: le salut par la vérité, la personne humaine, la société humaine – Leçons données à la Semaine d'Études de Godinne*. Bruxelas: Sécrétariat Général, 1933, p. 15.

66. Cf. *Allocutions de J. Cardijn à la Semaine d'Études Internationale de la JOC, 25-29 août de 1935*. Bruxelas: Jocistes, 1935, p. 73, 76, 153.

67. CARDIJN, J. *Prêtres et Laï Catolicismo Social et la rechristianisation de la Jeunesse Travailleuse – Leçons données à la Semaine d'Étude des Aumôniers de la JOC, Namur, 27-29 décembre 1950*, Bruxelas: Jocistes, 1950, p. 62.

68. Cf. DORÉ, J. L'Action catholique aujourd'hui et demain – Exposé théologique du Père Joseph Doré au Colloque de l'Action catholique. *Documentation Catholique*, n. 1.974, p. 1.181-1.191, aqui p. 1.185.

o real e não o ideal apontado pela doutrina; uma espécie de "ciência pessoal", como ele afirmava desde 1917[69].

A substituição do programa de "conquista" pela "transformação" do mundo (após 1960)

Na década de 1960, o projeto de Neocristandade entraria em crise praticamente no mundo inteiro e o Concílio Vaticano II sepultaria definitivamente a mentalidade de Cristandade e de Neocristandade. Consequentemente, a "terceira via" da Ação Católica especializada, baseada num programa de Neocristandade, também entra em crise. Porém, uma vez mais, J. Cardijn não será surpreendido pela história; ao contrário, ainda na abertura do Concílio Vaticano II, ele propõe aos padres conciliares a substituição do projeto de "conquista" do mundo operário para a Igreja por uma colaboração da Igreja na "transformação" do mundo[70]. Dentro de uma sociedade pluralista, era a Igreja renunciando, enfim, a um projeto próprio de sociedade para, numa atitude de serviço e de diálogo, buscar um modelo de sociedade baseado na justiça, juntamente com todos os "homens de boa vontade"[71].

2 Alguns aspectos gerais do método da JOC

O célebre método *ver-julgar-agir* da JOC, posteriormente assumido pela Ação Católica especializada em todos os seus ramos, consistia em, a partir dos fatos observados na vida cotidiana, efetuar um juízo sobre eles para, em seguida, desembocar numa ação concreta, consequente

---

69. Cf. CARDIJN, J. Manuscrits de Saint-Gilles. Redigido na prisão e datado de 04/02/1917. In: *Archives J. Cardijn*.

70. TIHON, A. *Agir dans la société...* Op. cit., p. 187. Ideia que, segundo ele, aparece no livro *Laïcs en premières lignes*, publicado em 1963, que J. Cardijn preparou a pedido dos padres conciliares.

71. Como já se disse, o objetivo aqui não é fazer a biografia de J. Cardijn. A título de ilustração, façamos ao menos referência aos seus últimos passos. Suas últimas viagens: em 1960 J. Cardijn faz duas viagens à África; em 1961, ao Brasil, ao Rio de Janeiro e a Petrópolis; em 1962, aos Estados Unidos e Canadá; em 1963, à Argentina e novamente ao Canadá; em 1964, à América Central, novamente à África e à Índia; em 1965, vai à Ásia; em 1966, ao México; e, em 1967, ao Extremo Oriente e ao Japão. Nomeado bispo por Pio XII em 30 de maio de 1950, ele participará da última sessão do Concílio Vaticano II, em 1965, já como cardeal. No dia 24 de abril de 1967, ele se encontra pela última vez com Paulo VI. No dia 24 de julho ele parte, proferindo como últimas palavras: "tudo está muito bom assim". Cf. FIÉVEZ, M.; MEERT, J. *J. Cardijn*. Op. cit., p. 241.

com os dois passos precedentes. Porém, tanto por parte de J. Cardijn quanto no seio da JOC, assim de outras ramificações da Ação Católica especializada, este método foi praticado, sobretudo, oralmente nos múltiplos encontros dos membros do movimento, em seus diversos níveis de organização e de execução. Não se encontra, infelizmente, na bibliografia de J. Cardijn ou da JOC belga de seu tempo, qualquer tentativa de sistematização dos resultados das sucessivas reuniões de avaliação da caminhada ou de uma síntese de observações e juízos elaborados, nem das ações levadas a efeito[72]. É uma tarefa, em grande medida, ainda por fazer. Evoquemos, aqui, pelo menos alguns elementos de uma visão global do método.

2.1 A Ação Católica, herdeira do Catolicismo Social

O método *ver-julgar-agir* da JOC é uma criação de J. Cardijn, fruto de um largo processo de ação e reflexão, pessoal e coletiva, em diferentes espaços. Concretamente, o método da JOC se inscreve na linha de continuidade da pedagogia do Catolicismo Social, particularmente dos Círculos Operários Católicos, fundados em 1871, assumidos posteriormente pela Associação Católica da Juventude Francesa, fundada em 1886, ambos obra de Albert de Mun (1841-1914). Inicialmente, a Associação Católica da Juventude Francesa estava fortemente marcada pelo espírito contrarrevolucionário na linha do *Syllabus*[73], tendo como lema *"piedade, estudo, ação"*. A partir de 1892, sua pedagogia se estende aos meios populares, sobretudo entre os jovens agricultores e abre-se aos problemas sociais. Durante a gestão de seu novo presidente Henri Bazire (1899-1904), sob o lema "sociais porque católicos", transforma-se cada vez mais num centro de formação social. O Congresso de Besançon, realizado em 1898, decide estendê-la a todas

---

72. MOUGENOT, C.; MORMONT, M. *L'Invention du rural*. Bruxelas: Vie Ouvrière, 1988, p. 126.

73. Na realidade, Pio IX, influenciado pela filosofia política de corte tradicionalista, pensamento corrente no mundo católico na metade do século XIX, foi incapaz de separar entre o que, nos "princípios de 1789", tinha um valor positivo e o que era transformação em termos políticos de uma ideologia racionalista, herdeira do Século das Luzes. Ele confundiu democracia com "Revolução Francesa", e esta com o questionamento de todos os valores cristãos tradicionais. Sobre a questão, cf. AUBERT, R. Pie IX et la politique du "non expedit" – Syllabus. *Nouvelle histoire de l'Église – Tome 5: L'Église dans le monde moderne*. Op. cit., p. 11-19.

as classes sociais, sublinhando a necessidade de um "apostolado do semelhante pelo semelhante", esforçando-se, segundo as palavras do presidente sucessor J. Lerrolle, em 1907, por "conquistar a opinião pública pela ação social". O que se espera é que o engajamento ativo de "uma elite de católicos convictos" nos meios sindicais e assistenciais derrube o muro das incompreensões que afastavam as massas trabalhadoras da Igreja[74].

2.2 A pedagogia da Associação Católica da Juventude Francesa como base da pedagogia da JOC

Diga-se de passagem, é preciso distinguir "pedagogia" de "método", também com relação à "pedagogia" e ao "método" da JOC. A pedagogia é mais abrangente do que o método. Na verdade, o denominado "método da JOC" – *ver-julgar-agir* – não é mais que o núcleo central de uma pedagogia do movimento, que implica, em grandes linhas, entre outros: a criação de um movimento especializado de jovens, um movimento do mundo operário e para o mundo operário; a formação de "círculos de estudo" ou de seções locais do movimento; a utilização do método *ver-julgar-agir*, sobretudo nas reuniões; o desenvolvimento de uma ação "entre eles, por eles e para eles" (os jovens) no mundo do trabalho; a militância de uma elite sobre, para ou dentro da massa trabalhadora[75]; uma ação representativa junto aos patrões e ao Estado etc.

Assim, pode-se afirmar que a pedagogia da JOC vem na esteira da pedagogia da Associação Católica da Juventude Francesa. J. Cardijn conhecia bem o Catolicismo Social, não somente sua bibliografia, como também sua prática. Em suas viagens à Alemanha e à França, ele havia entrado em contato, especialmente com seus homens de ação e, obviamente, com Albert de Mun, fundador da Associação Católica da Juventude Francesa. Mais que isso, J. Cardijn alicerça a sua JOC

---

74. Cf. AUBERT, R. Pastorale et Action Catholique. In: VV.AA. *Nouvelle Histoire de l'Église* – tomo 5: *L'Église et le monde moderne*. Op. cit., p. 150-151.

75. Aqui está presente, ainda que inconsciente, o perfil vanguardista da Ação Católica, mas que será ponderado mais tarde pelo próprio J. Cardijn.

sobre as cinco colunas da Associação Católica da Juventude Francesa, a saber: dos Círculos de Estudo, J. Cardijn criará as seções locais de seu movimento; do lema "apostolado do semelhante pelo semelhante", ele dirá que a JOC é um movimento de jovens operários "entre eles, por eles e para eles"; do engajamento ativo de uma elite de católicos convictos, J. Cardijn falará da formação de uma elite de militantes para agir dentro da massa; finalmente, baseado na trilogia "piedade, estudo, ação", ele irá contrapor a "dialética jocista" à "dialética materialista": inicialmente nesta ordem – uma verdade religiosa (tese), uma verdade dos fatos (antítese) e uma verdade pastoral (síntese); depois, colocando a antítese como primeiro passo, o que desembocaria na trilogia *ver-julgar-agir*.

2.3 Uma metodologia indutiva e ativa e, por fim, dialética

Embora baseada sobre as cinco colunas da Associação Católica da Juventude Francesa, entretanto, a pedagogia da JOC apresenta dois aspectos novos e originais. Em primeiro lugar, na raiz da pedagogia do método da JOC se insere, por um lado, um procedimento indutivo. Na visão tradicional reinante até então, é a Igreja enquanto instituição que, a partir de uma doutrina e de normas morais, define o comportamento social dos fiéis. Ora, a metodologia da JOC inverte esse procedimento. Para J. Cardijn, "na JOC não existe nada *a priori*, nada de arbitrário, de artificial, de abstrato, nem na organização, nem na ação, nem na formação, nem nos métodos [...] tudo é comandado [...] pelo problema da juventude trabalhadora"[76]. Ainda em 1917, J. Cardijn escrevia a respeito dos Círculos de Estudo em Laeken, que se transformariam mais tarde em "seções de militantes": "que ninguém se contente em assistir a um Círculo de Estudo, mas que todos colaborem e trabalhem efetivamente. Um Círculo de Estudo deve ser uma verdadeira cooperativa de produção, onde todos os membros exprimam suas constatações, suas ideias, suas aspirações, seus juízos, seu desejo de apostolado. São os frutos destas constatações, destas observações e destas reflexões

---

76. CARDIJN, J. *La JOC, Leçons données aux Journées Sacerdotales de Vienne, les 3 et 4 janvier 1938*. Bruxelas: Jocistes, 1938, p. 5-6.

que eu chamo de 'ciência pessoal', incomparavelmente mais fecunda e mais rica do que a ciência livresca"[77].

Além disso, na raiz da pedagogia do método da JOC, se insere também uma metodologia ativa: "na escola jocista, através de discussões informais e de conversações em que todos os participantes reagem, eles são levados a descobrir por eles mesmos a verdade e são preparados para comunicá-la a seus companheiros, para propagá-la em seu meio de trabalho [...] e para encontrar uma solução prática para todos os problemas essenciais relativos à pessoa, ao seu destino, ao seu trabalho, à sua conduta e à constituição da família e da sociedade"[78]. Para J. Cardijn, a JOC é uma escola, mas também um serviço[79]. O objetivo último do método jocista, durante quase toda a história da JOC, é uma ação, em um primeiro momento, conquistadora da classe operária para o seio da Igreja, mas depois, de humanização do mundo, segundo os ideais do Evangelho[80].

Mais tarde, com a introdução da noção de "revisão de vida", a trilogia de J. Cardijn se articulará dialeticamente na medida em que o *agir* passa a ser a melhor introdução ao *ver*[81]. É quando realmente o método da JOC passa a partir da ação, para retornar à ação.

2.4 Os três momentos do método e sua relação entre si

As grandes linhas da pedagogia da JOC são facilmente identificáveis no pensamento de J. Cardijn e se encontram explicitadas, de maneira razoavelmente clara, desde os seus primeiros escritos. No que diz respeito ao método, entretanto, núcleo central de sua pedagogia, o trabalho de busca das primeiras raízes e de sua evolução até a floração

---

77. CARDIJN, J. Manuscrits de Saint-Gilles. Redigido na prisão e datado de 04/02/1917. In: *Archives J. Cardijn*. • FIÉVEZ, M.; MEERT, J. *J. Cardijn*. Op. cit., p. 78-79. • VV.AA. *Va libérer mon peuple*. Op. cit., p. 78-79.

78. CARDIJN, J. *La JOC et la détresse intellectuelle et morale des jeunes travailleurs*. Bruxelas: Jocistes, 1930, p. 23-24.

79. CARDIJN, J. *Allocutions de J. Cardijn à la Semaine d'Études Internationale de la JOC*. Op. cit., p. 75.

80. CARDIJN, J. *La JOC et la détresse intellectuelle et morale des jeunes travailleurs*. Op. cit., p. 28.

81. A esse respeito, cf. Colóquio sobre J. Cardijn realizado em Lovaina. • MOULAERT, J. A pedagogia de J. Cardijn. *Joseph Cardijn, un homme, un mouvement*. Op. cit., p. 248.

é bem mais complexo. *Grosso modo*, a explicitação dos três momentos do método aparece escrita, pela primeira vez, numa brochura que recolhe o texto de uma conferência de 1914[82] mas, sobretudo, nos *Manuscritos da Prisão de Saint-Gilles*, em 1917. Entretanto, segundo J. Cardijn, essa mesma metodologia já vinha sendo aplicada nos Círculos de Estudo em Laeken, desde 1912[83], comprovando que seu pensamento avançou mais pela ação do que pela reflexão.

J. Cardijn ficaria ainda muito tempo em busca dos três termos que caracterizariam, de forma clara e concisa, cada um dos três passos ou momentos do método da JOC. Apoiando-se sobre o lema dos Círculos Operários de Albert de Mun – "piedade, estudo, ação" –, J. Cardijn quer criar um método de formação para os seus próprios Círculos de Estudo, posteriormente chamados "reuniões de militantes" e, por fim, de "seções locais" do movimento. Nos Manuscritos de Saint-Gilles, J. Cardijn designa essa metodologia como uma "ciência pessoal", "uma verdadeira cooperativa de produção, onde todos os membros trazem suas constatações, suas ideias, suas apreciações, seus julgamentos [...]. Toda pessoa que tem o coração e o espírito abertos às ideias e aos fatos sociais, observa, constata e reflete"[84].

Nesse período, porém, como a preocupação era eminentemente educacional e o movimento se propunha, antes de tudo, a uma educação permanente da juventude operária, complementária à educação formal, o terceiro momento do método, o momento do *agir*, não aparece ainda de maneira explícita. Entretanto, num outro importante escrito de 1924[85], J. Cardijn já tem claramente esboçada a metodologia em sua integralidade. Ele fala de um primeiro passo que consiste em "relatar os eventos, tomar consciência dos problemas"; de um segundo

---

82. Trata-se de uma brochura publicada em flamengo, intitulada *Hoe kan een studiekring werken naar buiten?* (Como um círculo de estudo conduz à ação?), fruto de uma exposição durante a Jornada de Estudo da Federação dos Círculos de Estudo flamengos realizada em Lovaina (Éd. Geloofsverdediging, Anvers, 1914, 16 p.). J. Cardijn considerava esta exposição como a expressão inicial de sua concepção da metodologia jocista.

83. Cf. Manuscrits de St-Gilles, apud FIÉVEZ, M.; MEERT, J. *Joseph Cardijn*. Op. cit., p. 37.

84. Ibid.

85. Cf. CARDIJN, J. La Jeunesse Ouvrière Chrétienne. In: *Dossiers de l'Action Catholique*, set./1924.

momento que implica "descer às raízes, ir às causas"; e de um terceiro, que consiste em "descobrir os remédios para combater os abusos e os prevenir"[86]. Num outro documento de importância capital, o Manual da JOC de 1925, J. Cardijn refere-se à metodologia como uma "ciência vivida" e caracteriza os três momentos com a formulação "conhecer, julgar, querer"[87]. Um ano depois, num escrito de 1926, meio nas entrelinhas, J. Cardijn refere-se, finalmente, à metodologia da JOC como aprender a "ver, a julgar e a agir": "o método jocista consistirá, sobretudo, em dar aos jovens ideias pessoais, em lhes ensinar a assumir atos pessoais, em lhes fazer adquirir hábitos pessoais, em lhes inspirar um ideal pessoal, ensinar a ver, a julgar e a agir"[88]. Mas será num escrito de 1930 que aparecerão, não somente de forma concisa, genial e clara, como também uma breve caracterização de cada um dos três passos, os três termos da trilogia ver-julgar-agir[89].

Restava a questão da hierarquia destas três verdades fundamentais, o que só seria explicitado, de maneira dialética, num escrito de 1950[90]. Nos primórdios, embora na prática, no interior das reuniões dos círculos, se partisse sempre do *ver*, baseado no resultado das enquetes individuais ou coletivas, na realidade predominava o primado do espiritual ou da doutrina sobre o real e o factual e, portanto, havia um procedimento ainda dedutivo. Como atesta a ordem hierárquica das "três verdades dialéticas" de J. Cardijn, primeiro ele sempre nomeava a verdade de fé (doutrina; tese), depois a verdade dos fatos (experiência; antítese) e, por fim, a verdade de pastoral (método; síntese). Ou, então, invertendo os últimos dois momentos. O método da JOC, até ao final da década de 1940, traduz claramente esta pers-

---

86. Ibid., p. 8.

87. CARDIJN, J. *Manuel de la JOC*. Ed. de 1925. Op. cit., p. 118.

88. CARDIJN, J. *La vie morale des jeunes travailleurs au travail*. Op. cit., p. 24.

89. CARDIJN, J. *La JOC et la détresse intellectuelle et morale des jeunes travailleurs*. Op. cit., p. 27. Estranhamente, o Manual da JOC, em sua edição revisada e aumentada de 1930, continua ainda a se referir à metodologia de forma imprecisa, falando de "julgar, querer, agir". Cf. *Manuel de la JOC*. 12. ed. Bruxelas/Paris: JOC, 1930, p. 216. Mais adiante, à p. 233, o manual faz uma breve caracterização de cada um dos três passos, mas sem utilizar a formulação "ver, julgar, agir".

90. CARDIJN, J. *Prêtres et la rechristianisation de la Jeunesse Travailleuse – Leçons données à la Semaine d'Étude des Aumôniers de la JOC, Namur, 27-29 décembre 1950*. Bruxelas: Jocistes, 1950, p. 62.

pectiva, na medida em que ele opera uma distinção, implícita, mas clara, entre os valores cristãos que servem para julgar a realidade e a ação social e política[91].

Porém, a partir de 1949, com suas viagens ao Hemisfério Sul e o imperativo de uma formação na ação, assim como com o surgimento da noção de "revisão de vida" no seio da Ação Católica francesa, mais precisamente a JAC, J. Cardijn renuncia definitivamente ao primado da doutrina (tese) em seu método, para partir realmente da ação. Passa-se a admitir que a ação emite, ainda que tematizado precariamente, uma luz também sobre a doutrina, situando-a também dentro do contexto social e do círculo dialético. A partir de então se falará menos de "passos" do método na medida em que cada passo é tomado de uma maneira mais ou menos independente em relação aos demais, para se falar de "momentos" de um método, todo ele numa estreita relação dialética com a realidade dos sujeitos que o exercitam.

---

91. MOUGENOT, C.; MORMONT, M. *L'Invention du rural.* Op. cit., p. 125.

2
Ver a realidade: condição para a inserção da Igreja nos meios de vida

Após a apresentação, em grandes linhas, da obra, da personalidade e das grandes etapas do pensamento de J. Cardijn, abordaremos agora, separadamente, em três diferentes capítulos, cada um dos três momentos do método da JOC, que viria a tornar-se o método da Ação Católica especializada como um todo, em todo o mundo. Este capítulo é dedicado ao primeiro momento do método, ao *ver*. Conforme referência feita anteriormente, nos restringiremos, aqui, a uma apresentação do pensamento de seu idealizador a este respeito, registrado em seus próprios escritos e através de citações textuais, sem maiores comentários.

A JOC e o método *ver-julgar-agir* inicialmente estão circunscritos num contexto de Neocristandade[1], pois são uma reação frente aos meios liberais-positivistas que queriam confinar a Igreja na esfera do privado. São uma reação também ao marxismo, que denunciava a religião nos meios operários como "ópio do povo"[2]. Ora, J. Cardijn estava

---

1. O regime de Neocristandade se caracteriza pela tentativa de restauração de uma espécie de regime de Cristandade, uma Cristandade profana, apoiada não mais sobre o clero, mas sobre os leigos. Tem suas teses inspiradas na *Rerum Novarum* e sua teologia elaborada sobretudo a partir do pensamento de Jacques Maritain, na década de 1930. A Neocristandade entrará em crise na década de 1960 e será superada pelo período de Pós-cristandade, inaugurado pelo Concílio Vaticano II.

2. Os socialismos, na época, eram basicamente dois: o utópico e o marxista. O socialismo utópico foi o pioneiro e apareceu após 1815 na Inglaterra com Robert Owen (1771-1858), através da implantação de indústrias dentro de regime de autogestão, ainda no clima de euforia suscitado

convencido não somente de que era preciso, mas que era possível encarnar a religião no coração dos problemas dos meios de vida. Pensava, igualmente, que os marxistas não tinham o monopólio da luta pela justiça social. O Evangelho, para ele, levava a Igreja necessariamente a engajar-se no mundo, independente das motivações das ideologias, por melhores que elas fossem[3]. Tal como defendiam os militantes do Catolicismo Social na França – "sociais, porque católicos".

Na verdade, a obra de J. Cardijn era uma das primeiras reações sadias frente à Cristandade e à Neocristandade[4] frente aos valores do mundo moderno, mesmo que, como toda "reação"[5], continuasse prisioneira em certa medida, da postura que se propunha superar. A obra de J. Cardijn, embora ainda fortemente dominada por um programa de "reconquista" da classe operária e restrita ao mundo do trabalho[6], lugar desta apostasia obreira, é expressão da assimilação

---

pela Revolução Industrial. Logo após os mesmos ideais socialistas apareceram na França, mas já como um posicionamento crítico diante do sistema liberal capitalista. Os maiores teóricos foram: Saint-Simon (1760-1825), com suas obras *O sistema industrial* e *O catecismo dos industriais*, e suas ideias foram retomadas e desenvolvidas por discípulos entusiastas como Augusto Comte, Olinde, Rodrigués, Basard e Enfantin; Fourier (1772-1837), com suas obras *Harmonia universal* e *Tratado da associação*; Joseph Proudhon (1809-1865), com suas obras *A capacidade das classes trabalhadoras, A filosofia da miséria* e *O papel da justiça na Revolução e na Igreja*. O socialismo "científico" é obra especialmente de Karl Marx, divulgado através de suas obras principais: *A miséria da filosofia, Manifesto do Partido Comunista* (1848) e *O capital* (1867). O socialismo contra o qual J. Cardijn vai contrapor seu movimento é o socialismo marxista.

3. Na realidade, J. Cardijn tomava distância das ideologias não só como "motivação" para um engajamento no mundo, mas igualmente como "mediação" para a ação, não percebendo que esta "transcendência política" era também ideológica.

4. O período de Cristandade é o período que se estende por toda a Idade Média e início da Era Moderna caracterizado, entre outros, por uma visão centrípeta ou eclesiocêntrica do mundo por parte da Igreja; por uma espécie de "totalitarismo religioso", no qual tudo era visto como um todo penetrado pelo sagrado; por uma concepção da natureza ("corrompida") próxima de pecado, o que justificava a intervenção direta da Igreja no político para saná-lo; por um contexto de unanimidade cristã em que "cristão" é tido como sinônimo de "cidadão", fruto da união entre Igreja e Estado etc. Esse largo período foi sendo corroído internamente pelo advento do Humanismo, da Renascença e da Reforma protestante no século XVI e, externamente, pela Revolução Francesa, ocorrida no século XVIII, mais precisamente em 1789. Cf. LABBE, Y. Catégorie de la modernité. *Nouvelle Revue Théologique*, 6, p. 358-380, 1982.

5. Toda "reação" é quase sempre marcada por um espírito apologético, cuja argumentação depende, de certa maneira, das teses contra quem se está reagindo. Daí "Neocristandade" ou "nova" Cristandade.

6. Por *mundo do trabalho* se entende o espaço ocupado pela Igreja com o aparecimento da Doutrina Social, especialmente através da Ação Católica; por *mundo da moradia*, o espaço tradicional da ação social da Igreja até ao Catolicismo Social, marcado pela assistência; por *mundo da política*, o universo de referência da ação no seio da sociedade autônoma; e, finalmente, o *mundo*

por parte da Igreja, entre outros, de dois grandes valores da Modernidade: a concepção do ser humano como subjetividade criadora e a historicidade[7].

Concretamente, a iniciativa de J. Cardijn vai consistir em criar um movimento de jovens operários cristãos, para atuarem em seu próprio meio de vida, alicerçado sobre uma metodologia indutiva e ativa e, posteriormente, dialética. O aspecto indutivo, que coloca em evidência a concepção do ser humano como subjetividade criadora, além de marcar a independência de seu movimento em relação ao Partido Católico e ao Sindicalismo Cristão na Bélgica, faz dela, no dizer de J. Cardijn, uma espécie de "ciência pessoal", através da qual os próprios jovens se tornam "sujeitos e matéria" de estudo. Quanto ao lado ativo do método, ao partir da ação para voltar à ação, faz do *agir* a melhor introdução ao *ver* e assume a historicidade do compromisso cristão e da própria missão da Igreja. É justamente no terreno da história, mais precisamente em relação à leitura dos fatos históricos, que se imporá como evidência para J. Cardijn o uso da sociologia, condição para uma correta articulação entre fé e ação pastoral.

Em relação ao momento do *ver*, embora J. Cardijn jamais tenha elaborado uma sistematização de seu método, entretanto, emerge de seu pensamento, com certa evidência, a busca de resposta a quatro grandes questões básicas: "por que" conhecer a realidade? "Para que"[8] conhecê-la? Conhecê-la através "de quem"? E "como" conhecê-la?

O presente capítulo apresenta a resposta de J. Cardijn a cada uma destas questões. Com o objetivo de melhor perceber a evolução do pensamento do autor, vamos indicar nas referências bibliográficas do rodapé a data correspondente.

---

da cultura como fruto da tomada de consciência de um âmbito mais vasto e profundo da vida pessoal e dos povos, onde se tecem o horizonte dos valores que regem os comportamentos e incidem nas tomadas de decisões em todos os âmbitos da vida.

7. Uma boa caracterização da postura da Igreja no contexto de Cristandade e de Neocristandade encontra-se em GUTIÉRREZ, G. *Líneas pastorales de la Iglesia en América Latina – Análisis teológico.* Op. cit., p. 14-26.

8. O *"para quê"* está mais diretamente relacionado com o momento do *agir*; porém, sendo ele um ponto de chegada que influencia o ponto de partida, convém fornecer desde já alguns elementos que ajudarão a compreender o universo do *ver* em J. Cardijn.

1 "Por que" ver a realidade?[9] – O imperativo de uma metodologia indutiva e ativa

No intuito de nos situar melhor no interior do momento do *ver* propriamente dito, faz-se necessário dar-se conta das razões que fizeram com que J. Cardijn criasse uma metodologia pastoral, que partia da realidade histórica, quando nos meios eclesiais de então, a prática corrente era refletir e agir a partir de determinados princípios ou teses, portanto de maneira dedutiva. O método da JOC, em lugar de partir da tese, parte da antítese[10]; isto é, dos problemas, do real cotidiano, da vida, ainda que o momento do *julgar*, por um certo tempo, fosse constituir o polo de articulação da trilogia. As razões da postura indutiva e depois dialética são de ordem antropoteológica, pastoral e pedagógica.

1.1 Razão de ordem antropoteológica

Na base da intuição de J. Cardijn, que culminou na criação de um método indutivo de formação e de ação, está sua determinação em romper com a herança multissecular do platonismo, ainda presente no seio da Igreja de então, especialmente no campo da antropologia teológica. Conforme registros na primeira edição do manual da recém-criada JOC, J. Cardijn, falando aos jovens com sua costumeira convicção e uma certa dose de impaciência, afirmava que "a alma dos jovens não é independente do corpo, sua vida espiritual está ligada à vida do trabalho"[11]. Nesta mesma linha, mais tarde, inspirado certamente na chamada *nouvelle théologie* (nova teologia)[12] nascente, dirigindo-se a padres austríacos, lembrava ele que "um dogma primeiro de nossa fé" é que

---

9. "Realidade" é um termo que se presta a diversas interpretações e se circunscreve a universos semânticos variados. O termo, na concepção de J. Cardijn, será explicitado no decorrer deste capítulo. Basicamente, por "realidade" ele entende o meio de vida dos jovens operários ou o mundo do trabalho e, mais tarde, a vida da sociedade como um todo. A este respeito, cf. CARDIJN, J. *L'Église face aux problèmes de la jeunesse travailleuse*. Op. cit., p. 36.

10. Como será visto a seguir, trata-se de uma "antítese", entendida como as contradições do mundo do trabalho em relação à tese do "ideal" da "doutrina social e moral católicas".

11. CARDIJN, J. *Manuel de la JOC* (1925). Op. cit., p. 23. Cf. tb. CARDIJN, J. *Prêtres et Laïcs*. Op. cit., p. 7.

12. Trata-se da releitura dos dogmas a partir das teses da antropologia moderna ou da explicitação de sua dimensão social, como era o caso do trabalho de H. de Lubac.

"todos os jovens trabalhadores e as jovens trabalhadoras são chamados por Deus a um destino eterno", a vocação de "ser colaboradores e herdeiros de Deus", que "não começa após a morte", mas "se encarna em sua vida temporal, se desenvolve e desabrocha em todos os aspectos desta vida temporal"[13]. No auge da JOC internacional, J. Cardijn ainda repetia que "o destino eterno e o destino temporal são inseparáveis"[14] e, advertia que "uma doutrina que ignorasse a dignidade dos trabalhadores e seus direitos irrevogáveis em todos os aspectos de sua vida terrestre – vida de trabalho, vida familiar, vida social – seria um 'ópio' e Marx teria tido razão em prevenir os trabalhadores contra ela"[15].

J. Cardijn tinha consciência que a dicotomia reinante, herança multissecular e defendida nos últimos séculos pela burguesia católica, havia contribuído para o encurralamento da religião para a esfera do privado por parte dos segmentos liberais-positivistas da sociedade, com sérias consequências para a missão da Igreja. Nos primórdios da JOC, frisava que "para um número imenso de cristãos, a religião é algo privado, separada da vida cotidiana, quando na realidade ela deve ser a alma, o motor, a transformadora, a sobrenaturalizadora de toda essa vida"[16]. Ora, seu movimento, adaptado ao meio operário e alicerçado sobre uma metodologia indutiva e ativa, posteriormente dialética, tinha como objetivo primeiro romper com essa dupla dicotomia corpo-alma, de um lado, e espiritual-temporal ou Igreja-mundo, de outro. Sua preocupação fundamental, tal como afirma no final de sua vida, "tem sido sempre a de fazer a religião entrar dentro da vida, nos diversos meios de vida e no coração dos problemas que eles apresentam"[17].

---

13. CARDIJN, J. *La JOC, Leçons données aux Journées Sacerdotales de Vienne, les 3 et 4 janvier 1938*. Op. cit., p. 9. Cf. tb. CARDIJN, J. *L'Église face aux problèmes de la jeunesse travailleuse* (1949). Op. cit., p. 29. • CARDIJN, J. *L'Heure de la classe ouvrière* (1948). Op. cit., p. 28.

14. CARDIJN, J. *L'Église face aux problèmes de la jeunesse travailleuse* (1949). Op. cit., p. 29.

15. CARDIJN, J. *L'Église devant la révolution mondiale*. Bruxelas: Jocistes, 1947, p. 17. Cf. tb. CARDIJN, J. *L'État et l'Église, la religion n'est pas "une affaire privée"*. In: *Cardijn face aux événements*. Op. cit., p. 24-25.

16. CARDIJN, J. *Problèmes fondamentaux: le salut par la vérité, la personne humaine, la société humaine – Leçons données à la Semaine d'Études de Godinne* (1933). Op. cit., p. 9.

17. CARDIJN, J. *Laïcs en premières lignes* (1963). Op. cit., p. 24.

O apóstolo dos operários sentia-se ainda mais seguro de suas intuições, quando se dava conta de que elas eram, também, bandeiras da própria Igreja. Como lhe havia sido confidenciado em suas visitas oficiais a Roma, ele sabia que "o pontificado de Pio XI era dominado por um pensamento central: o enraizamento da Igreja dentro do real"[18]. O mesmo papa, falando durante a recepção oficial dos delegados da JOC belga em 1929 e 1931 havia dito e repetido: "vocês são os missionários da Igreja dentro do mundo do trabalho"[19]. Era uma missão a ser levada a efeito pelos próprios jovens, "através das ações mais ordinárias de sua vida cotidiana, em seu meio originário de vida"[20].

1.2 Razão de ordem pastoral

Uma segunda razão que justifica a conotação indutiva da metodologia de J. Cardijn consiste no fato dele, por princípio, se opor a todo tipo de dogmatismo, seja na formação ou na organização, seja na ação. Tradicionalmente, com relação ao ensinamento e à formação, assim como ao modo habitual de funcionamento ou de engajamento social dos cristãos, é a Igreja enquanto instituição que dita não somente as legitimações, como também de maneira estrita os valores e as normas de comportamento. A Igreja se apresenta no seio da sociedade não somente com um discurso próprio, mas também se faz presente através de instituições próprias que a levam a distanciar-se de importantes segmentos da população e a identificar-se com determinados interesses particulares[21]. Ora, J. Cardijn quer seu movimento independente, seja do Partido Católico sustentado pela instituição eclesial, seja da tutela do Sindicalismo Cristão, seja da influência da juventude intelectual burguesa[22]. Ele quer que os jovens, a partir deles próprios e a partir

---

18. Ibid., p. 27.
19. Ibid.
20. CARDIJN, J. *Le jeune travailleur et la jeune travailleuse devant la vie*. 2. ed. Bruxelas: Jocistes, 1949, p. 9. J. Cardijn está convicto de que a fé leva necessariamente a um engajamento dos cristãos no mundo e que os marxistas não têm o monopólio da luta pela transformação da sociedade.
21. Cf. MOUGENOT, C.; MORMONT, M. *L'invention du rural*. Bruxelas: Ouvrières, 1988, p. 125-127.
22. Cf. CARDIJN, J. *Religion et Politique*. In: *Cardijn face aux événements*. Op. cit., editorial de 23/10/1950, p. 17-18.

de sua realidade específica, busquem os critérios de julgamento e os princípios de ação.

Neste particular, J. Cardijn é consequente com os dois grandes valores da Modernidade mencionados anteriormente, ou seja, a concepção de ser humano como subjetividade criadora e a historicidade. Para poder contar verdadeiramente com a confiança dos jovens trabalhadores e para que eles próprios pudessem assumir suas próprias responsabilidades, J. Cardijn reivindica a autonomia de seu movimento, afirmando que "na JOC não existe nada *a priori*, nada de arbitrário, de artificial, de abstrato, nem na organização, nem na ação, nem na formação, nem nos métodos [...] tudo é comandado [...] pelo problema da juventude trabalhadora"[23]. Sem medo de escandalizar os meios mais ligados à teologia tradicional, ele afirma que no método da JOC "o ponto de partida não é o dogma, nem Deus, mas a vida"[24]. Com certa dose de ironia dizia que "começar falando de Deus, da Trindade ou da Virgem Maria, isso não 'pega' nos jovens trabalhadores; isso é bom para seminaristas, universitários; mas não para os militantes operários"[25]. Para os jovens trabalhadores é preciso um método que dê "uma formação que parta da vida e que desemboque na vida"[26].

Por isso, a JOC propõe uma nova pedagogia. Segundo ele, "em vez de partir da doutrina, da teoria, dos livros, ela parte da vida, da realidade, dos problemas"[27]. Trata-se de uma pedagogia capaz de produzir um conhecimento "encarnado, concreto, pessoal, dos jovens trabalhadores e de suas condições de vida"[28].

---

23. CARDIJN, J. *La JOC – Leçons données aux Journées Sacerdotales de Vienne* (1938). Op. cit., p. 5-6.
24. CARDIJN, J. *Le jeune travailleur et la jeune travailleuse devant la vie* (1949). Op. cit., p. 36.
25. Ibid.
26. Ibid.
27. CARDIJN, J. *L'Église face aux problèmes de la jeunesse travailleuse* (1949). Op. cit., p. 39.
28. Ibid., p. 57. Na verdade, estas "razões pastorais" constituem a base das razões pedagógicas que serão explanadas a seguir.

1.3 Razão de ordem pedagógica

O método *ver-julgar-agir*, além de estar marcado por um procedimento indutivo, é também ativa, porquanto parte da ação para voltar à ação. No seio da JOC, os jovens trabalhadores são levados a estudar, juntos, todos os problemas referentes à sua idade, ao trabalho, ao seu meio, ao futuro, assim como a buscar juntos soluções à luz da fé.

A ação jocista não deixa de ser uma ação *sui generis*. Para escapar do atrelamento de seu movimento às organizações políticas existentes, seja de direita como o Partido Católico, seja de esquerda como a Democracia Cristã ou a Liga Operária Católica, J. Cardijn optará por uma espécie de terceira via. A terceira via da Ação Católica será diferente da terceira via da Democracia Cristã[29]. Ela se dá, basicamente, através de um engajamento pessoal[30]. O método da JOC, recusando-se a

---

29. Esta terceira via se caracteriza por cinco traços principais. Primeiramente, a rejeição do paternalismo. O operário não tem necessidade de tutela, nem da Igreja nem do Estado. Ele é capaz de se governar por si mesmo. A Democracia Cristã pensa que nem mesmo a Igreja deva fazer parte constitutiva do estado democrático moderno. Em segundo lugar, aceita-se o Estado liberal, mas condena-se a economia liberal. Reclama-se por reformas estruturais a serem efetuadas pelo Estado. Para resolver a questão social é necessário agir através de estruturas do poder político. Em terceiro lugar, há uma reação a um duplo fixismo, o que considera como insuperável a divisão entre ricos e pobres e a confusão de interesses das diferentes classes sociais, em função da pertença à mesma religião. Para a Democracia Cristã é necessário lutar pela emancipação dos operários e partir do pressuposto de que patrões e operários têm interesses diferentes, mesmo se ambas as partes são católicas. Faz-se então necessário criar organismos distintos, sindicatos independentes. Um quarto traço é a passagem da prática da caridade individual ou organizada para a promoção da justiça, pelo estabelecimento de uma ordem de direito. A Democracia Cristã espera a transformação da sociedade, não por uma ação caritativa mais intensa de pessoa a pessoa, no interior de associações católicas. Muito menos por uma mera política social do Estado, através das estruturas sociais preexistentes, mas através de uma reforma estrutural. E, por fim, em decorrência disso, para a Democracia Cristã, a democracia política é condição para uma democracia social. Este é precisamente um dos pontos que distingue o Catolicismo Social da Democracia Cristã. É a convicção de que o programa do cristianismo não se realizará senão por meio de uma democracia política porque, segundo ela, democracia e cristianismo têm a mesma origem. Ora, Leão XIII, na *Rerum Novarum*, não pensava assim. Para ele, a forma de regime político era indiferente. Já para a Democracia Cristã, o regime deve ser democrático.

30. A terceira via, que a Ação Católica vai procurar levar a cabo, tratará de instaurar uma outra relação do "religioso" com o "político", para além de uma simples submissão dos fiéis às normas políticas e sociais ditadas pela Igreja. O método traduz concretamente esta perspectiva na medida em que ele opera uma distinção implícita, mas clara, entre os valores cristãos, que servem para julgar a realidade e a ação social e política. Nesta perspectiva, os diferentes "meios de vida" não se identificam nem com as classes e nem com as estruturas sociopolíticas, mas coloca em destaque o engajamento pessoal, que é oposto à submissão às organizações católicas existentes. Concretamente, a Ação Católica se recusa a ser um instrumento político ou a ser um simples porta-voz de uma organização política que se diz católica. Cf. MOUGENOT, C.; MORMONT, M. *L'invention du rural*. Op. cit., p. 125.

ser um instrumento político ou um simples porta-voz de organizações políticas que se diziam católicas será, antes de tudo, um procedimento individual, praticado em pequeno grupo, no seio do qual o ator central não é nem o movimento nem o grupo local, mas os indivíduos, que observam, julgam e se engajam em seu próprio meio[31].

Esta postura é expressão da assimilação da antropologia moderna, a recepção da concepção do ser humano enquanto subjetividade criadora. É sobre estas bases que, mais tarde, se integrará o personalismo de Emmanuel Mounier. Ainda em 1917, na prisão de St-Gilles, escrevendo sobre a identidade dos Círculos de Estudo de seu futuro movimento a partir de seu embrião em gestação em Laeken, J. Cardijn insistia em dizer "que ninguém se contente em assistir a um Círculo de Estudo, mas que todos colaborem e trabalhem efetivamente"[32]. Para ele, um Círculo de Estudo deve ser uma verdadeira cooperativa de produção onde todos os membros exprimam suas constatações, suas ideias, suas aspirações, seus juízos, seu desejo de apostolado. E concluía, "são os frutos destas constatações, destas observações e destas reflexões que eu chamo de 'ciência pessoal', incomparavelmente mais fecunda e mais rica do que a ciência livresca"[33].

Fiel a esta intuição, o Círculo de Estudo, que mais tarde se denominará "seção local", permanecerá sempre no pensamento de J. Cardijn como o núcleo essencial de toda atividade jocista, o que levará alguns a caracterizar o método da JOC como um método mais teórico do que pastoral, mais de reflexão do que de ação[34]. Seja como for, para J. Cardijn, a JOC é, antes de tudo, uma escola, na qual o Círculo de Estudo é uma reunião de militantes que colocam em comum suas observações, suas constatações, suas apreciações, formando um juízo a respeito dos problemas levantados e que buscam juntos os melhores meios de solu-

---

31. Ibid., p. 127.

32. Cf. CARDIJN, J. *Manuscrits de Saint-Gilles*. Redigido na prisão e datado de 04/02/1917. In: *Archives Cardijn*, apud FIÉVEZ, M.; MEERT, J. *Joseph Cardijn*. Op. cit. p. 78-79. Cf. tb. VV.AA. *Va libérer mon peuple*. Op. cit., p. 78-79.

33. FIÉVEZ, M.; MEERT, J. *Joseph Cardijn*. Op. cit., p. 78-79.

34. Na realidade, apesar de ser um método voltado para a pastoral, o método *ver-julgar-agir* é essencialmente um método de reflexão, tanto que sua prática, em muitos casos, tendia a se restringir praticamente ao foro interno das reuniões dos militantes.

ção. Nesse sentido, os jovens são, eles próprios, a "matéria de estudo" do Círculo na medida em que eles personificam em sua vida e em seu trabalho todos os problemas da juventude operária. O Círculo de Estudo permanece um círculo de "estudo", mas em movimento na direção de um engajamento, ainda que pessoal.

2 "Para que" ver a realidade? – A finalidade do "ver" e suas consequências na determinação dos aspectos da realidade a ser conhecida

Aparentemente, o "para que" *ver* a realidade diz respeito somente ao objetivo que se quer alcançar com o levantamento da situação dos jovens operários. Entretanto, a finalidade da JOC determina, em grande parte, o universo da situação a ser vista ou conhecida. Metodologicamente, a finalidade do movimento determina não só a ótica de leitura como também, de forma mais concreta, influencia a seleção dos aspectos a serem levantados ou a delimitação do universo da realidade que se quer *ver*.

2.1 A apostasia da massa operária e sua necessária reconquista

Como já se disse ao introduzir este capítulo, o pensamento e a obra de J. Cardijn são uma das primeiras reações sadias frente ao regime de Cristandade, ainda que, como "reação" apologética, fique dependente dela. O eclesiocentrismo e o programa de reconquista da JOC em seus primórdios são a prova disso.

O programa de "conquista" (Cristandade) e de "reconquista" (Neocristandade) da classe operária, lançado por J. Cardijn no seio da JOC, mesmo admitindo certos valores do pensamento de K. Marx[35], é uma espécie de cruzada contra os marxistas que, segundo

---

35. Inicialmente, o programa da JOC estava marcado, além de uma moralização do meio ambiente de trabalho, por um acentuado espírito anticomunista. Cf. CARDIJN, J. *Problèmes fondamentaux: le salut par la vérité, la personne humaine, la société humaine*. Bruxelas: Secrétariat Général de la JOC, 1933, p. 13-14. Como "reação" ao marxismo, a JOC estará marcada por alguns de seus traços; p. ex.: da propaganda revolucionária marxista, J. Cardijn pregará a contrarrevo-

ele, minavam as bases da Igreja no meio operário[36]. Assim, num primeiro momento, J. Cardijn desencadeia todo um programa de "conquista" da classe operária, pois ele estava convencido, e com razão, que a luta pela justiça social e pela transformação do mundo não podia ser monopólio dos marxistas. Frisava, "nós é que somos a revolução"[37], reagindo apologeticamente e com certa dose de triunfalismo. Já em seu primeiro encontro com o Papa Pio XI para resolver impasses internos da Igreja belga relativos à criação de seu movimento de Ação Católica especializada, J. Cardijn havia se apresentado dizendo: "Santo Padre, eu quero salvar a juventude operária! E, se for necessário, estou disposto a dar a minha vida para salvar a massa operária"[38]. Pio XI respondeu-lhe: "enfim alguém que vem me falar da massa, de salvar a massa"[39]. E ajuntou: "o maior serviço que podeis prestar à Igreja é restituir-lhe a massa operária que ela perdeu"[40]. Na realidade, em grande medida, a Igreja havia começado a perder a classe

---

lução; do messianismo operário e da supervalorização do trabalho, sairá o "obreirismo" da JOC, além da importância dada à análise da realidade e ao empréstimo de termos que se tornaram linguagem corrente como "conscientização", "transformação", "luta" etc. Na verdade, pessoalmente, J. Cardijn sabia discernir muito bem os contravalores dos valores do marxismo. Tal como ele mesmo frisa: "eu li muitos livros sobre o comunismo e de refutações do comunismo. Devo dizer que muitos refutam, com razão, erros como o materialismo, o ateísmo, a luta de classes, a ditadura etc. Mas se esquecem o que há de essencial no comunismo. Existe no marxismo uma 'alma de verdade' formidável e que não se tem olhado com toda atenção: é que Marx dá à classe operária uma missão a cumprir, uma missão redentora, uma missão messiânica. É esta a missão operária" (CARDIJN, J. *L'Heure de la classe ouvrière*. 3. ed. Bruxelas: Jocistes, 1948, p. 32-33). Além da influência do marxismo na década de 1930, com o aparecimento do projeto alternativo da Neocristandade e de sua *terceira via*, o programa da JOC e o discurso de J. Cardijn vão incorporar, também, certos elementos da ideologia do catolicismo intransigente contra determinados valores da Modernidade. Cf. CARDIJN, J. *La JOC et la détresse intellectuelle et morale des jeunes travailleurs*. Bruxelas: Jocistes, 1930, p. 4. • CARDIJN, J. La JOC est une école. *Notes de Pastorale Jociste*, mai./1932, p. 16. • CARDIJN, J. *L'Action Catholique dans la masse ouvrière*, XXIIIe – Semaine Sociale de Wallonie. Lovaina: Secrétariat Général de la JOC, 1936, p. 2.

36. Cf. CARDIJN, J. Cardijn face aux événements. *Moeurs politiques*. Op. cit., editorial de 08/11/1950, p. 22-23. Cf. tb. os seguintes editoriais: Cardijn, J. Une vraie chétienne, 01/03/1951. Ibid., p. 32-33. • CARDIJN, J. *Rerum Novarum*, 14/05/1952. Ibid., p. 123-124. • CARDIJN, J. Catholicisme politique? – Anticléricalisme ou antireligion?, 22/12/195). Ibid., p. 187-188.

37. CARDIJN, J. *L'Église devant la révolution mondiale* (1947). Op. cit., p. 30. E, juntando a este voluntarismo rasgos de estreito eclesiocentrismo, J. Cardijn chegaria a parafrasear: *"fora da Igreja não há salvação; fora da Ação Católica não há salvação"* (CARDIJN, J. *L'Action Catholique dans la classe ouvrière*. Lovaina: XXIII Semaine Sociale Wallonne, 1936, p. 11).

38. FIÉVEZ, M.; MEERT, J. Joseph *Cardijn*. Op. cit., p. 74.

39. A este respeito cf. o relato da visita, feito pelo próprio J. Cardijn: *Jeunesse Ouvrière*, 05/04/1925.

40. Ibid.

operária já no século XIX, com o advento do liberalismo, perda que tinha como causa remota sua resistência secular à Modernidade e, como causa próxima, seu silêncio diante dos abusos do capitalismo selvagem nascente[41].

Seja como for, J. Cardijn teve o grande mérito de ter mostrado aos jovens e à Igreja em geral, que o Evangelho vai de par com a justiça social. Uma mensagem que não somente desafia, como dá também aos cristãos os princípios básicos de uma ordem social autenticamente humana. Nesse sentido, frisava ele ainda no final da década de 1940: "existe na vida dos jovens trabalhadores, em seu meio de vida, numerosas dificuldades. Quem deve ser diante disso o primeiro a ver, a protestar, a ajudar os jovens trabalhadores? O socialista, o comunista? Não, o cristão"[42].

2.2 O meio operário como lugar da apostasia da massa operária

Para J. Cardijn, como era o meio operário o lugar social onde se dava a apostasia da massa operária, fazia-se necessário um conhecimento "objetivo" do mesmo, em vista de uma ação apostólica consequente no mundo do trabalho; para ele, a única forma de reconstruir uma "civilização cristã"[43].

Quanto ao objetivo último da JOC no pensamento de J. Cardijn se constata uma grande evolução no espaço de tempo que vai do nascimento de seu movimento, na segunda metade da década de 1920, até ao seu ocaso na década de 1960. Começou com uma postura de apologia da Cristandade, passando pelo alinhamento ao regime de Neocristandade, para chegar, juntamente com o Vaticano II, à superação da mentalidade de Cristandade. No início de sua obra, ainda marcadamente preso a um contexto de Cristandade, J. Cardijn acentua

---

41. Embora publicamente J. Cardijn insistisse mais num programa anticomunista do que antiliberal, estratégia que talvez pudesse causar maior impacto psicológico entre os jovens; na realidade, ele tinha consciência das reais causas do afastamento das massas em relação à Igreja. Cf. Cardijn, J. *Sauver la Masse*. Bruxelas: Jocistes, 1945, p. 37.

42. CARDIJN, J. *Le Jeune travailleur et la jeune travailleuse devant la vie* (1949). Op. cit., p. 38.

43. CARDIJN, J. *L'Action Catholique dans la classe ouvrière* (1936). Op. cit., p. 7.

que a missão da JOC consiste na "conquista" da massa operária, em "reinfundir o espírito católico"[44] ou em "sanear moralmente o meio operário"[45]. Na década de 1930, com o surgimento do regime de Neocristandade em torno do pensamento de Jacques Maritain, J. Cardijn lança no seio da JOC um programa de "reconquista" da massa operária para a Igreja. Nesse período, a missão de seu movimento consiste em "organizar cristãmente a vida profissional"[46], em "reconquistar a classe operária"[47], em "recristianizar a vida"[48], em "conquistar o meio do trabalho"[49], no lançamento do "laicato contra o laicismo"[50] ou em "combater os erros da Modernidade"[51]. A partir da década de 1940, embora J. Cardijn nunca tenha renunciado explicitamente ao seu programa de "reconquista", com o advento do jocismo internacional e com as novas questões postas pela "proletarização" do Terceiro Mundo, conforme expressão sua, ele deixa vislumbrar a necessidade urgente de sepultar de vez a mentalidade de Cristandade, o que o Concílio Vaticano II se encarregaria de fazer. De maneira quase visionária, ainda no início da década de 1940, em plena guerra, ele se pronuncia pela "recuperação da dignidade profissional para a massa trabalhadora"[52] ou simplesmente pela "erradicação das causas da proletarização"[53], ainda que, para ele, essas causas estejam mais ligadas à esfera pessoal que ao âmbito social.

---

44. CARDIJN, J. *La JOC et la Paroisse*. 2. ed. Bruxelas: Jocistes, 1925, p. 6. Cf. tb. CARDIJN, J. *L'Action catholique dans la classe ouvrière...* (1936). Op. cit., p. 2.

45. CARDIJN, J. La JOC est une école. *Notes de Pastorale Jocistes*, mai./1932, p. 15. Cf. tb. CARDIJN, J. *Problèmes fondamentaux...* (1933). Op. cit., p. 8.

46. CARDIJN, J. *Ite Missa est* (1933). Op. cit., p. 6. Cf. tb. CARDIJN, J. *Trois pierres de touche...* (1934). Op. cit., p. 49.

47. CARDIJN, J. *Ite Missa est* (1933). Op. cit., p. 10-11, 14. Cf. tb. CARDIJN, J. *Trois pierres de touche...* (1934). Op. cit., p. 49.

48. CARDIJN, J. *Trois pierres de touche...* (1934). Op. cit., p. 49.

49. Ibid. Op. cit., p. 49.

50. Ibid.

51. CARDIJN, J. *L'action Catholique dans la classe ouvrière...* (1936). Op. cit., p. 2.

52. CARDIJN, J. *Les jeunes travailleurs face aux temps nouveaux*. Bruxela: Jocistes, 1942, p. 13 e 16.

53. CARDIJN, J. *Sauver la masse* (1945). Op. cit., p. 35.

3 "O que" ver? – A realidade como o mundo do trabalho e seus diferentes componentes

Mesmo que no pensamento de J. Cardijn conhecer a realidade signifique "ver o filme da vida" ou a "realidade cotidiana" dos jovens trabalhadores, na prática, o universo da situação a ser vista se restringe ao mundo do trabalho. Como para ele a missão de seu movimento é "salvar a massa operária", ver a realidade para transformá-la, significa conhecer o meio específico onde se dá esta apostasia. Na última fase do movimento, J. Cardijn irá situar o mundo do trabalho no contexto global da sociedade.

3.1 Uma visão global da realidade a partir de um problema central

No pensamento de J. Cardijn, "partir da vida" ou partir da "realidade cotidiana" dos jovens operários significa, na prática, ver a realidade a "partir de um problema central", que é a questão da juventude operária. Ele iria repetir durante toda sua vida, "na JOC [...] tudo é comandado [...] pelo problema da juventude trabalhadora"[54]. Isso significa que, à luz dos objetivos a alcançar, nem todos os problemas são colocados em uma mesma ordem de importância, pelo fato de serem vistos a partir de um problema específico ou de um lugar determinado.

Num texto da década de 1950, J. Cardijn irá explicitar as razões que, a seu ver, fazem do trabalho um problema central ou a chave da questão social, conforme expressão da ainda incipiente Doutrina Social da Igreja, inaugurada pela *Rerum Novarum*. Ele começa evocando o fato que "o nascimento e o desenvolvimento do regime mecânico do trabalho criou uma classe mundial de trabalhadores assalariados e uma consciência proletária mundial"[55]. Esta classe e esta consciência proletária mundial nasceram "por causa do liberalismo e do materialismo reinantes", segundo ele, "acompanhados de tantas misérias, injustiças

---

54. CARDIJN, J. *La JOC – Leçons données aux Journées Sacerdotales de Vienne* (1938). Op. cit., p. 5-6.

55. Ibid.

e opressões, não somente nos primórdios do novo regime, mas até ao momento presente"[56]. Baseado no que ele mesmo havia constatado em suas muitas viagens intercontinentais, essas "misérias, injustiças e opressões" estão ainda presentes, atualmente, "nos modelos de desenvolvimento", especialmente nos dos "países subdesenvolvidos"[57]. Razão pela qual, conclui, "o problema mundial do trabalho e dos trabalhadores aparece hoje como o mais central e o mais crucial"[58].

Também neste particular, houve uma evolução no pensamento de Cardijn. Na primeira década da JOC ele fala aos jovens operários da necessidade de "se informar sobre a situação pessoal e sobre as condições de trabalho de seus companheiros"[59]; na década de 1930, passa a insistir na importância de "ver a vida operária"[60] para, finalmente, a partir da Segunda Grande Guerra, pronunciar-se por "situar o problema da juventude operária dentro da visão e da perspectiva do problema operário mundial"[61]. Com isso, como se pode constatar, no pensamento de J. Cardijn o problema central não são simplesmente os problemas dos jovens operários, tal como ele deixava entender até a década de 1940. O problema central são os problemas dos jovens operários, sim, mas situados no conjunto dos problemas da massa operária. Isso é fundamental, segundo J. Cardijn, não só "para compreender seu significado e dimensão", como também "para buscar a única e verdadeira solução"[62]. Ele adverte: "quando se separam os dois problemas – o problema operário do problema da juventude trabalhadora – tem-se a

---

56. Ibid.

57. Ibid.

58. Ibid. Cf. tb. CARDIJN, J. Le congrès des laïcs à Rome. *Cardijn face aux événements*. Op. cit. Editorial de 20/10/1951, p. 65-67.

59. CARDIJN, J. *Comment faire connaître et comprendre les problèmes que la JOC doit résoudre?* (p. 22-24). • Première leçon de la Quatrième Semaine d'Études de la JOC à Basse-Wavre du Samedi 11 au Mercredi 15 Août 1928, publicada em *Les Méthodes Jocistes*. Bruxelas: Secrétariat Général de la JOC, 1928, p. 22.

60. CARDIJN, J. *Problèmes fondamentaux: le salut par la vérité, la personne humaine, la société humaine – Leçons données à la Semaine d'Études de Godinne* (1933). Op. cit., p. 15.

61. CARDIJN, J. *L'Église devant la révolution mondiale* (1947). Op. cit., p. 18.

62. Ibid. Cf. tb. CARDIJN, J. Conscience de la misère. *Cardijn face aux événements*. Op. cit. Editorial de 29/03/1958, p. 261-263. • CARDIJN, J. La justice internationale. *Cardijn face aux événements*. Op. cit. Editorial de 12/08/1957, p. 231-232.

tentação de ver o último como um todo, como um fim em si mesmo e adotar facilmente uma solução arbitrária e caprichosa"[63].

Em resumo, a "realidade" para J. Cardijn é, em última análise, o problema operário, ainda que situado num contexto mundial. Nunca se perde de vista a especificidade e particularidade da realidade da juventude operária, ainda que situada num contexto mais amplo. O universo do problema a ser visto é o "meio de vida" operário, mas situado no contexto do mundo do trabalho. É uma visão, apesar dos limites segundo os critérios de hoje, mas que tem o grande mérito postular a necessidade de um discernimento da realidade para um engajamento "apostólico" consequente com ela.

Além da originalidade do caráter indutivo do *ver*, o fato de se olhar essencialmente os "problemas" faz do método da JOC uma metodologia ativa. Ao partir dos problemas da realidade a ser conhecida, ou seja, da antítese, o método não só deixa de partir do ideal ou da tese, como também se situa no seio de um círculo dialético altamente mobilizador e transformador. Em outras palavras, ao acentuar que *ver* significa essencialmente ver os "problemas[64], as necessidades, as dificuldades, os perigos"[65], J. Cardijn quer justamente pôr em evidência a "antítese da experiência cotidiana e dos fatos" em relação à "tese do desígnio de Deus"[66] sobre essa mesma realidade e mobilizar os jovens a transformar a antítese na tese perseguida.

Por outro lado, é falso pensar que o *ver* de J. Cardijn se resuma à visão de um único ponto. Antes de tudo, consiste na visão da realidade global da realidade do mundo do trabalho a partir de um ponto, a partir de um problema central, o problema operário, ainda que ele não chegue a uma visão estrutural da realidade ou a ver o social socialmente. Desde os primórdios da JOC, J. Cardijn insiste em ver os problemas "em relação à vida religiosa, moral, intelectual, física,

---

63. Ibid.

64. CARDIJN, J. *L'Église face aux problèmes de la jeunesse travailleuse* (1949). Op. cit., p. 31. Nos primeiros anos da JOC predominou uma grande preocupação pela moral, problema que requeria prioridade: *"os dirigentes jocistas devem constatar a situação moral do meio no qual eles devem trabalhar"*. Cf. CARDIJN, J. *La vie morale des jeunes travailleurs au travail* (1926). Op. cit., p. 25.

65. Ibid.

66. Ibid.

sentimental, familiar, profissional, social, cívica"⁶⁷. Dizia ele, "a vida é um todo e muito mais a vida dos jovens trabalhadores. Uma solução fácil seria ignorar uma parte do problema [...], mas negligenciar ou somente separar o aspecto profissional, por exemplo, ou do lazer, do aspecto moral ou religioso da vida, é comprometer necessariamente um e outro"⁶⁸. Por isso, deve-se, também, *ver* "as ideias reinantes, os hábitos existentes, os fatos, os casos, os exemplos concretos encontrados no seu meio, ao redor deles ou contados por seus companheiros de trabalho, a respeito de todos os aspectos da vida profissional, moral, familiar, social e religiosa"⁶⁹.

De forma ainda mais abrangente, para J. Cardijn, *ver* os problemas dos jovens trabalhadores significa ver "a escolha da profissão, a aprendizagem, segurança e higiene do trabalho, salário, moralidade, consciência profissional, deslocamentos, repouso, alimentação; a formação intelectual, a educação física; o problema do lazer, a influência do cinema, do rádio, dos locais de lazer; a preparação para o casamento, os lugares frequentados, o namoro, a fundação de um lar; a educação social e cívica, a formação moral e religiosa, a participação na vida da Igreja..."⁷⁰ Ou ainda, "ver as condições de sua vida cotidiana, as condições do meio onde eles vivem e trabalham, as instituições públicas e privadas que lhes influenciam, a massa operária que os rodeia"⁷¹. Ver tudo isso não de uma forma genérica, mas concreta e pessoal, informando-se sobre a "situação de cada um de seus companheiros de trabalho: qual é o seu nome, qual é a sua idade, qual é o seu endereço, onde ele trabalha, como ele foi contratado, quanto ganha, se ele é cristão, se pratica sua religião, se tem recebido

---

67. CARDIJN, J. *La JOC – Leçons données aux Journées Sacerdotales de Vienne* (1938). Op. cit., p. 7.

68. CARDIJN, J. *L'Église face aux problèmes de la jeunesse travailleuse* (1949). Op. cit., p. 36.

69. CARDIJN, J. *La JOC et la détresse intellectuelle...* (1930). Op. cit., p. 26.

70. CARDIJN, J. *L'Église face aux problèmes de la jeunesse travailleuse* (1949). Op. cit., p. 31-32. Cf. tb. CARDIJN, J. *Le travail des jeunes salariés & la Charte Jociste du Travail* (1928). Op. cit., p. 10-14. Neste documento, bem mais antigo do que o anterior, J. Cardijn enumera: a escolha da profissão e a preparação para o trabalho (p. 10), o controle paterno e a direção moral, a influência da religião no meio do trabalho (p. 11), a organização profissional (p. 12), a influência dos deslocamentos cotidianos ou semanais, a situação financeira dos jovens empregados (p. 13) e o trabalho das jovens assalariadas (p. 14).

71. CARDIJN, J. *La JOC – Leçons données aux Journées Sacerdotales de Vienne* (1938). Op. cit., p. 7.

uma formação profissional conveniente, se ele faz poupança, se é sindicalizado, se é filiado à previdência social, se tem sido vítima de acidentes, se tem estado doente ou desempregado, se gosta de ler, o que ele lê etc. etc.?"[72]

Com isso, o que J. Cardijn quer alcançar com o primeiro momento de seu método, segundo ele mesmo, é "ver o filme da vida cotidiana [...] os atos mais ordinários da vida diária"[73], acrescentando que "o problema das jovens trabalhadoras", portanto a questão da mulher, "se coloca com uma gravidade toda particular"[74].

3.2 A noção cardijniana de "meio de vida" ou "mundo do trabalho"

A Ação Católica, de um modo geral, estava ligada e restrita ao mundo da moradia, à paróquia. J. Cardijn, desafiado pela questão da "apostasia das massas operárias", quer reconquistá-las para a Igreja, estendendo a paróquia até o "meio de vida" dos operários, concretamente ao mundo do trabalho. Ele quer derrubar o muro que separa o mundo da moradia[75] (família, escola, paróquia) do mundo do trabalho (fábrica, escritório). Por isso, para ele, "a JOC deve ultrapassar as fronteiras da paróquia", formar e organizar os jovens, "de tal modo que a influência paroquial ultrapasse os limites da paróquia e se prolongue por intermédio da JOC, em todos os meios onde os jovens são obrigados a trabalhar e viver"[76]. J. Cardijn constata que "há uma parede entre a família e a escola, de um lado, e a fábrica, o *atelier* e o escritório, de outro; os pais e os educadores não têm relação com os

---

72. CARDIJN, J. *Les méthodes jocistes – Schéma de la Quatrième Semaine d'Études de la JOC* (1928). Op. cit., p. 22. Cf. tb. CARDIJN, J. *Ite Missa Est* (1933). Op. cit., p. 15, onde Cardijn faz praticamente um elenco das mesmas questões.

73. CARDIJN, J. *Le jeune travailleur et la jeune travailleuse devant la vie* (1949). Op. cit., p. 14.

74. Ibid., p. 33.

75. Cardijn não utiliza a expressão *mundo da moradia*. Ele fala de *"meio de habitação familiar"*. Cf. CARDIJN, J. *Sauver la masse* (1945). Op. cit., p. 23.

76. CARDIJN, J. *La JOC et la paroisse* (1925). Op. cit., p. 12.

patrões e nenhum meio de controle sobre o trabalho de seus filhos e de seus alunos"[77].

Concretamente, por "mundo do trabalho", em primeiro lugar J. Cardijn entende, antes de mais nada: o local de trabalho, "a organização do *atelier*, da fábrica ou do escritório"[78]; "os companheiros e a organização do trabalho; as relações entre o pessoal e a direção; os salários, as tarefas e o rendimento do trabalho"[79]; "o repouso e os locais das refeições na fábrica ou ao redor da mesma"[80]; enfim, "os locais de troca de roupa e de recreação"[81]. O imperativo de um conhecimento objetivo do local do trabalho, em vista de sua transformação, é justificado pela dignidade de cada trabalhador e pelo valor do próprio trabalho. J. Cardijn insiste que "o meio do trabalho humano não seja simplesmente um amontoado de material ou de máquinas, mas um lugar onde devem viver, labutar, trabalhar, a vida inteira, pessoas para as quais sua vida e seu trabalho são um meio de ser plenamente humanos; os operários são pessoas humanas, responsáveis por sua vida e por seu destino, filhos de Deus que, pelo seu trabalho, vêm ganhar o céu"[82].

Em segundo lugar, o mundo do trabalho, no pensamento e obra de J. Cardijn, compreende também o trajeto de ida e volta do trabalho[83]. Neste particular, ele enumera "os meios de locomoção[84], "os trajetos em trem, a espera nas estações, os estacionamentos nas cercanias das estalagens [...] as leituras nos trens e nos ônibus, os ajuntamentos nos compartimentos e sobre as plataformas"[85]. Para ele, esses meios de transporte devem proteger também a dignidade dos trabalhadores: "se são vagões para transportar carvão, vagões para transportar animais,

---

77. CARDIJN, J. *La Vie morale des jeunes travailleurs au travail* (1926). Op. cit., p. 11.

78. Ibid., p. 7. Cf. tb. CARDIJN, J. *Ite Missa Est* (1933). Op. cit., p. 10.

79. Ibid., p. 13.

80. Ibid., p. 14. Cf. tb. CARDIJN, J. *Ite Missa Est* (1933). Op. cit., p. 10.

81. CARDIJN, J. *Ite Missa Est* (1933). Op. cit., p. 10.

82. CARDIJN, J. *Sauver la masse* (1945). Op. cit., p. 24-25.

83. CARDIJN, J. *La Vie morale des jeunes travailleurs au travail* (1926). Op. cit., p. 7.

84. CARDIJN, J. *Ite Missa Est* (1933). Op. cit., p. 10.

85. CARDIJN, J. *La Vie morale des jeunes travailleurs au travail* (1926). Op. cit., p. 14.

não vos admireis se a massa humana se comporta como animais"⁸⁶. É em relação a esse trajeto de ida e volta do trabalho que Cardijn evoca, também, a questão do lazer e o perigo "da atração dos cabarés com suas orquestras barulhentas"⁸⁷ e "a vida recreativa atraída pelo cinema, a dança, os esportes, as conversações..."⁸⁸

Finalmente, mesmo que para J. Cardijn "ver a realidade" signifique conhecer, sobretudo, o mundo do trabalho, quando fala de "meio de vida" da juventude operária, ainda que em um grau menor de importância, ele pensa também no mundo da moradia. Por "mundo da moradia" J. Cardijn entende, basicamente, em suas próprias palavras, o "meio de habitação familiar"⁸⁹, ou seja, a casa e seus habitantes: "as condições de alojamento"⁹⁰; "a vida pessoal, interior, intelectual e moral do adolescente e do jovem, seu mundo de pensamentos, de julgamentos, de apreciações pessoais; a vida sentimental do jovem e da jovem, que passa pela crise da adolescência, que sente necessidade de afeição, que é chamado ao matrimônio, que é iniciado na vida sexual, que busca fazer conhecimento, contatos, namorar, se casar"⁹¹. De novo, aqui, J. Cardijn justifica a necessidade de uma habitação digna, dada a dignidade da pessoa humana. Suas palavras são de um realismo cru: "para que os homens possam viver como pessoas humanas, faz-se necessário habitações humanas. Porque se a massa é obrigada a morar e a se alojar em estrebarias e chiqueiros [sic], ela se comportará como animais. Há uma exigência essencial: garantir à massa uma habitação verdadeiramente humana. Uma habitação humana deve comportar um espaço vital onde a família possa viver e não simplesmente um lugar onde se possa colocar móveis [...]"⁹².

---

86. CARDIJN, J. *Sauver la masse* (1945). Op. cit., p. 25.
87. CARDIJN, J. *La Vie morale des jeunes travailleurs au travail* (1926). Op. cit., p. 14.
88. CARDIJN, J. *Trois pierres-de-touche de la JOC* (1934). Op. cit., p. 51.
89. CARDIJN, J. *Sauver la masse* (1945). Op. cit., p. 23.
90. CARDIJN, J. *La vie morale des jeunes travailleurs au travail* (1926). Op. cit., p. 7.
91. CARDIJN, J. *Trois pierres-de-touche de la JOC* (1934). Op. cit., p. 51.
92. CARDIJN, J. *Sauver la masse* (1945). Op. cit., p. 23.

4 Ver a realidade "através de quem"? – Os jovens operários, matéria e sujeitos de estudo

No método *ver-julgar-agir*, o conhecimento da realidade é o resultado de um discernimento pessoal e coletivo, do ponto de vista do sujeito, sem por isso renunciar à cientificidade ou à busca de objetividade. Concretamente, no seio da JOC, os sujeitos do conhecimento da realidade do mundo do trabalho são os próprios jovens operários, agrupados num movimento adaptado ao seu meio.

4.1 A JOC enquanto sujeito coletivo

O fato de o conhecimento da realidade ser levado a cabo pelos sujeitos da mesma está estreitamente ligado às razões da criação da JOC. Ao constatar a "apostasia da massa operária" e que o clero não tinha mais acesso ao mundo do trabalho cada vez mais "laicizado"[93], como se viu anteriormente, inspirando-se no lema da Associação Católica da Juventude Francesa – "um apostolado do semelhante pelo semelhante"[94] – J. Cardijn se propõe a reimplantar a Igreja no meio trabalhista, confiando aos próprios operários, sobretudo aos jovens, a responsabilidade de "refazer cristãos os seus irmãos"[95]. Conforme lembraria ele mais tarde, "esta Ação Católica que se queria geral, única e uniforme, desde o início [...] eu a queria essencialmente especializada e condicionada à idade, ao sexo, ao estado de vida, ao meio, aos problemas e condições de vida, a objetivos particulares"[96].

Para J. Cardijn, a JOC é, antes de tudo, uma escola, "a única organização capaz de assumir a educação permanente dos jovens ope-

---

93. Cf. CARDIJN, J. *La JOC et la paroisse...* (1925). Op. cit., p.12.

94. AUBERT, R. Pastorale et action catholique. In: VV.AA. *Nouvelle histoire de l'Église – Tomo 5: L'Église et le monde moderne*, p. 150-151.

95. Frase tomada do Hino da JOC francófona belga e repetida inúmeras vezes por J. Cardijn. Cf. RENARD, J. *Chansonnier de Jeunes: Braine le Comte*. 2. ed., 1927, p. 154-155 (letra de René Debauche e música de F. partous. Diz o estribilho: *"Forts de nos droits, soyons vaillants, fiers, purs, joyeux et conquérants"* e, na terceira estrofe *"nous referons chrétiens nos frères, par Jésus-Christ, nous le pourrons"*).

96. CARDIJN, J. *Laïcs en premières lignes* (1963). Op. cit. p. 22-23. Cf. tb. CARDIJN, J. *Manuel de la JOC...* (1925). Op. cit., p. 22. • CARDIJN, J. *L'Action Catholique dans la classe ouvrière...* (1936). Op. cit., p. 5.

rários, ou seja, a complementação de sua educação social, moral e religiosa"[97]. O principal objetivo desta educação é "ajudar os jovens operários a se defenderem dos perigos do mundo do trabalho"[98]. Em segundo lugar, a JOC é uma escola, mas em vista de um "apostolado" no mundo do trabalho, portanto um serviço, um movimento que parte da ação para voltar à ação. Este perfil performativo é o que vai determinar, desde o início do movimento, o tipo de formação no seio dos Círculos de Estudo ou das "seções locais". Até ao final da década de 1940, J. Cardijn falaria de uma formação "para" a ação e "pela" ação[99] para, depois, com o aparecimento da noção de "revisão de vida", falar de formação "na" ação[100]. Em terceiro lugar, para J. Cardijn, a JOC é um corpo representativo, um verdadeiro exército de militantes leigos, não para lutar diretamente no plano político, como faziam o sindicalismo cristão e o Partido Católico no plano social, mas essencialmente para exercer uma ação representativa junto ao Estado e aos patrões[101]. Difundindo um discurso religioso, a JOC belga quer ficar estritamente sobre o terreno religioso e se recusa a desenvolver uma ação deliberadamente política, ao mesmo tempo em que se recusa, também, a restringir-se a uma ação meramente espiritual ou moral. Em outras palavras, ela se recusa a ser meramente um discurso. Esta dupla recusa, de um lado, de fazer intervir a Igreja enquanto instituição na política e, de outro, de um espiritualismo desencarnado, dá margem ao perfil intelectual da ação da JOC, bem como ao seu perfil de ação metodologicamente pensada. Como se disse anteriormente, o método da JOC, até ao final da década de 1940, traduzirá concretamente esta perspectiva na medida em que operava uma distinção, implícita, mas

---

97. CARDIJN, J. *Manuel de la JOC*. Op. cit., p. 31-32. Cf. tb. CARDIJN, J. *Les méthodes jocistes*. Bruxelas: Secrétariat Général de la JOC, 1928, p. 21. • CARDIJN, J. *Le travail des Jeunes Salariés & la Charte Jociste du Travail*. Bruxelas: Secrétariat Général de la JOC, 1928, p. 6. • CARDIJN, J. *La JOC et la détresse intellectuelle*. Op. cit., p. 10 e 22.

98. CARDIJN, J. *Le travail des Jeunes Salariés & La Charte Jociste du Travail* (1928). Op. cit., p. 6.

99. Cf. CARDIJN, J. *Manuel de la JOC* (1925). Op. cit., p. 32.

100. Cf. CARDIJN, J. *Prêtres et Laïcs et la rechristianisation de la Jeunesse Travailleuse* (1950). Op. cit., p. 73-74.

101. Cf. CARDIJN, J. *Manuel de la JOC*. (1925). Op. cit., p. 26-27. Cf. tb. CARDIJN, J. *La JOC et la détresse intellectuelle* (1930). Op. cit., p. 24.

clara, entre os valores cristãos que servem para julgar a realidade e a ação social e política[102]. No campo da ação, a JOC quer ser unicamente ponte "entre a família e a escola, com a fábrica"[103].

Neste particular, em relação à ação, também se constata uma evolução no pensamento de J. Cardijn. Em seus primórdios, a JOC quer ser um movimento missionário a partir de dentro[104], pois, para ele, a missão da JOC "não consiste em humanizar, mas antes de cristianizar; nem de mudar antes de tudo as estruturas, mas de cristianizar as pessoas"[105]. Na década de 1930, com o surgimento da Neocristandade, em que se tirava as consequências da crise de 1929 e se propunha opor o capitalismo ao comunismo, J. Cardijn falaria da necessidade de também "cristianizar as estruturas"[106], para, na década de 1940, pronunciar-se, igualmente, pela "desproletarização" da classe operária[107] ou por sua libertação e emancipação[108], ainda que marcadamente voltadas para a dimensão interior da pessoa humana.

4.2 Os jovens, matéria e sujeitos de estudo

Para J. Cardijn, "salvar a massa operária" não significa uma ação "a partir de fora", levada a efeito por agentes estrangeiros ao seu meio. No caso dos jovens operários, não se trata de "salvá-los", de se substituir a eles, mas de fazer com que eles sejam os "sujeitos" de sua própria "salvação". Segundo ele, trata-se de revelá-los a eles mesmos e de fazê-los descobrir o que eles são, o que eles valem, o que eles podem e o que eles devem fazer[109]. Com isso, não que se negue o valor e o lugar

---

102. Cf. MOUGENOT, C.; MORMONT, M. *L'invention du rural*. Op. cit., p. 125.

103. CARDIJN, J. *La Vie morale des jeunes travailleurs au travail* (1926). Op. cit., p. 11.

104. Expressão de Pio XI num discurso proferido à JOC em 1929 e assumida por Cardijn. Cf. CARDIJN, J. *Sauver la Masse* (1945). Op. cit., p. 34.

105. CARDIJN, J. *Laïcs en premières lignes* (1963). Op. cit., p. 24.

106. Cf. CARDIJN, J. *Trois pierres-de-touches de la vraie JOC* (1934). Op. cit., p. 49.

107. Cf. CARDIJN, J. *Sauver la Masse* (1945). Op. cit., p. 35.

108. Cf. CARDIJN, J. *L'Église devant la révolution mondiale* (1947). Op. cit., p. 17.

109. Cf. CARDIJN, J. Les jeunes travailleurs, c'est nous – Exposé de Cardijn à la Semaine d'Étude des dirigeants fédéraux de la JOC à Basse-Wavre, 1946 (documento inédito). In: *Archives Cardijn* n. 570/2ª.

da verdade em si. O que se quer é que os jovens se apropriem dela por eles mesmos. E complementa: "não se deve jamais impor nada [...] mas levá-los a compreender; é preciso despertar, fazer descobrir"[110]. Esse processo de descobrimento pessoal se dá principalmente nos círculos de estudo, "através de discussões amigáveis e de conversações, onde todos os participantes reagem, são levados a descobrir, por eles mesmos, a verdade e são preparados para comunicá-la a seus companheiros, a propagá-la em seu meio de trabalho"[111].

Assim, na "escola" jocista, os jovens operários, membros de um círculo de estudo ou de uma seção local, não são simples alunos que a cada oito ou quinze dias vêm escutar as lições de um professor. Ao contrário, para J. Cardijn, são os jovens mesmos a matéria viva a ser estudada pelo círculo de estudo, porque eles personificam, em sua vida e em seu trabalho, todos os problemas da juventude operária. É nas seções locais que "os jovens trabalhadores 'entre eles, por eles e para eles' [...] se iniciam em todos os problemas de sua vida de jovens assalariados"[112]. É lá que "eles aprendem a resolvê-los na prática; que eles aprendem a pensar, a falar, a discutir e a agir como cristãos..."[113]

Este caráter indutivo e ativo da JOC faz do método *ver-julgar-agir* uma "'ciência pessoal', incomparavelmente mais fecunda e mais rica do que a ciência livresca"[114]. Ele faz do *ver* já uma forma de intervenção no meio de vida, em vista de sua transformação. Nesta perspectiva, J. Cardijn fará apelo, antes de tudo, à própria experiência dos jovens trabalhadores, a fim de que, lentamente, eles tomem consciência de todos os problemas que eles mesmos encontram ou personificam. Para ele,

---

110. CARDIJN, J. *L'Heure de la Classe Ouvrière* (1948). Op. cit., p. 40-41.

111. CARDIJN, J. *La JOC et la détresse intellectuelle* (1930). Op. cit., p. 23.

112. CARDIJN, J. *La JOC et la paroisse* (1925). Op. cit., p. 9. Cf. tb. CARDIJN, J. *Après une relève dans la JOC internationale*. In: *Cardijn face aux événements*. Op. cit. Editorial de 05/04/1960, p. 278-281, aqui p. 281.

113. Ibid.

114. CARDIJN, J. Manuscrits de Saint-Gilles. Redigido na prisão e datado de 04/02/1917. In: *Archives Cardijni*. Cf. tb. FIÉVEZ, M.; MEERT, J. *Joseph Cardijn*. Op. cit., p. 78-79. • VV.AA. *Va libérer mon peuple*. Bruxelas: Ouvrières/Vie Ouvrière, 1982, p. 78-79.

ver é, sobretudo, conhecer a "verdade dos fatos ou da experiência"[115], o que gera um "conhecimento encarnado"[116]. No primeiro congresso nacional da JOC, ele constatava que "se nós já possuímos chefes, apóstolos, não é simplesmente porque nós temos Círculos de Estudo, mas sim porque temos colocado a elite a serviço da massa e não nos contentamos em formar dirigentes somente através da teoria"[117]. A formação na JOC "[...] não é somente um ensinamento verbal, mas uma aprendizagem da ação, da influência, da responsabilidade, através de tarefas comunitárias que coloquem em movimento não somente os fiéis, mas todos os companheiros de trabalho, dos quais Deus nos fez guardiões e salvadores"[118]. Por isso, na JOC, o *agir* é sempre "a melhor introdução ao *ver*"[119].

5 "Como" ver a realidade? – O levantamento de dados através de enquetes pessoais ou coletivas

Como já se fez referência anteriormente, o método *ver-julgar-agir* ao propor o conhecimento da realidade através de enquetes pessoais ou coletivas, coloca a questão, ainda que de modo implícito, da necessidade de uma das ciências como condição para uma correta articulação entre o *ver* e o *julgar*. Sem dúvida, é uma das grandes intuições originais de J. Cardijn, mesmo se a utilização de enquetes, como instrumento de levantamento de dados, não seja uma invenção sua. Na realidade, a aplicação de enquetes, como meio de um levantamento mais objetivo de dados sobre um problema concreto, já era uma prática mais ou menos corrente nos meios mais intelectualizados do Catolicismo Social. O que é original em J. Cardijn é o fato de aplicá-las de maneira pessoal ou coletiva e de as haver inserido no interior do pri-

---

115. CARDIJN, J. *Allocutions de Cardijn à la Semaine d'Études Internationale de la JOC, 25-29 août de 1935*. Bruxelas: Jocistes, 1935, p. 73, 76, 153.

116. CARDIJN, J. *L'Église face aux problèmes de la jeunesse travailleuse* (1949). Op. cit., p. 56-57.

117. CARDIJN, J. *Manuel de la JOC* (1925). Op. cit., p. 32.

118. CARDIJN, J. *Les travailleurs et les perspectives mondiales de l'Apostolat* (1956). Op. cit., p. 11.

119. Cf. MOULAERT, J. La pédagogie de Cardijn. *Cardijn, un homme, un mouvement*. Op. cit., p. 248.

meiro momento da trilogia *ver-julgar-agir*, mais tarde concebida como momentos dialeticamente articulados.

5.1 As enquetes dentro de um círculo dialético

Como se sabe, o *ver*, primeiro momento da trilogia do método da JOC, não é um passo isolado dos demais. Com o passar dos anos, ele seria articulado dialeticamente em relação ao *julgar* e ao *agir*. No que diz respeito às enquetes jocistas, instrumento de pesquisa que brota da realidade dos jovens operários, elas também são inseridas dentro de um círculo dialético.

Como se viu acima, a relação dialética entre o *ver*, o *julgar* e o *agir* do método da JOC deve-se ao fato de J. Cardijn querer contrapor, nos primórdios do seu movimento, a dialética do jocismo[120] à dialética materialista do marxismo. Frisa ele que "três verdades fundamentais" [...] "dominam, inspiram, explicam e guiam a solução que o jocismo pode oferecer: uma verdade de fé, religiosa ou destino (julgar; tese); uma verdade de experiência, ou física, dos fatos (ver; antítese); e uma verdade pastoral ou de método (agir; síntese)[121]. Tal como já dissemos, coerente com esta lógica, até a década de 1940, a dialética do método da JOC, mesmo que sempre tivesse pretendido partir da realidade, na verdade, pelo fato de conceber o *ver* como uma antítese à tese da verdade da fé[122], se articulava a partir do polo do *julgar*[123]. As razões são compreensíveis. Sem falar no centralismo eclesiológico da JOC, isso devia-se, sobretudo, à ausência de um instrumental teórico, principalmente socioanalítico, mas também teológico, que marcasse as fronteiras da autonomia do temporal em relação à Igreja ou à teologia. O *ver*, enquanto reação ao *julgar*, leva a este exercer o primado na tri-

---

120. CARDIJN, J. *Laïcs en premières lignes* (1963). Op. cit., p. 9-10.

121. CARDIJN, J. *Problèmes fondamentaux: le salut par la vérité, la personne humaine, la société humaine – Leçons données à la Semaine d'Études de Godinne* (1933). Op. cit., p. 15.

122. A partir da segunda metade da década de 1930 até o final da década de 1940 a hierarquia das três verdades será a mesma, mas designada em outros termos: uma verdade de fé, de experiência e de pastoral. Cf. CARDIJN, J. *Allocutions de Cardijn à la Semaine d'Études Internationale de la JOC* (1935). Op. cit., p. 73, 76, 153.

123. Ibid.

logia e a limitar fatalmente o alcance do caráter indutivo do método. Por exemplo, quando o objetivo prioritário da JOC era "moralizar", privilegiava-se determinados aspectos da realidade frente a outros, da mesma forma que, quando a sua finalidade passou a ser "humanizar" ou "desproletarizar", se passou a ver realidades que antes passavam desapercebidas.

Neste sentido, a opção pela adoção da denominada "sociologia cristã" como teoria sociológica para a elaboração dos instrumentos de coleta de dados da realidade mostra, de um lado, o peso que o *julgar* exerce sobre o *ver* e, de outro, a relatividade da autonomia do temporal. Assim, teoricamente, o método *ver-julgar-agir* é indutivo, parte do *ver* e renuncia a todo e qualquer postulado *a priori*. Na prática, porém, na medida em que o *ver* é comandado pelo *julgar*, apesar de toda a clareza em nível de princípios, ela não consegue desembaraçar-se das malhas idealistas.

A partir da década de 1940, mesmo que do lado do uso da sociologia a JOC não tenha feito grandes avanços, a não ser o de ter assumido a sociologia personalista, no entanto, com a aparição da noção de "revisão de vida" e de "formação na ação", a metodologia vai tornar-se mais consequente com a realidade e com seu caráter indutivo[124]. Isso se deve ao fato do aprofundamento do caráter dialético do método. Até então, o momento do *julgar*, da forma como ele é praticado no seio das "seções locais", se limita a emitir luzes sobre o *ver*. Na fase seguinte, na década de 1950, o *julgar* passa também a recebê-las do ver, no sentido que o momento do *ver* leva a uma organização diferente dos dados da fé. O fato de iluminar "os problemas constatados" leva a selecionar textos e a invocar uns em relação a outros. Com isso, se de um lado o universo das enquetes é e continua sendo delimitado pelo *julgar*, de outro, os dados levantados passam a exercer uma influência também sobre ele, colocando em evidência não só os aspectos mais pertinentes da mensagem revelada, como também a encarnando no contexto em questão.

---

124. Com a aparição desta noção, J. Cardijn romperá definitivamente com seus últimos resquícios idealistas, invertendo a ordem destas verdades. Cf. CARDIJN, J. *Prêtres et Laïcs et la rechristianisation de la Jeunesse Travailleuse* (1950). Op. cit., p. 62.

Na prática, este procedimento alicerçado sobre as enquetes, entre outros, levaria a estabelecer um novo tipo de relação entre Igreja-Revelação-Mundo, o que implicaria uma nova concepção de evangelização e um novo modelo de ação pastoral[125]. É o teor da crise que a Ação Católica especializada irá produzir na Igreja, em especial na América Latina.

5.2 As principais características das enquetes jocistas

O caráter indutivo da metodologia de J. Cardijn, caracterizada por ele como uma espécie de "ciência pessoal"[126], na medida em que a realidade é vista pelos próprios sujeitos da mesma, não implica, contudo, a renúncia à busca de objetividade. Em J. Cardijn, indutivo não é sinônimo de empírico ou de subjetivismo. O que ele busca, de um lado, é fazer do método científico um método que contribua com a pastoral. Trata-se de aplicar "o programa da sociologia cristã"[127], dizia ele. De outro, ele quer produzir um conhecimento científico "encarnado", um saber que seja fruto de uma intervenção intencional e deliberada dos jovens operários em seu meio, em vista de sua transformação.

Para J. Cardijn, a ferramenta apropriada para estabelecer essa relação sujeito-objeto, de forma pessoal e ao mesmo tempo científica, é a enquete. Como dizia ele ainda nos primeiros anos do jocismo, "através de enquetes pessoais, ativas e vividas, os jocistas são levados a ver, a constatar as ideias reinantes, os hábitos existentes, os fatos, os casos [...]"[128]. Ele havia conhecido e praticado este instrumento de pesquisa ainda em seus anos de estudo das Ciências Políticas e Sociais na Universidade de Lovaina, como jovem presbítero e, sobretudo, através de seu contato com o Catolicismo Social francês, alemão e inglês[129]. Den-

---

125. Cf. J. PALARD, D'un christianisme de position à un christianisme de mouvement(s). *Nouvelle Revue de Théologie*, 853-878, aqui p. 853, 1980.

126. CARDIJN, J. Manuscrits de Saint-Gilles. Redigido na prisão e datado de 04/02/1917. In: *Archives Cardijn*. Cf. tb. FIÉVEZ, M.; MEERT, J. *Joseph Cardijn*. Op. cit., p. 78-79. • VV.AA. *Va libérer mon peuple*. Op. cit., p. 78-79.

127. CARDIJN, J. *Manuel de la JOC* (1925). Op. cit., p. 22.

128. CARDIJN, J. *La JOC et la détresse intellectuelle* (1930). Op. cit., p. 26.

129. Ibid., p. 30-31.

tre os estudos do gênero que mais o marcaram, inúmeras vezes ele se referirá às importantes enquetes de Ducpétiaux e Villermé, os maiores representantes do Catolicismo Social na Bélgica[130].

Há uma grande diferença, porém, entre as enquetes do Catolicismo Social e as enquetes aplicadas pela JOC ou a Ação Católica especializada. As enquetes do Catolicismo Social são geralmente redigidas e aplicadas por especialistas, enquanto que, no caso da JOC, como atesta J. Cardijn, "as enquetes são aplicadas nos meios de vida, em equipe, pelos militantes e redigidas por eles"[131]. Neste caso, privilegia-se o processo em relação aos resultados. O instrumento analítico tem unicamente a função de definir o universo da realidade a ser buscada e garantir uma certa objetividade e um mínimo de rigor científico. É neste sentido que se deve entender a insistência de J. Cardijn na aquisição por parte dos militantes da JOC de um "espírito de enquete"[132]. Na verdade, quando ele insiste com os jovens operários sobre a importância da aquisição deste "espírito", ele quer fazer dos próprios jovens "matéria e sujeito" das próprias enquetes. Em outros termos, o objetivo é fazer com que os jovens, apoiados em enquetes pessoais ou coletivas, eles mesmos, cheguem a problematizar a realidade de seu meio, a buscar respostas através de um instrumento redigido por eles mesmos junto aos atores sociais da realidade estudada, a se perguntarem por suas causas e a se engajarem em sua transformação. Para J. Cardijn, os estudos e enquetes mais clássicos, dos especialistas, além de enquadrarem a realidade em sistemas acadêmicos rígidos e de não provocarem um contato direto dos sujeitos com sua própria realidade, mostravam-se por demais lentos para acompanhar o dinamismo da situação do meio operário. Justificava-se ele, "não se pode, nestes assuntos, basear-se sobre conhecimen-

---

130. Em sua brochura (CARDIJN, J. *La JOC et la détresse intellectuelle et morale des jeunes travailleurs*. Op. cit., p. 5) J. Cardijn cita duas enquetes, classificadas por ele como "enquetes terríveis". A primeira trata-se do conhecido trabalho de Ducpétiaux: *De la condition physique et morale des jeunes ouvriers et des moyens de l'améliorer*. Bruxelas, 1843. A segunda, de Villerme: *Tableau de l'état physique et moral des ouvriers*. 2 vol. Paris: 1840.

131. CARDIJN, J. *L'Église face aux problèmes de la jeunesse travailleuse* (1949). Op. cit., p. 67.

132. Cf. CARDIJN, J. *Manuel de la JOC*. 2. ed. Bruxelas/Paris: Jocistes, 1930, 391 p., aqui p. 233-234.

tos livrescos ou sobre ideias *a priori*: é preciso, ao contrário, dispor de informações exatas e atuais sobre as realidades vividas"[133].

Quanto às características básicas das enquetes jocistas no pensamento de J. Cardijn, em primeiro lugar, constata-se a preocupação pelo caráter indutivo e de "ciência pessoal" da metodologia: "os jovens trabalhadores devem aprender a ver através de enquetes pessoais ou coletivas"[134]. Trata-se de enquetes pessoais ou coletivas na medida em que o militante da JOC, associado a dois ou três colegas do bairro, irá entrevistar, dentro de um espírito de camaradagem, os jovens operários lá onde eles vivem. Segundo, para que a aplicação das enquetes responda aos objetivos estabelecidos, ou seja, de levantar informações "exatas e atuais sobre as realidades vividas" e se constitua numa prática educativa, faz-se necessário "adaptá-las à mentalidade, à maneira de ser e de falar dos jovens de cada localidade"[135]. Terceiro, para assegurar uma certa unidade nacional, "as enquetes não devem ser feitas ao acaso; elas devem, ao contrário, ser dirigidas pelo Secretariado Geral da JOC, constar das mesmas questões para toda a região francófona, bem-escolhidas, indicadas para cada mês pelo Boletim dos Dirigentes"[136]. Busca-se uma unidade não só de procedimento, mas principalmente em nível dos conteúdos, a fim de possibilitar a escolha de prioridades comuns e a realização de uma ação conjunta. Quarto, para garantir o bom desempenho da aplicação da enquete e a confiabilidade de seus resultados, elas devem também ser controladas. Quinto, dada a complexidade da realidade, "os dirigentes jocistas devem constatar a situação moral do meio no qual eles devem trabalhar [...] através de enquetes múltiplas"[137], para tentar abarcar o problema em sua globalidade. Sexto, como o que se busca são informações, não necessariamente de ordem estrutural, mas conjuntural e sobretudo existenciais e, portanto, movendo-se sobre um terreno extremamente dinâmico,

---

133. Ibid., p. 22.

134. CARDIJN, J. *Le travail des jeunes salariés & La Charte Jociste du Travail* (1928). Op. cit., p. 22.

135. Cf. ibid.

136. Ibid.

137. Ibid., p. 24.

"para aprender a conhecer as necessidades dos jovens assalariados e os dados dos problemas que a JOC deve resolver, faz-se necessário proceder por enquetes contínuas"[138]. Só assim se poderá atualizar constantemente os dados levantados. Por fim, sétimo, o próprio processo de conhecimento da realidade e a busca das causas dos problemas encontrados levarão as enquetes a serem cada vez mais aprofundadas. Por isso, como dizia J. Cardijn, se por um lado "este trabalho de enquetes é imenso e não será jamais terminado" e "as informações já adquiridas devem continuamente ser controladas e novamente colocadas em dia"[139], por outro, só assim se poderá reunir os elementos que permitirão um diagnóstico das reais causas dos problemas levantados[140].

Fora destas sete características, os escritos de J. Cardijn dão muito poucas referências sobre o processo de redação das enquetes propriamente ditas, ou seja, sobre os critérios adotados na classificação das questões em temas específicos, como também se as questões devem ser abertas ou fechadas. Também não se consegue precisar até onde a "sociologia cristã" exercia realmente sua autonomia como ciência. É uma lacuna, porém, facilmente preenchida com o abundante material disponível a respeito, nos arquivos da JOC. Dispõe-se, entre outros, por exemplo, da relação completa dos textos dos questionários de todas as enquetes da JOC belga da época de J. Cardijn que, como se sabe, contavam com sua participação direta no processo de redação. Numa brochura de 1949, redigida a pedido da Santa Sé e na qual ele faz uma dissertação sobre a JOC, há um elenco completo das enquetes aplicadas pela JOC belga, de 1924 a 1946. Como não cabe, neste capítulo, fazer uma análise mais profunda desses instrumentos, apresenta-se, ao menos em nota de rodapé, a lista completa das mesmas, no intuito de dar uma visão de seu universo temático[141].

---

138. Ibid., p. 22.

139. Ibid.

140. Ibid.

141. Cf. CARDIJN, J. *L'Eglise face au problème de la jeunesse travailleuse* (1949). Op. cit., p. 64-67. Esta é a lista completa: enquete geral sobre a adolescência assalariada (1924); sobre a higiene pessoal (1925); sobre a preparação para o trabalho (1926); sobre os jocistas sindicalizados (1927); sobre a vida de trabalho dos jovens assalariados (1928); sobre o código de trabalho dos jovens assalariados, sobre as colaborações necessárias, sobre a segurança, a saúde, a altivez (1929); so-

Como um bom exemplo ilustrativo das enquetes jocistas, pode-se citar a primeira, praticamente redigida pelo próprio J. Cardijn, intitulada *"Enquete sur l'adolescence salariée"* (enquete sobre a adolescência assalariada), aplicada na época do lançamento da JOC (1921-1923)[142]. Desde sua aplicação em 1922, a lista de 500 questões, minuciosamente reagrupadas em capítulos, é distribuída aos militantes para serem aplicadas em seu meio de vida, com o objetivo de buscar, como se sabe, muito mais do que dados objetivos de sua própria realidade. Como a pedagogia de J. Cardijn privilegia o processo em relação aos resultados, e uma vez que se quer fazer do mesmo um processo educativo, a lista de 500 questões tem a finalidade, acima de tudo, de levar os jovens operários a estabelecer um contato pessoal com seus companheiros de trabalho. O que se espera deste contato é que os jovens, conhecendo-se melhor a si mesmos e percebendo com mais clareza a situação de seus companheiros, se sintam desafiados a uma ação transformadora de seu meio. Com isso, o processo de conhecimento, por si mesmo, se constitui numa primeira intervenção sobre o mesmo[143].

---

bre os feriados pagos, sobre a higiene no trabalho, sobre os deveres familiares, sobre a formação intelectual, sobre a admissão ao trabalho, sobre a leitura dos debutantes no trabalho, sobre os conhecimentos religiosos, sobre o ensino profissional, sobre a influência dos meios de trabalho em jovens trabalhadores, sobre todos os jovens assalariados e seus meios de trabalho (1930); sobre os deslocamentos dos jovens trabalhadores, sobre o tempo livre dos jovens trabalhadores (1931); sobre a educação e a formação dos jovens trabalhadores, sobre a greve e a crise (1932); sobre o que a JOC fez pelos jovens trabalhadores, sobre os jovens trabalhadores vítimas da crise, sobre a profissão dos jovens trabalhadores do município (1933); sobre os salários dos jovens trabalhadores, sobre os sindicatos, sobre os jovens trabalhadores e a Eucaristia, sobre os jovens trabalhadores e o sindicalismo, sobre a conquista dos meios de trabalho, sobre a saúde dos jovens trabalhadores (1934); sobre a situação dos jovens desempregados, sobre a vida moral dos jovens trabalhadores no meio de trabalho, sobre a vida moral dos jovens trabalhadores nos deslocamentos (1935); sobre os salários dos jovens trabalhadores, sobre o trabalho profissional (1936); sobre a situação dos meios de trabalho, sobre a saúde pessoal e familiar dos jovens trabalhadores (1937); sobre a educação física e os lazeres do jovem trabalhador, sobre o significado do domingo e do repouso dominical (1938); sobre o domingo e a família do jovem trabalhador, sobre os feriados pagos (1939); sobre os jovens trabalhadores evacuados (1940); sobre o vestuário e a calefação, sobre a situação familiar dos jovens trabalhadores, sobre a alimentação dos jovens trabalhadores (1941); sobre o estilo de vida dos jovens trabalhadores (1942); sobre a atitude dos jovens trabalhadores em relação às jovens trabalhadoras, sobre as condições de trabalho dos jovens trabalhadores (1943); sobre a saúde dos jovens trabalhadores no seu bairro (1945); sobre as condições de vida dos jovens trabalhadores doentes, sobre a saúde dos jovens no trabalho (1946).

142. Cf. VV.AA. *Va libérer mon peuple*. Op. cit., p. 83.

143. Nos meios ligados à prática da pesquisa participante, denomina-se esse tipo de levantamento da realidade de "pesquisa-ação". Cf. BRANDÃO, C.R. *Pesquisa participante*. São Paulo: Brasiliense, 1981. • BRANDÃO, C.R. *Repensando a pesquisa participante*. São Paulo: Brasilien-

As questões desta primeira enquete jocista, de maneira geral, são semelhantes àquelas que o então vigário de Laeken, em 1912, fazia de manhã cedo aos operários a caminho da usina: "Que profissão você escolheu? Você trabalha numa empresa ou a domicílio? Em que empresa? Teve conselho de alguém na escolha da profissão ou da empresa? Quem? Você já mudou de profissão? De empresa? Quantas vezes? Por qual motivo? etc."[144].

Os frutos desta primeira enquete jocista seriam determinantes para a história do jocismo. Sem falar em seu estilo de redação, que iria influenciar grandemente as enquetes posteriores. O seu resultado foi de uma importância capital para o movimento nascente, pois é sobre a realidade levantada por esta enquete que se baseará, mais tarde, o Programa Geral da JOC, redigido pelo próprio J. Cardijn, por ocasião do 1º Congresso Nacional[145] e adotado em 1925, como base da ação do movimento[146].

5.3 O modo de aplicação das enquetes e o destino de seus resultados

Como dissemos, em seus escritos, J. Cardijn não fornece maiores detalhes sobre o modo de aplicação das enquetes. Ele contenta-se em dar linhas gerais, como se viu anteriormente, ou seja, que as enquetes sejam pessoais ou coletivas, adaptadas à situação de cada localidade, dirigidas, controladas, múltiplas e aprofundadas[147]. Dada essa lacuna, compreensível, pois não é um tema que se presta a conferências, regra geral dos textos de J. Cardijn, a alternativa foi buscar essas informações em documentos de seu círculo, em sua época. Assim, percorrendo

---

se, 1984. • BRANDÃO, C.R. *Pensar a prática – Escritos de viagem e estudos sobre a educação.* São Paulo: Loyola, 1984.

144. FIÉVEZ, M.; MEERT, J. *Joseph Cardijn.* Op. cit., p. 60-61.

145. Esse congresso, ao qual se fez referência no capítulo 1, deu origem ao *Manual da JOC*, redigido pelo próprio J. Cardijn. Ele reuniu 200 delegados, e nele Jacques Meert faz a constatação de 192 seções en Wallonie e Bruxelas, com 6 mil membros filiados e cotistas. Cf. FIÉVEZ, M.; MEERT, J. *Joseph Cardijn.* Op. cit., p. 76.

146. Cf. FIÉVEZ, M.; MEERT, J. *Joseph Cardijn.* Op. cit., p. 76-77.

147. CARDIJN, J. *L'Église face au problème de la jeunesse travailleuse* (1949). Op. cit., p. 67.

o abundante número de textos pedagógicos do Secretariado Nacional da JOC da época de J. Cardijn, como prática corrente, constata-se um itinerário que percorre nove etapas[148].

Em um primeiro momento, vem a redação da enquete pelos organismos nacionais, acompanhada de seus objetivos e da maneira como aplicá-la. Como se viu anteriormente, as enquetes são dirigidas controladas em seu conteúdo, objetivos e em seu modo de aplicação. Não que seja uma direção de tipo piramidal. Ela é o retorno das aspirações das seções locais, recolhidas de forma ascendente, passando pelos organismos regionais, até chegar ao Secretariado Nacional. Em última análise, é este organismo de globalização que assegura a organicidade do movimento e uma ação de conjunto em nível nacional e, consequentemente, assegurado maiores possibilidades de eficácia[149].

Em um segundo momento, há envio da enquete ao Comitê de Dirigentes das seções locais, o qual deverá estudá-la pessoalmente, tentando respondê-la para si mesmo ou com outros dirigentes, antes de apresentá-la ao grupo. Trata-se, aqui, de testar o instrumento, com a finalidade de detectar eventuais falhas ou lacunas. Como é uma tarefa que exige uma certa familiaridade no manuseio de questionários e um conhecimento dos destinatários e de seu meio, o teste do instrumento é reservado ao setor da base mais experimentado. Eles apresentarão aos colegas algo que eles mesmos já experienciaram. Depois disso, as enquetes deixam de ser anônimas ou estrangeiras à seção local[150].

Em um terceiro momento se dá a apresentação e o estudo da enquete na seção local, com o objetivo de adaptá-la às necessidades e às possibilidades de cada localidade. Como se trata de adaptar a enquete à mentalidade, à maneira de ser e de falar dos jovens de cada localidade, nada melhor do que fazer participar todos os integrantes da

---

148. Nos *Archives des Anciens et Anciennes de la JOC*, em Bruxelas, encontra-se uma série de carnês ou cadernos pessoais de militantes que atestam essas etapas. Como bibliografia publicada pode-se citar os manuais da JOC francesa editados pelo Secretariado Geral: *Pour fonder une section, les enquêtes préparatoires*. Paris: Jocistes, 1942, 29 p. • *Réflexions sur l'Enquête – Brochure destinée aux dirigeants et aumôniers de la JOC*. Lyon: Jocistes, Lyon 1942, 62 p. • *Mon Enquête*. Paris: Jocistes, 1938, 49 p.

149. Cf. *Mon Enquête*. Op. cit., p. 6-8.

150. Ibid., p. 10-11.

seção local. São eles que vão simplificar o vocabulário, sem mudar o conteúdo, através de um estudo cuidadoso da globalidade das questões propostas pela enquete. A tarefa dos jocistas, nesta terceira etapa, é tornar o instrumento acessível aos seus destinatários para se poder contar, depois, com respostas confiáveis[151].

Como quarto passo, vem a aplicação da enquete, não dentro do grupo, durante a reunião, mas no "meio de vida" do jovem trabalhador. Por "meio de vida" entende-se o meio de trabalho e de vida dos jovens operários, ou seja, a empresa, seu bairro, os locais onde se reúnem, seu meio de lazer e seus deslocamentos. Neste particular, é importante ressaltar que a enquete, dado o vasto número de questões, não é aplicada de uma só vez. J. Cardijn insiste sempre que elas sejam aplicadas em partes, uma a cada semana, pelos próprios jovens trabalhadores das seções locais. Além disso, a recomendação é de jamais aplicar a enquete sozinho. Recomenda-se que os aplicadores sejam três ou quatro; dentre os quais, dois sejam militantes da seção local e dois ou três sejam colegas do bairro, não militantes da JOC, o que poderia, certamente, resultar no engajamento deles depois. É o "apostolado do semelhante pelos semelhantes". Quanto à relação entre entrevistadores e entrevistados, ela deve ser a menos anônima ou a mais amigável possível. O que acontece na prática é que, na medida em que o diálogo se dá, o militante vai anotando as respostas às questões dirigidas por ele ao entrevistado em seu caderno pessoal[152].

O quinto passo consiste na apresentação das respostas às questões de cada parte da enquete, na reunião da seção local. Trata-se, por ocasião da reunião semanal ou quinzenal do grupo local de militantes, de cada jovem operário do movimento, apoiado nas anotações de seu caderno pessoal, apresentar as respostas de seus entrevistados. A apresentação se restringe, num primeiro momento, a um relato objetivo, sem discussão ou juízo de valor, o que se fará no passo seguinte do percurso metodológico da JOC[153].

---

151. Ibid., p. 12-13.
152. Ibid., p. 24-25.
153. Ibid., p. 32-33.

O sexto passo consiste na discussão das respostas dos entrevistados. Esta discussão segue os passos do método *ver-julgar-agir*: após a tomada de conhecimento dos fatos e dos problemas encontrados, primeiro procura-se fazer um discernimento de suas causas e consequências (ver)[154]; em seguida, vem a iluminação desta realidade a partir da Palavra ou da doutrina (julgar); num terceiro momento, vem tomada de posição, através da programação de ações concretas a serem levadas a cabo para diminuir a distância entre o ideal buscado e a realidade constatada (agir). Esta etapa do exercício do "espírito de enquete" se constitui num dos momentos centrais do movimento. O problema era também que, em algumas seções, este passo se constituía em quase todo o movimento, reduzindo a JOC a um movimento mais de educação do que de ação, quando se buscava o contrário. O fato é que neste passo a educação adquire um caráter permanente, e a ação, uma vez consequente com a realidade, muito mais histórica[155].

O sétimo passo consiste no encaminhamento da reunião seguinte. Antes de concluir os trabalhos, o dirigente, juntamente com os membros do grupo, determina as questões da enquete que serão aplicadas durante a semana vindoura e a serem discutidas na próxima reunião[156].

O oitavo é o envio e a discussão dos resultados da enquete na Assembleia Geral do movimento. É o momento de fazer o caminho ascendente. Esta assembleia consiste numa reunião mensal que agrupa todos os jocistas e simpatizantes das seções locais. É na assembleia onde se toma conhecimento de todo o trabalho feito durante o mês, bem como onde se retoma o plano local, regional e nacional. Dado o limite de tempo, nessas assembleias são retomadas, através de pequenos relatórios, seguidos de discussão, não todas as questões da enquete, mas unicamente os pontos centrais[157].

---

154. Mesmo que se esteja no momento do *ver*, procede-se já a um certo julgamento, embora limitado ao campo socioanalítico. É mais diagnóstico do que juízo à luz da fé. A análise de tipo axiológico, a iluminação teológica como tal, é feita no momento posterior, no momento do *julgar*.

155. Cf. *Mon Enquête*. Op. cit., p. 34.

156. Ibid., p. 35.

157. Ibid., p. 43.

Finalmente, como novo passo, os relatórios das Assembleias Gerais são levados às Federações. Estas, por sua vez, farão um relatório à Secretaria-geral, com a finalidade de estabelecer o programa de ação do movimento. É em base a estes relatórios que as Federações, por sua vez, como corpos representativos da juventude trabalhadora, tomarão as decisões não previstas quando da elaboração do "Plano apostólico"[158].

---

158. Ibid., p. 47-49.

3
Julgar a realidade: a confrontação do real com o ideal

Neste terceiro capítulo será abordado, igualmente de maneira breve e sem maiores comentários, o segundo momento do método da JOC – o *julgar* –, concebido primeiramente de forma dedutiva, mas, depois, de certa maneira dialeticamente em relação ao *ver* e ao *agir*. Como dizia J. Cardijn, "depois de ter ensinado aos jovens a *ver*, deve-se ensiná-los a *julgar* os fatos constatados"[1].

Tal como em relação ao momento do *ver*, nenhum escrito de J. Cardijn apresenta uma abordagem sistemática do momento do *julgar*. Porém, através de uma sistematização de suas ideias a partir de seus escritos ou mais propriamente por meio de um ordenamento de suas reflexões, é possível fazer uma abordagem satisfatória deste segundo momento do método da JOC.

O conjunto dos escritos de J. Cardijn leva a uma abordagem do momento do *julgar* sob quatro aspectos. Começaremos pelo que J. Cardijn entende por *julgar* ou por iluminar a realidade. Trata-se de explicitar o que caracteriza a especificidade de uma visão pastoral fruto da inter-relação com o diagnóstico feito por outras ciências. Veremos o que compõe no pensamento de J. Cardijn a pertinência desse mo-

---

[1]. CARDIJN, J. *Les Méthodes Jocistes – Schéma de la Quatrième Semaine d'Études de la JOC* (1928). Op. cit., p. 29.

mento específico, que faz com que um movimento de jovens seja um movimento de Igreja, com um diagnóstico que desemboca, não em qualquer ação, mas precisamente numa ação pastoral. Na explicitação do *julgar* no pensamento de J. Cardijn, um segundo aspecto consiste em ver o que ele entende pelo "ideal" da fé a ser confrontado com o "real" da realidade. Como veremos, em suas palavras trata-se do "ideal" enquanto "pensamento de Deus"[2], "plano de Deus"[3] ou como "verdade fundamental"[4] e "universal"[5]. Um terceiro aspecto diz respeito ao suporte teórico utilizado por J. Cardijn para apreender o ideal, a ordem do saber em que se move sua compreensão ou a inteligência da fé. Veremos, em grandes linhas, a teologia subjacente ao *julgar* do método da JOC, concretamente que cristologia e que eclesiologia dão embasamento a este segundo momento da trilogia do método da JOC. Por fim, nos ocuparemos em explicitar a construção da pertinência do momento do *julgar* no pensamento de J. Cardijn; em outras palavras, o itinerário da inter-relação entre o "real" e o "ideal", percorrido comunitariamente no seio das seções locais da JOC. Serão elencados os diferentes passos do procedimento deste segundo momento do método, seja para constatar o vazio e as contradições do real em relação ao ideal ou ao plano de Deus, seja para buscar o sentido de toda e qualquer ação humana no mundo.

1 O exame da realidade à luz da doutrina

Em seus primórdios, quando o objetivo do movimento era especialmente a formação, na "escola" da JOC[6], o *julgar* era dotado de uma importância particular em relação aos dois outros momentos do método. Como para J. Cardijn os problemas da massa operária se deviam essencialmente a uma falta de formação, após o primeiro passo, que

---

2. Cf. NDONGMO, A. *Action Catholique, dimension normative de la pastorale.* Paris: Ouvrières, 1968, p. 63.

3. CARDIJN, J. *Prêtres et Laïcs* (1950). Op. cit., p. 66.

4. CARDIJN, J. *Jeunes travailleurs face aux temps nouveaux* (1942). Op. cit., p. 6.

5. CARDIJN, J. *Prêtres et laïcs* (1950). Op. cit., p. 7.

6. CARDIJN, J. *Manuel de la JOC* (1925). Op. cit., p. 31-32. Cf. tb. CARDIJN, J. *Les Méthodes Jocistes* (1928). Op. cit., p. 21.

era o "momento da informação", "depois de ter ensinado os jovens a *ver*", vem o *julgar*, o momento da "formação", no qual se procurava "ensinar os jovens a julgar os fatos constatados"[7].

No método da JOC, *julgar* significa essencialmente "iluminar", julgar os fatos constatados "à luz de uma doutrina segura"[8], a fim de "distinguir a verdade do erro"[9] e, assim, na linguagem da época, "salvar a massa operária"[10] do "materialismo, do liberalismo e do socialismo materialista"[11].

1.1 O que J. Cardijn entende por julgar

Na trilogia do método da JOC, o segundo momento do método se caracteriza por três conotações básicas, que dão o teor do procedimento a realizar.

Uma atitude de avaliação

O momento do *julgar*, com exceção da fase da JOC quando se falava em "aplicar a doutrina aos casos", não consiste em colocar-se numa postura de submissão ou de sujeição a normas ou mesmo à doutrina, mas numa atitude de avaliação, na qual o indivíduo adquire uma autonomia de juízo[12]. Para J. Cardijn, é julgando "os fatos, os hábitos, as ideias", é descobrindo e apreciando "os bons e maus efeitos", é detectando "a causa da maldade ou da bondade" desses fatos, é descendo "aos princípios essenciais da moral e da religião" que se adquire "uma

---

7. CARDIJN, J. *Les Méthodes Jocistes, Schéma de la Quatrième Semaine d'Études de la JOC* (1928). Op. cit., p. 29. Nota-se, nesta fase, uma prática dos três momentos da metodologia, mais como passos do eu como momentos, ainda de forma bastante desarticulada dos momentos entre si, pouco dialética. Constata-se, também, que a relação entre os três momentos do método é estabelecida a partir do polo do *julgar*.

8. Ibid.

9. CARDIJN, J. *Problèmes fondamentaux: le salut par la vérité, la personne humaine, la société humaine* (1933). Op. cit., p. 13.

10. CARDIJN, J. *Prêtres et laïcs* (1950). Op. cit., p. 15.

11. CARDIJN, J. *Le travail des jeunes salariés & la Charte Jociste du travail* (1928). Op. cit., p. 23-24.

12. Este aspecto foi muito bem sublinhado em MOUGENOT, C.; MORMONT, M. *L'invention du rural*. Op. cit., p. 130.

formação moral e religiosa séria e eficaz"[13]. Como já se disse acima, para J. Cardijn, após a "informação" vem a "formação", através do recurso "à luz de Cristo, tal qual ela emana do Evangelho e da doutrina da Igreja". Para ele, trata-se de fazer com que "o espírito da fé" penetre em todas as coisas, em todo evento, em toda situação, em todo ato[14].

Questionar a si mesmo

O segundo momento do método consiste, também, em apreciar em que medida cada um dos dados levantados pelas enquetes corresponde à vontade de Deus, reflete ou trai o espírito do Evangelho, favorece ou cria obstáculo ao crescimento do Reino[15]. Para J. Cardijn, não se trata, aqui, de julgar pessoas, suas intenções ou seus valores morais, menos ainda de fazer um "processo" dos ausentes. Trata-se de saber se tal comportamento, tal situação, tal hábito ou costume, objetivamente considerados, são ou não conformes "à vontade de Cristo" e ao "espírito do Reino"[16].

Após a década de 1930, como momento-chave da "revisão de vida", o *julgar*, fundamentalmente, leva os jovens a se questionar e a revisar a si mesmos. Daí a dimensão formativa deste momento que, para J. Cardijn, esta forma prática e dinâmica de iluminação da realidade, "à luz de uma doutrina segura", é "um ensino mil vezes mais atraente e frutuoso para os jovens operários do que um ensino livresco e abstrato"[17]. Pois não se trata "somente de refletir", mas também de "rezar, de abrir-se à graça"[18], uma vez que "para colaborar dignamente com Deus é preciso ser fiel a Ele a cada instante; é preciso ser dócil às suas inspirações"[19].

---

13. CARDIJN, J. *La JOC et la détresse intellectuelle et morale des jeunes travailleurs* (1930). Op. cit., p. 26-27.

14. Aspectos do método *ver-julgar-agir* recolhidos em VAUTHIER, E. *Initiations à l'Action Catholique – Essai de Théologie pastorale*. Langres: Bureau de l'ami du Clergé, 1955, p. 174.

15. Aspecto comentado em NDONGMO, A. *Action Catholique, dimension normative de la pastorale*. Op. cit., p. 61.

16. Ibid.

17. CARDIJN, J. *Les Méthodes Jocistes – Schéma de la Quatrième Semaine d'Études de la JOC* (1928). Op. cit., p. 23.

18. CARDIJN, J. *Prêtres et Laïcs* (1950). Op. cit., p. 66.

19. Ibid.

Para J. Cardijn, sobretudo na fase pós-Segunda Guerra do movimento, em que a noção de "revisão de vida" é integrada ao método, cada momento da trilogia se coloca em relação frente aos demais mais ou menos de forma dialética. Assim, *julgar* é projetar sobre os elementos colocados em relevo pela análise no momento do *ver* a "luz do Evangelho"[20]. Através deste exercício prático de iluminação dos "fatos constatados pelas enquetes", à luz de uma "doutrina segura", os jovens, segundo J. Cardijn, "se habituam a buscar o sentido, o significado das palavras, as frases que eles ouvem cada dia em seu meio de trabalho, a constatar o vazio, a inanição, o caráter estúpido de certos argumentos e de determinadas maneiras de pensar, a ver as consequências desastrosas de certas teorias e de certas maneiras de agir"[21].

Formar um juízo pessoal

Finalmente, para o método da JOC, no momento do *julgar*, uma vez de posse dos elementos que compõem a realidade dos meios de vida coletados pela enquete, cada membro da JOC, sobretudo o militante, aquém do juízo do grupo, é convidado a confrontar "o que ele viu" com "o que deveria ser". Trata-se de, pessoalmente, examinar a realidade à luz da "doutrina católica", de formar, para si mesmo, um julgamento pessoal, motivado pelos problemas de seu meio, condição essencial antes para se lançar à ação[22].

1.2 A finalidade do julgar no pensamento de J. Cardijn

A especificidade ou a pertinência do *julgar* no método da JOC, além da "iluminação" da realidade levantada pelas enquetes, através do "Evangelho e da doutrina católica", é dada pela "finalidade última" da inter-relação do "real" com o "ideal", entre o que se viu e o que deveria ser.

---

20. Cf. CARDIJN, J. *La JOC et la détresse intellectuelle et morale des jeunes travailleurs* (1930). Op. cit., p. 27.

21. Ibid.

22. Conotação do método *ver-julgar-agir* comentado em LELOTTE, F. *Pour réaliser l'Action Catholique – Principes et méthodes.* 3. ed. Tournai/Paris: Casterman, 1945, p. 170-171.

No pensamento de J. Cardijn, "julgar os fatos constatados pelas enquetes à luz de uma doutrina segura" tem por finalidade na década de 1930 "evitar os perigos de teorias errôneas"[23], como "o materialismo, o agnosticismo, o liberalismo e o socialismo ateu; reinserir a religião e a moral dentro da vida, através de uma sólida formação doutrinal"[24]. Mais tarde, sobretudo a partir da década de 1940, "julgar os fatos" consiste em fazer conhecer ao mundo o plano de Deus a respeito do homem, concretamente, "a dignidade do trabalho, do trabalhador e de sua missão"[25].

Julgar para ultrapassar obstáculos e evitar perigos

Nos primórdios da JOC, até a Segunda Guerra, o pensamento de J. Cardijn é marcado por uma forte dose de intransigentismo[26], mesmo que ele não queira assumir uma posição meramente antiliberal ou antimarxista. Em inúmeras oportunidades, ele falaria da necessidade de não se restringir a "um antimarxismo negativo". Seja como for, a finalidade do *julgar* no pensamento de J. Cardijn não escapa de um certo espírito apologético.

Em sua fase moralizadora na década 1930, o programa da JOC está fortemente marcado por uma reação a "muitos obstáculos que se opõem à aplicação da doutrina católica e da Declaração Jocista dos

---

23. CARDIJN, J. *Les Méthodes Jocistes – Schéma de la Quatrième Semaine d'Études de la JOC* (1928). Op. cit., p. 24.

24. CARDIJN, J. *La JOC et la détresse intellectuelle et morale des jeunes travailleurs* (1930). Op. cit., p. 27.

25. CARDIJN, J. *Le Jeune Travailleur, la Jeune Travailleuse devant la vie* (1949). Op. cit., p. 24.

26. DE VAUCELLES, L. L'évolution du catholicisme français de la restauration *à nos jours* (*Culture et Foi*, n. 86, p. 17-27, 1982) classifica a Ação Católica como uma das formas de "catolicismo intransigente". A expressão é tomada de POULAT, E. *Église contre Bourgeoisie*. Op. cit., que consiste em instaurar uma "ordem cristã", diferente daquela que propõem os não cristãos. Estes estão representados, tanto pela burguesia voltaireana e liberal como pela ascensão dos socialismos. Frente a eles, o "catolicismo intransigente" se define como antimoderno, antiburguês, antirrevolucionário, antiliberal e antissocialista. Ele se defronta, de um lado, com a ordem "liberal" e "individualista", ligada ao capitalismo, e, de outro, com o "coletivismo", que busca uma nova ordem econômica "socialista" ou "comunista". Esta ideologia, o "intransigentismo", se engaja em sua própria via, uma "terceira via", que vai inspirar a doutrina social da Igreja, o sindicalismo cristão, a democracia cristã, a Ação Católica etc.

Direitos do Trabalho"[27]. Estes obstáculos, segundo J. Cardijn, decorrem "das divergências essenciais sobre a concepção do destino da vida humana" existentes entre "dirigentes industriais e trabalhadores" e, consequentemente, "sobre os direitos e os deveres que daí decorrem, sobre a melhor organização do trabalho, da sociedade e dos trabalhadores"[28]. Para ele, são essas "divergências essenciais", que explicam "as teorias errôneas, as situações defeituosas e as organizações hostis que os jovens trabalhadores encontram em seu meio de trabalho e no seio da classe operária"[29]. Teorias que são não somente "um obstáculo à aplicação da doutrina católica", como também um perigo a evitar na transformação do mundo do trabalho, pois, dada a "falta de preparação e de experiência, a fragilidade e o isolamento" dos jovens trabalhadores é, nesse meio, "que eles sofrem mais facilmente a influência delas e se tornam as suas primeiras presas"[30].

Essas "teorias errôneas", segundo J. Cardijn, têm como denominador comum o materialismo e o agnosticismo, que deram origem ao liberalismo e ao comunismo. Para ele, na base de tudo, de um lado, está "o materialismo que prega que a vida humana se limita à vida terrestre e que todos os problemas sociais e econômicos se resolvem pela força material" e, de outro, "o agnosticismo, que se recusa a levar em conta as realidades sobrenaturais"[31]. São essas "teorias errôneas" as responsáveis pelo "encurralamento da religião à esfera do privado"[32]. Seus partidários proclamam "nem Deus, nem obrigação moral, nem destino eterno, nem sanção eterna"[33].

Foram estas falsas teorias que deram origem, segundo J. Cardijn, "ao liberalismo entre os patrões e os dirigentes industriais, que quis

---

27. CARDIJN, J. *Les Méthodes Jocistes – Schéma de la Quatrième Semaine d'Études de la JOC* (1928). Op. cit., p. 23.

28. Ibid.

29. Ibid., p. 24.

30. Ibid.

31. Ibid.

32. Ibid. Cf. tb. CARDIJN, J. Catholicisme politique, anticléricalisme, antireligion? *Cardijn face aux événements*. Op. cit. Editorial de 22/12/1955, p. 187-188.

33. Ibid.

regulamentar toda a questão do trabalho pela concorrência, pela lei da oferta e da procura" e que, por sua vez, "reduz todas as relações entre patrões e operários, a relações de simples produtores, tratando a mão de obra como material humano do qual procura obter o maior rendimento possível"[34]. Foram os resultados deploráveis deste liberalismo econômico "que favoreceram, entre a classe operária, a propaganda rápida do socialismo materialista, que ensina que o patrão é um explorador, que o capital é um roubo, que a única salvação da classe operária se encontra na organização da luta de classes, na supressão da propriedade e das empresas privadas e na instalação do coletivismo"[35].

Julgar para dar uma formação doutrinal à juventude operária

Entretanto, para J. Cardijn, por mais nefastas que sejam estas realidades, o maior perigo para a classe operária não são as teorias. Para ele, "entre os inimigos que cercam e ameaçam os jovens assalariados, o inimigo mais temível reside neles próprios: é sua própria fragilidade, resultante de sua ignorância, inexperiência, paixões, devassidão e isolamento"[36]. Daí que para ele, na primeira fase da JOC, esta deve ser, antes de tudo, uma "escola" e, o *julgar*, o momento privilegiado para despertar nos jovens a sede e o conhecimento da verdade. Seja como for, aqui reside uma das grandes riquezas do *julgar* do método da JOC, pois "partindo da realidade e dos problemas da vida pessoal" dos jovens operários, a JOC ajuda os jovens trabalhadores "a descobrirem a ordem natural, o plano de Deus e as exigências de um destino magnífico"[37].

Para J. Cardijn, além desta formação doutrinal, esse segundo momento da metodologia permite ainda fazer com que "a religião e a moral se tornem uma realidade viva, que ilumina a inteligência"; con-

---

34. Ibid.

35. Ibid. J. Cardijn mostra, aqui, uma grande familiaridade no manuseio da análise marxista, que ele havia estudado a fundo quando de sua primeira reclusão na prisão St-Gilles, em 1917. Cf. tb. CARDIJN, J. *Rerum Novarum*. In: *Cardijn face aux événements*. Op. cit. Editorial de 15/05/1952, p. 123-124.

36. Ibid., p. 26.

37. CARDIJN, J. *Jeunes travailleurs face aux temps nouveaux* (1942). Op. cit., p. 37.

tribui para os jovens trabalhadores conhecerem "os deveres a respeito de si mesmos, de seus pais, de seus superiores, de seus companheiros e companheiras"[38].

Julgar para salvar a massa trabalhadora

Sendo que "a vontade primordial de Deus e também a missão essencial da Igreja é salvar a massa", o segundo momento da metodologia da JOC, especialmente em seus primórdios, tem também como finalidade "devolver a vida divina à massa"[39] pois, em definitivo, "a Igreja existe para salvar a massa"[40]. No dizer de J. Cardijn, a razão desta "necessidade absoluta, incondicional" e, mais, "desta vontade irrevogável de Deus", deve-se ao fato de que "a massa trabalhadora é composta de pessoas humanas"[41]. E a pessoa humana, para ele, fortemente influenciado pelo personalismo de E. Mounier a partir da década de 1940, é "um fim em si mesma, um fim supremo, ela é alguém, tem um destino em si mesma, e todo o resto é coisa"[42]. A pessoa humana é um ser "imortal, um ser eterno, indestrutível". Tudo o que existe, "existe para que ela alcance seu destino"[43].

Isso explica a importância dada por J. Cardijn, neste segundo momento do método, à necessidade de que os jovens operários aprendam, por eles mesmos, a "julgar a realidade de seu meio de vida" pois, desta forma, eles tomarão consciência de que "esse destino eterno" se alcança "através da missão de cada um aqui na terra"[44]. Frisa ele que cada jovem trabalhador tem, aqui na terra, "não somente uma missão humana a desempenhar", mas "uma missão divina" na medida em que, cada um deles, sendo "imagem de Deus, substitui Deus". E se ele não

---

38. CARDIJN, J. *La JOC et la détresse intellectuelle et morale des jeunes travailleurs* (1930). Op. cit., p. 27.

39. CARDIJN, J. *Sauver la masse* (1945). Op. cit., p. 13.

40. Ibid., p. 14. Cf. tb. CARDIJN, J. *Prêtres et Laïcs* (1950). Op. cit., p. 15.

41. CARDIJN, J. *Sauver la masse* (1945). Op. cit., p. 6-7. Cf. tb. CARDIJN, J. *Prêtres et Laïcs* (1950). Op. cit., p. 15.

42. CARDIJN, J. *Sauver la masse* (1945). Op. cit., p. 6-7.

43. Ibid. Cf. tb. CARDIJN, J. Nos responsabilités ouvrières (II) – L'arme suprême. *Cardijn face aux événements*. Op. cit. Editorial de 28/10/1951, p. 69.

44. CARDIJN, J. *Le Jeune travailleur, la jeune travailleuse devant la vie* (1949). Op. cit., p. 7.

realizar "a missão que lhe foi confiada, Deus mesmo não a realizará em seu lugar"[45].

Como a vocação de cada jovem trabalhador se realiza em seu próprio meio de vida, no final da década de 1940, para J. Cardijn, "esta dignidade, este destino divino de cada trabalhador, de cada família, exige a desproletarização, a libertação, a emancipação da massa"[46]. Uma libertação ou desproletarização, porém, que não se resume apenas numa transformação das estruturas[47]. Para ele, "as reformas de estruturas, por mais necessárias que sejam – como a copropriedade, a cogestão, a segurança social, o urbanismo, a higiene etc. – não são suficientes para levar a uma desproletarização humana, pessoal, familiar, intelectual, moral e espiritual". E fiel à Doutrina Social da Igreja na época, adverte que "toda desproletarização exterior resultará numa caricatura, numa decepção e num desastre, se não estiver acompanhada de uma desproletarização interior"[48]. Somente ela pode "guiar, inspirar e tornar fecunda" uma verdadeira libertação, capaz de "provocar a ascensão e a ressurreição, em vez de tornar-se uma corrente de escravidão ou um instrumento de decadência"[49].

2 O ideal como luz para o real

No método *ver-julgar-agir*, mesmo que a opinião das pessoas tenha sua importância, o elemento determinante do julgamento, a luz que ilumina o "real" emana do "ideal", que, segundo J. Cardijn, é o próprio "pensamento de Deus", a verdade[50]. Até a década de 1930, esta "luz" era designada como a "doutrina moral e social católica" e, depois, a

---

45. Ibid., p. 9.
46. CARDIJN, J. *L'Église devant la révolution mondiale* (1947). Op. cit., p. 17.
47. J. Cardijn marca, aqui, sua distância em relação ao marxismo, para o qual, frisa ele, o mal está unicamente nas estruturas.
48. CARDIJN, J. *L'Église devant la révolution mondiale* (1947). Op. cit., p. 18.
49. Ibid. Constata-se aqui que o discurso de J. Cardijn geralmente precede a prática do movimento. No entanto, mesmo que ele se pronuncie por uma "desproletarização exterior", acompanhada de uma "desproletarização interior", o programa de ação da JOC estará baseado quase que exclusivamente sobre a segunda. Como já se disse, o diagnóstico do método *ver-julgar-agir* não chega a ver o social socialmente.
50. Cf. NDONGMO, A. *Action Catholique, dimension normative de la pastorale*. Op. cit., p. 63.

Palavra revelada, não na letra do texto, mas em seu espírito. Esse "espírito", o "pensamento de Deus", para J. Cardijn, se encontra nas Escrituras, mas também está explicitado na vida e nos escritos de santos, na história da Igreja e de suas instituições, assim como na lei natural, cujos princípios são inscritos por Deus no coração de cada um. É todo esse conjunto de "mediações" que dizem respeito ao que Deus espera dos seres humanos[51].

2.1 O ideal como verdade objetiva

No pensamento de J. Cardijn, "verdade" não é uma doutrina, mas o plano de Deus, plasmado em diferentes lugares e mediações.

A verdade como una e objetiva

Na primeira etapa da JOC, para J. Cardijn, atrelado ao universo das categorias de análise tomista, *julgar* consiste, basicamente, em "distinguir a verdade do erro"[52]. A verdade, para ele, era una, objetiva, "independente de nossa inteligência"[53], mas, ao mesmo tempo, acessível através de "um julgamento de nossa inteligência", através de uma "apreciação"[54]. Como "nossa inteligência não inventou a verdade, não a criou", consequentemente "com submissão e humildade devemos descobri-la com nossa inteligência nos seres, porque a verdade é a natureza mesma dos seres, sua razão de ser, sua origem, seu princípio evolutivo"[55]. A função da inteligência é "abrir os olhos e os ouvidos para ouvir [...] a verdade sobre o homem, sobre a sociedade e sobre Deus"[56].

---

51. Como se verá na sequência, J. Cardijn reflete teologicamente dentro das categorias da Teologia Clássica, a teologia de sua época e, metodologicamente, dentro dos parâmetros da Teologia Moderna. À medida que o método leva os jovens à formação de um juízo pessoal, a iluminação da realidade é feita menos por dedução do que de maneira, por assim dizer, intuitiva e, portanto, indutiva, o que a inscreve na perspectiva do método da Teologia Moderna, que procura dar uma resposta às questões de fé a partir da história.

52. CARDIJN, J. *Problèmes fondamentaux: le salut par la vérité, la personne humaine, la société humaine*. Op. cit., p. 13.

53. Ibid.

54. Ibid., p. 14.

55. Ibid.

56. Ibid.

Adotar, diante da verdade, uma atitude de desinteresse pessoal

Sendo que a verdade, para J. Cardijn, é "una" e "objetiva", independente de nossa inteligência, para ter acesso a ela é preciso "adotar uma atitude de desinteresse pessoal, de lealdade, de submissão, de humildade". Sem essa condição, o ser humano não terá "uma inteligência sã" para fazer uma apreciação e um julgamento da mesma[57]. Quando munido desta atitude de desinteresse pessoal, não haverá mais nada que "perturbe a busca da verdade" ou que perturbe "a inteligência e a vontade, como a paixão, o capricho pessoal, o interesse e o bem-estar próprio"[58].

A verdade é o plano de Deus a respeito do homem e do mundo

No pensamento de J. Cardijn, julgar "os fatos constatados" pelos próprios jovens em seu meio de vida operário implica, particularmente, compreender "o motivo pelo qual Deus os criou[59], respondendo às perguntas básicas de seu ser: "de onde vem o homem, como ele é composto, qual é a sua natureza"[60]. Essa verdade, "independente de nossa inteligência", à qual devemos submissão e acolhida irrestrita, é "o plano de Deus a respeito do homem e do mundo"[61], codificado na "doutrina moral e social católica"[62]. Consequentemente, julgar significa, basicamente, ensinar aos membros dos círculos de estudo ou das seções locais do movimento "a doutrina moral e social católica, não comentando um texto de um manual, mas mostrando na prática como essa doutrina deve ser aplicada aos casos revelados pelas enquetes"[63]. Isso implica perguntar-se, por exemplo, "qual o plano de Deus sobre minha usina, sobre minhas relações com meus companheiros? Que devo realizar, com Cristo e em Cristo, no meu local de trabalho, no

---

57. Ibid.
58. Ibid.
59. Ibid.
60. Ibid.
61. CARDIJN, J. *Prêtres et Laïcs* (1950). Op. cit., p. 66.
62. CARDIJN, J. *Les Méthodes Jocistes – Schéma de la Quatrième Semaine d'Études...* (1928). Op. cit., p. 23.
63. Ibid.

meu círculo de amizade? Que pensa Deus de tal situação dos operários? Que deseja Ele para este jovem de 14 anos que acaba de entrar no meu local de trabalho?"[64]

A verdade como essência da doutrina

Para J. Cardijn, jamais "se salvará a massa da juventude operária, sem despertar nela a sede pela verdade"[65]. Despertar essa sede é o único caminho para chegar a ela, para encontrá-la. Uma das grandes deficiências da educação formal, afirma ele, é que "a maior parte das escolas públicas não desenvolve mais entre os alunos essa sede pela verdade"[66], justamente "porque elas são neutras"; isto é, "elas não ensinam a raciocinar, a fazer os alunos se servirem de sua inteligência e de sua capacidade de análise"[67].

Entretanto, mesmo que a verdade seja "una", ela se apresenta sob diversos ângulos. Para J. Cardijn, existem verdades "de todo o tipo", que obedecem a uma certa hierarquia ou a uma "ordem de importância": primeiramente, existe "a verdade religiosa, que diz ao homem de onde ele vem e como ele deve observar a ordem querida por Deus"; depois, vem "a verdade moral, que diz ao homem como ele deve se conduzir para alcançar seu destino e desenvolver sua natureza conforme o plano de Deus"; e, por fim, está "a verdade física, histórica, geográfica etc."[68] Estas "verdades são sempre a constatação da existência dos seres"[69]. E acrescenta, "quando se trata da verdade da natureza mesma dos seres", por exemplo, "sua razão de existir e sua finalidade", trata-se de uma "verdade metafísica"[70]. São estas verdades, conclui, que permitem "mostrar as verdades de ordem religiosa e provar

---

64. CARDIJN, J. *Prêtres et Laïcs* (1950). Op. cit., p. 66.

65. CARDIJN, J. *Problèmes fondamentaux: le salut par la vérité, la personne humaine, la société humaine* (1933). Op. cit., p. 16.

66. Ibid.

67. Ibid.

68. Ibid., p. 15.

69. Cardijn volta, aqui, ao seu conceito de verdade ontológica.

70. Ibid.

a existência de Deus, da divindade de Cristo, da Igreja, do Santíssimo Sacramento, da Eucaristia[71].

2.2 A dignidade humana como verdade fundamental

Na década de 1940, J. Cardijn vai alargar seu conceito de verdade. Ele irá afirmar que, entre todas essas verdades pertencentes às diferentes ordens do conhecimento e estabelecidas numa certa hierarquia de importância em relação ao ser humano, existe uma "verdade fundamental". Esta deve ser "o ponto de referência imutável, a verdadeira Estrela de Belém, a guia verdadeira da humanidade para a salvação, a pedra angular infalível que permite distinguir o verdadeiro do falso e o bem do mal, o parâmetro universal que define todas as falsas medidas, uma verdade aplicável a todos os tempos e a todos os povos, a todos os regimes e a todas as civilizações"[72]. Esta verdade fundamental, para ele, "ao mesmo tempo força, ponto de partida e de chegada, única mística humana que possa unir todos os povos de todas as raças e de todos os tempos, em vez de opô-los e dividi-los, é a dignidade humana"[73]. A dignidade humana é a verdade "fundamental, intangível, indestrutível e final"[74].

Exatamente no lado oposto desta "verdade fundamental", assinala J. Cardijn em continuidade com o seu raciocínio explanado acima, está "o erro fundamental do paganismo moderno, causa fatal dos males atuais e dos perigos futuros", que consiste na "proposição dos bens exteriores como a dignidade suprema e fim último do ser humano"[75]. Esse "erro fundamental" leva a "considerar o ser humano como um meio e um instrumento a serviço da riqueza, da qualidade do trabalho, da dignidade da raça, da comunidade nacional à qual pertence, da função que exerce"[76]. Quando, na realidade, lembra ele, "a verdadeira dignidade do

---

71. Ibid.
72. CARDIJN, J. *Jeunes travailleurs face aux temps nouveaux* (1942). Op. cit., p. 6.
73. Ibid., p. 6-7. Cf. tb. CARDIJN, J. La révolution industrielle. In: *Cardijn face aux événements*. Op. cit. Editorial de 23/02/1956, p. 197-198.
74. CARDIJN, J. *Jeunes travailleurs face aux temps nouveaux* (1942). Op. cit., p. 6.
75. Ibid., p. 7.
76. Ibid.

ser humano, que se coloca acima de todas as criaturas terrestres, está dentro de seu próprio ser"[77], ela é inerente a ele, "indestrutível, intangível, razão de existir e de viver. Ela é seu próprio destino eterno"[78].

A dignidade do ser humano enquanto pessoa

Na década de 1940, J. Cardijn iria associar a verdade fundamental da dignidade humana à noção de "pessoa", conceito colocado em evidência pelo personalismo de Emmanuel Mounier. Para ele, a dignidade do ser humano se fundamenta na "criação do ser humano à imagem e semelhança da pessoa divina"[79]. O ser humano é "uma alma num corpo, uma consciência, uma vontade, responsável pelo seu destino, chamada a uma existência que se prolonga além da morte, em participação com Deus"[80]. J. Cardijn chama a atenção para o fato que "entre a pessoa, de um lado, e o animal e a máquina, de outro, existe uma diferença essencial", pois "a pessoa é um ser imortal, conduzida pela razão a uma finalidade interior eterna", enquanto que o animal "é um ser temporal, conduzido pelos seus instintos, destinado a ser um meio para o ser humano". E continua ele, "a máquina é uma coisa transformada pelo ser humano, colocada em movimento por uma força exterior, simples instrumento passageiro a serviço de um bem humano"[81].

No pensamento de J. Cardijn, a pessoa humana tem um valor incomparável, pois ela é "um todo, um absoluto, um fim em si mesma. Ela é por Deus, com Deus e em Deus, o único ser eterno. Ela é o fim de toda a criação, jamais um meio, um instrumento. Ela é sempre um objetivo final"[82]. Aplicando este conceito de pessoa humana à realidade da juventude operária, ele afirma, com veemência, que os jovens tra-

---

77. Ibid., p. 8.

78. Ibid.

79. Ibid. Cf. tb. CARDIJN, J. *Prêtres et Laïcs* (1950). Op. cit., p. 7.

80. CARDIJN, J. *Jeunes travailleurs face aux temps nouveaux* (1942). Op. cit., p. 8. Cf. tb. CARDIJN, J. Le travailleur en miettes. In: *Cardijn face aux événements*. Op. cit. Editorial de 29/07/1957, p. 228-229.

81. CARDIJN, J. *Jeunes travailleurs face aux temps nouveaux* (1942). Op. cit., p. 9.

82. Ibid., p. 8. Cardijn toma posição, aqui, diante da antropologia marxista e mesmo liberal-capitalista.

balhadores "não são máquinas, nem animais de carga, nem escravos, nem instrumentos de prazer [...], mas filhos de Deus, colaboradores de Deus, herdeiros de Deus"[83].

A pessoa humana é uma pessoa divinizada

O mistério e o destino da pessoa humana, para J. Cardijn, encontram sua explicação "no Evangelho do Filho de Deus", pois, "quando se vê a pessoa de Cristo, compreende-se a que destino Deus quis chamar os seres humanos"[84]. No Filho, continua ele, "a pessoa humana é uma pessoa divinizada", a quem o Pai concedeu participar "de seu ser divino, de sua vida divina, de sua verdade, de seu amor e de sua felicidade"[85]. Essa divinização da pessoa humana, Deus a realiza "pela graça, pela revelação, pelas virtudes sobrenaturais e, após a morte, pela visão beatífica"[86].

Na década de 1920, preso ainda a uma visão de Cristandade e na década de 1930 a uma visão de Neocristandade, o conceito de pessoa humana no pensamento de Cardijn é explicitamente associado ao conceito de cristão. A pessoa humana é enquadrada nos parâmetros da instituição eclesiástica. Conforme suas próprias palavras, "a pessoa humana é uma pessoa cristã, resgatada por Cristo, Deus feito homem, ao preço de seu sacrifício de cruz, chamada a partilhar a glória da ressurreição, de sua ascensão, de seu reinado eterno, a continuar a sua obra de redenção [...]"[87]. Esta pessoa humana, divinizada, cristã, é também "membro da Igreja de Cristo, membro da comunidade constituída por Cristo; membro consagrado, participante do ministério, do sacerdócio e da missão eterna confiada por Cristo à Igreja"[88].

---

83. CARDIJN, J. L'Église face au problème de la jeunesse travailleuse (1949). Op. cit., p. 29.
84. CARDIJN, J. Prêtres et Laïcs (1950). Op. cit., p. 14.
85. CARDIJN, J. Jeunes travailleurs face aux temps nouveaux (1942). Op. cit., p. 9.
86. Ibid.
87. Ibid.
88. Ibid.

O ser humano é uma pessoa social

Distanciando-se do risco de conceber o ser humano como uma mônada e influenciado pelo personalismo reinante, J. Cardijn desenvolve o conceito de "pessoa social". Afirma ele que "a pessoa humana não é um ser isolado, mas uma pessoa social"[89]. Por natureza, ela "faz parte da família, da nação e exerce uma profissão", comunidades ou sociedades necessárias, "sem as quais ela não poderia nascer, viver e alcançar seu destino eterno"[90]. Estas sociedades são sociedades temporais, das quais toda pessoa, enquanto pessoa social, não somente faz parte, como também é chamada "a servir, a dedicar-se e, se necessário, a sacrificar-se para assegurar sua existência e progresso"[91].

Para evitar qualquer equívoco sobre seu conceito de "pessoa social", o que poderia justificar uma possível submissão da pessoa à sociedade e suas instituições, J. Cardijn frisa que, "se por um lado a pessoa social é inseparável da comunidade nacional, de outro ela é a base desta mesma comunidade"[92]. Não se pode perder de vista, diz ele, que a pessoa é o centro, e é em função dela que "devem ser ordenadas todas as sociedades humanas", assim como "todas as funções privadas e públicas e o próprio bem comum"[93].

2.3 A verdade como doutrina moral e social católica

No pensamento de J. Cardijn, como viu-se anteriormente, julgar ou "ver os fatos à luz de uma doutrina segura" significa aplicar "a doutrina moral e social católica aos casos revelados pelas enquetes"[94]. Fortemente marcado pelas repercussões da encíclica *Rerum Novarum* de Leão XIII (1891) e pela insistência de seus sucessores,

---

89. Ibid., p. 10.

90. Ibid.

91. Ibid.

92. Ibid., p. 11.

93. Ibid., p. 16. Cf. tb. CARDIJN, J. Coexistence du régime communiste et du régime capitaliste. In: *Cardijn face aux événements*. Op. cit. Editorial de 22/03/1951, p. 37-38.

94. CARDIJN, J. *Les Méthodes Jocistes – Schéma de la Quatrième Semaine d'Études de la JOC* (1928). Op. cit., p. 23.

sobretudo de Pio XI e Pio XII no sentido de divulgá-la nos meios operários, J. Cardijn dará um grande espaço à Doutrina Social da Igreja no interior de seu conceito de "doutrina segura". Ele repetiria inúmeras vezes essa preocupação dos papas, externada por um deles a ele próprio: "na audiência privada que o papa dignou-se conceder-me no mês de maio, ele repetiu-me com tristeza a frase que lhe havia dito, dois dias antes, sua Eminência o Cardeal Saliège: 'Santo Padre, o maior perigo que ameaça a Igreja neste momento é que as massas operárias não conhecem nada – mas nada mesmo – da Doutrina Social da Igreja'"[95].

Assim, apoiado na Doutrina Social da Igreja de sua época, J. Cardijn tentará introduzir seu conceito de "pessoa social" no mundo do trabalho. Segundo ele, enquanto "pessoa social", "a vocação divina, comum a todos os seres humanos, não se realiza a partir da morte, no além", mas "na vida presente, na vida temporal e cotidiana, em todos os aspectos desta vida, mesmo nos mais humildes", pois "destino eterno e destino temporal são inseparáveis"[96]. Sua vocação, que se concretiza por um apostolado, "se realiza aqui na terra"[97], "sobretudo através de seu trabalho"[98]. É o trabalho humano, continua J. Cardijn, que valoriza a criação. Pois "sem trabalho não há nada, nem do ponto de vista moral, nem do ponto de vista intelectual e religioso; sem trabalho não há hóstia, uma gota de vinho para consagrar, uma pedra de altar, veste sacerdotal, Igreja ou religião"[99].

3 A teologia subjacente ao momento do julgar

Tendo abordado o momento do *julgar* em relação à ordem da pertinência e do real, o pensamento de J. Cardijn o relaciona também com a ordem do saber, ou seja, em relação à teoria responsável pela inteligência da fé, enquanto verdade iluminadora da realidade. A JOC

---

95. CARDIJN, J. *L'Église devant la révolution mondiale* (1947). Op. cit., p. 15.
96. CARDIJN, J. *L'Église face au problème de la jeunesse travailleuse* (1949). Op. cit., p. 29.
97. CARDIJN, J. *L'Église devant la révolution mondiale* (1947). Op. cit., p. 15.
98. CARDIJN, J. *L'Heure de la classe ouvrière* (1948). Op. cit., p. 19.
99. Ibid. Este aspecto já foi relevado anteriormente, cf. capítulo 2.

de J. Cardijn, fruto de seu tempo, apreendia o "ideal" inevitavelmente através de uma determinada teologia, o que fatalmente iria condicionar o momento do *agir*, inscrevendo-o dentro dos limites da cristologia e da eclesiologia da época.

3.1 A superação da teologia da separação dos dois planos

A visão teológica de J. Cardijn subjacente ao *julgar*, desde os primórdios da JOC, tenta superar a teologia em voga da separação dos dois planos – o espiritual e o material –, postulando uma religião encarnada em todas as realidades ou esferas da vida[100]. A sua JOC, "viva e ágil", ele a queria como "uma associação de cristãos que se propõe propagar novamente no mundo que retornou ao paganismo, a verdadeira doutrina da fraternidade, da justiça, da libertação integral, pregado por Nosso Senhor Jesus Cristo"[101].

Sua visão teológica se contrapõe à crescente espiritualização da missão da Igreja reinante em seu tempo[102]. Diante da Modernidade, a Igreja havia se fechado sobre si mesma, lutando mais em defender seus direitos do que se preocupando com as necessidades e aspirações das pessoas. Segundo J. Cardijn, a própria fé havia se transformado numa realidade separada da vida e dos espaços onde se decidiam o futuro da sociedade contemporânea. Dizia ele que, "para um número imenso de cristãos, a religião é algo privado, separado da vida cotidiana, quando na realidade ela deve ser a alma, o motor, a transformadora, a sobrenaturalizadora de toda esta vida"[103].

Com seu movimento, J. Cardijn queria reverter a tendência da Modernidade que havia transformado a Igreja e o povo cristão numa superestrutura espiritual, distante das coisas profanas e materiais e

---

100. Cf. CARDIJN, J. *La JOC et la Paroisse* (1925). Op. cit., p. 23. Cf. tb. CARDIJN, J. *L'Église devant la révolution mondiale* (1947). Op. cit., p. 15-19.

101. CARDIJN, J. *La JOC et la Paroisse* (1925). Op. cit., p. 10.

102. Como já se disse, esse fato se deve ao encurralamento do religioso à esfera do privado com o advento do Século das Luzes.

103. CARDIJN, J. *La JOC et la Paroisse* (1925). Op. cit., p. 10. Cf. tb. CARDIJN, J. *L'Heure de la classe ouvrière* (1948). Op. cit., p. 28.

restrita à vida interior, à vida das "almas", à solução dos problemas psicológicos do homem[104].

3.2 A eclesiologia do Corpo Místico

Se no plano teológico em geral, de um lado, J. Cardijn tenta superar a herança secular do platonismo e reverter a introversão da Igreja diante do evento da Modernidade, de outro, sob o plano especificamente cristológico e eclesiológico, ele continua prisioneiro das categorias tradicionais de reflexão teológica de sua época. Neste particular, ele permanece totalmente alinhado à teologia clássica ou à escolástica, senão vejamos: "Cristo é o Salvador da massa[105]; [...] para continuar sua obra de resgate da massa, Jesus Cristo devia sobreviver e viver até o final dos tempos em cada um, não importa em quem, no mais fraco, no mais pobre da classe operária de todos os países e de todos os tempos"[106]. Para isso, ele sobrevive na Igreja e, em cada um, a vida divina é a participação na vida da Igreja, que é o Cristo"[107]. Assim sendo, "Jesus Cristo continua sua obra através da Igreja e na Igreja"[108], que tem como missão a cristificação da humanidade[109]. Fundada por Cristo, a Igreja "existe para fazer da massa humana um Deus encarnado, um Cristo Místico, honrado e respeitado. A Igreja existe para dar Cristo à massa, para dar a doutrina de Cristo à massa, para dar a dignidade da vida divina à massa"[110].

Coerente com esse raciocínio, para J. Cardijn, dentre todas as instituições, "a Igreja é a instituição mais importante", pois, "para educar a humanidade, para formá-la, para ensinar-lhe que ela não é máquina ou escravo, a instituição mais necessária é a Igreja". Essa missão

---

104. Cf. COMBLIN, J. *Échec de l'Action Catholique?* Bruxelas: Universitaires, 1961, p. 92-101.
105. CARDIJN, J. *Sauver la masse* (1945). Op. cit., p. 13.
106. Ibid.
107. Ibid.
108. Ibid., p. 12.
109. Mais tarde, Cardijn falará da missão da Igreja, também como de "humanização dos meios de vida".
110. Ibid., p. 13.

educadora, ela recebeu do próprio Cristo: "ide e ensinai a todas as nações, batizando-as em nome do Pai e do Filho e do Espírito Santo", o que fez dela uma instituição "educadora divina do gênero humano, a educadora universal de todas as raças humanas". Ela "recebeu esta ordem e esta missão do próprio Deus, em Jesus Cristo", que consiste em "educar até o final dos tempos, e não somente até o final dos tempos, mas até os limites do mundo"[111]. Por esta razão, segundo J. Cardijn, "a Igreja é o mistério da comunicação de Deus, da comunidade e da comunhão em Deus. Fundada, mandatada, dirigida por Cristo, fermento de uma humanidade nova, a Igreja deve propagar a pessoa de Cristo, sua graça, sua doutrina e sua salvação no tempo e no espaço"[112].

Do Cristo "cabeça" ao clero "cabeça" da Igreja

Desprovida de uma pneumatologia, repercutindo a teologia de seu tempo, a eclesiologia de J. Cardijn, marcadamente cristocêntrica, é também manifestamente clerical. Segundo ele, dentro da Igreja, fundada por Cristo, "é o clero, o continuador, o substituto, o intérprete do Mestre adorado"[113]. É por intermédio do "clero paroquial" que a comunidade eclesial está "unida ao Bispo, através do Bispo ao Papa e, pela comunidade paroquial, a toda à Igreja visível, militante, conquistadora". Uma Igreja "que há vinte séculos luta, espalha e propaga ao mundo a verdadeira fraternidade e a verdadeira paz humana. *Pax Christi in Regno Christi*"[114]. E vai ainda mais longe: "sem hierarquia não há Igreja, não há Cristo, nem delegação e transmissão dos poderes e da ação do Cristo na Igreja e no mundo"[115]. Em consequência, como "Cristo é sacerdote, doutor e chefe"[116], a Igreja é a continuadora de sua presença e de sua obra no mundo e, a hierarquia, seu sinal visível.

---

111. Ibid.
112. CARDIJN, J. *Le monde d'aujourd'hui et l'Apostolat des Laïcs* (1951). Op. cit., p. 21.
113. CARDIJN, J. *Manuel de la JOC* (1925). Op. cit., p. 11.
114. Ibid.
115. ibid., p. 21-22.
116. CARDIJN, J. *Sauver la masse* (1945). Op. cit., p. 13.

Porém, a Igreja toda é missionária

Bem mais tarde, J. Cardijn romperá com esta eclesiologia típica do período pré-conciliar no qual ele vivia, reconhecendo que, se por um lado a hierarquia é a representante de Cristo, de outro "é toda a Igreja, é todo o Corpo Místico, a continuação de Cristo, Deus-Homem, ao mesmo tempo visível e invisível, a realizadora e a executante de sua missão"[117]. Esta evolução deve-se também à influência, especialmente do trabalho de elaboração de uma nova teologia do laicato por Y. Congar, que seria acolhida depois pelo Concílio Vaticano II[118].

3.3 O eclesiocentrismo aplicado ao movimento

Esta teologia propagada pela Ação Católica se inspirava mais no magistério da época do que nas Escrituras. Tal como afirmam alguns teólogos, de Pio X a João XXIII, todos os soberanos pontífices "têm sido os primeiros teólogos da Ação Católica". Para J. Cardijn, as encíclicas de Pio XI e Pio XII constituem "tratados completos" de Ação Católica[119].

Dentro dos parâmetros da eclesiologia reinante e assumida por J. Cardijn, o Papa Pio XI, em 1922, através da encíclica *Urbi Arcano Dei*, instituiu oficialmente a Ação Católica como "participação dos leigos no apostolado hierárquico da Igreja, para além e sobre os partidos políticos, para o estabelecimento do Reino Universal de Cristo"[120]. Mesmo que mais tarde o termo "participação" tenha sido mudado por Pio XII por "colaboração", o que tem a vantagem de evitar possíveis confusões e assimilações abusivas entre clero e laicato, na teologia

---

117. CARDIJN, J. *Le monde d'aujourd'hui et l'apostolat des Laïcs* (1951). Op. cit., p. 22.

118. Cf. CONGAR, Y. *Jalons pour une théologie du laïcat*. Paris: Cerf, 1953 [Trad. bras.: *Os leigos na Igreja*. Rio de Janeiro: Herder, 1966].

119. Cf. COMBLIN, J. *Échec de l'Action Catholique?* Op. cit., p. 38.

120. O programa da Ação Católica, definido pelo magistério pontifício, encontra-se explicitado em outros documentos como *Quas Primas* (1925), *Quadragesimo Anno* (1931) e também em cartas dos papas enviadas, p. ex., ao Cardeal van Roey por ocasião do Congresso da Juventude Católica Flamenga em Antuérpia; a M. Giovanni Hoyois, presidente da Associação Católica da Juventude Belga, por ocasião do Congresso de Liège; a Joseph Cardijn, ao Cardeal Bertram, ao Cardeal Segura, ao episcopado argentino etc. Cf. AUBERT, R. *Pastorale et Action Catholique*. Tomo 5 da coleção *Nouvelle Histoire de l'Église*. Op. cit., p. 150. • PICARD. *Pie XI – Pape de l'Action Catholique*. Bruxelas: Action Catholique des Hommes, 1939, p. 100-101.

da Ação Católica o leigo faz parte da missão evangelizadora da hierarquia, em caráter de suplência. O apostolado é concebido como atividade própria da hierarquia e, o trabalho dos leigos, o seu prolongamento. A teologia do laicato construída sobre os fundamentos da Ação Católica mostra a "participação" ou a "colaboração" dos leigos num grau ou mesmo num nível inferior à dignidade, às funções e ao poder da hierarquia. Os leigos da Ação Católica empregarão os mesmos meios de ação da hierarquia, com a diferença de serem submissos a ela. Eles se servirão da oração e da santificação, do exemplo e da pregação da Palavra, para influenciar diretamente as "almas" e indiretamente a sociedade humana. Esse tipo de ação, consequentemente, não criará problemas à missão do clero, pelo contrário, pois permitia levar a Igreja lá onde o clero não tinha mais acesso, mas provocará uma tensão permanente sobre a missão do leigo na Igreja e no mundo, questão que só seria resolvida, depois na crise dos anos de 1960, quando se deu o enfretamento entre hierarquia e movimento da Ação Católica. É essa teologia que fundamenta e justifica o "mandato" que a Ação Católica confere aos jovens, o de prolongar o braço do clero nos meios de vida da classe operária.

Assim sendo, no seio da JOC e da Ação Católica em geral, o assistente eclesiástico jogará um papel central, especialmente no momento do *julgar*. No pensamento de J. Cardijn, "não existe nem militante local, nem regional, nem nacional, sem o padre"[121]. Pelo seu caráter sacerdotal, "o padre tem nas mãos a doutrina, as graças, os sacramentos", consequentemente, "o papel do padre na JOC é ser o canal, o depositário"[122]. Sua missão no movimento é, também, a de "recrutar militantes, armá-los e formá-los", dando-lhes "fé na conquista e, se necessário, fazendo mártires". No pensamento de J. Cardijn, o padre "dará não somente o espírito, mas também a tática da conquista"[123].

Sempre consequente com esta eclesiologia reinante na época, J. Cardijn reserva ao dirigente jocista no seio das seções locais um papel análogo ao da hierarquia no seio da Igreja. Afirma ele que, da mesma

---

121. CARDIJN, J. *Ite Missa Est* (1933). Op. cit., p. 155.
122. Ibid.
123. Ibid.

forma com que "a hierarquia é a cabeça da Igreja", na JOC, "o dirigente, a dirigente, é a cabeça do movimento, responsável pelo conjunto do movimento"[124]. Seu papel é imprescindível, pois "um corpo pode viver, mesmo com certos membros artificiais, mas um corpo não poderá jamais viver sem a cabeça"[125]. A missão dos dirigentes jocistas é a mesma que a missão da Igreja, ou seja, "fazer a juventude trabalhadora entrar dentro da Igreja", fazê-la inserir-se "na comunidade local, que é a paróquia"; inserir-se, "não ao lado da Igreja e nem contra a Igreja, mas dentro dela"[126].

4 O procedimento do julgar no seio das seções locais

Uma vez visto o que caracteriza a especificidade do *julgar* ou em que consiste o "ideal" a ser confrontado com o "real", bem como o suporte teórico ou a teologia adotada por J. Cardijn para apreender "a verdade", resta ver os passos da construção da pertinência no método *ver-julgar-agir*. De novo, aqui, J. Cardijn não tem uma abordagem sistemática a respeito. É da lógica dos vários passos que se percorria no momento do *julgar* nas seções locais da JOC conforme segue, que se desprendem do conjunto de seus escritos o exercício do *julgar* nas seções locais de jovens operários.

4.1 Os passos da construção da pertinência do método

A construção do momento do *julgar* no pensamento de J. Cardijn percorre nove passos, como dissemos, identificados a partir de uma sistematização de seus escritos, basicamente, textos fruto de conferências dadas em eventos da Ação Católica, na Bélgica e no exterior.

Antes de tudo, ver melhor para julgar

Para J. Cardijn, com exceção do período da JOC nascente em que a relação dialética entre os três momentos da trilogia do método da

---

124. CARDIJN, J. *Le Jeune travailleur, la jeune travailleuse devant la vie* (1949). Op. cit., p. 44.
125. Ibid., p. 45.
126. CARDIJN, J. *La Personne, la famille, l'éducation, notre congrès* (1950). Op. cit., p. 125.

JOC era estabelecida a partir do polo do *julgar* (tese), o *ver* constitui realmente o ponto de partida, tanto para o momento de iluminação da realidade (*julgar*) como para o momento do *agir*. Para ele, o procedimento do *julgar* não consiste nem em estudar "a doutrina moral e social da Igreja" sem levar em conta a realidade levantada, muito menos em sobrepor simplesmente a doutrina em geral aos fatos constatados. Dado que o *julgar* implica emitir uma luz sobre "os casos revelados pelas enquetes"[127] e, também, sobre "os hábitos, as ideias reinantes"[128], para bem *julgar* é preciso que se tenha visto bem. Neste particular, adverte J. Cardijn que pode acontecer que os membros do movimento tenham tido uma visão incompleta da realidade, seja por não terem entendido bem as questões propostas pela enquete, seja por tê-la aplicado mal. Neste caso, antes de lançar-se na iluminação, é preciso preparar o *julgar*, preenchendo as lacunas das observações recolhidas e, com isso, afastando os limites que impediram de ver a realidade tal qual ela é. Em resumo, trata-se de retomar a enquete[129].

Expor a doutrina sobre o sujeito da enquete

Entretanto, para J. Cardijn, não é só o fato de não se ter visto bem que impede um juízo adequado. Adverte que faltará o ponto de comparação caso "a doutrina moral e social católica" não for suficientemente conhecida pelos membros do movimento ou mesmo se ela for deformada pelos pré-juízos provenientes dos meios de vida[130]. Por isso, neste passo, trata-se de fazer uma enquete sobre a verdade, de explanar claramente a doutrina, para que o julgamento não seja um juízo intelectual especulativo, uma comparação entre duas ideias, mas um julgamento prático, a comparação de uma verdade com uma situação

---

127. CARDIJN, J. *La JOC et la détresse intellectuelle et morale des jeunes travailleurs* (1930). Op. cit., p. 26.

128. Ibid.

129. Aspecto da metodologia colocado em relevo por LELOTTE, F. *Pour réaliser l'Action Catholique – Principes et méthodes*. Op. cit., p. 171-172.

130. Ibid., p. 172.

prática[131]. Esse procedimento deve ser levado a efeito, frisa J. Cardijn, não simplesmente "comentando o texto de um manual, mas mostrando na prática como esta doutrina deve ser aplicada aos casos revelados pelas enquetes"[132]. Para ele, esta maneira de ensinar aos jovens das seções locais "é mil vezes mais atraente e mais frutuosa do que um ensinamento livresco e abstrato"[133].

É neste momento do itinerário que o assistente eclesiástico pode contribuir de maneira particular, dada sua formação teológica e o papel que a hierarquia desempenha no interior do movimento. Entretanto, adverte J. Cardijn, o assistente eclesiástico não deve se precipitar em tomar a palavra. Mesmo que a situação pareça confusa, é preciso, às vezes, deixar os militantes buscar tateando, pois é assim que eles formarão um juízo pessoal[134].

Tornar a verdade vida

Para J. Cardijn, o julgamento que proceda mais de um conhecimento intelectual do que de uma convicção vital pode ser justo especulativamente, mas é moralmente incompleto e estático[135]. A simples visão da verdade "em si" não leva à ação segundo as exigências da verdade. Para passar à ação, segundo ele, é preciso estar convencido. Por isso, para que o julgamento provoque "o apostolado" é preciso que a verdade se torne vida. Daí a importância que o momento do *julgar* leve o jovem a fazer verdadeiramente um juízo pessoal.

Buscar os efeitos

O itinerário da construção da pertinência do método no momento do *julgar* contempla, num quarto passo, "buscar os efeitos bons

---

131. Aspecto da metodologia colocado em relevo por LALANDE, G.M. *Conversion au réel, un essai sur l'Action Catholique: expériences étudiantes.* Montreal: Bibliothèque d'Action Catholique 3, 1948, p. 262.

132. CARDIJN, J. *Le travail des jeunes salariés & la Charte Jociste du Travail* (1928). Op. cit., p. 23.

133. Ibid.

134. Aspecto da metodologia destacado por NDONGMO, A. *Action Catholique, dimension normative de la pastorale.* Op. cit., p. 63.

135. Cf. LALANDE, G.M. *Conversion au réel, un essai sur l'Action Catholique: expériences étudiantes.* Op. cit., p. 263.

ou maus e apreciá-los"[136], com o objetivo de detectar as tendências negativas e positivas. Sobretudo no início da JOC há uma insistência no sentido de se evitar que a análise das situações contemple somente o mal ou os problemas. Chama-se a atenção que nada do humano é totalmente corrompido e que é importante reconhecer a presença e a ação de Deus nos meios de vida para lhe render glória[137].

Entretanto, à medida que o movimento foi se tornando mais consequente com a ação, esse momento do *julgar* exigiu colocar em evidência sobretudo as contradições da realidade levantada em relação ao ideal, ou seja, os problemas, pois é sobre eles que se quer agir para reverter as tendências negativas vigentes. Isso está em coerência com o que J. Cardijn sempre insistia: "na JOC, tudo é comandado pelo problema da juventude trabalhadora"[138].

Encontrar as causas

O quinto passo na construção do momento do *julgar* consiste em "encontrar a causa desses bons e maus efeitos"[139]. É o passo central do momento de iluminação da realidade levantada. Trata-se de identificar a verdadeira ou a causa mais provável para, depois, prescrever o remédio adequado, as ações concretas, capazes de reverter as tendências negativas presentes nos meios de vida.

Para J. Cardijn, entretanto, "as causas não são unicamente causas religiosas ou espirituais, mas também causas sociais, filosóficas, políticas, econômicas"[140]. Em outras palavras, julgar não consiste unicamente em fazer um diagnóstico de tipo axiológico ou ético, mas, igualmente, socioanalítico, pois, como diz ele, "é um conjunto de causas que faz com que a classe operária ignore a religião, não a pratique mais e nem tenha mais confiança na Igreja, no que diz respeito à vida temporal"[141]. Tanto

---

136. CARDIJN, J. *La JOC et la détresse intellectuelle et morale des jeunes* (1930). Op. cit., p. 26.
137. Cf. NDONGMO, A. *Action Catholique, dimension normative de la pastorale*. Op. cit., p. 64.
138. CARDIJN, J. *La JOC – Leçons données aux journées sacerdotales de Vienne* (1938). Op. cit., p. 5-6.
139. Ibid.
140. CARDIJN, J. *Sauver la masse* (1945). Op. cit., p. 42.
141. Ibid.

assim que, para J. Cardijn, entre as principais causas da difícil situação da massa operária, estão "a grave situação econômica e social das massas e a necessidade de se unirem"[142], assim como "o abandono da juventude operária ao sair da escola"[143] e "a indiferença dos católicos diante dos problemas sociais"[144].

Descer aos princípios

Uma vez identificadas as causas, o momento do *julgar*, segundo o pensamento de J. Cardijn, leva a "descer aos princípios essenciais da moral e da religião"[145]. Não basta conhecer a doutrina, confrontar o "ideal" com o "real". As causas dos problemas remetem, necessariamente, aos princípios da solução. Com isso, já se entra no processo de preparação da ação. Este passo leva os jovens a aprofundar sua reflexão sobre a doutrina, o que lhes dará, como diz J. Cardijn, "uma formação moral e religiosa séria e eficaz"[146].

Buscar o sentido

O sétimo passo na construção do momento do *julgar*, para J. Cardijn, implica "buscar o sentido, o significado das palavras, das frases, que eles ouvem cada dia no meio do trabalho"[147]. É o momento hermenêutico por excelência, o ponto crítico da construção do que se chamaria em teologia de pertinência teológica, pois se trata, no fundo, de teologizar a realidade dos meios de vida, de dar uma significação à situação a partir da fé. É o momento de "buscar os efeitos bons ou maus, de apreciá-los, de ir à causa de sua maldade ou bondade, de compará-los com os princípios essenciais da moral e da religião"[148].

---

142. Ibid.
143. Ibid., p. 43.
144. Ibid., p. 44.
145. CARDIJN, J. *La JOC et la détresse intellectuelle et morale des jeunes travailleurs* (1930). Op. cit., p. 26-27.
146. Ibid., p. 27.
147. Ibid.
148. ibid.

Ver as consequências de certas teorias

No itinerário do *julgar*, como oitavo passo, J. Cardijn fala da necessidade de "ver as consequências desastrosas de certas teorias e de certas maneiras de agir"[149]. Trata-se do discernimento das ideologias e o convite ao exercício de uma vigilância ideológica no momento do juízo. Por ideologias, J. Cardijn entende as denominadas "teorias errôneas", a saber, "o materialismo e o agnosticismo, que deram origem ao liberalismo e ao comunismo"[150].

Preparar a ação

Para J. Cardijn, não é suficiente ver "o que é" e conhecer o que "deveria ser". É preciso, ainda, decidir "o que será"; isto é, é preciso querer modificar sobretudo a mentalidade dos meios de vida e definir, claramente, a tática a seguir. Neste nono passo na construção do momento do *julgar*, trata-se de indicar pistas de ação, possíveis remédios, passíveis de sanar a realidade enferma. J. Cardijn repetia sempre, "a educação jocista, partindo dos fatos, iluminada pela doutrina, desemboca na ação"[151].

4.2 Forma de discernimento

O julgamento "dos fatos constatados, à luz de uma doutrina segura", deve ser feito, segundo J. Cardijn, "no interior dos círculos de estudo ou das seções locais dos militantes do movimento"[152]. Não poderia ser diferente, pois o *julgar* no seio da JOC é, antes de tudo, um "discernimento comunitário", ainda que o julgamento deva ser pessoal. O método não engaja o movimento enquanto tal. É nos Círculos de Estudo ou nas seções locais, continua J. Cardijn, que os militantes jocistas são convidados, através de um guia instruído e experimentado,

---

149. Ibid.
150. CARDIJN, J. *Les Méthodes Jocistes – Schéma de la Quatrième Semaine d'Études...* (1928). Op. cit., p. 71.
151. CARDIJN, J. *Jeunes travailleurs face aux temps nouveaux* (1942). Op. cit., p. 38.
152. CARDIJN, J. *Le travail des jeunes salariés & la Charte Jociste du Travail* (1928). Op. cit., p. 23.

a julgar"[153]. Esse "guia instruído" é o assistente eclesiástico, quem leva os jovens a *julgar*, não simplesmente por uma razão pedagógica ou de organização, "porque consta no Boletim de Dirigentes ou na programação"[154], mas porque o clero é o cabeça da Igreja, "representante do Cristo sacerdote, doutor e chefe"[155].

É através deste discernimento comunitário da vontade de Deus sobre a realidade constatada, acredita J. Cardijn, que "a religião e a moral se tornam uma realidade pertinente, que ilumina a inteligência dos jovens trabalhadores e os informa corretamente sobre seus deveres a respeito de si mesmos, de seus pais, de seus superiores, de seus companheiros e companheiras"[156].

---

153. CARDIJN, J. *La JOC et la détresse intellectuelle et morale des jeunes travailleurs* (1930). Op. cit., p. 26.

154. CARDIJN, J. *La Personne, la famille, l'éducation, notre congrès* (1950). Op. cit., p. 124.

155. CARDIJN, J. *Sauver la masse* (1945). Op. cit., p. 13.

156. CARDIJN, J. *La JOC et la détresse intellectuelle et morale des jeunes travailleurs* (1930). Op. cit., p. 27.

4
Agir no mundo para humanizar o ambiente do trabalho

Uma vez abordados o *ver* e o *julgar* do método da Ação Católica no pensamento e na obra de seu criador J. Cardijn, passemos agora ao *agir*, o terceiro momento de uma trilogia, inter-relacionada dialeticamente. Sempre nos apoiando em citações textuais de seu idealizador e sem tecer maiores comentários, começaremos pela caracterização do que J. Cardijn entende por *agir*. A seguir, veremos qual o âmbito ou o lugar da ação levada a cabo pelos membros de seu movimento, a JOC. Em seguida, explicitaremos a finalidade última do *agir*, as razões pelas quais os jocistas buscam ser "apóstolos" dos jovens operários em seu ambiente de trabalho. Um quarto item apresentará o objetivo da intervenção dos jovens no mundo do trabalho, mais precisamente que resultados se quer alcançar com a ação jocista. Terminando a abordagem do *agir* da trilogia do método da JOC, veremos o tipo de ação realizada pelos jocistas e qual a forma de organização adequada para dar suporte ao plano operativo a ser levado a cabo.

1 O que J. Cardijn entende por agir

Como se viu em capítulo anterior, o *ver* na concepção de J. Cardijn, fruto da apreensão da realidade do meio de vida "dos" jovens e "pelos" próprios jovens operários, não é uma mera interpretação da realidade.

Sobretudo na fase em que "o *agir* é concebido como a melhor introdução ao *ver*", trata-se de um *ver* comprometido, de uma primeira intervenção na realidade para transformá-la. Por sua vez, o segundo momento do método abordado no capítulo anterior também não foge ao imperativo da ação, uma vez que consiste em detectar as contradições e a distância da realidade levantada em relação ao Plano de Deus, em vista de sua adequação do real ao ideal almejado.

Quanto ao terceiro momento da trilogia, objeto deste capítulo, trata-se de um momento essencialmente ligado aos dois momentos anteriores, articulados entre si dialeticamente. Vejamos. Na concepção de J. Cardijn, "a educação jocista, partindo dos fatos, iluminada pela doutrina, desemboca na ação"[1]. Necessariamente, "depois do julgar, deve vir a ação"[2]. E, continua ele, "para os jovens, sobretudo para os jovens trabalhadores, estes três elementos são inseparáveis"[3], pois, "uma vez que os jovens assalariados tenham julgado, de maneira correta, os resultados de suas enquetes, eles deverão aprender a agir; isto é, a tomar resoluções práticas, razoáveis, executáveis, seguidas da execução rigorosa destas resoluções"[4].

Na fase madura da JOC, na década de 1950, será o terceiro momento da trilogia, o momento da ação, que não somente catalisará os dois momentos anteriores, como os justificará, conforme atesta a formulação recorrente do axioma do método jocista: "ver e julgar, para agir"[5].

1.1 Ver e julgar para agir

O conceito de ação de J. Cardijn não se restringe à execução. Sabemos que, além do nível de execução, a ação enquanto tal comporta outros níveis, como: informação, formação, comunicação, assessoria, reivindicação, coordenação e organização. Tal como ele

---

1. CARDIJN, J. *Jeunes travailleurs face aux temps nouveaux* (1942). Op. cit., p. 38.
2. CARDIJN, J. *La Personne, la famille, l'éducation, notre congres* (1950). Op. cit., p. 74.
3. CARDIJN, J. *Jeunes travailleurs face aux temps nouveaux* (1942). Op. cit., p. 38.
4. CARDIJN, J. *Les méthodes jocistes – Schéma de la Quatrième Semaine...* (1928). Op. cit., p. 23.
5. CARDIJN, J. *La Personne, la famille, l'éducation, notre congrès* (1950). Op. cit., p. 124.

sempre repetia, a JOC será, antes de tudo, "uma escola", em vista da complementação da educação formal e da formação familiar da juventude operária, mas também será "um serviço" e "um corpo representativo" da massa trabalhadora, junto aos poderes públicos e aos patrões. Nos meios de vida é, sobretudo, a formação (escola) e a reivindicação (corpo representativo) que constituirão a ação da JOC e farão dos jovens operários os "sujeitos da conquista"[6] do mundo do trabalho.

Uma ação relacionada, mas independente dos partidos políticos

Desde a criação da JOC, J. Cardijn reivindica para o seu movimento uma dupla independência. De um lado, a independência em relação aos movimentos ligados à Ação Católica geral e, de outro lado, a independência do Partido Católico Belga e do sindicalismo cristão, que impediam uma ação sob a responsabilidade dos próprios jovens[7]. É por isso que ele, desde o início, insistirá que a ação da JOC será uma "ação religiosa" e "quase sempre uma ação indireta em relação à política"[8].

Nesta perspectiva, J. Cardijn, falando da necessidade de um "organismo de apostolado operário"[9], composto tanto por jovens como por adultos, frisa que uma tal organização tem uma dupla tarefa. De um lado, há uma tarefa "técnica", que consiste em "realizar e exigir reformas práticas, materiais, temporais, em promover convenções coletivas, criar e gerar serviços e instituições técnicas como sindicatos, cooperativas, previdência social, caixas de poupança, bancos, partidos políticos"; e, de outro, se apresenta uma tarefa "doutrinal", que consiste em "propagar a doutrina cristã, as instituições cristãs, organizar reuniões religiosas, empregando os meios sobrenaturais necessários

---

6. CARDIJN, J. *Ite Missa Est* (1933). Op. cit., p. 10-11, 14.
7. Cf. CARDIJN, J. *Religion et Politique* (1950). Op. cit., p. 17-18.
8. CARDIJN, J. *La vie morale des jeunes travailleurs au travail* (1926). Op. cit., p. 37. É uma posição coerente com a concepção de Ação Católica de Pio XI, que a caracterizou em 1922 como "participação dos leigos no apostolado hierárquico da Igreja, para além e sobre os partidos políticos". Cf. PICARD. *Pie XI – Pape de l'Action Catholique*. Op. cit., p. 100-101.
9. CARDIJN, J. *L'Action Catholique dans la classe ouvrière* (1936). Op. cit., p. 8.

para obter as graças divinas e cumprindo, com isso, seu papel espiritual e religioso"[10].

Feita a distinção, J. Cardijn situará a sua JOC, não sobre o terreno "técnico", mas estritamente sobre o terreno "espiritual e religioso". Com relação à "tarefa técnica", a organização do apostolado operário é absolutamente autônoma e assume sozinha a responsabilidade de sua gestão, como todos os fiéis, todas as famílias, todas as outras instituições privadas ou públicas". Quanto à sua "tarefa doutrinal, se a organização operária quiser realizá-la de maneira oficial, em nome da Igreja e sob sua autoridade, então possui o caráter e cumpre o seu papel de Ação Católica"[11].

Sobre o terreno político, J. Cardijn designa um engajamento pessoal. Com isso, a ação da JOC, enquanto movimento especializado de Ação Católica e mandatado pela Igreja, se restringe ao terreno espiritual e religioso. Seus membros podem e devem se engajar no terreno político, mas em seu próprio nome. Entretanto, justifica J. Cardijn, o fato da JOC não ser um partido político"[12], nem por isso ela está ausente da política. Sua presença ficará no nível da conscientização, "fazendo conhecer a necessidade e a eficácia de uma política católica e divulgando 'uma doutrina social e política'", uma vez que "existe uma ligação necessária entre Ação Católica e ação social e política"[13].

Como se pode constatar, a Ação Católica da JOC de J. Cardijn é uma ação circunscrita nos parâmetros do regime de Neocristandade, só superada no contexto da realização do Vaticano II. Para ele, "não há Ação Católica eficaz sem o prolongamento numa ação social e política, como não há ação social e política que não deva ser animada e inspirada pela Ação Católica". Seguindo esse raciocínio, J. Cardijn conclui que "as duas são necessárias à Igreja, à classe operária e à sociedade",

---

10. Ibid.

11. Ibid. Cf. tb. CARDIJN, J. Patrie, Religion, Famille. *Cardijn face aux événements*. Op. cit. Editorial de 14/12/1951, p. 84-85.

12. CARDIJN, J. *L'Action Catholique dans la classe ouvrière* (1936). Op. cit., p. 9. Cf. tb. CARDIJN, J. Charité et vérité – Ouvriers socialistes et ouvriers chrétiens. *Cardijn face aux événements*. Op. cit. Editorial de 14/11/1950, p. 23-24.

13. CARDIJN, J. *L'Action Catholique dans la classe ouvrière* (1936). Op. cit., p. 12.

pois "não há renovação moral e religiosa sem renovação social e política, como não há renovação social e política sem renovação moral e religiosa"[14].

Prioridade à ação religiosa

A JOC de J. Cardijn, mesmo após o conflito no período pós-Segunda Guerra com a JOC francesa, se oporá a um engajamento político propriamente dito por parte do movimento. Para J. Cardijn, diante da "situação desastrosa" do mundo do trabalho, "o remédio é, no interior da Igreja, um movimento operário apostólico", pois, "a classe operária não será salva do exterior, de fora"[15]. É preciso "devolver a massa à Igreja e a Igreja à massa"[16], levar a Igreja "para o interior da classe operária, do meio operário, das necessidades operárias"[17]. Assim sendo, "as atividades mais especificamente religiosas merecem uma atenção toda especial"[18], pois *agir* "não se trata somente e sempre de uma ação de reivindicação, de uma ação comum da seção para resolver tal ou tal problema". É a ação religiosa que permite "fazer descobrir a necessidade de uma transformação da vida pessoal", uma vez que "é pelo âmbito pessoal que é preciso começar"[19]. Nesta mesma perspectiva, J. Cardijn insiste que "o problema do mundo do trabalho não é unicamente ou primordialmente um conjunto de reivindicações materiais, de reformas estruturais". O problema é, antes de tudo e condição de todo o resto, "um problema de humanização, um problema de educação, de formação, de organização, de responsabilidade humana, permitindo e assegurando a dignidade, o respeito e a felicidade de cada trabalhador, de cada família e da imensa maioria do gênero humano"[20].

---

14. Ibid.
15. CARDIJN, J. *Sauver la masse* (1945). Op. cit., p. 45.
16. Ibid., p. 38.
17. Ibid., p. 45.
18. CARDIJN, J. *La Personne, La Famille, l'Education, Notre Congrès*. Op. cit., p. 70.
19. Ibid., p. 74.
20. CARDIJN, J. *Le monde d'aujourd'hui et l'Apostolat des Laïcs* (1950). Op. cit., p. 15.

1.2 Agir a partir de dentro

A aparente majoração da importância do momento da ação em relação aos outros dois momentos poderia dar margem a um "militantismo voluntarista", por exemplo, se não fosse a ampliação do próprio conceito de ação no pensamento de J. Cardijn. Ele concebe o *agir*, não unicamente e nem principalmente, no nível da execução.

Agir para formar

Segundo J. Cardijn, "a JOC persegue e realiza, ao mesmo tempo e inseparavelmente, três objetivos: ação, formação, organização"[21]. Pouco depois, de maneira ainda mais clara, ele diria o que realmente entende por ação: "agir, organizar, mas sempre para formar"[22]. J. Cardijn irá repetir, durante toda a história do movimento, que "a JOC é uma Escola, um Serviço e um Corpo Representativo"[23], na medida em que ela propõe "seja uma reforma na própria conduta dos jocistas, seja uma divulgação a ser levada a cabo no local de trabalho ou na paróquia, seja um encaminhamento a fazer junto a uma autoridade, seja, enfim, a organização de um serviço jocista"[24].

Entretanto, em seu pensamento, mesmo que a JOC seja "uma Escola, um Serviço e um corpo Representativo", simultaneamente, em suas palavras, "ao mesmo tempo e inseparavelmente"[25], isso não quer dizer que as três funções do movimento se situam na mesma hierarquia de valor. Para J. Cardijn, a ação mais importante será sempre a "salvação pessoal"[26], a "revolução interior"[27], uma revolução "a partir de dentro"[28], o

---

21. CARDIJN, J. *L'Église devant la révolution mondiale* (1947). Op. cit., p. 23.
22. CARDIJN, J. *La Personne, La Famille, l'Education, Notre Congrès* (1950). Op. cit., p. 125.
23. CARDIJN, J. *Semaine d'Études Internationale de la JOC* (1935). Op. cit., p. 75. Cf. tb. CARDIJN, J. *La JOC – Leçons données aux Journées Sacerdotales de Vienne* (1938). Op. cit., p. 13.
• CARDIJN, J. *Les travailleurs et les perspectives mondiales de l'Apostolat* (1956). Op. cit., p. 12.
24. CARDIJN, J. *Les méthodes jocistes – Schéma de la Quatrième Semaine...* (1928). Op. cit., p. 23.
25. CARDIJN, J. *La JOC – Leçons données aux Journées Sacerdotales de Vienne* (1938). Op. cit., p. 10.
26. Ibid.
27. CARDIJN, J. *L'Église devant la révolution mondiale* (1947). Op. cit., p. 23.
28. Ibid.

que equivale a privilegiar a formação. Na sua concepção, "a JOC deve ser, antes de tudo, uma Escola"[29], uma vez que a formação pessoal da juventude operária é a finalidade primeira e última do *ver*, do *julgar* e do próprio *agir*. Repetia ele ainda no início da década de 1950 – "agir e organizar, mas sempre para formar"[30].

Ser a revolução interior

Como homem de seu tempo, preso a uma visão personalista da sociedade e de suas estruturas por influência de E. Mounier, J. Cardijn, ao fazer do jovem operário "sujeito de sua própria história", acredita que a transformação social começa pela mudança das pessoas, pela criação de um homem novo[31]. Lembra ele, "quantas vezes tenho proclamado em viagens pelo mundo afora: para evitar a revolução da violência, da força material, da ditadura, é preciso ser a revolução interior, espiritual, moral, verdadeiramente humana, que transforme os indivíduos, as famílias, as empresas, a produção e toda a sociedade a partir de dentro, uma vez que só ela permite, utiliza e fecunda para o bem do homem e de toda a comunidade humana as reformas exteriores, econômicas, sociais e políticas indispensáveis"[32]. A base desta "revolução interior" é a transformação da "vida pessoal", pois agir "não se trata somente e sempre de uma reivindicação, de uma ação comum da seção para resolver tal ou tal problema. Na maioria das vezes é possível fazer descobrir a necessidade de uma transformação da vida pessoal, a necessidade da oração e do sacrifício, a necessidade de tornar a vida, em tal ou tal caso, mais católica"[33]. E termina, frisando que "é através deste aspecto pessoal que é preciso começar"[34].

---

29. CARDIJN, J. *La Personne, La Famille, l'Education, Notre Congrès* (1950). Op. cit., p. 125.

30. Ibid.

31. Mais tarde, não é muito claro, mas parece que ele irá compreender não só a relação dialética existente entre pessoa e estrutura, como a impossibilidade de ocupar-se da segunda somente depois que se tenha mudado a primeira, uma vez que, mesmo que a pessoa seja sujeito das próprias estruturas, estas o condicionam inexoravelmente. Paulo VI, na *Evangelii Nuntiandi,* falaria da necessidade de trabalhar pessoa e estruturas, simultaneamente. Sobre isso, cf. CARDIJN, J. *L'Action Catholique dans la classe ouvrière* (1936). Op. cit., p. 8.

32. CARDIJN, J. *L'Église devant la révolution mondiale* (1947). Op. cit., p. 30-31.

33. CARDIJN, J. *La Personne, La Famille, l'Education, Notre Congrès* (1950). Op. cit., p. 74.

34. Ibid. Cf. tb. CARDIJN, J. Education politique. *Cardijn face aux événements*. Op. cit. Editorial de 13/06/1957, p. 222-224.

Nada de solução exterior

Seguindo a lógica desse raciocínio, J. Cardijn continua: "nada de solução exterior. Ora, esta é a verdade fundamental sobre a qual se baseia todo o jocismo. Para fazer desaparecer essa contradição desastrosa (entre o plano de Deus e a realidade vigente), ninguém pode substituir os jovens trabalhadores. Eles, que são as vítimas, devem tornar-se os vencedores. É 'entre eles, por eles e para eles' que essa contradição deve desaparecer. Ninguém pode substituí-los nesta obra de salvação pessoal"[35]. Não somente ninguém pode substituí-los, como "todo mundo – a Igreja, o Estado, os patrões, a escola, o país – deveria dar a sua contribuição e, a partir de sua própria esfera e espaço de atuação, oferecer a colaboração necessária para fazer desaparecer os obstáculos e assegurar os recursos necessários à reconstrução temporal e ao resgate eterno dos jovens trabalhadores"[36].

1.3 Aprender a agir, agindo

No método *ver-julgar-agir*, "educação, ação e organização" constituem um programa de formação que se dá, "antes de tudo, na prática e de maneira concreta"[37], pois "não há nada mais perigoso que os Círculos de Estudo se transformarem em círculos de discussão sobre deficiências e problemas, sem pensar numa ação positiva para remediá-los"[38]. Para J. Cardijn, a JOC, enquanto escola, "não forma através de um ensino teórico e livresco, num ambiente fechado ou num meio artificial, mas através de um conjunto de enquetes, de discussões, de estudos, de realizações e de responsabilidades pelas quais os jovens fazem a aprendizagem prática de sua vida, de sua conduta, de sua influência, de sua própria missão nas circunstâncias do meio operário, enfim, da solução de todos os problemas destes diferentes meios de vida"[39].

---

35. CARDIJN, J. *La JOC – Leçons données aux Journées Sacerdotales de Vienne* (1938). Op. cit., p. 10-11.
36. Ibid., p. 11.
37. CARDIJN, J. *L'Église devant la révolution mondiale* (1947). Op. cit., p. 23.
38. CARDIJN, J. *Prêtres et Laïcs* (1950). Op. cit., p. 124.
39. CARDIJN, J. *L'Église devant la révolution mondiale* (1947). Op. cit., p. 23.

J. Cardijn frisa que esta ação seja o resultado de uma atitude positiva dos jovens trabalhadores diante de seus próprios problemas, pois "é fácil denunciar isto no clero e aquilo na Igreja, isto do patrão e aquilo do Estado. Em vez de uma formação, se não prestamos atenção, será uma deformação contínua. Nós devemos ensiná-los a *ver* positivamente, a *julgar* positivamente, a *agir* positivamente"[40].

Neste sentido, a educação da JOC para a ação implica que cada jovem operário busque uma resposta pessoal aos desafios encontrados. Dizia J. Cardijn que "a primeira resposta não é a resposta do Estado, a resposta do patrão ou a resposta do outro; a primeira resposta é 'o que tu farás?' Tu podes sempre fazer alguma coisa"[41]. Ele acredita numa educação "para" a ação e "na" ação, no valor do "aprender fazendo". Por isso, "para os jovens, sobretudo para os jovens trabalhadores [...], o exercício prático, o treino ativo, são indispensáveis à educação. Eles criam, pelo seu próprio esforço, os serviços necessários para uma formação verdadeiramente eficaz"[42].

2 O lugar da ação da JOC

A missão essencial da JOC de J. Cardijn é levar a Igreja, e os leigos em particular, para o seio do mundo do trabalho. É verdade que, em seus primórdios, o movimento se mostrava muito preso e dando muita ênfase a um engajamento na família e na paróquia. Entretanto, à medida que a JOC foi adquirindo fisionomia própria e ganhando terreno no meio operário, toda a ênfase do engajamento recairá sobre o mundo do trabalho, "lugar da apostasia da classe operária", que precisa ser reconquistada para o interior da Igreja, dizia J. Cardijn nos primórdios do seu movimento.

2.1 A ação "sobre" o mundo da família ou da moradia

Em suas primeiras fases, especialmente na fase de estruturação, a JOC de J. Cardijn dá grande importância ao engajamento no "mundo

---

40. CARDIJN, J. *La Personne, La Famille, l'Education, Notre Congrès* (1950). Op. cit., p. 124-125.
41. Ibid., p. 125.
42. CARDIJN, J. *Jeunes travailleurs face aux temps nouveaux* (1942). Op. cit., p. 38.

da família" e na paróquia. Neste período, o mundo do trabalho é compreendido como uma extensão do mundo da família e da paróquia e a JOC se propõe, antes de tudo, ser "ponte" entre esses mundos que haviam se tornado distantes da Igreja com o advento da industrialização e, sobretudo segundo J. Cardijn, com a penetração das ideias marxistas nos meios trabalhistas.

A JOC como organismo de complementação da educação familiar

Assim, na fase em que se prioriza uma ação educativa, tal como se fazia no seio do Catolicismo Social, mesmo que para J. Cardijn a JOC seja "uma escola", é a família operária que deve ser "o meio educativo essencial para o futuro jovem trabalhador"[43]. Nesta fase, a tarefa da JOC consiste, basicamente, em ser um organismo de complementação da educação familiar e escolar, mesmo que sejam os pais "os educadores naturais de seus filhos" e que eles devam estar "melhor preparados a esta missão sagrada"[44]. Para J. Cardijn, trata-se de uma missão importante, pois, com o enfraquecimento da instituição familiar, os jovens se encontram desamparados. Razão por que "a educação dos jovens trabalhadores não pode ser 'individualista'. Abandonados a eles mesmos, eles são incapazes de conhecer e de realizar seu destino"[45].

Reivindicação de uma habitação humana

A ação "no" ou "sobre" o mundo da moradia não se restringe, entretanto, à educação. A JOC é igualmente um "corpo representativo" e, portanto, reivindicativo. Neste sentido, J. Cardijn afirma que, para a família cumprir sua função, precisa dispor dos meios e das condições necessárias, a começar por uma habitação digna. Ele insiste: "para que as pessoas vivam como pessoas humanas é preciso habitações humanas"[46]. Uma habitação decente é uma das condições indispensáveis

---

43. CARDIJN, J. *La vie morale des jeunes travailleurs au travail* (1926). Op. cit., p. 19.
44. Ibid.
45. CARDIJN, J. *Jeunes travailleurs face aux temps nouveaux* (1942). Op. cit., p. 39.
46. CARDIJN, J. *Sauver la masse* (1945). Op. cit., p. 23.

para a realização da família. Fiel ao princípio de Santo Tomás de que a graça supõe a natureza, afirma ele, que "todas as graças são impotentes, pois ela exige para uma massa humana um meio de vida humano, cristão, onde ela possa se realizar e fazer um templo, um santuário"[47]. Desconfiado dos programas de reconstrução que seriam colocados em prática no período pós-guerra, profetizava dizendo: "aos que, amanhã, vão reconstruir nossas cidades, há uma exigência essencial a respeitar: assegurar à massa uma habitação verdadeiramente humana"[48]. Por "habitação verdadeiramente humana" J. Cardijn entende uma habitação que "deve comportar um espaço vital, onde uma família possa viver, não simplesmente um lugar onde se possa colocar móveis [...], com quartos familiares para alojar crianças, moços e moças, de modo a poder inculcar neles sua dignidade pessoal, a respeito de sua pessoa, desde tenra idade"[49].

Neste programa de reconstrução, J. Cardijn chama a atenção também que a classe operária deve ter prioridade nos melhoramentos a serem efetuados, mas, infelizmente, "este conforto é previsto para as avenidas, as grandes praças, para os ricos. Quando a gente pensa na falta de respeito ao operário, privado de água corrente, quando na realidade ele tem mais necessidade de se lavar que os outros [...] e que em cada quarto de rico existe água corrente, quente e fria, a gente se pergunta como pudemos chegar a um mundo tão anti-humano, anti-familiar para a massa"[50]. Sem essas condições mínimas, adverte ele, "é impossível pensar na emancipação da massa, ela restará proletária"[51].

Além das condições indignas de habitação, do alojamento familiar "exageradamente pequeno, insalubre e malcuidado"[52], J. Cardijn levanta também sua voz contra outros problemas ligados ao mundo da moradia, tais como "o trabalho assalariado da mãe de família, a ausên-

---

47. Ibid.
48. Ibid.
49. Ibid.
50. Ibid.
51. Ibid.
52. CARDIJN, J. *La vie morale des jeunes travailleurs au travail* (1926). Op. cit., p. 19.

cia prolongada do pai de família, a falta de preparação dos pais para o seu papel de educadores etc."[53]

Diante desses problemas, a missão e a atitude da JOC são de denunciar publicamente. De maneira enérgica dizia J. Cardijn que "tudo o que pode entravar o papel educativo da família deve ser proscrito sem hesitação"[54].

A JOC como sacramento de vida familiar

Ao lado da denúncia e de uma atitude reivindicativa que perdura durante toda a primeira década do movimento, na década de 1940, J. Cardijn, tomando consciência da incapacidade da JOC de mudar a família unicamente por aqueles meios, propõe que se viva, ao menos no seio do movimento, o que se deveria viver na família. Frisa que "é a atmosfera de camaradagem jocista que virá completar ou substituir o meio familiar geralmente deficiente e o meio do trabalho menos sólido ainda"[55]. E uma das formas concretas para fazê-lo é reunir-se nas casas de família: "a penetração nos meios de vida e a influência real sobre a vida reclamará sempre, especialmente o trabalho em equipe – equipes de bairro, do meio do trabalho, de lazer... – que se reunirá nas famílias"[56].

A JOC diante da escola e da paróquia

Em seus primórdios a JOC, ainda atrelada ao mundo da moradia, põe em evidência a importância da missão da Escola, que "deve retornar a ser um centro mais educativo" e "visar a desenvolver a personalidade moral do jovem trabalhador e formar nele uma consciência mais esclarecida"[57]. J. Cardijn reivindica uma "preparação moral especial à vida assalariada durante o último ano escolar", de maneira "mais concreta e prática", para que o jovem operário saia mais apto, quando

---

53. Ibid.
54. Ibid.
55. CARDIJN, J. *Jeunes travailleurs face aux temps nouveaux* (1942). Op. cit., p. 39.
56. Ibid.
57. CARDIJN, J. *La vie morale des jeunes travailleurs au travail* (1926). Op. cit., p. 20.

"colocado diante dos problemas da realidade do mundo do trabalho, que ele irá resolver segundo uma norma cristã"[58]. Em vista disso, "uma colaboração mais estreita deveria existir entre a escola e a família, de maneira que a escola seja um prolongamento da educação familiar e que esta confirme as lições dadas por aquela"[59].

Por fim, ainda sempre em relação ao mundo da moradia, J. Cardijn evoca a missão das paróquias, nas quais "os membros do clero devem multiplicar as ocasiões de preparação dos jovens para entrar no mundo do trabalho, dando-lhes uma formação moral suficiente e mais adaptada"[60], concretamente através de roteiros ou jornadas de espiritualidade[61].

2.2 A ação sobre o mundo do trabalho

Mesmo que a JOC dê ênfase, sobretudo em seus primórdios, a um engajamento no mundo da moradia, ao propor ser "ponte" entre a família, a Escola e o meio operário será, na verdade, sobre o mundo do trabalho que o movimento concentrará definitivamente sua missão. A razão é clara, para J. Cardijn a apostasia das massas operárias, em relação à Igreja, se dá no mundo do trabalho, especialmente por causa da propaganda socialista. Então, é lá onde é preciso *agir*, para "fazer a massa operária retornar à Igreja"[62].

Uma ação educativa

Entretanto, mesmo no mundo do trabalho, os meios empregados se resumem, quase sempre, ao papel educador do movimento. Para J. Cardijn, para reconquistar a massa operária, "a JOC combaterá os erros propagados no meio do trabalho, dando a seus membros uma formação doutrinal positiva, concreta e prática, bem adaptada às necessidades de-

---

58. Ibid.
59. Ibid.
60. CARDIJN, J. *Le Travail des Jeunes Salariés & La Charte Jociste du Travail* (1928). Op. cit., p. 27.
61. Ibid.
62. CARDIJN, J. *Sauver la masse* (1945). Op. cit., p. 38.

les e à sua vida de assalariados"[63]. Pois, segundo ele, o melhor meio de resistir ao erro, é "conhecer a verdade, impregnar-se dela e vivê-la"[64].

É através desta ação doutrinal "positiva, concreta e prática" que os membros da JOC serão "propagandistas, agentes e apóstolos, e conhecerão a forma de atuar nos meios do trabalho, para serem aí os porta-vozes e os representantes de sua organização"[65]. Para J. Cardijn, essa "penetração nos meios de vida e a influência real sobre a vida" se fará através de "um trabalho de equipe"[66].

Humanizar o meio ambiente do trabalho

A razão primeira da imperiosa necessidade de um movimento especializado, que atue sobre o mundo do trabalho, deve-se ao fato que, para J. Cardijn, "os meios de vida são essenciais para a salvação da massa"[67]. Salvação, no entanto, que, se para ele, no início da JOC, implicava essencialmente ganhar a massa operária para a Igreja, a partir da década de 1940 dirá que "a primeira condição necessária para a massa é um meio de vida humano, um meio de vida para pessoas humanas, para famílias humanas"[68].

Referindo-se concretamente ao meio ambiente do trabalho, J. Cardijn lembra que este não deve ser "simplesmente um amontoado de material ou de máquinas, mas um lugar onde devem viver, labutar, trabalhar durante toda uma vida pessoas humanas para as quais seu trabalho é um dos meios de se tornarem completamente humanas"[69]. Já consciente, nesta fase, de que esse meio não pode mais ser uma extensão da família, ele insiste que o mesmo seja ao menos "um meio familiar", não em "contradição com a família"[70].

---

63. Ibid. Cf. tb. CARDIJN, J. Education politique. *Cardijn face aux événements*. Op. cit. Editorial de 13/06/1957, p. 222-224.
64. Ibid.
65. Ibid.
66. CARDIJN, J. *Jeunes travailleurs face aux temps nouveaux* (1942). Op. cit., p. 39.
67. CARDIJN, J. *Sauver la masse* (1945). Op. cit., p. 22.
68. Ibid., p. 22-23.
69. Ibid., p. 24-25. Cf. tb. CARDIJN, J. *La révolution industrielle* (1956). Op. cit., p. 197-198.
70. Ibid., p. 25.

Consequente com sua postura sempre profética, neste particular, J. Cardijn conclui dizendo que, diante dessas agressões à dignidade da pessoa humana em geral e do trabalhador em particular, "é preciso ter a coragem de denunciar a realidade"[71]. Do contrário, "seria zombar das pessoas e os comunistas teriam razão de dizer que os padres que pregam do alto do púlpito não falam nunca para os operários; que eles não ousariam nunca reivindicar o meio de vida necessário para a massa operária"[72].

3 A finalidade última da ação da JOC

Como já se fez referência nos capítulos anteriores, a "cruzada jocista", como se dizia no alvorecer da JOC, e toda a sua ação, tem como objetivo a "reconquista" ou "conquista" da classe operária, que a Igreja havia perdido no século XIX. Para J. Cardijn, é urgente terminar com este escândalo, devolvendo "a massa à Igreja e a Igreja à massa", o que só será possível através da "emancipação" da massa operária.

Neste particular, até a década de 1930, J. Cardijn insiste que a ação emancipadora que a Igreja deve levar a cabo consiste na emancipação intelectual, moral e religiosa dos trabalhadores. Neste período, para ele, a melhor forma de combater o erro é "conquistar a verdade", o que constituiria o próprio motor da ação do movimento. Nos anos pós-Segunda Guerra, J. Cardijn dará um grande acento à "desproletarização" da classe operária, ainda que continue a insistir na "desproletarização interior", mas que, nem por isso, deixa de ser uma ação de humanização do mundo do trabalho.

3.1 *Da reconquista à conquista*

Uma ideia que perpassa a finalidade última da ação da JOC, do começo ao fim, é a questão da conquista da massa operária para a Igreja. Até meados da década de 1930, fala-se de "conquista" (mentalidade de Cristandade) e, nos anos que se seguiram, de "reconquista" (mentali-

---

71. Ibid., 25.
72. Ibid.

dade de Neocristandade)⁷³. Mesmo após a Segunda Guerra, em plena fase de internacionalização do movimento e de contato direto com a miséria do Terceiro Mundo, J. Cardijn continuaria a afirmar que o objetivo último da JOC é "devolver a massa à Igreja e a Igreja à massa"⁷⁴.

No início da JOC, ainda em sua fase de estruturação, J. Cardijn frisa que "através dos Círculos de Estudo os jovens operários devem se treinar para a reconquista das almas"⁷⁵. Para ele, neste período, reconquista "deve ser a palavra de ordem, a ideia-força que impulsiona os jovens à ação e à organização"⁷⁶. Neste período, em plena batalha de campo, no interior do meio operário, especialmente contra os comunistas, mas também contra liberais anticlericais, a ação da JOC visará "formar propagandistas, que sejam os porta-vozes e os representantes de sua organização"⁷⁷. Em outras palavras, que sejam a extensão do braço do clero e da instituição eclesial no mundo do trabalho, apóstata em consequência do "escândalo do século XIX". E uma vez que essa apostasia se dá no mundo do trabalho, em que a hierarquia não tem mais acesso, a JOC, através dos jovens operários, se propõe ser neste espaço uma extensão da ação do clero, com a finalidade de "transformar o meio do trabalho, sensibilizar a opinião pública e reconquistar a classe operária"⁷⁸ para a Igreja. Para J. Cardijn, "todo o método jocista visa esta ação conquistadora"⁷⁹.

3.2 Uma emancipação através da educação

Esta "reconquista" e, depois, "conquista", para J. Cardijn só é possível através "da emancipação da classe operária," que consiste em levar a cabo uma ação que promova seu "desenvolvimento intelectual,

---

73. A ideia de "conquista" está ligada ao regime da Cristandade medieval, ainda que adaptado às exigências de então, e a ideia de "reconquista" insere dentro do programa da Neocristandade, tematizado por J. Maritain e ligado à ideologia do intransigentismo.

74. CARDIJN, J. *Sauver la Masse* (1945). Op. cit., p. 38.

75. CARDIJN, J. *La vie morale des jeunes travailleurs au travail* (1926). Op. cit., 25.

76. Ibid.

77. CARDIJN, J. *Le Travail des Jeunes Salariés & La Charte Jociste du Travail* (1928). Op. cit., p. 27.

78. CARDIJN, J. *La JOC et la détresse intellectuelle et morale des jeunes...* (1928). Op. cit., p. 27.

79. Ibid., p. 28.

sua formação moral, sua realização religiosa"[80]. Na realidade, o que ele propõe é uma ação que "coloque de pé a classe operária, a partir de dentro, pela sua ascensão intelectual, moral e religiosa"[81].

Conquistar a verdade

Para J. Cardijn, o jocismo é "um poderoso meio de reconquista intelectual, moral, social e religiosa da classe operária"[82]. Uma "reconquista" justificável, para ele, pois o problema que a massa operária enfrenta, no momento, é fruto da propagação dos erros gestados pelo "escândalo do século XIX". Ora, para combater esse erro o único remédio é a "conquista da verdade, motor da ação do jocismo"[83].

Para isso, em primeiro lugar, "a conquista da JOC consiste na conquista da verdade total sobre o destino temporal e eterno" da juventude operária, "uma conquista pessoal", a partir de dentro de cada um[84]. Em segundo lugar, adverte J. Cardijn, "é preciso dizer aos jovens trabalhadores que conhecer a verdade total não é suficiente, é preciso lutar, o que implica uma conquista moral difícil"[85]. Em terceiro lugar, essa conquista moral supõe "uma conquista espiritual, pois nós não somos capazes de fazer sozinhos esta conquista, é preciso que o Cristo nos ajude. É preciso, para isso, a ajuda dos sacramentos"[86]. Finalmente, conclui J. Cardijn, "como não queremos uma conquista egoísta, mas uma conquista para os outros, ela deve ser também uma conquista apostólica"[87], que vise conquistar todos os meios de vida, "começando pela conquista de seu próprio meio, da família, da fábrica"[88].

---

80. CARDIJN, J. *La JOC est une École* (1932). Op. cit., p. 16. Cf. tb. CARDIJN, J. Culture ouvrière. *Cardijn face aux événements*. Op. cit. Editorial de 28/03/1951, p. 38. • CARDIJN, J. *Des écoles de véritable promotion ouvrière*. Editorial de 04/04/1951, p. 40-41.

81. Ibid.

82. Ibid., p. 17.

83. CARDIJN, J. *Semaine d'Études Internationale de la JOC* (1935). Op. cit., p. 230.

84. Ibid.

85. Ibid.

86. Ibid.

87. Ibid.

88. Ibid., p. 232.

Realizar a verdade

Segundo J. Cardijn, "para combater o perigo (do ateísmo prático e militante) e para salvar a massa operária" não é suficiente "refutar o erro"[89]. Faz-se necessário "uma solução positiva, pois uma solução negativa é ineficaz"[90]. Para ele, "antes de tudo, é preciso proclamar a verdade, é preciso realizar a verdade"[91], pois é ela que salvará a massa operária. E continua: "os três meios, as três condições essenciais para salvar a massa dos jovens trabalhadores, para a sua verdadeira desproletarização, são um meio de vida, máximas de vida e instituições de vida[92].

Para isso, em primeiro lugar, o que é preciso fazer "é devolver à massa operária os meios indispensáveis para que ela possa viver uma vida humana", pois "não há vida religiosa e, portanto, divina, que não seja antes salutarmente humana"[93]. É Deus mesmo que quer, e a Igreja também deseja, "humanizar os meios de vida para a recristianização da massa operária"[94]. É um desafio que faz parte da missão e do apostolado da Igreja, pois "o cristianismo é um humanismo, o mais perfeito dos humanismos"[95]. Em segundo lugar, devolver à massa operária os meios indispensáveis para que ela possa viver uma vida humana é um desejo "não somente querido por Deus e pela Igreja, mas um meio indispensável" para salvar a massa operária, "inculcando nela máximas de vida, o sentido da personalidade, da dignidade humana, do respeito, o sentido do dever, da consciência, o sentido moral"[96]. Enfim, essa humanização, fundamentada no plano

---

89. CARDIJN, J. *Sauver la masse* (1945). Op. cit., p. 16. Como se viu no capítulo anterior, quando J. Cardijn se refere ao "erro", ele pensa no materialismo e no agnosticismo, que deram origem, segundo ele, ao liberalismo e ao comunismo. A este respeito, cf. CARDIJN, J. *Les Méthodes Jocistes – Schéma de la Quatrième Semaine d'Études de la JOC* (1928). Op. cit., p. 24.

90. CARDIJN, J. *L'Église devant la révolution mondiale* (1947). Op. cit., p. 21.

91. CARDIJN, J. *Sauver la masse* (1945). Op. cit., p. 16.

92. Ibid., p. 31. J. Cardijn fala de meios humanos temporais, os mais sobrenaturalizados e divinizados.

93. Ibid.

94. Ibid.

95. Ibid.

96. Ibid.

de Deus, implica a criação de "instituições de vida"; isto é, "a transformação e a divinização pela religião de toda a vida da massa"[97]. Em outras palavras, essa doutrina precisa "encarnar-se no meio do trabalho, transformando-o como o fermento transforma toda a massa, tornando-o humano, familiar, cristão"[98].

Para J. Cardijn, o meio mais eficaz de "proclamar e realizar a verdade" não é propagar o conhecimento da verdade em si, através de uma formação doutrinal, mas por um trabalho, antes de tudo, de humanização[99]. O conceito de humanização no pensamento de J. Cardijn, porém, ficará sempre essencialmente ligado a um problema de educação, na medida em que, para ele, "o problema do mundo do trabalho não é unicamente ou primordialmente um conjunto de reivindicações materiais, de reformas de estruturas; ele é, antes de tudo e como condição de todo o resto, um problema de humanização, de educação, de formação, de organização, de responsabilidade humana"[100].

3.3 Uma emancipação pela desproletarização

No período pós-Segunda Guerra, J. Cardijn alargaria seu conceito de "conquista" ligado à Neocristandade, entendendo que, além do desenvolvimento intelectual, moral e religioso, "a salvação da humanidade e da classe operária significa sua emancipação e desproletarização"[101]. Seu contato com a miséria das classes trabalhadoras do Terceiro Mundo, através de suas viagens intercontinentais, o fez tomar consciência de que "toda a humanidade e especialmente a multidão inumerável do proletariado operário, pode e deve ser salva pela desproletarização verdadeira da classe operária de nosso tempo e de todos

---

97. Ibid.
98. Ibid.
99. É um dos resultados da contenda com a França, onde a juventude durante a Segunda Guerra, tendo vivido em contato com meios não cristãos, queria abrir-se à sociedade autônoma e trabalhar com ela.
100. CARDIJN, J. *Le monde d'aujourd'hui et l'apostolat des laïcs* (1951). Op. cit., p. 15.
101. CARDIJN, J. *Sauver la Masse* (1945). Op. cit., p. 6. Cf. tb. CARDIJN, J. Nos responsabilités ouvrières (II) – L'arme suprême. *Cardijn face aux événements*. Editorial de 21/10/1951, p. 69.

os tempos"[102]. Neste sentido, a partir desta época, toda a ação da JOC, para J. Cardijn, tem por objetivo criar "um meio de vida humano, um meio de vida para pessoas humanas, para famílias"[103].

Isso não quer dizer, entretanto, que Cardijn tenha renunciado a seu programa de "conquista" da classe operária para a Igreja. Prova disso é que, ainda no final da década de 1940, ele lembra que "o apostolado sacerdotal e religioso, por mais primordial que seja, é insuficiente e impotente na conquista do mundo para a Igreja"[104]. Por isso, "contra o laicismo, o materialismo, o novo paganismo sob todas as suas formas, em todos os seus domínios, há uma única solução: o laicato"[105].

4 O programa de ação da JOC

Como já vimos anteriormente, J. Cardijn edificou a sua JOC sobre as bases da Associação Católica da Juventude Francesa, fundada por Albert de Mun, que tinha por lema "Piedade-Estudo-Ação". Inspirado nesta trilogia, J. Cardijn une "piedade" e "estudo" no que ele designa "educação", com isso continua a dar grande ênfase à "ação", mas acrescentará a necessidade da "organização", em vista de uma maior eficácia da própria ação. Como ele repetia de bom grado, "a JOC persegue e realiza, ao mesmo tempo e inseparavelmente, três objetivos: ação, formação, organização"[106]. Em suas palavras, "a JOC é, simultaneamente, uma Escola (piedade, estudo), um Serviço (ação) e um Corpo Representativo (organização)[107]. Justificando a importância da JOC no seio da classe operária, J. Cardijn afirmava que "é preciso uma organização que seja, ao mesmo tempo, escola, serviço e corpo

---

102. Ibid.
103. Ibid., p. 22.
104. CARDIJN, J. L'Église devant la révolution mondiale (1947). Op. cit., p. 26.
105. Ibid.
106. CARDIJN, J. L'Église devant la révolution mondiale (1947). Op. cit., p. 23.
107. CARDIJN, J. Semaine d'Études Internationale de la JOC (1935). Op. cit., p. 75. Cf. tb. CARDIJN, J. La JOC – Leçons données aux Journées Sacerdotales de Vienne (1938). Op. cit., p. 13.
• CARDIJN, J. Les travailleurs et les perspectives mondiales de l'apostolat (1956). Op. cit., p. 12.

representativo que possa levar a doutrina a todos os meios, a todas as instituições nacionais e internacionais"[108].

4.1 A JOC é, antes de tudo, uma escola

Para J. Cardijn, a JOC é "simultaneamente e inseparavelmente" uma Escola, um Serviço e um Corpo Representativo, mas frisa: "antes de tudo, um serviço educativo"[109].

Uma escola de conquista

Na década de 1930, quando se estrutura o projeto da Neocristandade, J. Cardijn caracteriza a JOC como "uma escola de conquista da vida leiga da juventude operária, de toda a sua vida pessoal, familiar social, sentimental, religiosa"[110]. Em suas palavras, "uma escola de conquista de seu meio de vida, de seu meio leigo", um mundo que se encontra "na ausência e à distância do padre"[111]. Faz-se necessária uma escola "para a massa de jovens trabalhadores" e não para "uma minoria privilegiada, para alguns desavisados, distanciados ou desertores da massa"[112]. Trata-se de uma conquista, sobretudo, da "vida pessoal da juventude trabalhadora", pois "a cruzada jocista concentrará todos os seus esforços em aperfeiçoar e fortificar seus membros e assim obter as reformas necessárias"[113]. Para J. Cardijn, este aperfeiçoamento implica "desenvolver uma forte personalidade, ainda mais necessária nos dias atuais, quando a juventude se depara com perigos cada vez maiores, com iniciativas e decisões cada vez mais difíceis de tomar, com responsabilidades cada vez mais pesadas a assumir"[114].

---

108. CARDIJN, J. *Les travailleurs et les perspectives mondiales de l'apostolat* (1956). Op. cit., p. 12.
109. CARDIJN, J. *Semaine d'Études Internationale de la JOC* (1935). Op. cit., p. 232.
110. Ibid., p. 74.
111. Ibid.
112. Ibid., p. 75.
113. CARDIJN, J. *Le Travail des Jeunes Salariés & La Charte Jociste du Travail* (1928). Op. cit., p. 26.
114. CARDIJN, J. *La vie morale des jeunes travailleurs au travail* (1926). Op. cit., p. 24.

Assim, objetivo primeiro desta "escola" que é a JOC é, "através de seu método próprio, fazer, sobretudo, a juventude operária adquirir ideias pessoais, ensiná-los a tomar iniciativas pessoais, fazê-los adquirir hábitos pessoais, inspirar-lhes um ideal pessoal"[115]. Como "o maior perigo é a própria fraqueza dos jovens"[116], a JOC os defenderá, "assegurando-lhes o apoio de sua organização e os benefícios de uma educação religiosa e moral bem adaptada"[117]. A JOC consistirá, basicamente, "numa formação doutrinal positiva, concreta e prática, bem adaptada às necessidades e à vida dos jovens assalariados", que os tornará aptos a combater "os erros que são propagados no meio do trabalho"[118], pois "é antes de tudo pelo seu exemplo e depois pela palavra que eles propagarão a verdade e combaterão as doutrinas errôneas"[119]. É através desta formação "entre eles, por eles e para eles" que os jovens desenvolverão uma ação eficaz em seu meio de trabalho[120].

Uma escola que forma responsáveis

Trata-se de uma "escola de conquista", não, porém, de uma "conquista isolada, dispersa, individual", o que seria não somente impossível, mas, sobretudo, "ineficaz nas condições concretas da vida moderna"[121]. Implica não ser apenas "uma escola teórica ou puramente doutrinal"[122]. Segundo J. Cardijn, "a primeira tarefa para formar os jovens trabalhadores não é a de dar-lhes lições. Isso virá depois. Isso é necessário, mas não se deve começar por aí, pois não compreenderão nada"[123]. Segundo ele, "a maneira mais eficaz de educá-los é começar

---

115. Ibid.
116. CARDIJN, J. *Les Méthodes Jocistes – Schéma de la Quatrième Semaine d'Études...* (1928). Op. cit., p. 71.
117. CARDIJN, J. *Le Travail des Jeunes Salariés & La Charte Jociste du Travail* (1928). Op. cit., p. 26.
118. Ibid., p. 27.
119. Ibid.
120. Ibid.
121. CARDIJN, J. *Semaine d'Études Internationale de la JOC* (1935). Op. cit., p. 75.
122. CARDIJN, J. *La JOC – Leçons données aux Journées Sacerdotales de Vienne* (1938). Op. cit., p. 13.
123. CARDIJN, J. *L'Heure de la classe ouvrière* (1948). Op. cit., p. 37.

por dar-lhes pequenas responsabilidades e atividades. Toda formação supõe que se dê responsabilidades. Elas são a base da educação. É preciso desenvolver o senso de responsabilidade"[124].

Uma escola prática

Ademais, a JOC é, antes de tudo, "uma escola prática, uma escola de aprendizagem, onde os jovens trabalhadores aprendem a *ver*, a *julgar*, a colocar em prática o valor apostólico de toda a sua vida, em todos os aspectos, em todos os seus detalhes, os mais humildes, os mais cotidianos, em casa, em seu bairro, em sua rua, na fábrica, no escritório, nos trajetos em direção ao trabalho, durante as refeições e o repouso na fábrica, durante o tempo livre, em toda parte"[125]. Uma escola "em que eles se exercitam, colocam em prática e realizam, eles próprios, sua própria formação; uma escola essencialmente ativa, atuante, realizadora [...], mais pertinente que todas as lições e que todos os cursos, que deixam os auditórios passivos e inativos"[126]. Em resumo, para J. Cardijn, a JOC é uma escola, "não uma escola dentro de um laboratório, de um seminário, mas na vida e para a vida real, cotidiana, com seus verdadeiros problemas e suas verdadeiras dificuldades"[127].

Para J. Cardijn, como são os próprios militantes "os primeiros educadores imediatos de seus próprios companheiros e companheiras de trabalho"[128], o objetivo desta "escola de conquista" e desta "escola prática", que é a JOC, é "formar líderes operários"[129], formar "operários cristãos"[130]. Não há outra alternativa, "a condição para se ter um movimento operário, que faça conhecer à classe operária sua missão divina, é ter líderes operários". É preciso "apóstolos operários ou mesmo mártires operários"[131].

---

124. Ibid.
125. Ibid.
126. Ibid., p. 14.
127. Ibid., p. 74.
128. CARDIJN, J. *Le Jeune travailleur et la jeune travailleuse devant la vie* (1949). Op. cit., p. 39.
129. CARDIJN, J. *L'Heure de la classe ouvriere* (1948). Op. cit., p. 34.
130. Ibid., p. 35.
131. Ibid., p. 32.

4.2 A JOC é um serviço

Uma vez que "a JOC não é somente uma escola, mas também e ao mesmo tempo um Serviço"[132], para J. Cardijn, "a organização não busca somente formar e educar. Ela apoia, ajuda e presta serviço. Ela forma e educa, prestando e ensinando a prestar serviço"[133].

Um serviço concreto, prático, metódico

O serviço da JOC não é um serviço aleatório ou limitado às boas intenções, mas "um serviço concreto, prático, metódico, que oferece a ajuda, o socorro e a assistência necessária em todas as necessidades dos jovens trabalhadores, a fim de que o serviço pedido seja adaptado à sua idade, às suas possibilidades"[134]. Neste sentido, ela é ao mesmo tempo "uma escola e um serviço de entreajuda, de apoio mútuo, de proteção, de assistência, de defesa fraterna"[135], um serviço que deve abarcar "todos os aspectos da vida da juventude trabalhadora: vida intelectual, moral, espiritual, profissional, recreativa"[136].

Um serviço de combate

Mesmo que J. Cardijn insista sobre a necessidade de uma "ação positiva e construtiva" e não meramente antiliberal ou antissocialista, ele não hesitará em afirmar que "para combater as organizações socialistas e comunistas a JOC está convencida de que o melhor meio e o único decisivo é promover e propagar as organizações operárias verdadeiramente cristãs, fortes e unidas"[137]. Segundo ele, é através dessas organizações que se irá "colocar em prática a doutrina cató-

---

132. CARDIJN, J. *Semaine d'Études Internationale de la JOC* (1935). Op. cit., p. 75.
133. Ibid.
134. CARDIJN, J. *La JOC – Leçons données aux Journées Sacerdotales de Vienne* (1938). Op. cit., p. 14.
135. CARDIJN, J. *Semaine d'Études Internationale de la JOC* (1935). Op. cit., p. 75.
136. CARDIJN, J. *La JOC – Leçons données aux Journées Sacerdotales de Vienne* (1938). Op. cit., p. 14.
137. CARDIJN, J. *Le Travail des Jeunes Salariés & La Charte Jociste du Travail* (1928). Op. cit., p. 28.

lica de entreajuda e de caridade cristã"[138], o único meio de "pregar a justiça social a patrões e operários e de chegar a uma colaboração permanente e concreta, que previna os conflitos e pacifique os espíritos"[139].

4.3 A JOC é um corpo representativo

A JOC é, também, "um corpo representativo que, em nome de toda a juventude operária, faz os encaminhamentos, apresenta as reivindicações, age sobre a opinião pública e cria as condições necessárias e favoráveis, em vista da promoção integral de toda a juventude operária"[140].

Agir sobre a sociedade

J. Cardijn quer a JOC exercendo o papel de um corpo representativo para que se possa "agir e atuar sobre os poderes públicos e privados, sobre a opinião pública"[141]. Para isso, ela deverá se servir "de poderosos meios de ação como imprensa, manifestações, congressos, reivindicações"[142]. Essa representação deve ser feita, segundo ele, não somente através de meios exteriores, mas também "pelo testemunho", de modo a conquistar a credibilidade por uma "transformação que se opera na vida, na conduta de seus militantes, de seus membros, de suas famílias, da juventude operária"[143].

Um serviço reivindicativo

No pensamento e na obra de J. Cardijn, a JOC, enquanto corpo representativo, deve ser essencialmente porta-voz das reivindicações, tanto da juventude operária como da classe trabalhadora em geral. Em

---

138. Ibid.
139. Ibid.
140. CARDIJN, J. *La JOC – Leçons données aux Journées Sacerdotales de Vienne* (1938). Op. cit., p. 15.
141. CARDIJN, J. *Semaine d'Études Internationale de la JOC* (1935). Op. cit., p. 75.
142. Ibid.
143. Ibid.

seus primórdios, até a década de 1930, "a cruzada jocista" será dirigida especialmente contra a "imoralidade", utilizando-se de "todos os meios de divulgação e de pressão, para lembrar a todos os poderes públicos sua imensa responsabilidade diante da ausência de sanções contra os ataques públicos escandalosos, em relação à moral dos jovens trabalhadores"[144]. Nesta época, insiste-se muito no valor de uma ação que sacuda "a indiferença, o ceticismo e o fatalismo, que impedem a opinião pública de se interessar eficazmente sobre a situação moral da juventude operária"[145]. Em vista disso, frisava J. Cardijn, "a JOC empregará todos os meios – *soirées*, festas, *metings*, manifestações públicas, cartazes, circulares – para fazer a educação da opinião pública e para provocar uma reação salutar contra o paganismo moderno"[146].

Um serviço em parceria com outras instituições

Para exercer essa representação da juventude operária a JOC não pode agir de maneira isolada. Segundo J. Cardijn, "todas as organizações religiosas, sociais, políticas, recreativas, esportivas, tanto de adultos como de jovens, de homens e de mulheres, deveriam se colocar de acordo para sensibilizar a opinião pública e para mostrar as consequências desastrosas da imoralidade pública, que ameaça a juventude operária"[147]. É uma exigência natural, pois essa "ação representativa" da JOC "está em relação e vem de encontro com a ação da família, da escola e da paróquia. A JOC reprova toda concepção moral e social individualista e anárquica. Os jovens trabalhadores não estão e não podem estar isolados, independentes, emancipados. A JOC pretende fazer reviver o espírito de família, o espírito paroquial no seio da classe operária"[148].

Segundo J. Cardijn, a JOC deve "ser um corpo representativo que una o mundo da moradia e o mundo do trabalho, para que seja no

---

144. CARDIJN, J. *La vie morale des jeunes travailleurs au travail* (1926). Op. cit., p. 18.
145. Ibid., p. 34.
146. Ibid.
147. Ibid.
148. Ibid., p. 28.

meio operário a porta-voz das famílias operárias cristãs, em tudo o que diz respeito à defesa dos interesses dos jovens trabalhadores"[149]. Em vista disso, "ela colaborará igualmente com a escola, que deve ser o prolongamento da família, na qual o professor é mandatário dos pais"[150]. Esta é uma maneira concreta de "ajudar a escola a desempenhar seu papel concreto de educadora dos futuros jovens trabalhadores, sobretudo no período em que eles devem escolher uma profissão"[151].

Além da colaboração da família e da escola, faz-se também "indispensável a colaboração com outras organizações operárias cristãs", pois para alcançar seus objetivos, ou seja, a conquista do mundo do trabalho para a Igreja, "a JOC tem necessidade do apoio, do encorajamento, da colaboração de entidades previdenciárias, das cooperativas, das organizações financeiras, das Ligas de Trabalhadores"[152]. É na medida em que se estabelece essa colaboração que a JOC poderá "orientar seus membros para organismos cristãos, que têm por finalidade proteger e defender todos os interesses legítimos da classe operária"[153]. Dentro deste espírito de colaboração, J. Cardijn sublinha que "a JOC reprova a luta de classes e quer a colaboração das classes entre si", uma colaboração "fundada sobre a justiça e a caridade cristãs"[154].

4.4 As realizações concretas da JOC

A JOC se propõe a ser uma escola, um serviço e um corpo representativo, ou seja, promover a "conquista da classe operária" para a Igreja, através de uma ação que não se reduza ao plano de execução, o que não significa que o movimento não desça ao nível das realizações concretas. Entretanto, é por aí que J. Cardijn aconselha

---

149. Ibid., p. 29. Cf. tb. p. 21. • CARDIJN, J. Partis et démocratie. *Cardijn face aux événements*. Op. cit. Editorial de 12/01/1952, p. 91-92.

150. Ibid.

151. Ibid.

152. Ibid., p. 30-31.

153. Ibid., p. 31.

154. Ibid., p. 32. Cf. tb. CARDIJN, J. *Rerum Novarum*. In: *Cardijn face aux événements*. Op. cit. Editorial de 15/05/1952, p. 123-124.

começar, pelo que ele chama de "ação indireta do bom samaritano", frisando que "se o melhor meio de fazer um jovem trabalhador voltar a Deus não é sempre o de lhe falar uma linguagem religiosa que ele é incapaz de compreender e nem de obrigá-lo a práticas religiosas que ele não está preparado a realizar, então a conduta do Bom Samaritano que cura as feridas e ajuda inclusive os inimigos acabará sempre por tocar os corações mais duros e as vontades mais reticentes"[155].

Uma ação indireta

Tal como a Associação Católica da Juventude Francesa (ACJF) do período de Henri Bazire, J. Cardijn quer conquistar a credibilidade da sociedade em relação à Igreja, através da ação, mesmo que esta não seja, inicialmente, explicitamente católica. Como dizia, "a ação religiosa dos jocistas será, na maioria das vezes, uma ação indireta"[156].

Mas, a ação da JOC não se restringe a uma ação indireta. Assinala J. Cardijn, referindo-se à rede de realizações da história do movimento jocista, ainda que então em fase embrionária: "jornadas de estudo, retiros, Semanas de Estudo, congressos, campanhas em defesa da moralidade, da segurança no trabalho, em defesa da saúde, programas de orientação profissional, planos de ação do movimento, manifestações públicas de todo gênero, órgãos de imprensa [...]"[157].

O leque da ação

Como já se fez referência anteriormente, a maior parte das atividades e das realizações concretas da JOC se concentrarão no âmbito da educação e da formação. Como os serviços do movimento são, antes de tudo, educativos, segundo J. Cardijn, deve-se dar prioridade às atividades estritamente educativas, como "leituras, conferências, projeções, canções, monólogos, peças de teatro, documentação"[158]. Depois,

---

155. Ibid., p. 36-41.
156. Ibid., p. 37. Cf. tb. CARDIJN, J. Religion et Politique. *Cardijn face aux événements*. Op. cit. Editorial de 23/10/1950, p. 17-18.
157. CARDIJN, J. *La JOC et la détresse intellectuelle et morale des jeunes...* (1930). Op. cit., p. 22.
158. Ibid., p. 29.

seguem-se "orientação profissional, procura de emprego, proteção, poupança, prevenção de acidentes de trabalho, proteção sanitária, cursos profissionalizantes, associação profissional ou de previdência"[159]. J. Cardijn insiste, também, na continuação dos programas de assistência social e de proteção aos operários que, segundo ele, "são também educativos, tanto para chefes de empresas quanto para os que dele se beneficiam", pois a assistência social "constitui um poderoso meio de formação, desenvolvendo entre os interessados as virtudes de previsão para o dia de amanhã, o espírito de caridade cristã, a consciência profissional etc."[160]

Na linha educativa, J. Cardijn enumera o grande leque de publicações jocistas. Em primeiro lugar, as "Edições Jocistas", segundo ele, "de onde saem as mais belas publicações educativas, respondendo às necessidades de todos os jovens trabalhadores"[161]. Depois, vem o "Boletim dos Dirigentes", "instrumento de disciplina e de unidade, o vulgarizador dos métodos jocistas, manual de todos os membros dos Comitês e Círculos de Estudo"[162]. Por fim, ainda no campo da formação, J. Cardijn nomeia as inúmeras e contínuas campanhas educativas, especialmente em relação à moralidade, preocupação primeira da JOC até o início da década de 1930: "desde o seu nascimento, a JOC compreendeu que, em nossa época de publicidade e vida intensa, um grande meio de educação para os jovens trabalhadores são as campanhas gerais, para chamar a atenção da opinião e da autoridade pública, sobre certas situações verdadeiramente lamentáveis e para obter seu apoio, em favor de certas medidas urgentes, das quais depende em grande parte o futuro da juventude operária"[163]. Concretamente, essas campanhas são levadas a cabo em forma de denúncia, através de

---

159. Ibid., p. 30.

160. Ibid.

161. Ibid., p. 30-31. Cardijn aconselha, nestas páginas, que "todos os dirigentes deveriam possuir a coleção completa das brochuras editadas (em número de 24 até aquela data, 1930) e que "todas as seções locais deveriam possuir um exemplar de todas as publicações desde o nascimento da JOC".

162. Ibid.

163. Ibid., p. 32.

"Congressos, exposições, cartazes, passeatas, artigos na grande imprensa, manifestações de massa etc."[164]

Os serviços não propriamente educativos

Fora do âmbito estritamente educativo, J. Cardijn enumera outros serviços concretos da JOC, como o Pré-jocismo, o Serviço Profissional, o Serviço aos Soldados, o Serviço aos Enfermos, o Serviço aos Desempregados, o Serviço de Poupança.

Quanto ao Pré-jocismo, trata-se da JOC "preparar os jovens trabalhadores para a sua vida futura"[165]. Em relação ao Serviço Profissional, J. Cardijn lembra que a JOC "não pretende ter um mandato oficial para lutar por melhores salários dos jovens operários nas usinas. Nós sabemos", diz ele, "que ao nosso lado e bem unida a nós há uma organização sindical cristã querida pelo papa, mandatada para a defesa dos interesses profissionais. Nós conduziremos também os jovens operários para lá"[166]. E, tal como havia expressado o Papa Leão XIII na *Rerum Novarum*, J. Cardijn sonhava ainda até a década de 1930 com uma espécie de retorno ao modelo de organização trabalhista medieval ao afirmar: "nós queremos igualmente a reorganização corporativa da sociedade, a única que pode salvar a vida profissional e devolvê-la completamente a Deus"[167]. Quanto ao Serviço aos Soldados, ele consiste em "não deixar sozinhos os jovens trabalhadores que partem para dez meses no exército" de modo que, quando eles retornam, "sejam mais jocistas do que quando lá entraram". Abandoná-los "seria perdê-los para a conquista jocista"[168]. Quanto ao Serviço aos Enfermos, um "apostolado do sofrimento", como diz J. Cardijn, trata-se de visitar "um jocista ou um jovem trabalhador doente"[169].

---

164. Ibid.
165. CARDIJN, J. *Semaine d'Études Internationale de la JOC* (1935). Op. cit., p. 232.
166. Ibid., p. 233.
167. Ibid. Na verdade, na *Rerum Novarum*, Leão XIII está de acordo com as duas formas de organização: as tradicionais corporações e o sindicalismo nascente.
168. Ibid., 234.
169. Ibid.

A JOC conta ainda com o Serviço aos Desempregados, o "único movimento que realmente assumiu os interesses dos jovens desempregados", tanto assim que, "graças a todas as nossas realizações, eles se sentem verdadeiramente ajudados"[170], diz J. Cardijn. Por fim, ele enumera o Serviço de Poupança, que ajuda o jovem que pensa em constituir um novo lar a prever a sua vida futura[171].

5 Tipo de ação e a forma de organização da JOC

A JOC, embora integrada essencialmente por militantes classificados de "primeira categoria"[172], sempre se pretendeu um movimento de massa. Por isso, a chamada "pirâmide jocista"[173] dá toda a ênfase à base, às seções locais, ao mesmo tempo em que, para impedir um "espírito de capela"[174], como diz J. Cardijn, estará articulada em um nível mais amplo.

5.1 Uma ação de massa

Ainda nos primórdios do movimento, colocou-se o "dilema" de uma JOC de elite ou de massa. Para J. Cardijn, a JOC é uma elite, é verdade, mas uma elite "dentro da massa", ainda que concebida inicialmente "sobre a massa" e, depois, "com a massa" e, finalmente, presente "na massa"[175]. Segundo ele, "a JOC sempre quis ser um movimento de massa"[176]. Uma elite composta de dirigentes, militantes, para ser fermento "na" massa.

A ideia, porém, de uma elite, primeiro "sobre" e depois "dentro", "com" e "na" massa, por mais que se insista numa "identificação" com ela, revela uma certa distância ou mesmo um voluntarismo em relação

---

170. Ibid.
171. Ibid.
172. Cf. CARDIJN, J. *Ite missa est*. Op. cit., p. 11-12.
173. CARDIJN, J. *Semaine d'Études Internationale de la JOC* (1935). Op. cit., p. 155.
174. Cf. CARDIJN, J. *L'Église devant la révolution mondiale*. Op. cit., p. 25.
175. CARDIJN, J. *Les travailleurs et les perspectives mondiales de l'apostolat*, XXXVIIIème *Semaine Sociale Wallonne*. Bruxelas/Godinne-sur-Meuse: Jocistes, 1956, p. 11.
176. CARDIJN, J. *Jeunes travailleurs face aux temps nouveaux* (1942). Op. cit., p. 12.

a ela, na medida em que, por um lado, como diz J. Cardijn, "não se pode esquecer que o que nós queremos atingir é a massa"[177]. Por outro lado, para ele, "é importante que o núcleo que começa", uma seção local, "faça parte integrante da massa"[178], porque "se esse pequeno grupo, preparado e formado, não estiver em contato com a massa, se ele não se encontra com ela em sua vida cotidiana, não teremos um instrumento de conquista, tal como aquele desejado pelo Soberano Pontífice para transformar o meio"[179].

Na verdade, J. Cardijn quer um movimento organizado de tal forma que, "com métodos ativos, seja capaz de colocar em movimento, de fazer agir a elite e a massa"[180]. Por isso, para ele, na medida em que o próprio movimento for crescendo e tornando-se massa, é preciso prestar atenção para que essa massa não seja "uma massa passiva, espectadora e ouvinte, ao lado de alguns oradores ditos dirigentes. Mas uma massa participante, com espírito de equipe, para um trabalho em equipe"[181].

5.2 Uma ação "entre eles, por eles e para eles"

Dado que os problemas da massa operária "são insolúveis através de meios e intervenções unicamente exteriores à juventude operária"[182], para J. Cardijn, "a solução se encontra no interior da massa da juventude operária"[183]. São os próprios jovens operários "que devem tomar consciência de sua vocação, do valor de seu trabalho, do amor, de Deus, do que devem ser suas relações com os jovens, de seu futuro"[184]. Por isso, como "ninguém pode substituí-los na solução de seus

---

177. CARDIJN, J. *Ite missa est* (1933). Op. cit., p. 11.
178. Ibid.
179. Ibid.
180. CARDIJN, J. *Semaine d'Études Internationale de la JOC* (1935). Op. cit., p. 76.
181. Ibid.
182. CARDIJN, J. *Sauver la masse* (1945). Op. cit., p. 53.
183. Ibid.
184. Ibid.

próprios problemas"[185], essa ação deve ser "entre eles, por eles e para eles"[186], o que implica a JOC "identificar-se com a massa, confundir-se com a massa da juventude operária"[187].

5.3 Uma ação coordenada por "líderes operários"

Essa ação "a partir de dentro", para J. Cardijn, só é possível através de um movimento dos próprios jovens, adaptado a seu meio de vida, que não seja simplesmente "um pequeno grupo de militantes – ou ditos militantes – que se reúnem semanalmente ao redor do assistente eclesiástico, para discutir mil coisas, mas que não agem juntos e nem fazem agir outras pessoas ao redor deles"[188]. Ao contrário, insiste ele, a JOC deve ser "um conjunto de jovens trabalhadores, unidos de maneira permanente, animados por militantes inseridos na vida concreta, que discutem juntos e que juntos tentam resolver seus problemas, através de realizações, de atividades de todo gênero, nas quais todos assumem responsabilidades"[189].

A JOC como sacramento do novo meio de vida

Como fermento na massa, o movimento jocista deve, antes de tudo, testemunhar e viver o que ele quer propagar. Segundo J. Cardijn, "o movimento, em si, é um novo meio de vida"[190], porém, não fechado, seja sobre si mesmo ou em relação à realidade que o rodeia. A organização jocista deve ser uma "organização pluralista, que responda de maneira adequada a todas as exigências científicas, pedagógicas, metodológicas, sociais e nacionais da educação integral da juventude no seio da família, da paróquia, da escola e da profissão"[191].

---

185. Ibid.
186. CARDIJN, J. *Jeunes travailleurs face aux temps nouveaux* (1942). Op. cit., p. 12.
187. CARDIJN, J. *Sauver la masse* (1945). Op. cit., p. 53.
188. CARDIJN, J. *Prêtres et laïcs* (1950). Op. cit., p. 67.
189. Ibid.
190. Ibid., p. 71.
191. CARDIJN, J. *Jeunes travailleurs face aux temps nouveaux* (1942). Op. cit., p. 12.

A equipe de dirigentes como núcleo atuante

Todo esse movimento jocista, afirma J. Cardijn, é "irrealizável sem um núcleo atuante e irradiador, sem uma equipe de dirigentes e de militantes, cuja missão é a de colocar o movimento em movimento, de agir e de fazer agir seus membros, de manter um clima de amizade e de conquista, de animar a vida das equipes, de fazer descobrir os problemas, de fazer *julgar*, fazer *agir*"[192]. Sem "líderes operários" é impossível "fazer conhecer à classe operária sua missão divina"[193]. Segundo ele, "um movimento de conquista, que quer transformar a própria vida dos jovens operários em seu meio e atingir a massa, só será possível enquadrando líderes de primeira categoria"[194].

Assim, no interior desse "movimento de conquista", da mesma forma como o clero é o cabeça da Igreja, "o dirigente e a dirigente são o cabeça do movimento, responsáveis pelo conjunto do movimento"[195]. No pensamento de J. Cardijn, o papel de dirigente ou de coordenador é de tamanha importância para a vida do movimento, que a missão da JOC consiste essencialmente em "formar cabeças operárias, líderes operários, insubstituíveis"[196], de tal forma preparados que, se preciso for, sejam capazes de se tornarem "mártires operários", e haveria muitos[197].

5.4 Uma ação de conjunto e organizada

Para uma ação coordenada por "líderes operários", insiste J. Cardijn, "não é suficiente formar individualidades, é preciso formar equipes", pois "não se forma apóstolos individualmente"[198].

---

192. CARDIJN, J. *Prêtres et laïcs* (1950). Op. cit., p. 71.
193. CARDIJN, J. *L'Heure de la classe ouvrière* (1948). Op. cit., p. 32.
194. CARDIJN, J. *Ite missa est* (1933). Op. cit., p. 11-12.
195. CARDIJN, J. *Le Jeune travailleur et la Jeune travailleuse devant la vie* (1949). Op. cit., p. 44.
196. Ibid., p. 46.
197. CARDIJN, J. *L'Heure de la classe ouvrière* (1948). Op. cit., p. 32.
198. Ibid., p. 39.

O núcleo de militantes como "Estado-maior"

Para formar equipes "é preciso, é absolutamente indispensável uma organização disciplinada, uma ação de conjunto e organizada"[199], baseada sobre militantes que "formam o estado-maior, o núcleo estável de líderes, no núcleo local das paróquias, na fábrica, no bairro, em sua rua, na cidade; núcleo não somente local, mas regional, que reúne o estado-maior de todos os treinadores na conquista de cada região, formando uma frente comum; e, no cume da 'pirâmide jocista', o núcleo nacional de militantes"[200].

Para J. Cardijn, todos os integrantes desse "núcleo estável de líderes leigos, do primeiro ao último, devem ser conquistadores"[201]. E como a JOC é "um movimento de conquista", para ele esse grupo de líderes leigos "forma o centro, o coração do jocismo, eu diria mesmo quase todo o jocismo", o que o leva a concluir que "tais militantes, tal JOC paroquial, regional, nacional"[202].

O clero como "comandante" dos dirigentes

Por sua vez, atrelado ao regime de Neocristandade reinante, frisa J. Cardijn, esses militantes são submissos à hierarquia, pois a JOC é "mandatada pelo Episcopado e participa na Igreja do apostolado da hierarquia, sob sua direção, sob seu controle, com sua autoridade[203]. Eles dependem da hierarquia, de maneira que "não existem militantes locais, regionais e nacionais sem o padre"[204]. Para J. Cardijn, é o clero, na pessoa do assistente eclesiástico, quem deve "suscitar militantes, armá-los, formá-los, eles que são o núcleo do jocismo, a cabeça do movimento, o centro do jocismo, sem os quais não há conquista possí-

---

199. CARDIJN, J. *Ite missa est* (1933). Op. cit., p. 13.
200. CARDIJN, J. *Semaine d'Études Internationale de la JOC* (1935). Op. cit., p. 155.
201. Ibid.
202. Ibid.
203. CARDIJN, J. *La JOC – Leçons données aux Journées Sacerdotales de Vienne* (1938). Op. cit., p. 17.
204. CARDIJN, J. *Semaine d'Études Internationale de la JOC* (1935). Op. cit., p. 155.

vel"[205]. Da mesma forma que os militantes comandam os membros das seções locais, o clero comanda os dirigentes.

O plano apostólico como instrumento de ação orgânica

Finalmente, essa ação disciplinada e organizada deve ser também uma ação de conjunto[206], o que só é possível "através de um plano de ação"[207]. Frisa J. Cardijn que "é preciso que a cada Semana de Estudo tenhamos um plano; um plano apostólico que fazemos juntos, em equipe, para as novas seções a serem fundadas, para o recrutamento, os serviços, os meios de trabalho, enfim, para todos os aspectos de nossa responsabilidade de dirigentes"[208]. Para ele, "um plano de ação é essencialmente um plano de apostolado" e "não unicamente um plano de trabalho, de propaganda"[209].

5.5 Uma ação através de um movimento organizado e estruturado

A JOC, afirma J. Cardijn, "esta organização de jovens trabalhadores, para ter a eficácia, o dinamismo, a autoridade, o prestígio e força requeridos"[210] deve ser, por um lado, autônoma, nacional, mundial e, de outro, hierárquica[211].

A organização

J. Cardijn entende a JOC enquanto autônoma, como uma organização "dirigida pelos jovens trabalhadores, propagada por eles, edificada, realizada, paga por eles [...], livre e voluntária, não imposta nem pelo Estado, nem pela Igreja"[212]. Essa autonomia é indispensável para

---

205. Ibid.
206. Cf. CARDIJN, J. *Ite missa est* (1933). Op. cit., p. 13.
207. CARDIJN, J. *Le Jeune travailleur et la Jeune travailleuse devant la vie* (1949). Op. cit., p. 67.
208. Ibid.
209. Ibid.
210. CARDIJN, J. *La JOC – Leçons données aux Journées Sacerdotales de Vienne* (1938). Op. cit., p. 16.
211. Ibid., p. 16-17.
212. Ibid., p. 16.

que os integrantes do movimento sejam, eles próprios, os protagonistas das reformas necessárias a seu próprio bem-estar, pois "quanto mais esta organização pertence aos jovens trabalhadores, mais ela será identificada e adaptada a eles, melhor exprimirá as suas necessidades e as suas aspirações"[213].

Em segundo lugar, J. Cardijn quer a sua JOC "nacional em sua organização, direção, vida e ação, em seus serviços e realizações, para poder resolver todos os problemas e necessidades dos jovens trabalhadores"[214]. Só este espírito nacional impedirá a tentação de "espírito de capela", a ser alcançado através da "unidade e disciplina nacionais, com suas federações regionais e seções locais, livremente e voluntariamente criadas, mas estreitamente e integralmente unidas entre elas e o centro nacional"[215].

Em terceiro lugar, J. Cardijn quer a sua JOC "mundial de espírito, em suas aspirações e em suas relações, disposta a constituir uma frente mundial do apostolado católico com todas as organizações irmãs de todos os países"[216]. Uma frente mundial para "lutar contra os erros e os perigos", que ameaçam a massa operária, em vista da "conquista, eminentemente pacificadora e reconciliadora, de uma juventude nova por um novo mundo"[217]. Enfim, conclui ele, "a JOC deve ser hierárquica em tudo e por tudo submissa à hierarquia eclesiástica"[218]. Como "instituição pública, oficial, mandatada pelo episcopado, ela participa na Igreja do apostolado da hierarquia, sob sua direção, sob seu controle, com sua autoridade"[219].

A estruturação

Concretamente, quanto aos mecanismos de coordenação a serem criados para viabilizar essa ação orgânica e de conjunto, J. Cardijn

---

213. Ibid.
214. Ibid.
215. Ibid., p. 16-17.
216. Ibid.
217. Ibid., p. 17.
218. Ibid.
219. Ibid.

pensa que essa ação "será tanto mais forte e eficaz quanto as seções locais forem unidas intimamente às federações regionais e, estas, à Federação Nacional"[220]. Entretanto, de igual ou maior importância, precisa ser uma ação orgânica e de conjunto em parceria com as demais seções vizinhas. Conforme afirma ele, "as seções locais seriam impotentes no meio do trabalho, se sua ação não se combinasse com as seções vizinhas"[221]. Sem essa ação, a partir da base, "o Comitê Federal não poderá ter uma visão da situação dos meios de trabalho de toda a região e a Federação Nacional não poderá intervir, com toda a autoridade, sobre os milhares de membros que ela representa", assim como "empregar todos os meios necessários para agir sobre a opinião pública"[222].

Quanto aos mecanismos para as tomadas de decisão, para J. Cardijn, "as resoluções mais importantes precisam ser tomadas no decorrer das Jornadas de Estudo regionais, depois que os delegados das diferentes seções tenham colocado em comum os frutos de suas enquetes e de suas deliberações e depois de terem discutido juntos em presença dos enviados do Comitê Geral"[223]. No que diz respeito às "conclusões gerais de todas as enquetes e de todas as jornadas de estudo, elas serão examinadas nos congressos anuais e incorporadas ao Programa Geral Jocista"[224].

Como se pode constatar, a JOC é deliberadamente hierárquica, porém, hierárquica em sentido ascendente. Trata-se, nas palavras de J. Cardijn, de uma pirâmide, "que não repousa sobre o ápice, mas sobre uma base, que tenderá a ser cada vez mais larga, renovada pela formação e pelas atividades locais dos militantes, dos dirigentes, de todos os membros, de todos os jovens trabalhadores"[225]. Adverte ele, "todo o prestígio do ápice... é ilusório e enganador sem a ação das

---

220. CARDIJN, J. *La vie morale des jeunes travailleurs au travail* (1926). Op. cit., p. 31.
221. Ibid., p. 32.
222. Ibid.
223. CARDIJN, J. *Le Travail des Jeunes Salariés & La Charte Jociste du Travail* (1938). Op. cit., p. 23.
224. Ibid., p. 24.
225. CARDIJN, J. *L'Église devant la révolution mondiale* (1947). Op. cit., p. 24.

seções locais, nos bairros, nos deslocamentos e nas empresas"[226]. O que J. Cardijn pretende, com um movimento que privilegia a ação na base, é inseri-lo diretamente no seio da massa, em vista "da libertação [sic] e do resgate total da juventude e da classe trabalhadora"[227]. Com a articulação destas atividades das seções locais com as seções vizinhas, a nível regional e nacional, ele quer constituir "um espírito católico, um espírito mundial, que impeça o espírito de capela e permita ultrapassar o imediatismo e o egoísmo"[228]. Só assim se fará a verdadeira revolução, "não nas cúpulas, mas a partir de baixo, da massa"[229], conclui ele.

---

226. Ibid., p. 25.
227. Ibid.
228. Ibid.
229. CARDIJN, J. *L'Église face au problème de la Jeunesse Travailleuse* (1949). Op. cit., p. 70.

Considerações finais sobre o método ver--julgar-agir no pensamento e na obra de J. Cardijn

Sem tirar conclusões, pois apenas se fez uma apresentação da metodologia da JOC no pensamento e na obra de Cardijn, é oportuno, entretanto, fazer uma espécie de resumo global e também inter-relacionar os três momentos do método, aqui vistos separadamente. Isso ajudará a compreender melhor o alcance e os limites de um método gestado no período de Cristandade (reconquista), posteriormente ressituado no programa de Neocristandade (conquista) e, finalmente, repensado num contexto de Pós-Cristandade, graças à renovação do Concílio Vaticano II, do qual J. Cardijn participou na última sessão, já como Cardeal.

Quanto às bases do pensamento de J. Cardijn e às origens da JOC

Conforme se viu no primeiro capítulo, é importante ressaltar que J. Cardijn não foge às contingências de todo o agente social. Ele é também situado e datado, fruto de seu tempo, mesmo que se seu pensamento e sua ação vão abrir novos caminhos na Igreja de seu tempo. A JOC de J. Cardijn, por mais inovadora que seja, é herdeira do Catolicismo Social e se inscreve na linha de continuidade da Associação Católica da Juventude Francesa, fundada por Albert de Mun. Ela foi inclusive classificada como uma das derivações do "catolicismo intransigente", uma postura que se opunha aos postulados da Revolução Francesa. Dos Círculos de Estudo da Associação Católica da Juventude Francesa, J. Cardijn criará as "seções locais" da JOC, inicialmente denominadas também "Círculos de Estudo". Do lema "apostolado do semelhante pelo semelhante" da A.C.J.F., J. Cardijn dirá que a JOC é um movimento de jovens operários "entre eles, por eles e para eles". Do "engajamento ativo de uma elite de católicos convictos" da Associação, a JOC se constituirá numa "elite de militantes" para agir "dentro da massa". Enfim, da trilogia "piedade, estudo, ação" da Associação, J. Cardijn irá tirar as suas três verdades fundamentais, "uma verdade dos fatos, uma verdade de doutrina e uma verdade de método", que constituirão o núcleo da pedagogia da JOC – ver-julgar-agir –, a dialética jocista, que ele quer contrapor à dialética marxista.

Por outro lado, J. Cardijn tira o novo do velho. Em primeiro lugar, enquanto movimento, a JOC será constituída também por jovens, como no caso da Associação Católica da Juventude Belga, é verdade, mas por jovens de um "meio específico". Eles constituirão um movimento, não "genérico e uniforme", como aqueles ligados à Ação Católica geral, mas um "movimento especializado", adaptado aos jovens operários e ao seu "meio de vida", o mundo do trabalho. Em segundo lugar, esse movimento especializado, no dizer de Pio II um "tipo acabado de Ação Católica", adotará uma pedagogia própria, mais precisamente uma metodologia "indutiva e ativa", que influenciará, ainda que implicitamente, não só a reflexão teológica e a prática pastoral da época, como também a própria instituição eclesial. Na visão tradicional reinante até então, é a Igreja, enquanto instituição, que, a partir de uma doutrina e de normas morais, define o comportamento social dos cristãos. Ora, a JOC inverte esse procedimento, na medida em que, para J. Cardijn, "na JOC, não existe nada 'a priori' [...], tudo é comandado pelo problema da juventude trabalhadora". O método não concerne e nem implica o movimento enquanto tal, como também não conduz a definir orientações. Ele é um procedimento individual, praticado em pequeno grupo, no qual o autor central não é nem o movimento, nem o grupo local, mas os indivíduos, que observam e agem em consequência do que observaram e iluminaram com a fé, em seu meio.

Quanto à evolução do pensamento de J. Cardijn

Nesta primeira parte de nosso trabalho procuramos enfocar a metodologia da JOC no pensamento de J. Cardijn, a partir de suas próprias reflexões, registradas por ele ou por outros, no espaço de tempo que vai de 1912, quando ele começa a desenvolver o embrião da JOC na Paróquia de Laeken, até 1963, data em que aparecem o livro *Laïcs en première lignes* e os últimos editoriais no jornal semanário *La Cité*. Durante esse espaço de tempo, de meio século, cumpre ressaltar que houve não somente uma evolução do pensamento de J. Cardijn em relação ao Catolicismo Social, à Associação Católica da Juventude Francesa e à Ação Católica Geral, como também em relação à sua própria obra e pensamento. Lê-se em inúmeros estudos sobre ele a crítica de que "J. Cardijn sempre disse a mesma coisa". Não é verdade. É certo que ele repetiu muita coisa e da mesma maneira durante toda a sua vida; porém, em meio às suas constantes repetições, um olhar atento constatará uma evolução lenta, mas gradativa e substancial, de seu pensamento, ainda que mais significativo no plano pedagógico e social do que doutrinal, mais perceptível no plano teológico-pastoral do que dogmático.

No primeiro capítulo, fizemos referência a nove principais fases da JOC que, de certa forma, enquanto "homem sobretudo de ação", são também fases do pensamento de J. Cardijn, ainda que não se possa esquecer a diferença existente "entre ele e sua obra". Na "fase embrionária da JOC" (1912-1918), a partir da ação na Paróquia de Laeken, assim como no recolhimento da prisão Saint-Gilles durante a Primeira Guerra Mundial, refletindo sobre sua própria ação, J. Cardijn esboça um novo tipo de Ação Católica, alicerçada sobre uma nova metodologia de ação, inspirada na pedagogia da Associação Católica da Juventude Francesa de Albert de Mun. A "fase de separação da Ação Católica especializada da Ação Católica geral" (1919-1922) caracteriza-se pela recepção no seio do Movimento Operário Católico da proposta de J. Cardijn de um movimento especializado e adaptado aos meios de vida, do qual em 1919 nasceria a Juventude Sindicalista que, por sua vez, em 1924, se transformaria na JOC.

Na "fase de criação da JOC" (1923-1924), é quando vai se dar o conflito com a Associação Católica da Juventude Belga, com as organizações operárias cristãs e a hierarquia eclesiástica que temia o desmantelamento do Partido Católico. Em 1924, evitando a confrontação, J. Cardijn dissolve a Juventude Sindicalista transformando-a na Juventude Operária Católica (JOC), um movimento especializado, que toma distância tanto dos partidos políticos quanto do sindicalismo cristão. Acusado de promover a "luta de classe" no seio da Igreja, é quando J. Cardijn recorre a Roma. Em maio de 1925, de um encontro pessoal com Pio XI, ele obtém as bênçãos para seu movimento, que celebra seu "Primeiro Congresso Geral" em abril do mesmo ano.

A "fase de implantação e estruturação interna da JOC" (1925-1926) se caracteriza pela definição de um programa de ação e pela elaboração dos estatutos do novo movimento, centrados na necessidade imperiosa de educação dos jovens assalariados. Constata-se, nesta fase, uma forte conotação moralizadora, em que J. Cardijn define a JOC, sobretudo como uma "escola", mais ligada à paróquia do que aos meios de vida. Já na "fase de consolidação da independência em relação à Ação Católica geral" (1927-1928), a JOC se distanciaria cada vez mais do âmbito paroquial, para se encarnar em seu meio de vida, o mundo do trabalho. Ela marca sua diferença frente ao movimento sindical, aos partidos políticos, bem como sua autonomia da tutela dos assistentes eclesiásticos e de jovens intelectuais, para constituir-se num movimento de jovens "entre eles, por eles e para eles".

A "fase de reconquista ou conquista do mundo operário" (1929-1945) é a responsável por fazer da JOC e da Ação Católica especializada como um todo uma das derivações do "catolicismo intransigente", que trilham uma via própria – uma "terceira via" – alicerçada sobre o programa da Neocristandade, por sua vez fundamentado no humanismo de Jacques Maritain. A Ação Católica quer ficar estritamente sobre o terreno religioso.

A "fase do problema operário num contexto de Terceiro Mundo" (1946-1952) marca uma reviravolta no pensamento de J. Cardijn. Suas grandes viagens intercontinentais e principalmente seu contato com a realidade dos trabalhadores do Terceiro Mundo o levaram a situar o problema da juventude operária no conjunto da massa operária mundial. Nasce a JOC internacional e o programa de ação inspirado na "libertação e desproletarização" das massas.

A "fase da influência do personalismo de Emmanuel Mounier" (1953-1960) é marcada pela passagem de um programa de ação, baseado no denominado "ideal histórico concreto" de Jacques Maritain, para o de "consciência histórica" de Mounier. Dos "princípios gerais", se desce agora aos "princípios médios", deslocando a JOC do terreno religioso para a esfera da política. A ação no seio da sociedade, agora, é baseada mais sobre a consciência do resgate da dignidade humana do que sobre um programa de recristianização. É nessa fase que aparecerão, também, as noções de "revisão de vida" e de "formação na ação", que levarão J. Cardijn não só a conceber o método ver-julgar-agir de maneira mais dialética, como a inter-relacionar a trilogia a partir do polo do *agir*. "Ver e julgar, para agir", insistirá J. Cardijn.

Por fim, na "fase de substituição do programa de conquista pela transformação do mundo" (após 1960), a JOC, precisamente por constituir-se num movimento que pretende se manter no terreno religioso, enquanto movimento de recristianização, entra em crise. O final do eclesiocentrismo, o diálogo com o mundo e a colaboração com os homens de "boa vontade", preconizados pelo Concílio Vaticano II, sepultam de vez a mentalidade de Cristandade e inspiram um novo tipo de ação pastoral e de presença da Igreja, especialmente dos leigos, no mundo.

Quanto à distinção entre pedagogia e metodologia da JOC

Nossa abordagem se restringiu ao método ver-julgar-agir, metodologia que constitui o núcleo central ou o coração da pedagogia do método da JOC. Entretanto, a pedagogia da JOC é muito mais ampla e inclui a metodologia. Ela abrange desde as técnicas de recrutamento dos militantes e seu enquadramento nas seções locais, passa pela organização do movimento, inclui os meios de formação, os tipos de serviços concretos levados a efeito, os congressos e as formas de planejamento ou de tomada de decisão e desemboca na postura do movimento em relação à Igreja enquanto instituição ou em relação à sociedade etc. Claro que todos estes elementos, direta ou indiretamente, aparecem também no interior do método. Mas, o método da JOC não se restringe unicamente à trilogia *ver-julgar-agir*, método essencialmente de reflexão no interior das seções locais, em geral praticado oralmente, embora ele fosse igualmente método de ação, na medida em que "parte da ação para retornar à ação". O que fizemos foi basicamente procurar saber o que J. Cardijn entende por *ver-julgar-agir*, a metodologia indutiva e ativa da JOC e, posteriormente, da Ação Católica especializada como um todo.

Quanto aos três momentos do método

Como se viu anteriormente, os três momentos do método se inspiram na trilogia da Associação Católica da Juventude Francesa – "piedade, estudo, ação" –, que inicialmente deu origem às "três verdades fundamentais" de J. Cardijn, na sequência, traduzidas nos três momentos da metodologia da JOC. Historicamente, a explicitação do método se fez gradativamente, à medida que as intuições de J. Cardijn foram sendo colocadas em prática e, sobretudo, à medida que essa mesma prática foi gerando uma nova teoria.

Segundo o próprio J. Cardijn, a JOC começou a ser gestada ainda em 1912, com o início de suas atividades pastorais em Laeken. A expressão inicial da concepção da metodologia jocista se encontra numa brochura, registro de uma exposição sua feita em Lovaina, durante a Jornada de Estudo da Federação dos Círculos de Estudo da região das Flandres[1]. O segundo esboço da metodologia, sobretudo da pedagogia do movimento, encontra-se nos ricos Manuscritos de St-Gilles, nos quais ele a caracteriza como "uma ciência pessoal". Para J. Cardijn, um

---

1. Cf. CARDIJN, J. *Hoe kan een studiekring werken naar buiter?* [Como um círculo de estudo conduz à ação]. Anvers: Geloosfsverdediging, 1914.

Círculo de Estudo deveria ser uma "cooperativa de produção", onde todos os membros, abertos às ideias e aos fatos sociais, "observam, constatam, observam e refletem". Como a preocupação é eminentemente educacional, o momento do *agir* não aparece ainda de maneira explícita. Em 1924, num outro importante escrito[2], justamente no momento em que se processa a transição da Juventude Sindicalista para a Juventude Operária Católica (JOC), J. Cardijn já tem esboçada a metodologia em sua integralidade. Ele fala de um primeiro passo, que consiste em relatar os eventos, tomar consciência dos problemas; de um segundo momento, que implica descer às raízes, ir às causas; e, de um terceiro, em descobrir os remédios para combater os abusos e os prevenir[3]. Num outro documento de importância capital, o Manual da JOC de 1925, J. Cardijn se referirá à metodologia como uma "ciência vivida" e caracteriza os três momentos em "conhecer, julgar, querer"[4]. Em 1926, num escrito de um ano depois, é que Cardijn se referirá à metodologia da JOC como "aprender ou ensinar a ver, a julgar e a agir"[5], nomeando os três passos com os três conhecidos termos, o que permaneceria de forma definitiva.

Quanto ao momento do ver

Um método é sempre um caminho, através do qual se quer chegar em algum lugar. J. Cardijn, com a metodologia *ver-julgar-agir*, queria romper com uma antropologia dualista de tipo platonista, e "encarnar a religião na vida", mais especialmente nos "meios operários", que se distanciavam cada vez mais da Igreja.

O primeiro momento, o momento do *ver*, é o primeiro passo desta caminhada e marca o caráter indutivo do método. O discernimento da realidade antes do *agir* e, posteriormente, como parte dele, é justificado pelo fato de J. Cardijn não buscar simplesmente que os operários "retornem" à Igreja, mas por querer "levar" a Igreja para o meio

---

2. Cf. CARDIJN, J. La Jeunesse Ouvrière Chrétienne. *Dossiers de l'Action Catholique*, set./1924.

3. Ibid., p. 8.

4. Cf. CARDIJN, J. *Manuel de la JOC*. Ed de 1925. Op. cit., p. 118.

5. CARDIJN, J. *La vie morale des jeunes travailleurs au travail*. Bruxelas: Secrétariat Général de la JOC, 1926, p. 24.

deles. Ora, para inserir-se nos meios de vida, com o objetivo de "sanear" o mundo do trabalho, impõe-se conhecê-lo, sobretudo os seus problemas.

Este primeiro momento da trilogia do método da JOC marca, também, o caráter "ativo" do método. O *ver*, enquanto "revisão de vida", parte da ação para retornar à ação. "Ver e julgar para agir", insistia sempre J. Cardijn. Esta ação não tem seu ponto de partida nas ideologias. Para ele, os marxistas não têm o monopólio da luta pela justiça social, pois o Evangelho, em sua essência, é "anúncio e engajamento na construção de um Reino de Justiça".

Por "realidade", J. Cardijn entende basicamente o conhecimento do "mundo do trabalho", ou então, ver a globalidade da realidade, a partir de um "problema central", o problema da juventude operária. O eclesiocentrismo e o "obreirismo" da JOC fatalmente iriam estreitar o universo da realidade a ser conhecida. Por *ver* entende-se fazer dos jovens operários "matéria e sujeitos de estudo". Mais importante do que os instrumentos, as enquetes, sobre as quais os jovens operários vão se apoiar, é adquirir um "espírito de enquete", que leve os próprios jovens a tomarem consciência dos problemas que eles próprios encontram e personificam. O resultado será um "conhecimento encarnado", uma visão objetiva da realidade, a partir do ponto de vista do sujeito.

Finalmente, o primeiro momento da trilogia do método da JOC, ao servir-se das enquetes como instrumento de investigação, introduz no seio da metodologia o germe de uma mediação socioanalítica, tanto na pastoral como na teologia. O respeito pela autonomia do temporal impõe o respeito pelo espaço próprio das ciências, no caso, aqui, da sociologia. Dado, porém, que a articulação dialética da trilogia, durante longo tempo, é feita desde o polo do *julgar*, assim pela ausência de um instrumental socioanalítico mais independente para marcar com maior nitidez a autonomia do temporal, o *ver* da JOC de J. Cardijn será mais uma "conversão ao real" e uma visão religiosa do meio operário do que uma escuta desarmada e um conhecimento analítico das realidades históricas como um todo.

Quanto ao momento do julgar

Para J. Cardijn, "depois de ter ensinado os jovens a *ver*" é preciso ensiná-los "a *julgar* os fatos constatados pelas enquetes", à luz de uma "doutrina segura". Após o momento da "informação" (ver) vem o momento da "formação" (julgar), que consiste basicamente em "confrontar o real dos fatos com o ideal do Evangelho ou do Plano de Deus", em outras palavras, "distinguir a verdade do erro". É um ato sobretudo de "avaliação", que leva os membros das seções locais do movimento a "questionarem a si mesmos" e a formar "um juízo pessoal".

O procedimento do segundo momento do método da JOC é indutivo e dedutivo, sem com isso significar que haja entre o *ver* e o *julgar* uma relação propriamente dialética. De um lado, há um procedimento indutivo, na medida em que se parte do *ver*, no sentido de se buscar na "doutrina" os temas que iluminarão aqueles "casos" levantados pelas enquetes, mas, por outro, há um procedimento dedutivo, enquanto "se aplica" a "verdade una e objetiva" sobre a realidade analisada.

Quanto à teologia subjacente, a mediação pela qual a "luz do ideal" é apreendida, enquanto teologia fundamental é a teologia moderna, aquela da "superação da separação dos dois planos", mas no domínio da cristologia e da eclesiologia predominam as posturas da teologia escolástica.

Quanto aos mecanismos ou passos do momento do *julgar,* eles obedecem a ordem de um diagnóstico das ciências da saúde, indo dos efeitos às causas dos problemas, dos princípios de solução à preparação da ação reparadora.

Quanto ao momento do agir

Para J. Cardijn, a educação jocista, "partindo dos fatos, iluminada pela doutrina, desemboca na ação". São "três elementos inseparáveis", sendo que o terceiro, o momento da ação, no período pós-guerra, não somente catalisa os dois primeiros, como os justifica: "ver e julgar para agir".

O conceito de ação de J. Cardijn não se restringe ao nível da execução. Para ele, a JOC é, antes de tudo, "uma escola", em vista da "complementação da educação formal e familiar" da juventude operária. Uma escola de "conquista", que "forma responsáveis" confiando responsabilidades aos jovens trabalhadores, mas, sobretudo, uma "escola prática", essencialmente ativa e realizadora "dentro da vida e para a vida real, cotidiana". Ademais a JOC é, também, "um serviço", sobretudo religioso, guardando a independência frente aos partidos políticos e o sindicalismo cristão. Um serviço "concreto e metódico" de "entreajuda, apoio e assistência", um serviço "de combate às organizações socialistas e comunistas". Por fim, a ação engloba igualmente "um corpo representativo" da massa trabalhadora junto aos patrões e ao Estado. Cabe à JOC agir "sobre a sociedade", sobre os poderes públicos e privados, sobre a opinião pública, e prestará um serviço reivindicativo em parceria com outras instituições e "organizações operárias cristãs", para proteger e defender os interesses legítimos da classe operária. As realizações concretas da JOC vão desde a "ação religiosa direta e indireta", passando pelos "serviços propriamente educativos", até chegar a atividades no âmbito da assistência social.

O lema de J. Cardijn, "agir, organizar, mas sempre para formar", faz da "salvação pessoal" ou da "revolução interior", "a partir de dentro", a ação mais importante, o que significa priorizar a pessoa em relação à sociedade ou ao mundo do trabalho. Por isso, "se aprende a agir, agindo", da mesma forma que se educa "confiando responsabilidades".

Quanto ao lugar da ação, inicialmente a JOC se situa "sobre o mundo da família e da moradia", procurando complementar a educação formal e familiar ou reivindicar uma habitação digna. Depois, ela passa a atuar "sobre os meios de vida dos jovens operários" através de um "trabalho de equipe", procurando, na década de 1930, "educar" as massas operárias através de uma "ação doutrinal", na década de 1940, "humanizar o meio ambiente do trabalho" e, por fim, na década de 1950, "desproletarizar a massa", restituindo-lhe sua dignidade humana.

Quanto à modalidade de ação e à forma de organização, a JOC quer desenvolver "uma ação de massa" entre os jovens operários, "entre eles, por eles e para eles", coordenada por "líderes operários", uma ação "de conjunto". No movimento, em vista da execução de um "plano apostólico como instrumento de ação orgânica", o núcleo de militantes constitui o "estado-maior" do movimento e o clero é o "comandante". Trata-se de uma organização "livre e voluntária" em relação à Igreja e ao Estado, "nacional" em sua "organização, direção, vida e ação", mas "mundial" em seu "espírito, em suas aspirações e em suas relações", assim como "hierárquica em tudo e por tudo". O movimento constitui uma verdadeira "pirâmide jocista", mas assentada sobre a base, pois "a verdadeira revolução se fará não nas cúpulas, mas a partir de baixo, da massa".

Quanto à relação dos três momentos do método entre si

Desde o início de sua obra, J. Cardijn insiste numa formação "pela" ação, o que implica a utilização dos três momentos ou passos do método – *ver-julgar-agir* – de uma maneira dialética. Desde muito cedo, mas de maneira explícita num documento de 1933, querendo contrapor à dialética materialista marxista a dialética jocista, J. Cardijn associa os três momentos da metodologia a três verdades fundamentais: uma verdade de "fé ou de destino"(tese; julgar), uma verdade "de experiência ou dos fatos" (antítese; ver), e uma verdade "de pastoral, de método ou de organização" (síntese; agir).

Entretanto, até o final da década de 1940, a inter-relação entre os três momentos vai ser comandada a partir do polo do *julgar* (da tese). Embora, na prática, no seio das seções locais se partisse sempre do *ver*, baseando-se nos resultados das "enquetes individuais ou coletivas", na realidade, predominava o primado do espiritual ou da doutrina sobre o real e o factual e, portanto, uma espécie de procedimento ainda dedutivo. Como atesta a ordem hierárquica das "três verdades dialéticas" de J. Cardijn, primeiro ele sempre nomeava a "verdade de fé" (doutrina; tese), depois "a dos fatos" (experiência; antítese) e, por fim, "a de pastoral" (método; síntese) ou então invertendo as duas últimas. Foi somente a partir de 1949, com o imperativo de uma "formação na ação" e com o aparecimento da noção de "revisão de vida", que J. Cardijn renunciou definitivamente ao primado da doutrina (tese), para partir realmente da vida, da realidade, dos fatos (antítese), permitindo que a realidade emitisse também uma luz sobre a doutrina, concretamente sobre os temas doutrinais a serem evocados, situando-a, assim, também ela, no seio do contexto social que ela busca iluminar. Num escrito do ano seguinte, aparece explicitamente a inversão da ordem de suas três verdades fundamentais, tornando o método não só indutivo, como articulando-o de maneira verdadeiramente dialética[6].

---

6. Essa hesitação na determinação da ordem hierárquica dos três momentos da metodologia deve-se, sobretudo, à ausência de um instrumental teórico, que no interior do discurso teológico pudesse integrar a mediação socioanalítica, capaz de dar consistência ao temporal e, também, à ausência de um discurso teológico que, partindo da realidade, deixasse que esta emitisse igualmente uma luz sobre a Palavra revelada, numa relação dialética e não indutiva e dedutiva.

Unidade II
O método ver-julgar-agir na ação pastoral e na reflexão teológica

Tendo-se abordado o método *ver-julgar-agir* no seio da Ação Católica, mais propriamente no pensamento e na obra de seu criador, J. Cardijn e a JOC, vamos agora tratar de sua incidência no magistério da Igreja, na ação pastoral e na reflexão teológica. Por razões diversas, na década de 1960, a Ação Católica, como movimento, gradativamente foi se retirando de cena, sem que isso significasse que seu legado, em especial seu método, estivesse sendo superado e perdido de vista. Ao contrário, aquilo que tinha sido agenda de um movimento, tais como emancipação do laicato, inserção profética dos cristãos na sociedade e relação entre evangelização e transformação social, tendo como procedimento metodológico "ver e julgar para agir", pouco a pouco, passou a ser assumido pela Igreja como um todo. A crise da Ação Católica foi fruto mais da tensão com a hierarquia de uma Igreja clericalista e confinada na esfera do religioso, nos parâmetros da Neocristandade reinante, do que de possíveis limites de sua proposta, tanto que seu legado seria largamente acolhido na sequência pelo Vaticano II. Tal como os movimentos que prepararam o Concílio – os movimentos litúrgico, bíblico, ecumênico, patrístico, catequético, teológico, dos padres operários e do laicato – também a Ação Católica especializada esbarrou na oposição de segmentos eclesiásticos. Uns ciosos de seu lugar no topo da pirâmide eclesial e social; outros, apologistas da ortodoxia da doutrina, diante do que eles julgam um perigo de ideologização da fé que é o marxismo. J. Cardijn teve que recorrer pessoalmente ao Papa para salvar a JOC de uma condenação iminente pelo episcopado de seu país. E da mesma forma que os movimentos precursores do Concílio foram depois acolhidos e reconhecidos como pioneiros da renovação eclesial pelo Vaticano II, também J. Cardijn não só teria sua obra acolhida e recomendada, como coroada com sua nomeação ao cardinalato, chegando a participar como padre conciliar da última sessão do Concílio na Basílica de São Pedro.

Nesta Unidade vamos, portanto, ver como e em que medida o legado da Ação Católica, em especial o método *ver-julgar-agir*, foi acolhido para além das fronteiras de um movimento que se eclipsaria. Começaremos pela acolhida do método pelo magistério da Igreja, em especial pelo magistério pontifício e o Concílio Vaticano II, sem esquecer do magistério da Igreja na América Latina, particularmente em *Medellín*. De uma metodologia de ação e de reflexão, o método *ver-julgar-agir* passará a ser adotado como procedimento metodológico na elaboração de documentos do magistério em âmbito universal, continental, nacional e diocesano.

Na sequência, no segundo capítulo, nos ocuparemos da incidência do método da Ação Católica na ação pastoral propriamente dita. Sua maior contribuição está em ter ajudado fazer a passagem da Neocristandade, de separação dos dois planos – material e espiritual, de apologia frente a um mundo hostil à Igreja –, a uma inserção "no" mundo, ao qual pertence a Igreja e para o qual está chamada a contribuir com seu aperfeiçoamento. Do engajamento dos jovens em seus meios específicos se vai postular o imperativo da inserção dos cristãos em geral na sociedade e, na América Latina, uma inserção de forma profética, à luz da opção preferencial pelos pobres. O método *ver-julgar-agir* vai ter particular influência no planejamento pastoral. O planejamento participativo assume os passos da metodologia da JOC, tanto na revisão como na projeção e operacionalização da ação da pastoral.

Os dois capítulos na sequência buscam mostrar a incidência do método *ver-julgar-agir* na teologia latino-americana. Primeiro, fazendo uma relação entre pedagogia da Ação Católica e epistemologia da Teologia da Libertação: a inter-relação e o desnível metodológico entre ambas, a relação entre lugar social e lugar epistémico, assim como a leitura da globalidade da fé a partir de uma perspectiva particular. Em seguida, no último capítulo, estará em foco a inter-relação entre método da Ação Católica e método da Teologia da Libertação. Começa-se caracterizando como se dá a relação com a práxis, do ideal da fé com o real da realidade, bem como a relação entre verdade e veracidade, porquanto ambos os métodos privilegiam o nível performativo como critério de verificação da verdade. Terminaremos esta seção tecendo algumas considerações gerais a respeito da incidência do método da Ação Católica no magistério da Igreja, na ação pastoral e na reflexão teológica, objeto desta unidade.

5
O método ver-julgar-agir no magistério da Igreja

Toda novidade na Igreja sempre gera cautela, desconfiança e não raras vezes condenação, sobretudo, quando vem da periferia ou da proximidade com movimentos e práticas sociais aparentemente opostos aos postulados da fé. Com J. Cardijn e sua obra não foi diferente, infelizmente. A Igreja belga esteve prestes a condenar a sua JOC, vendo-se obrigado, por sua conta e risco, a recorrer pessoalmente ao papa. Em 1925, J. Cardijn foi a Roma e, após muita insistência e repetidos pedidos junto à Cúria Romana, conseguiu uma audiência com o Papa Pio XI, de quem obteve a bênção de sua obra, que se propunha, como dizia ele, "salvar a classe operária". A história se encarregaria de mostrar a fecundidade de uma obra que seria incluída na lista dos movimentos que prepararam o Concílio Vaticano II. Sabiamente, enquanto movimento de ação, J. Cardijn havia avançado mais com a prática do que na teoria, privando-se de muitos debates estéreis e colocando em primeiro plano seu testemunho e os processos pastorais da juventude, principalmente no meio operário, onde nasceu a Ação Católica especializada.

Também na América Latina, o método *ver-julgar-agir*, só depois de ter sido largamente praticado pela Ação Católica durante três décadas, é que iria entrar explicitamente no magistério da Igreja, através da Conferência de Medellín (1968), orientando não somente a reflexão no evento, como se constituindo em momentos para estruturar os conteúdos dos 16 documentos conclusivos. Cada Documento está estruturado em três partes – I. Fatos/situação, II. Fundamentação/reflexão doutrinal, III. Projeções/orientações pastorais. Nas décadas seguintes, o método da Ação Católica iria se constituir em um "espírito" ou em um *habitus* teológico-pastoral, presente tanto na reflexão, como na ação pastoral e na redação de textos e documentos. Inspirada na mesma trilogia do método da JOC, a própria teologia latino-americana, enquanto "reflexão da práxis da fé" (G. Gutiérrez), iria plasmar-se estabelecendo, a partir da práxis, uma relação dialética entre contexto e texto revelado.

O mesmo tem acontecido com outras inovações no âmbito da prática pastoral, que sempre se antecede à reflexão teológica e ao magistério da Igreja. A categoria "nova evangelização", por exemplo, é uma expressão de *Medellín*, expressando a necessidade de uma evangelização nova para poder implementar a renovação do Vaticano II. Ela foi retomada por João Paulo II e proposta para toda a Igreja duas décadas mais tarde, e ainda em uma perspectiva de Neocristandade, nos parâmetros da "involução eclesial" em relação à renovação do Vaticano II, que se havia instaurado em seu pontificado e que se prolongaria no seguinte. A título de ilustração, também a categoria "inculturação", surgida ainda na década de 1950 para expressar um modelo de evangelização de encarnação do Evangelho e não de implantação da Igreja, só seria acolhido pelo magistério três décadas mais tarde, nos Sínodos dos Bispos sobre a catequese e sobre a missão. Igualmente a categoria "conversão pastoral", plasmada pela Conferência de Santo Domingo (1992). Dado o forte contexto de combate à tradição eclesial libertadora tecida em torno a *Medellín* e *Puebla*, a categoria ficou adormecida, quando não esquecida, até ser resgata por *Aparecida,* mais de quinze anos depois, para finalmente tornar-se onipresente no magistério pontifício através do Papa Francisco. Mas, há uma exceção. O que não aconteceu nem no Vaticano II, aconteceu em *Medellín*: pela primeira vez, praticamente na história da Igreja, práticas eclesiais, magistério e teologia não só convergiram como coincidiram. Algo inédito e paradigmático. Em *Puebla* já não haveria consenso, muito menos em *Santo Domingo*, como também em *Aparecida*, restando aos teólogos se fazerem presentes no local da assembleia, mas contribuindo informalmente, sem poderem ter acesso ao recinto dos trabalhos. Os teólogos "oficiais" convidados eram de outra perspectiva teológica, alinhados ao processo de "involução eclesial" em relação à renovação do Vaticano II, instaurado desde o final da década de 1970.

1 O método ver-julgar-agir no magistério social da Igreja

O método *ver-julgar-agir* entrou no magistério da Igreja pelo caminho mais curto, através do magistério social pontifício. O método, que havia sido assumido pela Ação Católica especializada no mundo inteiro desde a década de 1930, enfim três décadas depois, entraria no magistério da Igreja, através de João XXIII, concretamente, na Encíclica *Mater et Magistra*, publicada em 1961. Era tarde em relação à corrente prática do método nos meios eclesiais, mas anterior ao Vaticano II, que assumiria praticamente todo o legado da Ação Católica, incluído o método e fazendo dele um método também para fazer teologia. O método da JOC entrou no magistério da Igreja por onde era mais óbvio, pois como se tratava de um método, sobretudo, de ação, com forte conotação social, a porta de entrada foi Doutrina Social da Igreja, destinada a orientar os cristãos em seu compromisso com a edificação de uma sociedade justa e solidária, segundo os desígnios de um Reino de justiça, paz e amor.

1.1 O método da Ação Católica nas encíclicas sociais

Na Encíclica *Mater et Magistra*, ao indicar como fazer para que os princípios e as diretrizes sociais apresentadas na Encíclica desemboquem em realizações concretas, o Papa João XXIII indica "um"[1] método que passe por três fases: "estudo da situação; apreciação da mesma

---

1. Curiosamente o papa não faz nenhuma alusão como sendo o método da JOC ou da Ação Católica especializada, embora sua descrição siga exatamente os passos concebidos por J. Cardijn. Talvez porque, já na época, o uso do método já houvesse transcendido e muito os espaços da Ação Católica, constituindo-se em modo corrente de refletir e agir na Igreja como um todo.

à luz desses princípios e diretrizes; e exame e determinação do que se pode e deve fazer para aplicar os princípios e as diretrizes à prática, segundo o modo e no grau que a situação permite ou reclama" (*MM* 232). São os "três momentos do método ver-julgar-agir", reconhece o papa. E continua: "convém, hoje mais do que nunca, convidar com frequência os jovens a refletirem sobre estes três momentos e a realizarem-nos praticamente, na medida do possível. Deste modo, os conhecimentos adquiridos e assimilados não ficarão neles, em estado de ideias abstratas, mas torná-los-ão capazes de traduzir na prática os princípios e as diretrizes sociais" (*MM* 233)[2]. Há, aqui, uma preocupação com a aterrissagem dos princípios e diretrizes de ação na prática e vê-se no método da JOC uma mediação eficaz, largamente comprovada. De fato, tudo no método da Ação Católica está em função do "agir", ainda que não de qualquer modo. Uma boa ação precisa partir de um discernimento da realidade fundado nas ciências humanas e, para uma ação cristã consequente com os desafios por ela colocados, implica iluminá-la com a luz da fé, na inter-relação dialética do ideal com o real. Por isso, além de uma metodologia de ação, elemento posto em relevo pela Encíclica, trata-se de um método também de reflexão, razão pela qual, pouco depois, será introduzido também na reflexão teológica.

No magistério social pontifício, anteriores à *Mater et Magistra*, estão as encíclicas *Rerum Novarum* de Leão XIII (1891) e a *Quadragesimo Anno* de Pio XI (1931), ambas no contexto da Neocristandade e do uso corrente da filosofia e a teologia tomista. O método de reflexão, consequentemente, é dedutivo, na medida em que se parte da doutrina e se procura aplicá-la no contexto em que se vive, como resposta aos desafios que se apresentam na chamada "questão social", suscitada, sobretudo, pelo marxismo no "mundo do trabalho". Daí também a postura apologética destas encíclicas frente à sociedade moderna emancipada da tutela da Igreja. Espírito diverso teriam a *Mater et Magistra* e a subsequente *Pacem in Terris*, a segunda Encíclica Social de João XXIII, publicada em 1963, dedicada aos direitos e deveres dos se-

---

2. De maneira coerente com a concepção do método por J. Cardijn, o Papa João XXIII não fala de "etapas" do método, mas de "momentos", o que expressa e acolhe sua dialeticidade intrínseca.

res humanos, acolhendo e ampliando a Carta de Direitos Humanos da ONU de 1948. Com relação ao percurso metodológico da argumentação no texto, depois de fazer um elenco de direitos e deveres referentes aos diversos campos da vida social, o Papa João XXIII os justifica invocando os "sinais dos tempos" ou as interpelações que vêm de uma sociedade em franca transformação. Embora os "sinais" identificados na situação de seu tempo apareçam depois do ideal e dos imperativos de ação decorrentes como resposta a eles, a situação histórica (ver) já é evocada como lugar a partir de onde se originam as reais perguntas que a mensagem revelada se propõe responder. Com isso, se inaugura a transição do dedutivo para o indutivo, assumindo a história como lugar teológico.

No magistério social de Paulo VI, agora já no período pós-conciliar, há dois documentos e ambos seguem os momentos do método *ver-julgar-agir*. A *Populorum Progressio* (1967), que vai ter grande impacto sobre *Medellín*, estrutura o conteúdo em um primeiro momento apresentando "dados do problema do desenvolvimento"; no segundo momento evoca a "palavra da Igreja" a respeito; desembocando, no terceiro momento, em "ações a empreender". A relação com os três momentos do método é explícita. Na *Octogesima Adveniens* (1971), Paulo VI começa colocando em evidência os "novos problemas sociais e as "aspirações fundamentais e correntes de ideias"; em seguida vem a "palavra da Igreja", apontando a resposta que a partir da doutrina social "os cristãos podem dar perante estes novos problemas"; terminando o documento com a indicação de diretrizes de ação, em meio ao "pluralismo de opções" possíveis.

O magistério social de João Paulo II tem três encíclicas, que igualmente seguem os momentos do método *ver-julgar-agir* da Ação Católica. Na primeira, a *Laborem Exercens* (1981), ela começa abordando a nova situação do trabalho, "chave da questão social", no aniversário da *Rerum Novarum*; em seguida o papa apresenta "o evangelho do trabalho" em seu sentido objetivo (a técnica) e subjetivo (o trabalhador); e termina, no terceiro momento, indicando perspectivas de ação, alimentadas por uma "espiritualidade do trabalho". Na *Sollicitudo*

Rei Sociales (1988), o papa começa apresentando um "panorama do mundo contemporâneo"; em seguida, faz uma "leitura teológica dos problemas modernos", indicando os referenciais da fé cristã de um "desenvolvimento autêntico"; aterrissando, no terceiro momento, em "algumas orientações particulares" em vista da ação. Na *Centesimus Annus* (1991), celebrando o centenário da *Rerum Novarum*, o papa começa falando das "coisas novas de hoje" e da queda do muro de Berlim em 1989; em um segundo momento, apresenta o ensino da Igreja a respeito da propriedade privada e o destino universal dos bens; terminando, no terceiro momento, por acenar o papel do Estado e dos cidadãos nele, em vista de uma convivência social que tenha o ser humano como centro.

Bento XVI publicou sua encíclica social quase duas décadas depois da anterior. A *Caritas in Veritate* (2009), depois de revisitar a mensagem da *Populorum Progressio* por ocasião da celebração de seus 40 anos, em um primeiro momento, apresenta "o desenvolvimento humano em nosso tempo"; em seguida, explicita o modelo ideal de desenvolvimento, segundo a mensagem cristã; terminando, no terceiro momento, com a proposta de diretrizes de ação para a "colaboração da família humana", no "desenvolvimento dos povos e da técnica".

Finalmente, o Papa Francisco, na *Laudato Si'* (2015), segue a mesma ordem dos três momentos do método *ver-julgar-agir*. O documento começa por uma visão panorâmica do "que está acontecendo com nossa casa", referindo-se à ecologia; num segundo momento o Papa apresenta o "evangelho da criação" e "a raiz da crise ecológica", que clama por "uma ecologia integral"; terminando, no terceiro momento, com a indicação de "algumas linhas de orientação e ação", em especial para uma "educação e espiritualidade ecológicas".

1.2 O método da Ação Católica no estudo e ensino da Doutrina Social

Além da *Mater et Magistra*, há um outro documento do magistério pontifício que nomeia explicitamente o método *ver-julgar-agir* da Ação Católica. Trata-se de *Orientações para o estudo e o ensino da doutrina social da Igreja na formação sacerdotal* da Congregação para a Educação Católica, publicado em 1989[3]. Falando da Doutrina Social da Igreja, o documento afirma que ela comporta uma tríplice dimensão, conexas e inseparáveis entre si, e que constituem a sua estrutura essencial. Trata-se das dimensões *histórica, teórica* e *prática* (cf. n. 6 e 7)[4] que, segundo a Congregação, "é um processo metodológico utilizado pelo magistério em documentos mais antigos", explicitado claramente na encíclica *Mater et Magistra* e "adotado de maneira decisiva na Constituição pastoral *Gaudium et Spes* e nos documentos posteriores" (n. 6).

Lembra o documento que este método "se desenvolve em três tempos[5]: ver, julgar e agir" (n. 7). O *ver*, segundo a Congregação para a Educação Católica, é a apreciação e o estudo do real e de suas causas, cuja análise é da competência das ciências humanas e sociais. Trata-se da "dimensão histórica" da Doutrina Social da Igreja, porquanto a utilização de seus princípios é situada dentro da percepção real da sociedade e inspirada pela tomada de consciência de seus problemas (n. 6).

O *julgar*, segundo o documento, é a interpretação da mesma realidade à luz das fontes da doutrina social, que determinam o julgamento pronunciado sobre os fenômenos sociais e suas implicações éticas (n. 7). Trata-se da "dimensão teórica" da Doutrina Social, uma vez que o magistério da Igreja formulou explicitamente em seus documentos sociais uma reflexão orgânica e sistemática. Neste "segundo tempo", conforme a Congregação para a Educação Católica, o magistério indica o "caminho seguro" para construir as relações de vida comum numa nova ordem, "segundo os critérios universais que possam ser

---

3. O documento foi tornado público em 27/06/1989 e traz a assinatura do Cardeal Baun.

4. Curiosamente, no n. 6 do documento, as três dimensões são enumeradas numa ordem dedutiva: teórica, histórica e prática, mas, no item 7, as três dimensões são apresentadas na ordem indutiva: "ver, julgar e agir", e, para complicar ainda mais, refere-se a esta metodologia, neste mesmo número, como um "processo dinâmico indutivo-dedutivo", talvez para não utilizar a noção de "dialética", comumente associada ao marxismo. Apesar desta ambiguidade, a abordagem no texto, porém, é feita de maneira dialética, articulada de modo indutivo (cf. n. 6 e 7).

5. Em lugar de referir-se a três "momentos" do método, prefere-se falar em "tempos", o que é equivalente.

aceitos por todos" (n. 6). Trata-se de princípios éticos permanentes, não de julgamentos históricos passageiros, nem de coisas técnicas para as quais o magistério não possui nem meios, nem a missão. Lembra também o documento que, "nesta fase intermediária", se situa a função própria do magistério da Igreja, que consiste precisamente na interpretação da realidade do ponto de vista da fé e na proposição daquilo que lhe é próprio, ou seja: "uma concepção global do homem e da humanidade" (n. 6).

O *agir*, segundo a congregação, é ordenado ao convite do magistério aos leigos, no sentido de tomarem uma posição concreta perante a realidade e de agirem segundo os princípios e os julgamentos expressos em sua doutrina social. Compete ao verdadeiro cristão, segundo "sua sabedoria e experiência", traduzir concretamente esta doutrina "em categorias de ação, de participação e de engajamento" (n. 7). Trata-se, aqui, da "dimensão prática", uma vez que a doutrina social não fica no mero enunciado dos princípios permanentes da reflexão, nem na mera interpretação das condições históricas da sociedade. Ela se propõe "à aplicação efetiva destes princípios na práxis, traduzindo-os concretamente nas formas e na medida em que o permitem ou o reclamam as circunstâncias" (n. 6)[6].

É importante ressaltar também que, segundo a Congregação para a Educação Católica, "no momento do *ver* e do *julgar* a realidade, a Igreja não é e nem pode ser neutra, uma vez que ela deve se conformar à escala de valores enunciados no Evangelho" (n. 7)[7]. Como se pode constatar, os momentos da trilogia *ver-julgar-agir* são inter-relacionados dialeticamente, tal como o fazia J. Cardijn na fase madura da JOC, quando foi associada ao método a noção de "revisão de vida", como vimos, explicitada pela Juventude Agrária Francesa (JAC).

---

6. Fica claro, aqui, o caminho da volta para a ação, o aspecto ativo do método *ver-julgar-agir*, na medida em que a Congregação afirma que a "dimensão prática" exige ir além do mero enunciado dos princípios, aplicando efetivamente estes princípios na práxis.

7. Afirma-se, aqui, o caráter regional ou contextualizado não da doutrina em si, mas de sua formulação e explicitação, enquanto necessariamente elaborada a partir de um lugar social e de um contexto determinado.

2 Método ver-julgar-agir e *Gaudium et Spes*

Ainda que sem citar o método, o Concílio Vaticano II, mais concretamente a Constituição *Gaudium et Spes*, ao articular um discernimento da presença e missão da Igreja no mundo a partir da categoria "sinais dos tempos", seguido de uma iluminação do contexto eclesial centrado na Palavra revelada e da indicação de perspectivas pastorais para a inserção dos cristãos na sociedade autônoma, faria do método *ver-julgar-agir*, além de um já reconhecido método de ação, também um itinerário de reflexão teológico-pastoral. De modo mais abrangente e consequente que o enfoque dado pela *Mater et Magistra* ao método *ver-julgar-agir*, a *Gaudium et Spes* o assume e pratica como método de reflexão teológica.

2.1 Discernir os sinais dos tempos

Na *Gaudium et Spes*, o documento que melhor sintetiza o espírito e os eixos fundamentais do Concílio, os padres conciliares partem de uma leitura dos "sinais dos tempos" ou da "condição do homem no mundo de hoje" (*GS* 4-10), passam por um discernimento dos "sinais verdadeiros da presença ou dos desígnios de Deus" (*GS* 11a), nos acontecimentos, nas exigências e nas aspirações dos tempos atuais (*GS* 11b-c), para desembocar na busca de pistas de solução "para certos problemas de maior urgência deste tempo que mais atingem o gênero humano"(*GS* 46-90). É o primeiro documento propriamente teológico na história da Igreja, cujo ponto de partida é uma análise da situação histórica, uma vez que se toma consciência de que a Igreja se situa no interior da história, assim como os que fazem teologia. Não é o mundo que está na Igreja, é a Igreja que está no mundo. O mundo é constitutivo da Igreja. Seguindo a dinâmica do método *ver-julgar-agir*, já não é o mundo que gira ao redor da Igreja, mãe e mestra, mas é a Igreja que gira ao redor do mundo ou, mais propriamente, é a Igreja que se situa na história para, a partir daí, compreender sua própria identidade e missão.

Com isso, se supera a postura a-histórica da racionalidade neoescolástica, que concebia a revelação com um conjunto de "verdades" sobrenaturais que "descem" sobre a história. Passa-se a entendê-la como manifestação de Deus nos acontecimentos históricos e, consequentemente, também a Igreja, situada no coração da história e no seio da sociedade, precisa fazer do contexto histórico um lugar teológico[8]. A própria fé, enquanto experiência humana de Deus, é igualmente uma configuração histórica particular, o que obriga a ler na própria história as manifestações de Deus. Em última instância, a distinção já não é entre Igreja e mundo, mas entre Igreja e acontecimentos históricos, nos quais Deus se revela e a partir dos quais Ele interpela, chama e convoca. Em outras palavras, na *Gaudium et Spes* a questão é colocada não como Igreja "e" mundo, mas como Igreja "no" mundo. Com isso, a história passa a ser também lugar no qual a própria revelação se constitui como revelação feita ao ser humano. O ser humano é constitutivo da revelação. A Palavra de Deus se dá em palavra humana. Assim, proposta da Igreja ao mundo, não parte da revelação ou de Jesus Cristo como um *a priori,* tirando daí consequências de modo dedutivo para a vida cristã e para o mundo. Ela parte antes da história, do ser humano, de uma leitura dos "sinais dos tempos", de maneira indutiva. Jesus não é o ponto de partida, mas de chegada, a plenitude do humano e a meta de toda a criação.

2.2 Revelação e história

O novo lugar da Igreja no mundo não significa que a realidade tenha a última palavra, uma vez que carece da plenitude à qual pode aceder através de Jesus Encarnado e Ressuscitado. A realidade não é redutora da revelação, antes é a revelação que é plenificadora da realidade. Deste modo, mais que indutivo, o método da *Gaudium et Spes* é uma relação dialética entre realidade histórica e revelação, articulada desde o polo da realidade. Vai-se à revelação com as perguntas postas pela realidade e, deste encontro, ambas saem diferentes. A realidade emite uma luz sobre a revelação e esta sobre aquela, provocando uma

---

8. AQUINO JUNIOR, F. *O caráter práxico-social da Teologia* – Tópicos fundamentais de epistemologia teológica. São Paulo: Loyola, 2017, p. 22 e 28-29.

mudança de sentido para os que as relacionam, tanto na realidade como na revelação, agora contextualizada.

Situamo-nos, aqui, no âmbito de uma nova hermenêutica bíblica, "que é menos 'regras de interpretação' e mais que 'atualização' do texto revelado"[9]. Nesta perspectiva, hermenêutica nos leva a uma leitura crítica não fundamentalista da revelação, mais propriamente a uma releitura da mesma. Neste caso, a leitura de um texto se faz "desde um lugar", o que significa que o leitor "entra no texto com as perguntas que surgem da vida e que não sai do mesmo com as respostas 'textuais'"[10]. E mais, "colocar-se em contato com o presente através do texto recebido não se explica somente por uma espécie de 'congenialidade' entre o leitor e o autor do texto como seres históricos e da mesma natureza". Antes se caminha para uma "atemporalidade do texto", no sentido de que com "aquele 'entrar no' texto a partir da vida, se entra também com o que pode vir configurando-se como nova experiência de Deus". No caso do texto revelado, aí haverá "sintonias", mas também "releituras das tradições contidas na Bíblia", fruto de "uma constante confrontação com o já dito em outro contexto"[11]. Assim sendo, "a leitura da Bíblia, que propriamente é uma releitura, implica que o sentido de um texto cresce no momento em que é usado num contexto de vida"[12]. Na verdade, "o sentido de um texto não está objetivamente contido nele, nem é único, mas 'se produz' no ato da leitura, que é um ato de apropriação e acumulação de sentido", em que a intenção do autor fica ultrapassada pelo seu próprio texto[13].

Necessariamente, esta "releitura do texto revelado se faz a partir da vida", do próprio contexto de quem a lê, com seus conflitos e problemas, originando uma releitura crítica, na medida em que "a Palavra

---

9. Cf. CROATTO, S. Historicidad de la Revelación y hermenéutica bíblica en América Latina. *Medellín*, 86, p. 121-137, aqui p. 128, 1996.

10. Ibid., p. 127.

11. Ibid.

12. Ibid., p. 127-128.

13. Ibid., p. 128. Nesta perspectiva, o autor assinala que o anonimato da maioria dos textos bíblicos, com exceção de poucos casos do cânon neotestamentário, é um indício evidente de que, nas tradições religiosas, não interessa quem escreve um texto, mas o que este diz para quem o escuta e lê.

que se lê aparece manifestamente como sujeito da crítica tanto para quem lê como para que este se situe diante da realidade"[14]. Trata-se de uma leitura que "necessariamente supõe uma práxis hermenêutica", no sentido de produzir o novo para o novo contexto, que não cabe na tradição recebida[15].

2.3 Ler os sinais dos tempos na história

Seguindo a perspectiva do método *ver-julgar-agir*, a novidade do método de reflexão da *Gaudium et Spes* é inegável. Traz subjacente uma nova relação da Igreja com a história, não como duas realidades completas em si mesmas e, portanto, separadas ou mesmo complementares, equívoco que está na base de diversas formas de integrismo. Dado que a própria fé, antropologicamente falando, é uma configuração histórica particular, as interpelações e chamados de Deus só podem ser lidos na própria história[16]. Assim, por um lado, não há lugar para distância ou oposição ao mundo, pois, dado que o mundo é constitutivo da Igreja, está em jogo sua própria identidade; e, por outro, como a Igreja está no mundo, a história se constitui em lugar de escuta, em outras palavras, um "lugar teológico", não simplesmente como espaço de averiguação do que a Igreja já sabe pela revelação, mas lugar onde a própria revelação se constitui, enquanto revelação feita ao ser humano[17]. Como dissemos, o ser humano é constitutivo da revelação. É verdade que Deus é uma realidade meta-histórica, uma realidade em si, entretanto, dada a contingência imanente da existência e da própria razão, o ser humano é incapaz de aceder diretamente ao em si. Por isso, a revelação sempre chega ao ser humano necessariamente de

---

14. Ibid., p. 129.

15. Ibid., p. 130.

16. Sobre a inevitável mediação histórica da presença de Deus, cf. AQUINO JUNIOR, F. *O caráter práxico-social da Teologia* – Tópicos fundamentais de epistemologia teológica. Op. cit., p. 35-36.

17. Cf. COSTADOAT, J. ¿Hacia um nuevo concepto de revelación? – La historia como "lugar teológico" en la Teología de la Liberación. In: ASCUY, V.R.; GARCIA, D.; SCHICKENDANTZ, C. (orgs.). *Lugares e interpelaciones de Dios – Discernir los signos de los tiempos.* Santiago de Chile: Universidad Alberto Hurtado/Centro Teológico Manuel Larraín, 2005, p. 105-132.

forma humana e através de mediações históricas. A revelação bíblica é palavra de Deus, em palavras humanas.

A evocação da categoria "sinais dos tempos" como lugar de interpretação dos desígnios da providência para nossos tempos é muito apropriada para expressar o reconhecimento da historicidade do mundo e da própria Igreja ou a condição do ser humano, inserido numa comunidade de fé, necessariamente "no" mundo. Mais do que relação entre Igreja "e" mundo, se dá uma relação entre símbolo e existência[18]. No diálogo com o mundo, a Igreja não simplesmente dá, mas também recebe do mundo. Tal como advertiu João XXIII, os "profetas de calamidades não veem nos tempos modernos senão prevaricação e ruína" e se "comportam como quem não tem nada a aprender da história"[19]. E complementa: no momento histórico atual, os desígnios da providência estão se realizando "através dos acontecimentos e das próprias obras dos homens, muitas vezes superando suas expectativas". Por isso, segundo a *Gaudium et Spes*, para a Igreja realizar sua missão, "é dever permanente perscrutar a fundo os sinais dos tempos e interpretá-los à luz do evangelho" (*GS* 4). Ao contrário do dualismo da concepção neoescolástica, as realidades natural e sobrenatural, imanência e transcendência, se compenetram. Consequentemente, não há duas histórias, uma do mundo e outra de salvação, uma história profana e outra sagrada, mas uma única história da humanidade, em sua globalidade perpassada pela presença de salvadora de Deus[20].

2.4 Sinais que provêm do tempo

Seguindo a perspectiva da *Gaudium et Spes*, é preciso ter presente e distinguir duas formas diferentes de entender os "sinais dos tempos"[21]. Uma seria pensar que são "sinais", na medida em que são

---

18. VELASCO, R. *A Igreja de Jesus*. Petrópolis: Vozes, 1996, p. 296 (cf. capítulo "Virada copernicana" na *Gaudium et Spes*).

19. Cf. JOÃO XXIII. Bula *Humanae Salutis*, de 25/12/1961.

20. VELASCO, R. *A Igreja de Jesus*. Op. cit., p.306 ("Virada copernicana" na *Gaudium et Spes*).

21. Uma boa e recente abordagem da categoria "sinais dos tempos" encontra-se em: SCHICKENDANTZ, C. Signos de los tiempos – Articulación entre principios teológicos y acontecimientos históricos. In: ASCUY, V.R.; GARCIA, D.; SCHICKENDANTZ, C. (orgs.). *Lugares e interpe-*

acontecimentos que se transformam em interpelação de Deus, quando iluminados pela luz do Evangelho, luz que permite discernir entre "sinais dos tempos" verdadeiros e falsos. Já outra forma de entender os "sinais dos tempos" consiste em crer que os "sinais" provêm dos próprios acontecimentos históricos, previamente a este discernimento. Em outras palavras, tais "sinais" são verdadeiramente "dos tempos" ou é a luz do Evangelho que os converte em tais? Ora, nas palavras de Jesus, aos que pedem um "sinal do céu" para saber se sua mensagem vem de Deus, Jesus responde que eles já têm um critério suficiente – os "sinais dos tempos" (Mt 16,1-3; Lc 12,54-57). São sinais que permitem discernir a autenticidade da obra do Filho de Deus, sem necessidade de submetê-los a um discernimento por critérios vindos de outra parte. A "luz do evangelho" é imprescindível para perscrutar os "sinais dos tempos" a fundo, como diz a *Gaudium et Spes*, mas tendo presente que estes "sinais", por sua vez, são necessários para interpretar em profundidade o Evangelho, para que não seja reduzido a letra morta[22].

Mas, esta não é a maneira como a Exortação *Libertatis Conscientia*, de J. Ratzinger, sobre "alguns aspectos da Teologia da Libertação", entendia a categoria "sinais dos tempos". Em seu comentário à referida Exortação, Juan Luís Segundo diz que o texto fala expressamente dos "sinais dos tempos que a Igreja deve discernir e interpretar à luz do Evangelho (I,1) e "exatamente em sentido contrário à pretensão de Jesus: ou seja, como algo que não é claro por si mesmo e tem de passar pelo crivo de outro discernimento superior ou trazido pela luz do Evangelho"[23]. Isso diz respeito ao modo de entender a própria transcendência, no "além" do tempo ou no "aquém" da história, situan-

---

laciones de Dios – Discernir los signos de los tiempos. Op. cit., p. 33-69. • SCHICKENDANTZ, C. Un cambio en la *ratio fidei* – Asociación (aparentemente ilícita) entre principios teológicos y datos empíricos. In: *Teología y Vida*, 57/2, p. 157-184, 2016. • SCHICKENDANTZ, C. Una transformación metodológica inadvertida? – La novedad introducida por *Gaudium et Spes* en los ecritos de Joseph Ratzinger. In: *Teología y Vida*, 57/1, p. 9-37, 2016. • BACHER MARTÍNEZ, C. El discernimiento de los signos de los tiempos en el Pueblo de Dios – Una lectura desde la teología pastoral fundamental. In: ASCUY, V.R.; GARCIA, D.; SCHICKENDANTZ, C. (orgs.). *Lugares e interpelaciones de Dios – Discernir los signos de los tiempos*. Op. cit., p. 133-162.

22. VELASCO, R. *A Igreja de Jesus*. Petrópolis: Vozes, 1996, p. 308 ("Virada copernicana" na *Gaudium et Spes*).

23. SEGUNDO, J.L. *Teología de la liberación – Respuesta al Cardenal Ratzinger*. Madri: Cristiandad, 1985, p. 48.

do-a em seu interior. Na realidade, na *Gaudium et Spes*, trata-se de uma transcendência "na" imanência, "neste" mundo e não como algo que cai na história proveniente de "outro" mundo. Consequentemente, como bem mostrou Bonhoeffer, para conformar-se à transcendência, não se trata de evadir-se da história, mas de inserir-se nela do modo mais profundo possível, "vivendo a vida terrestre até às últimas consequências"[24]. Trata-se da "virada antropocêntrica", que aconteceu na teologia contemporânea; da confluência do teocentrismo com o antropocentrismo, na medida em que convergem numa única realidade humana. De maneira muito feliz, Paulo VI vai dizer que "nosso humanismo se faz cristianismo e nosso cristianismo se torna teocêntrico", na medida em que "para conhecer a Deus, é necessário conhecer o ser humano" e "para conhecer o ser humano, o verdadeiro ser humano, o ser humano integral, é necessário conhecer a Deus"[25].

3 O método ver-julgar-agir no magistério da Igreja na América Latina

Sem dúvida, é na América Latina que o método *ver-julgar-agir* encontrou o terreno mais fértil e onde produziu seus melhores frutos e continua produzindo. Ele está na base das práticas eclesiais populares, as quais, na América Latina, em torno à Conferência de Medellín (1968), desembocaram na opção pelos pobres, nas comunidades eclesiais de base, na leitura popular da Bíblia, na pastoral social, na militância cidadã e na própria Teologia da Libertação. No magistério da Igreja no continente, o método entrou através da Conferência de Medellín, que teve por objetivo implementar o Vaticano II em contexto marcado pela injustiça institucionalizada e a exclusão. O resultado foi uma "recepção criativa" de seus postulados, incluído o procedimento metodológico da *Gaudium et Spes* na leitura dos "sinais dos tempos", na perspectiva da trilogia do método da JOC.

---

24. Cf. BONHOEFFER, D. *Resistencia y sumisión*. Barcelona: Ariel, 1969.
25. PAULO VI. Alocução por ocasião do encerramento do Concílio Vaticano II, em 07/12/1965.

3.1 Medellín

Metodologicamente, *Medellín* não parte de referenciais teóricos elaborados de modo abstrato e sistematizados de forma genérica, mas procede tanto na reflexão como na estruturação dos documentos conclusivos em três momentos, segundo o método da Ação Católica. Como espelham os subtítulos da estrutura tripartite de cada documento, o ponto de partida são sempre "os fatos" ou "situação latino-americana". Em seguida, vem a "fundamentação doutrinal" ou "critérios básicos para uma orientação pastoral". E, num terceiro momento, apresenta-se "projeções de pastoral" ou "as recomendações pastorais", seguindo explicitamente os três momentos do método *ver-julgar-agir*.

O método da Ação Católica é nomeado explicitamente duas vezes nos documentos de Medellín, mas com a designação que lhe foi atribuída depois que a Juventude Agrária Católica (JAC) francesa passou a articular dialeticamente os três passos em três momentos, com a introdução da noção de "revisão de vida". Com esta noção, na medida em que o *agir* é tomado como a melhor introdução ao *ver*, não só ambos os momentos passam a estar intrinsecamente ligados, como o próprio *julgar* passa a ser concebido na inter-relação do ideal com o real, em vista de sua convergência através do *agir*. No Documento "Juventude", *Medellín*, ao falar de como os jovens costumam proceder em suas reuniões e no compromisso em seus ambientes específicos, cita a "revisão de vida" (*Med* 5,6). A citação do método, com a mesma designação, aparece na sequência, no Documento "Pastoral das Elites", primeiro afirmando que a evangelização "deve estar em relação com os 'sinais dos tempos', que constituem um 'lugar teológico' e interpelações de Deus", sob pena de uma postura "atemporal ou a-histórica" (*Med* 7,13); depois, sendo assim, que as "equipes de base façam o uso da pedagogia da Revisão de Vida" (*Med* 7,14).

Já os três momentos do método aparecem explicitados e caracterizados em *Medellín* em duas oportunidades. A primeira está no início do Documento, na *"Mensagem aos povos da América Latina"*, onde os Bispos, reafirmando seu compromisso de "contribuir para a promoção integral do homem e das comunidades do continente", afirmam estarmos "numa nova era histórica", que "exige clareza para ver, lucidez para diagnosticar e solidariedade para atuar". A segunda aparece no Documento "Pastoral de Conjunto". Segundo os bispos, uma ação pastoral planejada exige: "estudo da realidade do ambiente, com a elaboração técnica de organismos e pessoas especializadas; reflexão teológica sobre a realidade; determinação das prioridades de ação..." (*Med* 15, 36).

3.2 Puebla

A Conferência de Puebla (1979) se situa no contexto de uma batalha pela interpretação de *Medellín*, dado o plano de combate à tradição eclesial libertadora, arquitetado no interior do Celam e com o franco respaldo de segmentos da Cúria romana. A II Conferência conseguiu reafirmar *Medellín*, mas sem o amplo consenso dos Bispos, tal como havia acontecido uma década antes. Além do mais, o texto final de *Puebla* passou por uma revisão por parte da Cúria e seus aliados, na qual foram feitas supressões de conteúdo e adequações de linguagem, que marcam uma distância do texto oficial em relação ao texto original. Apesar disso, o Documento está estruturado conforme a trilogia da Ação Católica: visão pastoral da realidade latino-americana (Parte I); Desígnios de Deus sobre a realidade da América Latina (Parte II) e Evangelização na Igreja da América Latina (Parte III); A Igreja missionária a serviço da evangelização na América latina (Parte IV) e Sob o dinamismo do Espírito – opções pastorais (Parte V).

Entretanto, o Documento de Puebla não nomeia explicitamente o método *ver-julgar-agir*, ainda que os seus momentos apareçam em duas oportunidades. A primeira está no capítulo primeiro da primeira parte: "movidos pela inspiração que vem dessa grande missão de ontem, queremos aproximarmo-nos, com olhos e coração de pastores e cristãos, da realidade latino-americana de hoje, para interpretá-la e compreendê-la, a fim de analisarmos nossa missão pastoral partindo desta realidade" (*DP* 14). Um movimento em três momentos: aproximar-se da realidade, interpretá-la e discernir a missão a partir dos desafios postos pela mesma realidade. Outra nomeação dos três momentos do método aparece quase ao final do Documento, na Parte V, ao tratar no planejamento pastoral: "[...] em um processo de participação em todos os níveis da comunidade e pessoas interessadas, educar numa metodologia de análise da realidade, para depois refletir sobre esta realidade do ponto de vista do Evangelho e optar pelos objetivos e meios mais aptos e fazer deles um uso mais racional na ação evangelizadora" (*DP* 1307).

3.3 Santo Domingo

A Conferência de Santo Domingo se situa no epicentro do processo de "involução eclesial" em relação à renovação do Vaticano II e de sua recepção criativa em *Medellín*, que deu origem à tradição eclesial libertadora da Igreja na América Latina. Já não tinha havido consenso entre os Bispos em *Puebla*. Em *Santo Domingo*, menos ainda. Os teólogos da tradição libertadora, que já não tinham sido convidados para *Puebla* e tiveram que trabalhar de fora da Assembleia, em *Santo Domingo* de forma ainda hostil.

Com relação ao método *ver-julgar-agir*, o projeto da dinâmica metodológica da Assembleia, aprovado previamente por Roma, contemplava três etapas: a primeira, *escutar* ou discernir os novos sinais dos tempos na sociedade e na Igreja latino-americanas; a segunda, *iluminar* ou discernir a Palavra de Deus hoje na América Latina; e, a terceira, *responder* ou discernir as estratégias da Nova Evangelização no continente. Entretanto, a publicação o Documento de Trabalho em preparação da Assembleia não agradou a Roma, que mudou a metodologia de trabalho, apesar dos Bispos insistirem na necessidade de proceder primeiro buscando compreender a dura realidade do continente, em seguida iluminá-la com a luz da fé, para, em um terceiro momento, transformá-la através de uma evangelização libertadora. Queria-se começar fazendo uma leitura dos sinais dos tempos, em um procedimento indutivo, tal como havia também feito o Concílio Vaticano II na *Gaudium et Spes* e assumido por *Medellín*. *Puebla* também havia dito que toda ação pastoral brota de um discernimento da realidade. Há mais de duas décadas, "partir da realidade", contemplar Deus no rosto do pobre, o respeito pela autonomia das ciências, o lugar social do pobre como lugar teológico eram princípios já assumidos pela Igreja latino-americana, tanto na ação pastoral, em Assembleias pastorais, como na reflexão teológica.

Em *Santo Domingo*, o posicionamento de segmentos da Cúria romana e de aliados no continente de combate à tradição libertadora levou a uma certa pretensão ao universalismo, buscando fazer os bispos trabalhar com uma metodologia dedutiva. Concretamente, nos trabalhos da Assembleia, não só se começou a etapa do *ver* pela realidade eclesial, precedendo a social, como cada Comissão Especializada, ao abordar seu tema, deveria começar pela iluminação teológica, passar pelos desafios pastorais e, em seguida, desembocar nas linhas de ação. Apartados de sua prática costumeira, os Bispos sentiram-se incômodos e buscaram inverter o procedimento. Muitas Comissões o fizeram e algumas, inclusive, conseguiram conservar a ordem indutiva no próprio Documento Final. É o caso das Comissões Nova cultura (cf. n. 252-254) e Cidade (cf. n. 255-262), em que o texto final das mesmas segue o esquema *Situação, Desafios Pastorais, Linhas pastorais*. A Comissão que trabalhou "Jovens" foi ainda mais determinada, conseguindo recomendar explicitamente a metodologia "ver, julgar, agir, revisar e celebrar" (*DP* 119).

Convém, porém, ressaltar que mesmo que o documento final apresente os conteúdos em uma ordem metodológica dedutiva, começando pela iluminação teológica, isso não significa que o método indutivo, imperceptível na apresentação do texto, esteja realmente ausente. Lendo-se atentamente o texto, pode-se constatar que a inversão é muito mais estética do que de conteúdo, uma vez que a dialética entre os três momentos acontece a partir do polo do *ver*. Assim se trabalhou na maioria das Comissões e assim a reflexão está plasmada no texto. No documento, o *julgar* não é dedutivo, mesmo se é ele que introduz o texto, uma vez que não é ele que determina os aspectos da realidade contemplados. Na prática, o *julgar* ilumina a realidade pensada antes pelo *ver*, ainda que esta seja apresentada depois. Ao contrário do que está estampado na plástica do texto, é o método indutivo que lhe dá estrutura interna.

A grande diferença entre metodologia dedutiva e indutiva é que esta, partindo da realidade, parte da ação para voltar à ação. Ora, a maioria pastoralista presente em *Santo Domingo* não queria um documento centrado sobre o doutrinal, mas um texto que lhes abrisse caminho e desse novas luzes para continuar afrontando, sobretudo, os problemas de seu povo, à luz da fé. Tinha presente que evangelizar não é transmitir uma doutrina, mas tornar presente o Reino de Deus no mundo.

4 Do distanciamento ao resgate do método ver-julgar-agir

A tentativa de impor um distanciamento ou uma desvinculação dos processos pastorais e da reflexão teológica do método *ver-julgar-agir* a partir de *Puebla* e, sobretudo, em torno a *Santo Domingo*, teve um grande revés com a Conferência de Aparecida e o magistério do Papa Francisco. Com a reafirmação da renovação do Vaticano II e da tradição libertadora da Igreja na América Latina por parte da Conferência, volta-se a não perder de vista o real da realidade, bem como uma racionalidade histórica e contextual, a ação como fonte criadora de ideias e a revelação como comunicação de Deus, da qual o ser humano é constitutivo.

4.1 Limite do método ou mal-entendido?

Era e continua comum ouvir, especialmente nos meios mais tradicionais que tomam distância da renovação do Vaticano II e da tradição eclesial libertadora, que o método da Ação Católica "não parte de Deus", de Jesus Cristo, da fé, do *kerigma*, da Palavra de Deus. É como se a Revelação tivesse caído do céu e sido codificada na Bíblia, sem a participação do Povo de Deus. Ora, como vimos, coerente com a exigência da leitura dos "sinais dos tempos" tematizada pela *Gaudium et Spes*, para *Medellín,* todo compromisso pastoral brota de um discernimento da realidade. Consequentemente, o compromisso cristão no mundo implica uma mediação analítica, seja para apreender a realidade, seja para discernir a Mensagem revelada, seja para intervir na história. No âmbito da pastoral, impõe-se um diálogo interdisciplinar: no momento do *ver*, especialmente com as ciências sociais, como a sociologia, a economia, a política, a antropologia cultural, a história e a psicologia social; no momento do *julgar*, com as ciências hermenêuticas; e no momento do *agir*, com as ciências da práxis. Vimos que a racionalidade moderna é indutiva, que ela assume a história como lugar epistêmico, mostrando a superioridade da razão práxica em relação a uma racionalidade fundada em postulados definidos *a priori*. As boas ideias não caem do céu, brotam da realidade. A verdade, para ser digna de crédito, precisa passar pela veracidade; isto é, por sua comprovação histórica. No seio do cristianismo, a fé passa pela experiência, uma vez que o divino, para se fazer presente na história, precisa da mediação humana.

Expressão do mal-estar com o método *ver-julgar-agir* da Ação Católica e, sobretudo, de seu desconhecimento, é o acréscimo à trilogia de mais dois "passos" – *celebrar, revisar*. Com razão nestes meios se fala de "passos" do método e não de "momentos", como na realidade o tomam, diferente do modo como se passou inter-relacionar a trilogia a partir do período em que se introduziu na trilogia a noção de "revisão de vida". O método da Ação Católica, tomado como "passos", na prática, significa tomar cada momento da trilogia de modo separado um do outro, quando, ao contrário, tomados como "momentos" significa concebê-los e praticá-los em uma relação dialética. Também já vimos que a noção "revisão de vida" passa a ser paradigma de compreensão da trilogia, precisamente quando se passa a conceber "o *agir* como a melhor introdução do *ver*". O *agir* é a prática dos cristãos ou a ação pastoral levada a cabo pelos jovens em seus meios específicos. Isso significa que se leva ao *ver*, além do *agir*, também o *julgar*, pois se trata de um *ver* levado a cabo por pessoas de fé. Por sua vez, no momento do *julgar*, se chega carregado das perguntas postas pelo *ver*, fazendo com que, se por um lado a Mensagem revelada causa um impacto sobre a realidade, por outro, o contexto sociocultural também impacta a Mensagem, levando a uma mudança de significado tanto da realidade quanto da Revelação. A mesma dialeticidade acontece no momento do *agir*, que nada mais é do que, a partir da avaliação da ação presente, projetar a ação futura segundo os desafios postos pelo *ver* a realidade em questão e os ideais oriundos do *julgar*, ou seja, da iluminação da realidade pela Mensagem revelada lida contextualmente.

Assim sendo, "revisar" não é um "passo" separado, mas uma atitude com a qual se começa a construir o *ver*, mas que perpassa os três momentos da trilogia. Continuamente é preciso revisar não somente o *agir*, mas também o *ver* e o *julgar*, pois os três momentos do método se articulam dialeticamente. E sem perder de vista que como se trata de "ver e julgar para agir", o polo de articulação da dialética entre os três momentos é o *agir*. O mesmo se pode dizer em relação ao acréscimo do quinto passo à trilogia – *celebrar*. É como se a fé não estivesse presente no *ver* (realidade), no *julgar* (iluminação teológica) e no *agir* (práxis). No seio da Ação Católica, J. Cardijn sempre frisava, é que a fé está presente nos três momentos e, portanto, *"celebrar"* não é um passo separado dos demais, mas igualmente uma atitude permanente, que perpassa e está presente nos três momentos da trilogia. Como se trata de um procedimento metodológico levado a cabo por gente de fé, é preciso celebrar no *ver*, no *julgar* e no *agir*, dado que se trata de três momentos de um único ato – o Povo de Deus buscando tornar presente o Reino de Deus no mundo, pela encarnação do Evangelho na concretude da história, lido em um contexto determinado.

4.2 Aparecida e o resgate do método

A Conferência de Aparecida resgatou o método *ver-julgar-agir* da JOC, mas não sem dificuldades. Vimos como *Puebla* já havia sido um freio a *Medellín* e, *Santo Domingo*, praticamente seu estancamento. Também a Assembleia de Aparecida foi preparada no contexto de involução eclesial, que havia caracterizado as duas Conferências anteriores. O Documento de Preparação foi duramente criticado pelo ranço de uma postura de Neocristandade. Também em *Aparecida* os teólogos da tradição libertadora não foram convidados a participar e tiveram que trabalhar de fora, na assessoria a partir de solicitações pontuais de Bispos. E, apesar disso, para surpresa de todos, *Aparecida* conseguiu resgatar o Concílio Vaticano II e reafirmar a tradição eclesial libertadora da Igreja na América Latina.

Com relação ao método *ver-julgar-agir,* a trilogia esteve presente em todas as etapas de redação do Documento, mas, na última sessão, houve uma inversão de capítulos, para justificar que "tudo deve partir de Jesus Cristo". Concretamente, na última redação apresentada à Assembleia para a votação conclusiva, o atual capítulo primeiro, com o título "Os discípulos missionários", estava originalmente no início da segunda parte que compõe o *julgar,* intitulada – "A vida de Jesus Cristo nos discípulos missionários", e não na primeira parte, "A vida de nossos povos hoje", como se encontra, que compõe o *ver.* Mas, apesar das moções da Assembleia para reverter a ordem dos capítulos, tal como se havia trabalhado durante toda a Assembleia, a Presidência não voltou atrás. Além disso, o texto no Documento que se referia ao método foi também mudado na revisão efetuada depois da Assembleia, ao que tudo indica, por segmentos da Cúria romana, com a anuência de segmentos da Igreja na América Latina. O método *ver-julgar-agir* no "texto original" aparecia com esta formulação: "Este documento continua a prática do método ver, julgar, agir". Mas, substituiu-se "continua a prática" por "faz uso" do método. Além disso, os revisores do Documento acrescentaram: "Este método implica contemplar a Deus com os olhos da fé através de sua Palavra revelada e o contato vivificador dos Sacramentos, a fim de que, na vida cotidiana, vejamos a realidade que nos circunda à luz de sua providência e a julguemos segundo Jesus Cristo, Caminho, Verdade e Vida, e atuemos a partir da Igreja, Corpo Místico de Cristo e Sacramento universal de salvação, na propagação do Reino de Deus, que se semeia nesta terra e que frutifica plenamente no Céu" (*DAp* 19).

Esta redação na caracterização de um método praticado desde duas décadas anteriores à realização do Vaticano II, que inclusive o acolheu, é expressão da resistência a uma racionalidade indutiva e histórica e do apego ao procedimento metodológico de uma teologia dedutiva, a-histórica e essencialista, típica da racionalidade pré-moderna. *Ver* à luz da Providência, *julgar* segundo Jesus Cristo e *agir* a partir da Igreja é o modo de proceder de uma teologia que não se articula a partir da experiência, da história, dos acontecimentos, dos sinais dos tempos e, portanto, irrelevante para o seu contexto. Aqui aparece a dificuldade dos revisores do texto em reconhecer a densidade teologal da história, da experiência humana, da vida cotidiana, dos fatos. É aquela mentalidade que o "profano" não tem nada a dizer para a Igreja e que a secularização, enquanto da autonomia do temporal, atenta contra o espiritual. Quando, como diz K. Rahner, na Modernidade a teologia se faz antropologia, no sentido que a experiência da transcendência só pode ser apreendida a partir da imanência.

4.3 Na Evangelii Gaudium, a reafirmação do método

Entretanto, se para os censores do Documento de Aparecida os pressupostos são mais importantes que os fatos e seu contexto, para o Papa Francisco "a realidade é mais importante do que a ideia". Na *Evangelii Gaudium*, que retoma Aparecida, o Papa pensa e fala na perspectiva do método *ver-julgar-agir*. Tomando distância de uma racionalidade essencialista e dedutiva, o Papa afirma que a realidade é complexa, plural, conflitiva e opaca, que precisa ser descoberta, através de um discernimento (*EG* 194). Daí a necessidade de um olhar integral sobre a realidade, diz ele, sem a pretensão de um olhar neutro e asséptico (*EG* 50): "a tentação se encontraria em optar por um *ver* totalmente asséptico, um *ver* neutro, o que não é viável. O ver está sempre condicionado pelo olhar. Não há uma hermenêutica asséptica"[26]. Por isso, a realidade não pode ser decifrada, de cima para baixo e para o mundo inteiro – "nem o Papa nem a Igreja possuem o monopólio da interpretação da realidade" (*EG* 184).

E fazendo recepção da razão histórica entende que "a realidade é mais importante do que a ideia", pois esta não passa de uma interpretação daquela (*EG* 231). Nem o olhar da fé consegue eliminar toda a ambiguidade da realidade concreta (*EG* 233) que, por ser histórica, está "em permanente desenvolvimento, cujo protagonista

---

26. PAPA FRANCISCO. Alocução no Encontro com a Comissão de Coordenação do Celam, por ocasião de sua visita ao Brasil, no Centro de Estudos do Sumaré, Rio de Janeiro, dia 28 de julho. In: *Palavras do Papa Francisco no Brasil*. São Paulo: Paulinas, p. 139.

é o Espírito Santo" (*EG* 122). Trata-se de "uma realidade nunca acabada" (*EG* 126).

O Papa Francisco fala da necessidade de se evitar as variadas formas de *ocultamento da realidade* como os purismos evangélicos, os totalitarismos do relativo, os nominalismos declaracionistas, os projetos mais formais que reais, os fundamentalismos a-históricos, os eticismos sem bondade, os intelectualismos sem sabedoria (*EG* 231). Frisa na *Evangelii Gaudium* que as ideias e os conceitos estão a serviço da apreensão e da ação sobre a realidade. Para ele, a ideia desligada da realidade dá origem a idealismos (*EG* 232). Não há conversão ao Evangelho sem conversão à realidade, lugar onde Deus se revela e fala. Santo Agostinho advertia que Deus primeiro nos deu o livro da vida e, depois, nos deu o livro da Bíblia, um código para saber ler e decifrar Deus que sempre se revela na vida. Por isso, no seio da teologia latino-americana, a história, a vida ou as práticas são lugar teológico. A teologia é um "momento segundo", precedida pelo "momento primeiro", que é sempre a fé experienciada num contexto concreto. Gustavo Gutiérrez, pai de nossa teologia, desde a primeira-hora, a concebeu como "a inteligência da práxis da fé".

O Papa Francisco assume também, na racionalidade, as contingências dos sujeitos que veem. Frisa que a realidade é apreendida na vida social onde recebemos os referenciais culturais (*EG* 115), vida social esta que influencia inclusive o modo de interpretar a realidade à luz da fé. A própria doutrina não é uma realidade "monolítica, a ser defendida sem nuanças" (*EG* 40). Por isso, a hermenêutica da realidade é sempre comunitária, imperativo para um discernimento comum, o que vai de encontro com as exigências da razão comunicativa, colocada em relevo no atual contexto de crise da Modernidade pela Escola de Frankfurt.

Por isso, na perspectiva do Papa Francisco, em lugar de afastar-se da realidade atual ou de evitar a se confrontar com ela, apesar de sua complexidade e contradições, dada a urgência de respostas consequentes com os ideais da fé cristã, ao contrário, é necessário propiciar espaços de fidelidade e de conversão à realidade. O melhor ponto de partida é sempre aquele onde a gente está. Privilegiar a realidade em relação às ideias é privilegiar as ideias oriundas das práticas pensadas, dos processos em curso, condição para uma pastoral de encarnação do Evangelho. Nenhuma reunião desconectada da consciência explícita do próprio contexto e dos desígnios de Deus a seu respeito. Nenhuma decisão pastoral, sem discernimento da realidade circundante, apoiado nas ciências e discernido na fé. Nenhum processo pastoral proposto sem conexão com os processos em curso, tanto eclesiais como sociais. Todo agente pastoral precisa saber ler a realidade, apoiado na ciência e na fé.

Por isso, toda comunidade eclesial precisa caminhar fazendo constantes análises de conjuntura, ter um conhecimento crítico de seu contexto e ser promotora de iniciativas consequentes com os ideais de um Reino de Vida para todos, a partir da contingência da história. É condição para o profetismo e a inserção na sociedade em perspectiva transformadora, tal como exige um compromisso eficaz e consequente com a fé.

Na realidade, a trilogia *ver-julgar-agir* é mais do que um método, é uma pedagogia. Mais que isso, é sobretudo uma forma de ser Igreja, que juntamente com outras iniciativas inovadoras desembocou no Concílio Vaticano II e contribuiu significativamente para o novo lugar da Igreja no mundo, para a nova teologia do laicato, para uma pastoral encarnada e transformadora, para a militância cidadã dos cristãos na sociedade, enfim, para uma fé comprometida com as grandes causas da humanidade, as quais, na realidade, são causas do Evangelho da vida em abundância, vivido e anunciado por Jesus Cristo.

6
O método ver-julgar-agir na pastoral

A Ação Católica deu uma contribuição ímpar para a passagem da Cristandade à Modernidade, da qual o Concílio Vaticano II é um divisor de águas. Vimos que a Ação Católica veio na esteira do Catolicismo Social, também um movimento de grandes proporções, que desembocou na *Rerum Novarum* (1891) e, com ela, deu-se a passagem da Cristandade à Neocristandade. A Ação Católica também nasceu atrelada à postura apologética do catolicismo intransigente frente a uma sociedade erigida pela Revolução Francesa (1789), considerada apóstata da fé católica. Entretanto, em sua fase especializada, organizada por "meio de vida dos jovens", uma iniciativa da JOC e considerada "um tipo acabado de Ação Católica", foi pioneira na inserção da Igreja na sociedade autônoma e, em sua fase madura, numa postura de diálogo e serviço em seu seio, a perspectiva assumida pelo Vaticano II na *Gaudium et Spes*.

O pioneirismo da Ação Católica, no seio de uma Igreja arraigada à mentalidade de Cristandade, teve as mesmas dificuldades dos movimentos que prepararam o Vaticano II. Estes foram condenados, depois reabilitados e acolhidos em suas proposições por um Concílio que eles já viviam décadas antes dele. A Ação Católica, tanto a geral como a especializada, nunca foram condenadas, ao contrário, ainda que não sem incompreensões, foram abençoadas pelo papa. Mas, antes de ser absorvida em suas proposições pela renovação do Vaticano II, sobretudo nos países em que o movimento havia sido mais pujante e consequente como na Bélgica, Itália, França e no Brasil, ela se chocou com a hierarquia da Igreja, se radicalizou e entrou em crise.

Em geral, desde o final da época patrística até o Vaticano II, a Igreja ou mais propriamente sua hierarquia continuou atrelada à Cristandade e, depois, à Neocristandade. Mas, já na década de 1920, J. Cardijn não queria continuar refém de uma postura apologética, que confinava a Igreja num passado sem retorno, enquanto o laicismo e o marxismo se faziam protagonistas de uma sociedade que tendia a reduzir a religião a um suposto "ópio do povo". J. Cardijn queria um cristianismo revolucionário, extraindo do Evangelho todo seu potencial humanizador e promotor de uma sociedade justa e fraterna. Sobretudo na América Latina, o serviço da Ação Católica na sociedade vai dar-se de forma profética e transformadora, na medida em que ela assumiria o grito dos grandes contingentes de jovens à margem de uma sociedade marcada pela injustiça institucionalizada e a exclusão.

A crise da Ação Católica desembocou em seu eclipse, principalmente nos países em que ela tinha avançado mais, mas apenas como movimento, pois seu legado seria absorvido pela Igreja como um todo. Esta, finalmente renovada por um Concílio que abriu "portas e janelas para receber o ar fresco do mundo" (João XXIII), superou posturas que os jovens já haviam deixado para trás há décadas.

Neste capítulo, em um primeiro momento, vamos tratar da herança da Ação Católica e seu método na pastoral, particularmente, ao modo de relação e presença dos cristãos da sociedade, o lugar da Igreja estar e agir. O método *ver-julgar-agir* vai tornar-se pedagogia, dinâmica e procedimento metodológico de reuniões de grupos e assembleias em geral, dando maior relevância e eficácia à ação pastoral. Em um segundo momento, abordaremos a radicalização e a crise da Ação Católica, um momento doloroso, sobretudo para os jovens militantes, os quais, sentindo-se sem espaço na instituição, tiveram um sério embate, em especial com os bispos, levando a muitos deles a deixar a Igreja, para serem mais consequentes com sua missão de cristãos na sociedade. Na sequência, neste capítulo, vamos tratar da relação do método *ver-julgar-agir* com o planejamento pastoral. A influência é grande, a exemplo do que era para a Ação Católica o método para pensar a ação – antes, durante e depois dela. O planejamento participativo assume os três momentos do método em três marcos: o marco da realidade, o marco doutrinal e o marco operacional, cada um deles com seus passos internos. Para ilustrar, na prática, o uso do método da Ação Católica no planejamento pastoral, terminaremos o capítulo apresentando o processo de um Sínodo de Planejamento Pastoral, levado a cabo na Diocese de Tubarão/SC, na década de 1980.

1 A herança da Ação Católica e seu método na pastoral

O que era largamente praticado nos meios eclesiais ligados à Ação Católica, pouco a pouco, foi sendo prática na ação pastoral da Igreja em geral, especialmente com o Vaticano II e a Conferência de Medellín. Nas décadas de involução eclesial em relação à renovação conciliar, entretanto, haverá também uma retração em relação ao método da JOC, superada pelo resgate do Vaticano II pela Conferência de Aparecida e o pontificado de Francisco.

1.1 Fases da Ação Católica e ação pastoral

Pastoralmente, conforme aludimos, a Ação Católica especializada passou por uma evolução, em duas etapas. Na primeira – *evangelizar o meio de vida* –, diferente da Ação Católica geral, fala-se menos em cristianizar a sociedade e mais em humanizá-la, penetrando-a dos valores cristãos e transformando as relações sociais[1]. A tarefa de "humanização" da sociedade deve dar-se pela presença ativa dos leigos, em seu meio de vida. Mas, há um grande limite. Ainda que a formação de uma "elite militante", no discurso, estivesse voltada para uma ação social ou para o engajamento no meio profissional, sindical e até político, na prática, tudo está concebido para formar os jovens no conhecimento de seu meio de vida e para uma ação sobre ele, pelo engajamento pessoal e individual, e ainda de forma atomizada.

---

1. HERVIEU-LÉGER, D. *De la mission à la protestation – L'évolution des étudiants chrétiens*. Paris: Du Cerf, 1973, p. 13.14.

Na segunda etapa do movimento – *contribuir com a edificação do Reino de Deus* –, ainda no final da década de 1930, especialmente a Ação Católica francesa, belga e canadense foram se distanciando de J. Maritain e seu programa de Neocristandade, para ligar-se ao personalismo de E. Mounier. Em lugar do "ideal histórico concreto", aparece a noção de "consciência histórica", o que permite uma certa superação do dualismo presente no ideal histórico – cidade de Deus e civilização profana[2]. A partir do personalismo de E. Mounier, por um lado toma-se consciência de que não há duas histórias, uma sagrada e outra profana. Consequentemente, não se trata de levar o espiritual ao temporal, pois ele já está lá. Por outro lado, a noção de "consciência histórica" não aponta para um modelo acabado e fechado, preparado por antecipação, com seus "princípios médios", mas trata-se de uma tarefa mais difícil e ambiciosa. Trata-se de uma consciência histórica de tipo antropológico, que substituiu outra de tipo cosmológico; assume uma perspectiva obrigatoriamente pluralista e estabelece um diálogo entre a cultura contemporânea e o cristianismo em três dimensões – encarnação, humanização e superação. O papel do cristão é inserir-se na história, não de forma atomizada e individual, mas em seus movimentos e projetos e com uma presença crítica diante de tudo o que aliena o ser humano[3].

Concretamente, a noção de "consciência histórica", socialização e personalização se condicionam dialeticamente, abrindo aos cristãos a possibilidade de militar politicamente em partidos e organizações não cristãs, sem que isso signifique, entretanto, o abandono da fé como sentido último da história. Com isso, dá-se a ruptura com o projeto da Neocristandade. Tem razão o movimento de não se constituir em movimento político, levando a Igreja, como instituição, para uma ação sobre o mundo, o que seria uma forma de atuação nos moldes do projeto de Cristandade (de cima para baixo, através do clero) ou Neocristandade (de baixo para cima, através dos leigos). Mas, até o

---

2. GOMEZ DE SOUZA, L.A. *A JUC – Os estudantes e a política*. Petrópolis: Vozes, 1984, p. 156-157.

3. LIMA VAZ, H.C. *Cristianismo e consciência histórica*. São Paulo: Loyola, 1963, p. 66-67.

Vaticano II, a Igreja tinha dificuldade em assumir a necessidade dos cristãos atuarem na sociedade de forma organizada como cidadãos, através dos corpos intermediários das organizações sociais, inclusive dos partidos políticos e da ocupação de espaços de poder no exercício da democracia. O fato é que na América Latina e fortemente no Brasil, dado o fechamento da instituição eclesial frente ao novo passo a ser dado, pouco a pouco a Ação Católica, enquanto movimento, vai se eclipsando, embora seu legado permaneça.

1.2 O método da Ação Católica na ação pastoral

Historicamente, ainda que o movimento gradativamente se eclipse, o método *ver-julgar-agir*, praticado pela Ação Católica especializada na América Latina durante décadas, iria continuar presente nos processos pastorais, mesmo no período de franca involução eclesial, que se estendeu sobretudo durante os pontificados de João Paulo II e de Bento XVI. O método iria tornar-se roteiro para reuniões e assembleias, estruturar textos e documentos da Igreja e, sobretudo, se tornaria referencial no planejamento pastoral. Dentre a série de práticas que se tornaram habituais nos processos pastorais da Igreja em geral, que vem de hábitos criados pela Ação Católica, pelo menos dois deles merecem destaque: as costumeiras análises de conjuntura e a metodologia das assembleias de pastoral, especialmente as de planejamento.

No axioma de *Medellín* – "todo compromisso pastoral brota de um discernimento da realidade" –, a partir do costumeiro *ver* do método da JOC, a "análise de conjuntura" vai tornar-se um *habitus* pastoral. Desde a década de 1970, na maioria das Igrejas Locais na América Latina, sobretudo onde a Ação Católica tinha tido presença significativa, não há reunião de grupo ou de conselho de pastoral, muito menos assembleias eclesiais, sem que se comece os trabalhos com um momento de "análise de conjuntura" socioeclesial. Sem se descuidar de fazer ponte com a análise estrutural, parte-se do pressuposto que um compromisso pastoral consequente com seu contexto precisa estar situado na realidade do momento, condição para se fazer processo. Instituições como Conferências Episcopais Nacionais, assessoradas por analistas, publicavam e muitas delas ainda publicam com certa frequência uma análise da conjuntura do momento, buscando dar maior historicidade e concretude aos processos pastorais. Nesse período, foram de grande valia para a Igreja no Brasil instituições de pesquisa como o Ceris e o Ibrades e organismos de reflexão teológico-pastoral como o Instituto Nacional de Pastoral (INP). Infelizmente, com o processo de "involução eclesial" nas décadas dos dois pontificados que precederam o atual e o gradativo distanciamento da Igreja da renovação do Vaticano II e da tradição libertadora, as análises de conjuntura foram rareando e, hoje, sobretudo nas Igrejas Locais, praticamente caíram em desuso.

Herança do método *ver-julgar-agir* também foi a dinâmica das assembleias de pastoral em âmbito diocesano e nos Regionais da Conferência Episcopal como no Brasil. Enquanto em âmbito nacional estas são mais de bispos, assessores e representantes de organismos de Igreja, nas regiões e, sobretudo, nas dioceses são assembleias com representação do Povo de Deus, amplamente sinodais. Nestes espaços, a análise de conjuntura encabeça o evento, ou seja, a vida do povo é sempre o ponto de partida da ação pastoral. Normalmente, as assembleias, sobretudo quando são de planejamento, a exemplo do que acontecia na Ação Católica, são preparadas por um levantamento prévio da realidade junto às comunidades eclesiais, que é levado à assembleia para análise, sempre com a ajuda de um "assessor", geralmente um teólogo pastoralista ou um cientista social. Na sequência, vem a "iluminação", apoiada em documentos do magistério, seja preparada com antecedência e submetida à discussão da assembleia, seja feita entre todos no evento, com a ajuda de um assessor qualificado. Em um terceiro momento, vêm as respostas pastorais aos desafios postos pela realidade e iluminados pela palavra da Revelação através da voz da Igreja, em forma de programação. Nas décadas de involução eclesial em relação à renovação do Vaticano II e da tradição libertadora, quando os planos de pastoral são substituídos por "diretrizes da ação evangelizadora", vai-se tomar distância desta prática habitual. Hoje, com o resgate da renovação conciliar e da tradição libertadora pelo pontificado de Francisco, pouco a pouco a prática é retomada em muitas Igrejas Locais ou pelo menos em determinados espaços e segmentos eclesiais.

2 A radicalização e a crise da Ação Católica

Foi justamente a noção de "consciência histórica", de E. Mounier, superando a noção de "ideal histórico concreto", de J. Maritain, que levou a Ação Católica romper com a Neocristandade e a uma radicalização de seus novos ideais, provocando um choque com a instituição eclesial. Isso deu-se nas Igrejas Locais e em âmbito nacional em vários países, mas os que viveram a crise primeiro foram justamente aqueles em que o movimento estava mais na vanguarda – na Europa, Itália e França e, na América Latina, o Brasil.

2.1 A crise da Ação Católica na Itália e na França

Na Itália, significativa foi a crise da Ação Católica em Milão, cidade industrial e onde a juventude no embate sobretudo nos meios operários havia antecipado o debate de muitas questões que em outros lugares, inevitavelmente, também iriam emergir. Como movimento de grandes proporções, no seio da Ação Católica há tendências diferentes, nem sempre complementares. Em Milão, a tendência "culturalista", que toma distância de uma análise mais estrutural da sociedade, em especial da sociologia, da política e da economia, acusa a Ação Católica de politizar a fé.

O desfecho foi a criação, em 1969, de *Comunione e Liberazione*, uma dissidência do movimento com linguagem progressista, mas com práticas moderadas, calcadas na cultura e na instituição eclesial, mais questionando o mundo do que buscando fazer-se presente nele. Volta uma espécie de dualismo, típico da postura de Neocristandade e de J. Maritain, que esconde um neointegrismo na medida em que centraliza tudo em uma ação conquistadora por parte da Igreja e absorvedora do mundo.

Trata-se de uma postura que não consegue ser o social socialmente, prisioneira de uma visão ainda marcadamente religiosa da realidade, tal como a Ação Católica especializada havia feito em seus primórdios. Acusa-se a Ação Católica de reduzir tudo ao social e de perder de vista a dimensão religiosa do compromisso cristão, justamente porque não se consegue dar o passo do eclesial ao contexto social, de uma atuação restrita ao âmbito eclesial e de uma ação organizada dos cristãos na sociedade autônoma, como cidadãos. Subjacente à postura dos dissidentes, está a questão da participação na política, do modo de inserção no mundo e a concepção de autoridade, ou seja, o estatuto do leigo na Igreja e na sociedade[4].

Na França, foi onde a Ação Católica especializada mais avançou na Europa, mais consequente com os desafios do momento do que na Bélgica, onde ela nasceu. Lembremos que a noção "revisão de vida", que vai fazer a trilogia do método da JOC inter-relacionar-se dialeticamente, foi tematizada pela Juventude Agrária Francesa, um dos poucos países onde a JAC superou a JOC em posições de vanguarda. Ainda na década de 1940, apareceram as primeiras tensões entre a Juventude Estudantil Católica (JEC) e a Juventude Operária Católica (JOC). A JEC é acusada de "participar da vida política". Seus assistentes eclesiásticos, mais ligados a Maurice Blondel e sua "filosofia da ação" do que a J. Maritain e seu "primado espiritual", expressam a dificuldade em distinguir entre ação educativa e ação política. A Ação Católica nasceu e, por muito tempo, se propôs ser "uma escola", ficar restrita ao campo da formação dos jovens no espaço eclesial. A ação no mundo seria um compromisso pessoal do jovem, de forma atomizada na sociedade.

Em 1965, a crise se generaliza. Para os militantes, a Igreja deve deixar para trás a mentalidade de Cristandade e abrir-se aos valores dos tempos modernos. Não veem possível separar a pedagogia do movimento do engajamento na sociedade, ainda que a vocação da Ação Católica transcenda a política. E, inevitavelmente, haverá rupturas com a instituição eclesial[5].

---

4. Cf. GOMEZ DE SOUZA. L.A. *A JUC – Os estudantes e a política*. Op. cit., p. 239-242.
5. Ibid., p. 242-246.

2.2 A crise da Ação Católica no Brasil

No Brasil, na década de 1960, a Ação Católica também se radicaliza, rompendo com o projeto de Neocristandade, ainda que, diferente da Europa, sem romper com a Igreja ou vice-versa. A tensão explicitou-se no Congresso do décimo aniversário da Juventude Universitária Católica (JUC), em 1960, e o desfecho deu-se no Congresso Nacional da Juventude Operária Católica (JOC), em 1968. Isso explica por que a JUC se radicalizou antes do golpe militar de 1964 e, a JOC, depois dele[6]. Os militantes constatam a defasagem entre a necessidade urgente de transformação da sociedade a partir da fé e a ineficiência da Doutrina Social da Igreja, como mediação adequada para realizar esta mudança. Com isso, parte do episcopado e da hierarquia expressa sua preocupação com o que parecia ser uma "marxização" da juventude brasileira[7]. Sem opções, parte dos militantes da JUC irá agrupar-se na Ação Popular (AP), fundada em 1962, como base latino-americana da prática cristã revolucionária. Um movimento político ambíguo, pois, de um lado está a consciência política inspirada na visão histórico-filosófica do ser humano de E. Mounier e Teillard de Chardin e, de outro, a prática política atrelada à teoria de K. Marx, baseada na luta de classes.

No Brasil, diferente de outros lugares, a Igreja em geral e a hierarquia em particular não irão continuar alinhadas ao modelo de Neocristandade. Ajudados por outros movimentos mais realistas como o Movimento de Educação de Base (MEB) e inspirados na pedagogia de "alfabetização-conscientização" de Paulo Freire, os jovens da Ação Católica constatam que o verdadeiro inimigo não é o marxismo, mas "a miséria das massas". A crise, somada às tensões com a Igreja institucional e à repressão do golpe militar de 1964, vai desembocar na atomização da Ação Católica, uma espécie de "catolicismo de diáspora", pois compreende-se que os cristãos devam atuar no temporal, não como grupo confessional, mas como cidadãos cristãos, nas organiza-

---

6. Cf. MOREIRA ALVES, M. *L'Église et la politique au Brésil*. Paris: Du Cerf, 1974, p. 114-154.

7. PINTO CARVALHEIRA, M. Movimentos históricos e desdobramentos da ACB. In: *REB*, 43, p. 10-28, 1983.

ções da sociedade civil. Para isso, a pedagogia da "revisão de vida" é transformada em um processo dialético de reflexão-prática da fé[8].

Entretanto, com a crise do movimento, no Brasil e na Igreja em geral, os postulados da Ação Católica não desaparecerão, antes vão se diluir na nova atmosfera criada em torno ao Concílio Vaticano II, de reconciliação com o mundo moderno, de superação do eclesiocentrismo e da mentalidade de Cristandade, de inserção dos cristãos no mundo, como cidadãos, militando nos corpos intermediários da sociedade civil e nos partidos políticos, como fermento na massa. A Ação Católica ajudou a Igreja a tomar consciência de que, mesmo que não esgote a mensagem cristã, a política é uma dimensão importante da vida humana e a forma mais nobre da caridade, capaz de contribuir significativamente para uma sociedade democrática e fraterna, expressão da dimensão imanente do Reino de Deus, na precariedade da história.

3 Método ver-julgar-agir e planejamento pastoral

No âmbito do planejamento pastoral há diversos métodos em exercício, desde que a Igreja introduziu na ação evangelizadora o planejamento técnico na década de 1960. Na América Latina, acusando recepção da racionalidade moderna e das práticas transformadoras nos meios populares, criou-se o planejamento participativo. Nos meios eclesiais ele foi ajustado à dinâmica da trilogia *ver-julgar-agir* da Ação Católica, integrando o espírito da renovação do Vaticano II e da tradição libertadora[9]. É o modelo de planejamento presente nos

---

8. Cf. GOMEZ DE SOUZA, L.A. *A JUC – Os estudantes e a política*. Op. cit., p. 213-228.

9. Sobre a metodologia do planejamento participativo, cf. BRIGHENTI, A. *Metodologia para um processo de planejamento participativo*. São Paulo: Paulinas, 1988. • BRIGHENTI, A. *Reconstruindo a esperança – Como planejar a ação da Igreja em tempos de mudança*. São Paulo: Paulus, 2000. • CABELLO, M. et al. *Manual de planificación pastoral*. Santiago: Paulinas, 1985. • JIMÉNEZ J.; PEÑA E. *Interpretación de la realidad*. Bogotá: Centro de Publicaciones del Celam, 1993. • JIMÉNEZ, J.; PEÑA E. *Planeación Pastoral Participativa*. Bogotá: Centro de Publicaciones del Celam, 1993. • VELA, J.A. *El proceso de planificación y planificación participativa*. Bogotá: CIV – Casa de la Juventud, 1988, n. 141-142. • VELA, J.A. *El proceso de la planificación y la planificación participativa* (módulo 1). Bogotá: CIV – Casa de la Juventud, 1995, n. 170. • VELA, J.A. *El proceso de la planificación y la planificación participativa* (módulo 2). Bogotá: CIV – Casa de la Juventud, 1995, n. 170. • VELA, J.A. *El proceso de la planificación*. Bogotá: CIV – Casa de la Juventud, 1993, n. 170. • VELA, J.A. Racionalidad interna de toda

espaços eclesiais que caminham neste espírito desde então. Desde a década de 1970 e nas três seguintes ele foi hegemônico. Nos espaços que tomaram distância da renovação conciliar e da tradição libertadora passou-se a recorrer ao planejamento prospectivo, modelo adotado pelo Movimento por um Mundo Melhor, bem como ao Sine (Sistema Nacional de Evangelização) dos meios da renovação carismática. Ao contrário do planejamento participativo, um método indutivo ou mais propriamente dialético, estes são métodos dedutivos, cujo ponto de partida não é a realidade, mas o ideal da fé.

A originalidade do planejamento participativo, a exemplo do método *ver-julgar-agir*, está em partir da ação e retornar à ação, privilegiando, entretanto, o processo em relação aos resultados. Nesta perspectiva, a Igreja no Chile e a Igreja no Brasil foram as pioneiras na dinamização desse processo. Pouco a pouco, estas práticas foram sendo sistematizadas por pastoralistas, principalmente destes países e da Colômbia. Escolas de planejamento formaram milhares de agentes de pastoral. No Chile, em torno ao Padre Cabello e equipe; no Brasil, Francisco Witaker, que acusa recepção da pedagogia de Paulo Freire na esfera do planejamento; na Colômbia, estão o Instituto Teológico-Pastoral para a América Latina (Itepal) do Celam, com Jorge Jiménez Carvajal e a Casa de la Juventud, com Jesús Andrés Vela e sua equipe.

A base do método do planejamento participativo é *ação-reflexão-ação*, acusando recepção da emancipação da razão prática. Tecnicamente, comporta três momentos básicos, em relação dialética: *ver analiticamente, julgar teologicamente e agir pastoralmente*. Como se pode perceber, a metodologia do planejamento participativo vem na esteira do método esboçado por J. Cardijn – *ver-julgar-agir*. A pertinência do método se deve ao fato de acusar recepção da racionalidade moderna, indutiva e histórica, e sua relevância se remete ao Vaticano II, na perspectiva na *Gaudium et Spes* – leitura dos Sinais dos Tempos, desígnios de Deus sobre a realidade atual e desafios pastorais daí decorrentes.

Planificación Pastoral. In: *Theol. Xav.*, 85, p. 433-474, 1987. • WITAKER FERREIRA, F. *Planejamento sim e não*. Rio de Janeiro: Paz e Terra, 1981.

3.1 Os três momentos do planejamento participativo

O planejamento participativo quer ser, antes de tudo, um processo de pensar a ação – antes, durante e depois – dela, bem como de tomada de decisão partilhada, privilegiando o processo de participação em relação aos resultados. A exemplo do método *ver-julgar-agir*, os três grandes passos do método participativo estão articulados entre si dialeticamente, a partir do polo da ação: marco da realidade (ver analiticamente), marco doutrinal (julgar teologicamente), marco operacional (agir pastoralmente). O marco da realidade e o marco doutrinal conformam o marco referencial; porquanto, toda ação que queira ser consequente com seu contexto precisa ter presente a realidade histórica na qual se está inserido, bem como a utopia à qual se quer redirecionar esta mesma realidade.

O *Marco da Realidade* constitui o ponto de partida do processo de planejamento. Basicamente, consiste nas pessoas envolvidas no processo explicitarem, a partir de suas práticas, a realidade socioeclesial na qual estão inseridas. Tal como para J. Cardijn, para quem "o agir é a melhor introdução ao ver", para o planejamento participativo, uma avaliação das práticas é sempre a melhor introdução ao conhecimento da realidade, pois a apreensão do contexto pelos próprios sujeitos faz deles os geradores do conhecimento a respeito deles mesmos. Por realidade entende-se a situação, primeiro a social e, depois, a eclesial, dado que a Igreja está dentro do mundo. Como se trata de uma apreensão da realidade, em vista de sua transformação, procura-se colocar em evidência sobretudo suas contradições da mesma com a mensagem cristã.

O segundo momento do planejamento participativo, o *Marco Doutrinal*, consiste em projetar o futuro desejável para a realidade apreendida pelo Marco da Realidade, fruto da mútua confrontação entre revelação e situação, em forma de um referencial teórico ou da utopia do Evangelho para a realidade em questão. A confrontação entre situação e revelação provoca uma dupla modificação de sentido: uma novidade de sentido da realidade, pelo impacto sobre ela da mensagem revelada e, por sua vez, uma novidade de sentido da revelação, pelo impacto da situação sobre ela.

O terceiro momento do planejamento participativo, o *Marco Operacional*, alicerçado nos dois momentos anteriores, que fizeram um processo de reflexão ascendente desde a ação, por sua vez, faz o caminho descendente, a volta à ação. Compõe-se de quatro passos: do *Diagnóstico Pastoral*, que trata de identificar, no próprio contexto, as forças de apoio e de resistência da realidade em relação à utopia, as tendências positivas e negativas, os maiores problemas e, dentre estes, as maiores urgências pastorais ou necessidades de evangelização; do *Prognóstico Pastoral*, que busca projetar os objetivos a alcançar, os critérios de ação para sua operacionalização e a elaboração do inventário de recursos; da *Programação Pastoral*, que se compõe de programas e projetos de ação, com seu devido cronograma; e do *Marco Organizacional*, composto pela projeção das estruturas e dos organismos que darão suporte à execução da ação e avaliação, que tem o papel de permanentemente retroalimentar a ação[10].

3.2 A inter-relação dialética dos momentos entre si

A exemplo dos três momentos da trilogia do método da JOC, os momentos do método participativo também estão relacionados entre si.

O Marco da Realidade amarrado à ação pela avaliação. O método participativo, situando-se no horizonte da razão prática, parte da ação para voltar à ação. Além disso, tem-se consciência de que a relação entre sujeito e realidade é uma relação sempre mediatizada pelo conhecimento. Não existe para o sujeito a objetividade total. Se a realidade coincidisse com a visão que o sujeito tem dela, vã seria a ciência. Neste sentido, todo ponto de vista é sempre uma visão a partir de um ponto, que pode ser enriquecida com outros pontos, mas que não anula a inevitável contextualização de todo saber, como produto cultural que é. Assumindo estas contingências, o método participativo se alicerça sobre o sujeito e, mais concretamente, sobre sua prática. Tecnicamente, atrela o *ver* às práticas dos sujeitos e das pessoas em geral, olhadas por eles mesmos, começando por uma avaliação da ação – "o agir é a

---

10. Cf. BRIGHENTI, A. *Reconstruindo a esperança – Como planejar a ação da Igreja em tempos de mudança.* Op. cit., p. 63-65.

melhor introdução ao ver", dizia o fundador da JOC, Joseph Cardijn. Trata-se do trinômio ação-reflexão-ação, um procedimento que tem na avaliação o principal conteúdo de reflexão. As melhores ideias não caem do céu, brotam de práticas concretas, afirma um axioma dos filósofos da práxis. Começar por uma boa avaliação e, depois, procurar ser consequente com ela, evita-se o perigo de um processo de planejamento artificial ou fictício, pois tudo o que se vai procurar conhecer a seguir é para compreender-se melhor e entender com mais objetividade o mundo em que se está inserido[11].

O Marco Doutrinal sob o reflexo do Marco da Realidade. O Marco da Realidade define "quem somos", enquanto que o Marco Doutrinal busca explicitar "o que queremos ser", mas a partir do "que somos". Um bom Marco Doutrinal é a "transfiguração" do que está "desfigurado". Portanto, ele não parte de um ato de abstração, nem da Bíblia tomada fora da vida de uma comunidade de fé (tradição). Busca-se compreender o "que queremos ser" à luz do "que somos" e "o que somos" à luz do "que queremos ser". Entre revelação e realidade se estabelece uma relação hermenêutica dialética, que provoca em ambas uma dupla modificação de sentido. Por um lado, há uma modificação de sentido da realidade, pelo impacto da Revelação sobre ela e, por outro, há uma novidade de sentido da própria Revelação, pelo impacto da realidade sobre ela[12].

O Diagnóstico como o resultado da confrontação dos dois marcos. Dar este passo, de forma desconectada dos dois passos anteriores, compromete-se todo o processo. A luz ou o referencial teórico, para um discernimento de tal magnitude, vem do Marco Doutrinal. Já o resultado vem da confrontação entre "o que somos" com "o que queremos ser". O Diagnóstico é a conclusão do processo de apreensão da realidade, expressada num juízo comparativo entre o "como está" com o que "como deveria estar". O Marco da Realidade permitiu ir até às causas. Ora, é precisamente aí que se encontra o elemento de articulação do Diagnóstico com os dois marcos. Um bom Diagnóstico irá receitar re-

---

11. Ibid., p. 121-122.
12. Ibid., p. 123-124.

médios às causas reais dos problemas identificados, começando pelas causas principais, de onde nascem as prioridades de ação[13].

O Prognóstico como aterrissagem da utopia em médio prazo. O Marco Operacional começa com a elaboração dos Objetivos. Um objetivo determina "o que" alcançar (um resultado) e "para que" alcançar (a razão). Os Objetivos são de duas ordens: o Objetivo Geral é o enfoque global, ou seja, o ponto de convergência de todo o plano; e, os Objetivos Específicos, operacionalizam o objetivo geral. O "o que" alcançar – isto é, o resultado que se busca – se refere à utopia para a realidade identificada. O "para que", a razão do resultado projetado, também vem do Marco Doutrinal. Como se pode perceber, o Marco Doutrinal aponta para uma utopia em longo prazo; já o Prognóstico busca determinar o que é possível concretizar, desta utopia, a médio prazo. Por sua vez, os Objetivos colocam-se no caminho da "volta à ação", através dos critérios de ação que determinam o modo e as formas para alcançar os resultados projetados. Os modos provêm do Marco Doutrinal e as formas são dadas pelo Marco da Realidade. O Prognóstico termina com o Inventário de Recursos. Antes de levar as Estratégias à ação, pela Programação, é preciso averiguar as condições de realização, em termos de recursos de diversa índole. O Inventário se faz sobre a realidade que se tem, mas também se pode levantar os recursos com os quais se poderá contar[14].

A Programação como concretização de Estratégias. A Programação se desprende das Estratégias de Ação. É dentre o leque de Estratégias elencadas para cada política e levando-se em conta o inventário de recursos que se determina, com precisão, o que realmente se deve e se pode fazer para alcançar o ideal proposto e, assim, reverter a situação-problema que se tem. As atividades afins são agrupadas em Programas de Ação que, por sua vez, são operacionalizados através de Projetos. Ao desenhar o Projeto em sua meta (o que), passos (como), responsáveis (quem), recursos (com que), data (quando) e lugar (onde), também se segue de perto os passos anteriores. A meta, os passos e

---

13. Ibid., p. 124-126.
14. Ibid., p. 126-128.

os responsáveis dependem das Estratégias; os recursos e o lugar, do Inventário realizado; e, a data, depende do curso de ação e do prazo de realização estipulado para o plano. Termina-se a Programação com a distribuição do conjunto das atividades no tempo estipulado para a execução do Plano, elaborando-se o Calendário Pastoral[15].

O Marco Organizacional como suporte da Programação. Não basta projetar a ação. É preciso pensar também sua execução, que vai além da boa vontade. Faz-se necessário um suporte institucional. Sem ele, a ação fica na intenção e a instituição se anarquiza. Na Igreja, suas estruturas, organismos e primeiros responsáveis devem estar a serviço da ação evangelizadora. Portanto, por um lado, é à luz da ação projetada que as estruturas eclesiais devem ser criadas ou reavaliadas e, por outro, é tendo presente a programação que se quer levar à prática que se encontra os critérios para isso. É a programação que vai apontar para as estruturas e organismos necessários para dar suporte à ação. De acordo com a ação que se quer realizar, há estruturas novas a criar, organismos antigos a reestruturar e certamente organizações a suprimir, caso já não sejam suporte para nenhuma ação[16].

4 Método ver-julgar-agir e o Sínodo de planejamento da Diocese de Tubarão

A título de ilustração do uso e aplicação do método *ver-julgar-agir* na ação pastoral e, particularmente, no planejamento da ação evangelizadora, vamos evocar o evento do Sínodo de Planejamento da Diocese de Tubarão/SC, levado a cabo na década de 1980. Foi um processo de três anos, que mobilizou as então 600 comunidades das 55 paróquias da Diocese, por sua vez agrupadas em quatro regiões pastorais denominadas "comarcas". No levantamento da realidade socioeclesial da Diocese, participaram de uma pesquisa de campo por amostragem 54 mil pessoas, das então 400 mil que compunham a população da região que abrange a Diocese, majoritariamente católica na época. Nos mo-

---

15. Ibid., p. 129-131.
16. Ibid., p. 131-132.

mentos de consulta e discussão durante o processo, normalmente era envolvida e participava praticamente a totalidade dos membros ativos das comunidades eclesiais[17].

O exercício da sinodalidade é o principal contributo do planejamento participativo aplicado à pastoral. Mas não é isso que vamos ilustrar aqui, nem seus resultados ao final do processo e nos anos seguintes de sua aplicação[18]. Vamos nos restringir ao exercício da metodologia adotada em um processo de planejamento que percorreu os três grandes momentos do planejamento participativo, uma metodologia que vem na esteira do método *ver-julgar-agir*[19].

4.1 A metodologia dialética, ativa e participativa do Sínodo de planejamento

O planejamento participativo, em especial no Brasil, foi a ferramenta usada nos processos de avaliação e reprojeção da ação pastoral, praticamente em todos os âmbitos eclesiais, tanto nas dioceses como nos âmbitos supradiocesanos. A metodologia do planejamento participativo, tal como o método *ver-julgar-agir* da JOC, não é apenas uma técnica, é antes uma pedagogia e um modo de ser Igreja no mundo. Inscreve-se na perspectiva da *Gaudium et Spes,* que significa um esforço de reconciliação e *aggiornamento* da Igreja com o mundo, assim

---

17. Para uma visão mais completa do evento, cf. os cinco trabalhos publicados pelo Sínodo: SECRETARIADO DIOCESANO DE PASTORAL. *Diocese de Tubarão, quem somos? – Monografia da realidade social e eclesial*. Tubarão: Dehon, 1984. • SECRETARIADO DIOCESANO DE PASTORAL. *Diocese de Tubarão, para onde vamos? – Marco doutrinal para a realidade da região sul do Estado*. Tubarão: Dehon, 1985. • SECRETARIADO DIOCESANO DE PASTORAL. *Compêndio dos documentos do Sínodo de Planejamento Pastoral Participativo – Plano Diocesano de Pastoral 1986-1990*. Tubarão: Dehon, 1987. • SECRETARIADO DIOCESANO DE PASTORAL. A Diocese em Sínodo. In: *Diocese em Foco – Orgão Oficial de divulgação da Diocese de Tubarão* (mais de 20 artigos publicados por A. Brighenti, que fazem um relatório de cada passo do processo durante os anos de 1984, 1985 e 1986).

18. Sobre os desafios e os resultados, cf. BRIGHENTI, A. "Igreja povo a caminho da libertação" – O Sínodo Diocesano de Planejamento Participativo. In: *Arquivos do Secretariado Diocesano de Pastoral*, dez./1990.

19. Sobre a metodologia do Sínodo, cf. BRIGHENTI, A. *Metodologia para um processo de planejamento participativo*. Op. cit. Esta pequena publicação recorre os passos de uma metodologia de planejamento originária das equipes populares da Igreja chilena dos anos de 1970, trabalhada, a seguir, sobretudo por Jorge Jiménez no Instituto Pastoral do Celam nos anos de 1980 e, enfim, completada pelo autor, a partir de cursos no Celam, encontros com Francisco Witaker e pela própria experiência pastoral.

como de *Medellín*, o compromisso de edificação de "uma Igreja dos pobres e para os pobres para que seja a Igreja de todos" (João XXIII) e da busca de desconcentração do poder na própria instituição. Pedagogicamente, no planejamento participativo, como na Ação Católica, o compromisso cristão nasce de um discernimento da realidade, mediado pelas ciências humanas e do social, iluminada pela Palavra revelada, lida no contexto de ontem e de hoje, em vista de um compromisso consequente com os desafios oriundos de um contexto interpelado pelos ideais da Revelação. O processo de *ver* e de *julgar* carrega em seu seio, intencionalmente, o compromisso de *agir* para a transformação do que foi visto e iluminado pela fé.

Circunscritos ao âmbito pastoral, narremos alguns elementos do processo. A proposta de um Sínodo de Planejamento, envolvendo a Diocese como um todo, nasceu numa reunião do Conselho Diocesano de Pastoral[20]. Em seguida, ela foi encaminhada a uma reunião dos presbíteros da Diocese, com representantes de agentes de pastoral das paróquias[21] e, finalmente, foi discutida em reunião das Comarcas[22]. Daí nasceram os objetivos do Sínodo, aprovados em Assembleia Diocesana de Pastoral[23]: "dar mais voz e vez ao leigo/a na Igreja, através de sua participação ativa no processo de tomada de decisões relativo à vida e à ação pastoral; privilegiar mais o processo (o planejamento) do que os seus resultados (o plano); fazer a Igreja ser mais Povo de Deus, despertando a corresponsabilidade entre clero e leigos; envolver no processo de planejamento todos os âmbitos eclesiais: comunidades, paróquias, comarcas, diocese; elaborar um plano de pastoral alicerçado não somente sobre a realidade eclesial, mas também a social"[24].

---

20. Reunião ocorrida no Bispado, em Tubarão, no dia 24/02/1983.

21. Reunião ocorrida em 02/03 do mesmo ano, em Urussanga.

22. Trata-se das reuniões do mês de julho do mesmo ano, cf. *Compêndio dos documentos do Sínodo de Planejamento Pastoral Participativo – Plano Diocesano de Pastoral 1986-1990*. Op. cit., p. 22-23. Por "comarcas" entende-se as regiões pastorais que agrupam diversas paróquias vizinhas.

23. Assembleia ocorrida nos dias 07-09/11/1983 em Urussanga.

24. Cf. *Compêndio dos documentos do Sínodo de Planejamento Pastoral Participativo – Plano Diocesano de Pastoral 1986-1990*. Op. cit., p. 20-21.

A determinação dos objetivos do Sínodo condicionava, na prática, o tipo de metodologia a ser utilizada no processo. Colocavam-se na busca dos ideais de uma Igreja "comunhão" e "participação", consagrados por Puebla, assim como acenavam para uma metodologia que fosse, de um lado, uma "pedagogia de unidade" e, de outro, uma "pedagogia de conversão para a realidade". Tratava-se, pois, de uma metodologia que ia de encontro ao método *ver-julgar-agir*, um tripé articulado dialeticamente, ou seja, "ver analiticamente" a realidade, iluminada por um "julgar teologicamente", em vista de um "atuar pastoralmente". Com isso, explicitava-se a vontade de reatar a caminhada da Diocese como um todo, com a caminhada da Igreja na América, empreendida a partir de *Medellín*.

Para a metodologia participativa utilizada pelo Sínodo, o mais importante não é planejar, mas o "modo" como se planeja, pois, ao mesmo tempo em que ela prioriza a ação, estabelece também uma clara escala de valor entre "planejamento" e "plano". No planejamento participativo, depois da ação, o mais importante é o planejamento, que é o processo de tomada de decisões em vista da ação, e não o plano, que é apenas o registro das decisões tomadas. Todo plano caduca, passa. O planejamento rejuvenesce, renova e reorganiza a ação[25]. O modo como se planeja é fundamental, uma vez que se pode, simplificando a questão, planejar de maneira "participativa", mas também, como é o mais comum, de maneira "discriminante"[26].

A metodologia participativa levada à prática pelo Sínodo da Diocese de Tubarão percorreu três grandes momentos: Marco da Realidade (ver), Marco Doutrinal (julgar) e Marco Operacional (agir). O Marco da Realidade consistiu no estudo da realidade sócio-histórico-pastoral da Diocese e na análise de seus principais problemas. O Marco Doutrinal disse respeito à iluminação da realidade levantada a partir da Revelação lida em estreita relação com os dados levantados. Preparando o Marco Operacional passou-se pelo Diagnóstico Pastoral, fruto do confronto entre o Marco da Realidade e o Marco Doutrinal, entre

---

25. Cf. BRIGHENTI, A. *Metodologia para um processo de planejamento participativo*. Op. cit., p. 10-12.

26. Ibid., p. 15.

"quem somos" e o "que deveríamos ser", que resultou na identificação das forças de apoio e de resistência, das tendências negativas e positivas e na determinação das urgências pastorais[27]. O Marco Operacional foi a fase de tomada de decisões, o momento da volta à ação, da elaboração do plano global de ação, caracterizada por quatro passos. Tendo presente os dois marcos anteriores, primeiramente se elaborou o Prognóstico Pastoral, que consistiu na definição do Objetivo Geral da ação pastoral e dos Objetivos Específicos, bem como da Programação, com a definição dos programas e projetos pastorais. A seguir vem a definição do suporte organizacional que dariam sustentação à ação projetada. A Organização consistiu na determinação dos mecanismos de coordenação que iriam animar, coordenar e supervisionar a ação. Finalmente, veio o Controle e Avaliação. O Controle destina-se à correção ou adaptação do Plano de Ação durante a sua aplicação e a Avaliação contempla a revisão do Plano em sua globalidade no final do prazo estipulado para sua aplicação[28].

4.2 O processo do Sínodo em seus três grandes momentos

No processo do Sínodo, nos parâmetros do método participativo, privilegiou-se a participação aos resultados, dado que bons resultados, que contribuirão com a transformação da realidade, dependem da participação de todos os interessados. Por princípio, tentou-se chegar a toda a população na Diocese, pois a pesquisa de campo e outros momentos do processo contemplaram também não católicos. No âmbito eclesial, concretamente foram envolvidas as 53 paróquias de então, com suas 600 comunidades organizadas em torno do culto e de seus diversos serviços pastorais, bem como também as 65 comunidades religiosas. A coordenação do processo nas paróquias e nas comarcas esteve a cargo de uma equipe capacitada para essa finalidade, composta de cinco membros[29]. No âmbito diocesano, a coordenação este-

---

27. Ibid., p. 26.
28. Ibid., 27.
29. Essas equipes eram designadas *Equipe Paroquial de Coordenação do Sínodo* que, em muitas paróquias, era composta, além do grupo da matriz, por um membro de cada comunidade da paróquia.

ve a cargo da Equipe Central de Coordenação do Sínodo, composta pela Coordenação Diocesana de Pastoral, pelos Vigários Comarcais e por um grupo de peritos em ciências humanas e sociais. Quanto às decisões, foi convencionado que elas seriam tomadas em assembleias paroquiais, comarcais e diocesanas, através de um consenso de, no mínimo, 2/3 dos participantes.

A definição do Marco da Realidade

O primeiro passo dado foi procurar conhecer "participativamente" a realidade "sócio-histórico-pastoral" do sul catarinense; ou seja, definir o Marco da Realidade da Diocese. Sua preparação remota consistiu no levantamento das realidades a serem levantadas pela pesquisa de campo[30], no treinamento de auxiliares de investigação[31], na definição das unidades de pesquisa[32] e na elaboração de seus instrumentos[33]. A preparação próxima consistiu numa ampla divulgação do processo e de seus objetivos nas comunidades e nos meios de comunicação social. A abertura deu-se no dia 11 de março de 1984 através de uma celebração especial, com material próprio, em cada uma das 600 comunidades das 53 paróquias da diocese e de um painel na televisão local. De 11 de março a 15 de maio foi efetuada a pesquisa de campo, uma amostra composta de aproximadamente 55 mil pessoas. Concretamente, o conhecimento da realidade *sociopastoral* foi feito através de uma pesquisa *direta e participante*[34]. Ela foi direta, porque foram as próprias comunidades que definiram o universo da pesquisa, ou seja, *"o que"* conhecer e, participante, porque foram também elas que elaboraram comunitariamente o saber a respeito delas próprias[35]. As unidades de pesquisa, definidas pelos peritos, foram igualmente participativas.

---

30. Trata-se da determinação do universo da investigação a partir dos objetivos propostos.

31. Eles eram membros das Equipes Paroquiais de Coordenação do Sínodo, treinados para atuarem no levantamento da realidade.

32. Trata-se da determinação das fontes ou unidades da investigação direta e participante e, igualmente, da busca de dados de segunda mão, através de uma pesquisa bibliográfica.

33. Para a pesquisa de campo optou-se pela elaboração de questionários participativos.

34. Ibid., p. 35.

35. Ibid., p. 34.

A primeira foi composta por 600 grupos locais de investigação, integrado 2/5 por responsáveis pelos diversos setores de pastoral da comunidade, 1/5 por católicos praticantes não responsáveis por serviços pastorais, 1/5 por representantes de entidades civis e do poder público e, enfim, 1/5 por não católicos ou pessoas sem religião. A segunda foi integrada por 3.088 famílias, sorteadas dentre o total de famílias católicas da comunidade, sendo em número de 10 nas matrizes e de 5 nas capelas ou comunidades locais. A terceira foi constituída pelas 68 comunidades religiosas. E, finalmente, a quarta, composta pelos 120 padres que trabalhavam na Diocese[36].

A pesquisa consistiu na aplicação de quatro diferentes questionários, um em cada unidade de pesquisa. A resposta foi fruto da discussão em grupo e da decisão por um consenso mínimo de 2/3 dos integrantes. Após a pesquisa, procedeu-se à tabulação dos dados em nível paroquial, comarcal e diocesano pelas equipes paroquiais de coordenação. Os dados, em número aproximadamente de um milhão e meio, foram tabulados em 3 mil mapas[37]. Após rigorosa revisão e correção da tabulação por parte dos peritos, foi feita a redação de um informe, contendo os dados da pesquisa de campo e outros de segunda mão, como fontes bibliográficas e censos[38].

De novembro/1984 a abril/1985, portanto durante seis meses, procedeu-se ao "estudo, discussão e correção" dos dados levantados. Para isso, serviu-se do texto analítico e técnico da pré-monografia, como também de subsídios elaborados a partir dela, além de subsídios mais populares como audiovisual, álbum seriado, oito documentários exibidos por televisão e um texto de uma Via-Sacra da Quaresma, elaborada a partir dos dados levantados, destinada às reuniões de família. No mês de maio de 1985 ocorreram as assembleias paroquiais, Comarcais e a I Assembleia Diocesana do Sínodo, que recolheram as correções feitas em seus respectivos níveis e que definiram a Monografia do Marco da Realidade da Diocese. Nesta fase, atingiu-se a grande

---

36. Ibid., p. 34-35.
37. Ibid., p. 39-40.
38. Cf. *Diocese de Tubarão, quem somos?* Op. cit.

maioria da população na Diocese. Na sequência, durante os meses de julho, agosto e setembro de 1985 procedeu-se ao "estudo, discussão e correção" da realidade específica de cada paróquia. Muitas delas serviram-se, também, de material de elaboração própria, como álbum seriado, folhetos, *slides*, jornais, programas de rádio etc.[39]

A definição do Marco Doutrinal

Foi sobre a base do Marco da Realidade que se alicerçaram as demais etapas do processo, sempre de maneira participativa, com as coordenações envolvendo as comunidades e, estas, tomando as decisões, em suas assembleias nos diferentes níveis. Depois da definição do Marco da Realidade, veio então o momento de iluminação da realidade analisada, a partir dos conteúdos da fé, para definir-se o *Marco Doutrinal*. Era a segunda etapa do processo de planejamento participativo, com a finalidade de "julgar teologicamente" a realidade levantada. Também aqui procurou-se privilegiar a participação e o processo, em relação aos resultados ou ao Plano. Foram envolvidos na elaboração do Marco Doutrinal os trinta serviços ou setores de pastoral então existentes em âmbito diocesano, o Conselho Diocesano de Pastoral, o Seminário Maior de Teologia da Diocese, o Secretariado Diocesano de Pastoral, a II Assembleia Diocesana do Sínodo, uma equipe de presbíteros redatores, assim como a apreciação de professores do Instituto Teológico de Santa Catarina (Itesc)[40].

Começou-se este segundo momento com a convocação da Assembleia Diocesana para a definição dos *temas* que comporiam o Marco Doutrinal, capazes de iluminar a realidade levantada. A seguir, a Coordenação Diocesana de Pastoral acompanhou o processo de elaboração do texto, que passou por cinco redações consecutivas, num espaço de mais de dois meses de trabalho, até chegar ao anteprojeto do docu-

---

39. Ibid., p. 40-41. Os dados levantados, tanto por sua seriedade como por sua credibilidade, além de despertar o interesse das comunidades, levaram os peritos, a Coordenação Diocesana de Pastoral e outros organismos eclesiais a serem solicitados a explaná-los e discuti-los em congressos de educadores da Região Sul, em colóquios universitários, em câmaras de vereadores ou em meios de comunicação social.

40. Cf. *Compêndio dos documentos do Sínodo de Planejamento Pastoral Participativo – Plano Diocesano de Pastoral 1986-1990*. Op. cit., p. 126-127.

mento definitivo[41]. Este segundo documento do Sínodo foi organizado em duas partes. A primeira apresenta o Marco Doutrinal *geral* que orienta a globalidade do plano[42] e, a segunda, contém o Marco Doutrinal *específico*, que explicita as orientações teológico-pastorais a respeito dos Centros, agentes, meios, lugares e interlocutores especiais da ação evangelizadora[43].

A exemplo do Marco da Realidade, o Marco Doutrinal também foi "estudado, discutido e corrigido" participativamente nas 600 comunidades eclesiais das 53 paróquias da Diocese nos meses de agosto, setembro e outubro de 1985. Para isso foram utilizados 5.000 exemplares deste segundo documento e 180 mil cópias de três folhetos populares que apresentavam um resumo de todo o conteúdo do Marco Doutrinal. Além deste material, também foram apresentados oito documentários na televisão pela Equipe Central de Coordenação do Sínodo[44]. As correções, oriundas das de todos os âmbitos eclesiais, foram recolhidas pela Assembleia Diocesana do dia 5 de novembro de 1985[45].

A definição do Marco Operacional

Diagnóstico Pastoral. O Marco Operacional começou a ser preparado pela definição do Diagnóstico Pastoral. Este terceiro e último passo do Marco Referencial foi a conclusão da fase de apreensão da realidade, fruto do juízo comparativo entre o Marco da Realidade e o Marco Doutrinal. Tratou-se de um diagnóstico "sócio-analítico-pastoral" da realidade levantada, uma vez que ele representou a tomada de posição dos cristãos perante os desafios encontrados. Neste sentido, na medida em que foi um discernimento cristão da realidade sócio--histórico-pastoral e ponto de partida para uma ação transformadora,

---

41. Cf. *Diocese de Tubarão, para onde vamos?* Op. cit.

42. Cf. *Compêndio dos documentos do Sínodo de Planejamento Pastoral Participativo – Plano Diocesano de Pastoral 1986-1990.* Op. cit., p. 9-34.

43. Ibid., p. 35-110.

44. Ibid., p. 126-127.

45. O documento final do Marco Doutrinal está publicado no *Compêndio dos documentos do Sínodo de Planejamento Pastoral Participativo – Plano Diocesano de Pastoral 1986-1990.* Op. cit., p. 133-224.

o Diagnóstico Pastoral se situa entre o Marco Referencial e o Marco Operacional. O Diagnóstico da realidade sul-catarinense foi feito em duas assembleias diocesanas do Sínodo. Durante a III Assembleia[46], determinou-se os grandes problemas e desafios postos pelo estudo da realidade, identificou-se as forças de apoio e de resistência, assinalou-se as tendências negativas e positivas, indicou-se as urgências e também buscou-se pistas de resposta[47]. Após esta Assembleia, a Equipe Central de Coordenação do Sínodo, especialmente seus peritos, procedeu a uma sistematização dos conteúdos e a um enquadramento dos mesmos a partir do esquema usado na abordagem da realidade registrada no Marco da Realidade. Os conteúdos foram elencados em ordem de incidência, tal como apareceram na Assembleia, fruto do plenário dos diversos grupos de trabalho[48]. Finalmente, esta redação do Diagnóstico Pastoral foi submetida à apreciação, votação e aprovação na V Assembleia Diocesana do Sínodo[49].

O Prognóstico Pastoral. Terminada a elaboração do Marco Referencial, o primeiro passo do Marco Operacional consistiu na definição do Prognóstico Pastoral. Ele consistiu na explicitação do Objetivo Geral e dos Objetivos Específicos da pastoral diocesana, bem como, a partir dos maiores problemas levantados, na definição dos serviços pastorais a serem levados à prática, também eles com seus respectivos objetivos e critérios de ação[50]. Os Serviços ou Setores da pastoral diocesana, em número de 34, foram definidos pela IV Assembleia Diocesana[51]. A seguir, na mesma assembleia, também foram definidos e elaborados o Objetivo Geral e oito Objetivos Específicos da ação pastoral global na Diocese. Eles foram elaborados a partir da realidade sócio-históri-

---

46. Assembleia ocorrida nos dias 14-15/08/1985, em Urussanga.

47. Cf. *Compêndio dos documentos do Sínodo de Planejamento Pastoral Participativo – Plano Diocesano de Pastoral 1986-1990.* Op. cit., p. 227.

48. Ibid., p. 228.

49. Assembleia ocorrida em 21/10/1985, em Urussanga. O documento final encontra-se no *Compêndio dos documentos do Sínodo de Planejamento Pastoral Participativo – Plano Diocesano de Pastoral 1986-1990.* Op. cit., p. 225-256.

50. Cf. *Compêndio dos documentos do Sínodo de Planejamento Pastoral Participativo – Plano Diocesano de Pastoral 1986-1990.* Op. cit., p. 259.

51. Assembleia ocorrida em 14-15/10/1985, em Urussanga.

co-pastoral e do Marco Doutrinal, expressão *do que* se quer alcançar e do *para quê*[52]. Após a elaboração do Objetivo Geral e dos Objetivos Específicos, as equipes correspondentes a cada um dos 34 setores de Pastoral reuniram-se para redigir o Objetivo de seu respectivo serviço, bem como para definir os Critérios de Ação, ou seja, suas Políticas e Estratégias. Em seguida, cada Setor submeteu sua redação ao Conselho Diocesano de Pastoral e suas sugestões e reformulações foram integradas pela Coordenação Diocesana de Pastoral. Finalmente, o texto final foi apreciado, reformulado e votado pela V, VI, e VII assembleias diocesanas do Sínodo[53].

A Organização dos Mecanismos de Coordenação. Tendo-se definido o Plano Global de ação com a elaboração do Prognóstico Pastoral, o processo de planejamento participativo do Sínodo ocupou-se da Organização dos Mecanismos de Coordenação. A execução do plano estabelecido exigia uma reorganização da instituição eclesial em seus diferentes níveis, para um verdadeiro exercício da cocriatividade, da coparticipação e da corresponsabilidade. Era o momento em que se responsabilizava organismos e pessoas por ações, recursos humanos, físicos e financeiros. Esta quinta etapa do processo teve início na VII Assembleia Diocesana[54]. Em nove comissões trabalhou-se em determinar, em termos de organização, o que deveria permanecer, o que precisaria ser redimensionado e o que deveria ser criado nos âmbitos paroquial, comarcal e diocesano. A partir destas deliberações, a Coordenação Diocesana de Pastoral elaborou o anteprojeto do documento que foi submetido à apreciação e votação na X Assembleia Diocesana[55].

---

52. Cf. *Compêndio dos documentos do Sínodo de Planejamento Pastoral Participativo – Plano Diocesano de Pastoral 1986-1990.* Op. cit., p. 267.

53. Assembleias ocorridas em 21/10, 05/11 e 25-26/11/1985, respectivamente. O *Prognóstico Pastoral* encontra-se publicado no *Compêndio dos documentos do Sínodo de Planejamento Pastoral Participativo – Plano Diocesano de Pastoral 1986-1990.* Op. cit., p. 257-292.

54. Assembleia realizada, como já se disse, nos dias 25-26/11/1985.

55. Assembleia ocorrida nos dias 04-05/03/1986. Cf. *Compêndio dos documentos do Sínodo de Planejamento Pastoral Participativo – Plano Diocesano de Pastoral 1986-1990.* Op. cit., p. 295-296. Esse documento encontra-se no Compêndio. Cf. *Compêndio dos Documentos do Sínodo de Planejamento Pastoral Participativo – Plano Diocesano de Pastoral 1986-1990.* Op. cit., p. 293-330. A VIII e IX assembleias haviam se ocupado da programação pastoral para o ano de 1986.

Diretrizes e Normas Pastorais. Por fim, veio o sexto e último passo com a elaboração das Diretrizes e Normas Pastorais, última etapa do Marco Operacional, comumente denominada Controle e Avaliação[56]. Nos meses de fevereiro e março de 1986, as equipes de cada um dos Setores de Pastoral procederam à redação preliminar do documento. Em abril, a Coordenação Diocesana de pastoral elaborou uma redação complementar ao texto que foi enviado às paróquias para estudo, discussão e correção. Em maio, as correções oriundas das paróquias foram recolhidas e discutidas nas reuniões comarcais. Por fim, nos dias 2 e 3 de julho, a XI Assembleia Diocesana do Sínodo procedeu à apreciação, discussão e votação definitiva do documento, incluindo também os meios de cobrança[57]. Com este passo se encerrava o processo de planejamento e começava o processo de execução do Plano Pastoral nos diferentes âmbitos, pois, como o processo sempre foi feito de modo ascendente – das comunidades às paróquias, destas às comarcas e, finalmente, destas à diocese –, no final do processo havia plano em todos os níveis envolvidos.

4.3 Considerações sobre o processo metodológico percorrido

Não foram poucos os desafios encontrados no desenrolar do processo, muitos deles sem uma resposta adequada. Desde o início do processo, deparou-se com a complexidade da metodologia em questão e com o reduzido número de pessoas capacitadas tecnicamente para assessorar o processo. Tanto que praticamente, do ponto de vista metodológico, foi a equipe de peritos que assegurou a coerência interna dos passos dados e a articulação entre os mesmos. Eles atuaram como que "intelectuais orgânicos", assegurando a "diretividade" do processo, o que alguns confundiram com a diretividade dos resultados. Na verdade a metodologia aplicada cruzou os níveis "popular, pastoral e profissional" da reflexão teológico-pastoral, mas com as mes-

---

56. Cf. *Compêndio dos documentos do Sínodo de Planejamento Pastoral Participativo – Plano Diocesano de Pastoral 1986-1990*. Op. cit., p. 333.

57. O documento *Diretrizes e Normas Pastorais* está publicado no *Compêndio dos documentos do Sínodo de Planejamento Pastoral Participativo – Plano Diocesano de Pastoral 1986-1990*. Op. cit., p. 335-355.

mas pessoas, tornando difícil a participação, sobretudo das pessoas do nível popular. O ideal teria sido fazer a adaptação da metodologia a cada nível, com atividades específicas e diferentes para cada um deles, provocando o encontro dos três no final de cada etapa do processo. Metodologicamente, no nível popular se utilizando da metodologia "ação-reflexão", no nível pastoral do método *ver-julgar-agir* e, no nível profissional, da trilogia "ver analiticamente-julgar teologicamente-agir pastoralmente".

O trabalho eclesial popular tem caído, às vezes, numa espécie de empirismo pastoral, supostamente porque o saber científico é antipopular[58]. Neste caso, evita-se sobretudo a metodologia "ver analiticamente-julgar teologicamente-agir pastoralmente". Não em raras vezes, o processo de planejamento começa pela Programação da Ação[59]. Supõe-se o conhecimento da realidade e onde se quer chegar, acreditando que todos já tenham claro os objetivos a alcançar. Na prática, sob a pressão das inúmeras urgências da situação, facilmente se cai no imediatismo que leva ao pragmatismo de uma ação pastoral repetitiva, que acaba estéril e a-histórica[60]. Como é uma ação que peca por miopia, tanto em relação ao presente como ao futuro, ela cansa e perde rapidamente o compasso da história. Sem uma reflexão consequente com a ação ou uma teoria da práxis, a prática se torna estéril e irrelevante para seu contexto[61].

Outros segmentos reticentes a um saber científico, fugindo também do imperativo de um diálogo com as ciências em vista de uma visão analítica da realidade, bem como de uma iluminação teológico--sistemática da mesma, iniciam o processo de planejamento a partir da definição dos objetivos da ação[62]. Começa-se por dar uma direção

---

58. No outro extremo está a posição dos que pensam que o saber popular é anticientífico, esquecendo que ele é igualmente dotado de um *logos* crítico.

59. Cf. BRIGHENTI, A. A explicitação do Marco Referencial no planejamento pastoral. *A Igreja em Santa Catarina – Informativo da CRB/SC e do Regional sul IV da Conferência Nacional dos Bispos do Brasil*, Florianópolis, ano VIII, p. 6-8, dez./1987.

60. Ibid., p. 6.

61. Ibid., p. 7.

62. Ibid. p. 6.

à ação, mas sem um conhecimento explícito da situação e uma iluminação adequada da realidade, o que redunda facilmente em se inventar objetivos, quando na realidade eles brotam da realidade confrontada com o horizonte da fé.

A metodologia do planejamento participativo do Sínodo da Diocese de Tubarão se inscreve nas perspectiva da metodologia da Ação Católica e da *Gaudium et Spes*. O compromisso cristão precisa nascer de um discernimento da realidade mediado pelas ciências humanas e do Social e iluminada pela Palavra revelada. É uma metodologia que articula a trilogia *ver-julgar-agir* de maneira dialética, o que permite evitar toda pretensão de objetivismo como o risco do subjetivismo. A pretensão de objetivismo consiste em querer ver a realidade na qual se está inserido de fora dela, e o subjetivismo, em acreditar que uma leitura empírica é a única forma de conhecimento real. Na metodologia do Sínodo, em princípio, foram os próprios atores da ação, enquanto cristãos, que procuraram conhecer analiticamente a sua própria situação, iluminar as contradições da mesma com a luz do Evangelho e reorientar a futura ação, apoiados nos instrumentais da praxiologia[63], e se conseguiu em grande medida. Buscou-se um conhecimento objetivo da realidade, mas a partir do ponto de vista do sujeito, com a grande vantagem que o ato de o sujeito conhecer a própria realidade já é uma intervenção nela. Na metodologia do Sínodo, o observador (sujeito) e a realidade observada (objeto) constituíram realidades inseparáveis, realidades de uma mesma história. A pretensão de independência e total objetividade é ilusória[64]. O isolamento e o descompromisso com a realidade impedem-no de conhecê-la. O investigador, em outras palavras, só pôde entender a realidade que ele analisou na medida em que estiver disposto a mudar a si mesmo, a fazer um processo de conversão. Para a metodologia utilizada no Sínodo, em última análise, o método é o sujeito dissolvido em ciência e o objeto é o sujeito dissolvido em método[65].

---

63. Ibid. p. 7-8.

64. Cf. BRIGHENTI, A. *Metodologia para um processo de planejamento participativo*. Op. cit., p. 31.

65. Ibid.

7
Ver-julgar-agir e epistemologia da Teologia da Libertação

Uma vez vista a incidência do método *ver-julgar-agir* no magistério da Igreja e na ação pastoral, este capítulo e o seguinte pretendem inter-relacionar a pedagogia e o método da Ação Católica com a epistemologia e o método da Teologia da Libertação. Em um primeiro momento explicitaremos os elementos comuns entre ambas ou a relação de continuidade e, num segundo momento, colocaremos em evidência os elementos de descontinuidade da Teologia da Libertação em relação à Ação Católica, dado que a nova teologia, ainda que se apoie sobre a racionalidade intrínseca ao método *ver-julgar-agir*, o supera ao alargar seja o universo do objeto a apreender, seja a ótica a partir da qual se vê a realidade circundante.

Começaremos este capítulo, restrito ao campo epistemológico da Ação Católica e da Teologia da Libertação, mostrando que entre ambas há uma relação histórica, epistemológica e metodológica. Historicamente, de modo particular, a teologia latino-americana vem na esteira do caminho trilhado pelos jovens da Ação Católica especializada em seus meios específicos de vida e das questões postas por eles à fé. Estas foram acolhidas por teólogos que caminhavam com eles, normalmente, antes como jovens militantes e depois como assistentes eclesiásticos. Além disso, os pioneiros da Teologia da Libertação eram quase todos formados nas melhores universidades da Europa, mas que não haviam perdido de vista seu lugar social, assumido na nova teologia nascente como lugar epistêmico. O caráter indutivo do método da JOC – *ver-julgar-agir* – já fazia dos meios específicos lugar de reflexão, nos parâmetros da racionalidade moderna, histórica e contextual. Tanto a Ação Católica como a Teologia da Libertação se situam em um contexto não só pós-idealista, como também pós-positivista. Um dado que se impõe *a priori* é idealista, assim como é problemático um conhecimento que se pretende coincidir com o objeto estudado. Inevitavelmente, toda prática é contingente aos sujeitos, aos lugares e ao interesse por parte de quem vê um determinado objeto. E, neste sentido, tanto a Ação Católica como a Teologia da Libertação, a primeira por fazer dos próprios jovens objeto e sujeito de reflexão e, a segunda, por condicionar a vinculação direta do teólogo com as comunidades eclesiais e os processos de transformação da sociedade, tomam distância seja da pretensão ilusória do objetivismo total, seja de sucumbir em subjetivismos através de uma reflexão acrítica da práxis à luz da fé.

Está aqui em questão o modo de relação da fé com a realidade ou da teologia com um contexto histórico determinado, em outras palavras, como se inter-relacionam o ideal da fé com o real da realidade assumido como lugar epistêmico. De fato, a inter-relação entre lugar social e lugar epistêmico não é simplesmente uma questão acadêmica ou teórica, mas a busca de articulação de um discurso consequente com os desafios do contexto de sujeitos históricos concretos. O ideal de um Reino transcendente, núcleo da mensagem revelada, só é passível de ser apreendido e historicizado na medida em que se faça presente na imanência, dado que a salvação se dá na unidade da história. E uma ação na imanência da história, consequente com a transcendência do ideal da fé, implica, necessariamente, uma reflexão que articule de modo satisfatório situação-revelação.

Neste particular, problema não menor é a pretensão de universalidade da mensagem revelada, que esbarra na inevitável regionalidade de todo discurso. Como resposta realista e ousada, tanto a Ação Católica como a Teologia da Libertação se propõem ler a globalidade da Mensagem revelada a partir de uma perspectiva particular. Na Ação Católica, é a situação dos jovens operários que comanda a reflexão, tanto no momento do *ver* como do *julgar* e do *agir*. Na Teologia da Libertação tudo é visto e proposto na ótica dos pobres; porquanto a libertação não é um tema, mas uma ótica a partir da qual se relê a globalidade da revelação, em estreita relação com as questões postas por um contexto de injustiça institucionalizada e exclusão. É a regionalidade como especificidade da universalidade, só apreendida a partir de um determinado contexto e ótica, sob pena de volatizar o real da realidade e de transformar a fé numa ideologia.

1 Vínculos, inter-relação e desnível metodológico

Entre Ação Católica e Teologia da Libertação há uma relação histórica e epistemológica, que explicam e fundamentam a inter-relação do método *ver-julgar-agir* e o método da teologia latino-americana, particularmente da Teologia do Político. Em comum, têm a relação dialética entre fé e práxis, ação e reflexão, situação histórica particular e mensagem revelada. Em ambas, parte-se das perguntas postas por uma realidade sócio-histórica dada e se busca dar uma resposta concreta. Em resumo, parte-se da realidade para voltar à realidade ou parte-se da ação e se faz o caminho da volta a uma ação consequente com as perguntas postas por um contexto particular.

E, guardadas as devidas proporções, entre a Ação Católica e a Teologia da Libertação há também uma inter-relação metodológica e muito particularmente quando a teologia latino-americana é entendida como Teologia do Político. Impõe-se uma relação entre os três momentos do método da Ação Católica – *ver-julgar-agir* – e as três mediações analíticas da Teologia do Político, conforme formulação de Clodovis Boff – *mediação socioanalítica, mediação hermenêutica e mediação prática*. No primeiro momento, ambos os métodos estabelecem uma relação com as ciências humanas e sociais para apreender a realidade, no caso da Ação Católica com a "sociologia cristã" e, na Teologia do Político, as Ciências do Social. No segundo momento, tanto a Ação Católica (julgar) como a Teologia do Político (*mediação hermenêutica*), deixam que o contexto sirva de pré-texto ao texto da Revelação, invocada para iluminar a realidade apreendida analiticamente. E, no terceiro momento, tanto a Ação Católica (agir) como a Teologia do Político (*mediação prática*) descem ao nível da ação ou da práxis da fé em um contexto determinado, a primeira apoiada nos "princípios médios" para uma ação humanizadora ou transformadora, e, a segunda, nas mediações da práxis, em vista de uma ação libertadora, à luz da opção pelos pobres contra a pobreza.

Mas há também um desnível epistemológico entre a trilogia da Ação Católica e o método da Teologia da Libertação. O método da Ação Católica, em comum com o método da Teologia da Libertação, é um método de reflexão, mas predominantemente pastoral e prático, enquanto que o método desta é essencialmente discursivo, ainda que também se articule a partir da práxis e se proponha retornar a ela.

1.1 A relação histórica

Historicamente, a relação entre Ação Católica e Teologia da Libertação começa pelo fato de a maioria de seus teólogos, sobretudo os pioneiros, ter militado na Ação Católica, muitos deles como assistentes eclesiásticos. Em grande medida, foi nos meios específicos dos diferentes grupos de Ação Católica especializada – principalmente da JOC, JUC e JAC – que alguns teólogos passaram a articular um novo discurso, que busca responder às questões postas à fé por um contexto marcado pela opressão e a exclusão. Embora, no seio da Modernidade, a primeira Ilustração já tivesse feito emergir o ser humano enquanto subjetividade criadora e, a segunda Ilustração, com os filósofos da práxis, também tivesse colocado a questão dos sujeitos sociais e da contingência do lugar social na produção do conhecimento, no entanto, foi a partir das questões postas pelo engajamento de cristãos militantes da Ação Católica nos meios específicos que uma nova maneira de fazer teologia começou a se articular. Basicamente, aos olhos da fé, impunha-se a pergunta sobre significado e as implicações de ser cristão em uma situação histórica determinada, marcada pela injustiça institucionalizada e a opressão[1]. Assim, da inserção profética, irrompe a

---

1. Cf. BOFF, C. *Teologia e prática – A Teologia do Político e suas mediações.* Petrópolis: Vozes, 1978, p. 43.

inevitável confrontação da fé com as implicações teóricas e práticas no tecido das relações sociais de um campo sócio-histórico-pastoral determinado. É neste sentido que a nova teologia, desde seus primórdios, vai se autocompreender como um "momento segundo", precedido por um "momento primeiro" ou "passo zero" da reflexão teológica, que é a prática dos cristãos e das pessoas em geral, no seio de comunidades eclesiais inseridas profeticamente na sociedade[2]. É o surgimento de uma teologia enquanto reflexão sistemática da práxis libertadora da fé.

Tal como já fizemos referência, Luís Alberto Gomes de Souza atesta que, quando Gustavo Gutiérrez estava elaborando sua obra pioneira – *Teologia da Libertação, Perspectivas* – uma "teologia fundamental da libertação", que inauguraria um novo discurso que faz da libertação uma categoria fundante de uma teologia, obrigou-se a interromper seu trabalho, por duas vezes, e vir ao Brasil discutir determinadas questões com grupos de Ação Católica, concretamente com jovens ligados à JUC, sobretudo aqueles do período entre 1960-1963[3]. Vários registros históricos atestam que os movimentos de Ação Católica como um todo, no Brasil em especial a JUC, foram "uma espécie de laboratório de pesquisas das novas relações entre fé e política"[4]. Na realidade, a JUC do início da década de 1960 vivia antecipadamente no Brasil "a efervescência do cristianismo revolucionário, que outros países como Argentina, Uruguai, Colômbia e Chile conheceriam entre 1968-1970"[5]. Em estudos sobre a história da gênese da Teologia da Libertação, é comum se fazer alusão às questões postas à fé e, consequentemente, à teologia, pelo engajamento e a reflexão de grupos de Ação Católica da América Latina, questões estas que ao final

---

2. Ao se referir à realidade enquanto matéria-prima da Teologia do Político, C. Boff fala de "práxis dos cristãos e dos homens em geral" (BOFF, C. *Teologia e prática – A Teologia do Político e suas mediações.* Op. cit., p. 67), e L. Boff fala de majoritariamente a "práxis da fé" e, em menor grau, a "práxis histórica" em geral (BOFF. L. *Teología del Cautiverio y de la Liberación.* 3. ed. Madri: Paulinas, 1978, p. 38-39).

3. Cf. GOMES DE SOUZA, L.A. *A JUC – Os estudantes católicos e a política.* Op. cit., p. 9. Trata-se de um testemunho do próprio G. Gutiérrez, em entrevista a este autor, em novembro de 1978.

4. ANTOINE, C. *L'Église et le pouvoir au Brésil.* Paris: Desclée, 1971, p. 65. Apud GOMES DE SOUZA, L.A. *A JUC – Os estudantes católicos e a política.* Op. cit.

5. Cf. RICHARD, P. *Mort des Chrétientés et naissance de l'Église.* Paris: Centre Lebret, 1978, p. 130.

da década de 1960 ultrapassariam o alcance do próprio movimento, mergulhando-o, por isso, em uma crise generalizada[6].

1.2 A relação epistemológica

Do ponto de vista epistemológico, embora a maioria dos teólogos latino-americanos por muito tempo prefira dizer que a Teologia da Libertação é herdeira do método de reflexão "iniciado" pela *Gaudium et Spes* e que adquiriu "caráter oficial em *Medellín*"[7], hoje se tem consciência que a epistemologia e o método da nova teologia, antes de serem assumidos pelo Concílio, tiveram sua origem no método *ver-julgar-agir* da JOC de J. Cardijn, alicerçado na racionalidade moderna, indutiva e histórica[8]. Qualifica-se o método da Ação Católica de diversas maneiras: uns se referem a ele como um "método pastoral"[9], outros como um "método teórico-prático"[10] ou ainda como um "método de reflexão"[11]. Fala-se da "trilogia da Ação Católica"[12], que comporta três

---

6. Cf. BOFF, C.; BOFF, L. *Como fazer Teologia da Libertação*. Petrópolis: Vozes/Ibase, 1986, p. 95. Nesta obra, na "Brevíssima história da Teologia da Libertação", ao tratarem de seus antecedentes, fazem alusão primeiramente à *"efervescência político-social dos anos 50-60"* na América Latina, seguida da *"efervescência eclesial"* em que eles citam o sopro renovador dos movimentos de Ação Católica, antes mesmo da influência da TM. Entre os movimentos de Igreja, eles fazem menção à JUC, à JOC, à JAC e também ao MEB (Movimento de Educação de Base), às Escolas Radiofônicas e às primeiras Comunidades Eclesiais de Base. Estreitamente ligados à AC, eles citam também o "humanismo integral" de J. Maritain e o "personalismo social" de E. Mounier. Em relação à teologia moderna europeia e às teologias do político, citam a teologia das realidades terrestres europeia, a reflexão sobre as dimensões sociais dos dogmas de H. de Lubac, a teologia dos leigos de Y. Congar e o trabalho de M.D. Chenu.

7. Citemos apenas dois exemplos representativos de duas correntes diferentes no seio da TdL: BOFF, L. *Teología del Cautiverio y de la Liberación*. Op. cit., p. 37-38. • GERA, L. *Cultura y dependencia a la luz de la reflexión teológica*. Stromata, n. 1-2, tomo 30, p. 179, 1974.

8. Cf. LIBÂNIO, J.B. *Teología de la liberación – Guía didáctica para su estudio*. Santander: Sal Terrae, 1989, p. 166. • ASSMANN, H. *Teología desde la praxis de la liberación – Ensayo teológico desde la América dependiente*. Salamanca: Sígueme, 1973, Col. Agora, p. 50, 104ss. • BOFF, C. *Teologia e prática – Teologia do Político e suas mediações*. Op. cit., p. 27. • BOFF, C. *Como trabalhar com o povo*. 8. ed. Petrópolis: Vozes/Ibase, Coleção Fazer, 1988, p. 67. • BOFF, C.; BOFF, L. *Como fazer Teologia da Libertação*. Op. cit., p. 39. • SCANNONE, J.C. *Teología de la Liberación y Doctrina Social de la Iglesia* – Madri/Buenos Aires: Cristiandad/Guadalupe, 1987, p. 22 e 39.

9. Cf. CARNEIRO DE ANDRADE, P.F. *Fé e eficácia – O uso da sociologia na Teologia da Libertação*. São Paulo: Loyola, Coleção Fé e Realidade, 29, 1991, p. 122.

10. Cf. BOFF, C. *Teologia e Prática – A Teologia do Político e suas mediações*. Op. cit., p. 27.

11. Cf. BOFF, C. *Como trabalhar com o povo*. Op. cit., p. 67.

12. LIBÂNIO, J. B. *Teología de la Liberación – Guía didáctica para su estudio*. Op. cit., p. 166.

momentos – análise da realidade, reflexão teológica, pistas de ação pastoral –, assumida como paradigma da reflexão teológica latino-americana, como "uma verdadeira revolução metodológica, diante do modo de praticar a teologia nos centros metropolitanos"[13]. Afirma-se também que esse método, originário da Ação Católica, em primeiro lugar conduz a reflexão na busca de "ver" a situação histórica; em seguida, leva essa mesma reflexão à consideração de alguns princípios doutrinais para, finalmente fazê-la desembocar na indicação de certas linhas ou orientações pastorais[14].

Para marcar a diferença da Teologia da Libertação em relação à teologia moderna europeia, os teólogos da libertação colocam em relevo, sobretudo, o caráter ativo do método, na medida em que o ordenamento de seus momentos se orienta à elaboração de um conhecimento da atual situação histórica à luz da fé, que permite elaborar uma decisão pastoral, uma linha ou um programa de ação pastoral concreto[15].

Na realidade, o procedimento metodológico assumido pela *Gaudium et Spes* vinha sendo praticado, desde 1925, nos grupos de Ação Católica, gozando de plena ortodoxia pela recepção no seio do magistério pontifício na *Mater et Magistra* de João XXIII. Como pano de fundo, está a leitura dos "sinais dos tempos" como ponto de partida da reflexão, seja na teologia, seja na pastoral. *Medellín* iria dizer que todo compromisso pastoral brota de um discernimento da realidade.

Nesta perspectiva, atestava Y.M. Congar que "se a Igreja deseja atingir as verdadeiras questões do mundo presente e se esforçar para dar uma resposta, como ela tentou fazê-lo na *Gaudium et Spes* e na *Populorum Progressio*, deve abrir um novo capítulo de epistemologia teológico-pastoral. Em vez de partir somente do dado da Revelação e da Tradição, como a Teologia Clássica o fez geralmente, é necessário partir dos fatos e das questões recebidas do mundo e da história"[16]. Como se pode perceber, a teologia moderna europeia iria influenciar

---

13. Cf. BOFF, L. *Teología del Cautiverio y de la Liberación*. Op. cit., p. 38.
14. Cf. GERA, L. *Cultura y dependencia a la luz de la reflexión teológica*. Op. cit., p. 179.
15. Ibid.
16. CONGAR, Y.M. *Situation et tâches présentes de la théologie*. Paris: Cerf, Col. Cogitatio Fidei 27, 1967, p. 72.

decisivamente a *Gaudium et Spes*. Epistemologicamente, é o primeiro documento do magistério a acusar recepção desta "verdadeira revolução metodológica" em teologia, que vem na esteira do método *ver-julgar-agir*[17].

1.3 O desnível metodológico

Os vínculos entre o método *ver-julgar-agir*, o procedimento metodológico da *Gaudium et Spes* e o método da Teologia da Libertação, entretanto, não quer dizer de que se trata da mesma coisa. Há diferenças. Concretamente, entre o método da Ação Católica e o procedimento metodológico na Teologia da Libertação há um desnível a ser levado em conta.

Um método de reflexão em níveis distintos

O método da Ação Católica, em comum com o método da Teologia da Libertação, é um método de reflexão, mas predominantemente pastoral e prático, enquanto que o método da Teologia da Libertação é essencialmente discursivo, ainda que se articule a partir da práxis e se proponha retornar a ela. Entretanto, apesar do real desnível entre os dois métodos, a distância entre eles é muito menor do que parece. Primeiramente é preciso ter presente que o método *ver-julgar-agir*, praticado no passado no seio da Ação Católica e ainda hoje no campo pastoral[18], embora se pretenda uma metodologia de ação – "ver e julgar para agir" –, na prática sempre foi muito mais uma metodologia de reflexão do que de ação[19]. O método é utilizado basicamente em reuniões, assembleias, em processos de planejamento e na redação de documentos. A Ação Católica só iria se tornar verdadeiramente um movimento de ação, quando a JAC francesa criou a noção de "revisão de vida", um método baseado sobre o binômio ação-reflexão, na medida em que o *ver* passa a ser a melhor introdução ao *agir*.

---

17. Cf. BOFF, L. *Teología del Cautiverio y de la Liberación*. Op. cit., p. 28.
18. Cf. BOFF, C. *Como trabalhar com o povo*. Op. cit., p. 67-84.
19. Ibid., p. 67.

Assim, apesar do real desnível existente entre método da Ação Católica e método da Teologia da Libertação, na prática, ambos são métodos de reflexão, ainda que no primeiro seja em vista da ação e, no segundo, em vista da elaboração de um discurso, mas sem perder de vista de que se trata de um discurso sobre a práxis e em vista da práxis. É preciso ter presente que a distinção entre o nível pastoral e o nível teológico não significa separação e, muito menos, oposição. A ação pastoral, enquanto ação pensada, tem uma dimensão teológica e uma sã teologia que serve para a Igreja, e, como dizia K. Rahner, precisa ter uma dimensão pastoral. Em outras palavras, toda autêntica pastoral precisa ser uma ação pensada teologicamente e toda teologia deve ser uma reflexão articulada pastoralmente[20].

Na Teologia da Libertação, o caráter pastoral da reflexão teológica está em sua própria identidade enquanto "momento segundo", a reflexão sistemática "da práxis dos cristãos e das pessoas em geral" no seio de comunidades eclesiais inseridas profeticamente na sociedade, que é o seu "momento primeiro". Trata-se de uma reflexão que se articula de maneira ascendente – do âmbito popular ao âmbito pastoral e, deste, ao âmbito profissional ou acadêmico. É o que convencionalmente se designa os três "P" da teologia, que dão origem a uma Teologia da Libertação Popular, Pastoral e Profissional[21].

A Teologia da Libertação Popular é uma teologia difusa e capilar, quase espontânea, que se articula a partir da lógica da vida cristã: oral, gestual, sacramental. O método utilizado é a confrontação "evangelho--vida", praticado nos círculos bíblicos, nas comunidades eclesiais de base e nos diversos serviços pastorais. Os momentos privilegiados da elaboração desta reflexão são os cursos e encontros, cujos participantes são os coordenadores e membros de comunidades de base e setores de pastoral. Oralmente, ela é vinculada a comentários, celebrações e

---

20. Cf. LIBÂNIO, J.B. *Teología de la Liberación – Guía didáctica para su estudio.* Op. cit., p. 164, citando K. Rahner.

21. Cf. BOFF, L.; BOFF, C. *Como fazer Teologia da Libertação.* Op. cit., p. 23-36. • BOFF, C. Epistemología y método de la teologia de la liberación. In: ELLACURÍA, I.; SOBRINO, J. (orgs.). *Mysterium Liberationis – Conceptos fundamentales de la Teología de la Liberación. Tomos I y II.* Madri: Trotta, 1990, p. 91-98.

dramatizações e, de maneira escrita, aos roteiros e subsídios que dão suporte à reflexão destes grupos[22].

A Teologia da Libertação Pastoral é mais organicamente relacionada com a prática profética e libertadora dos grupos de base. Neste âmbito, o método utilizado, tanto nas assembleias de pastoral como nas discussões e na redação de documentos e conclusões, é o método *ver-julgar-agir*. O lugar privilegiado deste tipo de reflexão são os institutos de pastoral e os centros de formação, onde se reúnem agentes de pastoral em geral – membros do clero, o laicato e membros da Vida consagrada[23].

A Teologia da Libertação Profissional é a reflexão elaborada em todo seu rigor científico ou analítico, obedecendo a uma lógica metódica e sistemática. Como já nos referimos, na Teologia da Libertação entendida como uma Teologia do Político, em sintonia com o método da Ação Católica, a articulação do discurso se dá através de três mediações analíticas – *a Mediação Socioanalítica, a Mediação Hermenêutica e a Mediação Prática*. Lugares privilegiados da reflexão neste nível são a academia e os congressos teológicos. Oralmente, a Teologia da Libertação Profissional é praticada em conferências, nas aulas e na assessoria de grupos de pastoral e outros e, de maneira escrita, através de livros e artigos[24].

Uma teologia integrada e integradora

Assim sendo, nos meios da Teologia da Libertação, seus teólogos afirmam que sua teologia não é um simples produto da especulação profissional. Ela é, antes de tudo, resposta a questões postas pelos cristãos, a partir de uma situação sócio-histórica-pastoral determinada. Para visualizar os três âmbitos da teologia, usam a imagem de uma árvore, cujos ramos são os teólogos profissionais, ligados a um tronco que é a reflexão dos pastores e dos agentes de pastoral e

---

22. Cf. BOFF, C. Epistemología y método de la teología de la liberación. Op. cit., p. 91-93.

23. Ibid.

24. Ibid. Um quadro sintético e ilustrativo destes três planos da Teologia da Libertação se encontra em BOFF, L.; BOFF, C. *Como fazer Teologia da Libertação*. Op. cit., p. 26-27. • BOFF, C. Epistemología y método de la teología de la liberación. Op. cit., p. 93.

sustentados ou alimentados pelas raízes, que são a ação e a reflexão vital e concreta, ainda que "subterrânea" e anônima, de milhares e milhares de comunidades, que vivem sua fé de maneira comunitária e libertadora[25]. Concebem a teologia como uma reflexão intimamente ligada à prática da fé nas comunidades cristãs e organicamente vinculada à práxis dos agentes de pastoral. Em resumo, trata-se de uma teoria da ação, uma teoria encarnada, impregnada de espiritualidade, de fé celebrada e de consequências éticas de pessoas membros de comunidades eclesiais inseridas profeticamente na sociedade. Desde a base até ao plano mais elevado, passando pelo plano médio, existe um mesmo fluxo contínuo de reflexão ou um mesmo processo teologal global. Cada um desses níveis ou âmbitos reflete a mesma coisa: a fé confrontada com um contexto marcado pela opressão e a exclusão[26]. O que unifica os três âmbitos é uma fé transformadora da história ou a história concreta pensada a partir do fermento da fé. A distinção entre os âmbitos está apenas na lógica ou, mais concretamente, na linguagem[27].

Em resumo, na Teologia da Libertação, esses três níveis de reflexão teológica não estão isolados, nem justapostos, mas integrados entre si. Cada um contribui com a articulação aos demais níveis. A integração no âmbito popular, por exemplo, se dá quando um pastor e um teólogo se juntam na comunidade eclesial, para refletirem juntos a mesma fé[28]. No âmbito *pastoral*, a integração se dá quando por ocasião de assembleias os agentes dos três níveis se reúnem para colocar em comum problemas, experiências, aprofundar dados e tirar conclusões[29]. Há, aqui, uma integração do pastor, do teólogo e dos agentes de pastoral, na medida em que cada um procura compreender sua fé teologicamente, dado que não existe fé sem um

---

25. Cf. BOFF, C. Epistemología y método de la teologia de la liberación. Op. cit., p. 92. • BOFF, L.; BOFF, C. *Como fazer Teologia da Libertação*. Op. cit., p. 24-25.

26. Cf. BOFF. L.; BOFF, C. *Como fazer Teologia da Libertação*. Op. cit., p. 24 e 28.

27. Ibid., p. 28.

28. Cf. BOFF, C. Epistemología y método de la teologia de la liberación. Op. cit., p. 92.

29. Ibid.

mínimo de teologia³⁰. No âmbito profissional, a integração acontece quando agentes de pastoral participam de cursos sistemáticos de teologia.

Assim, a Teologia da Libertação é, simultaneamente, uma teologia *oral*, *pastoral* e *simbólica*, numa grande harmonia espiritual. A tarefa do teólogo não será mais que a arte de articular o discurso dos significados populares e pastorais com o discurso sistemático da fé e da grande tradição da Igreja. Uma tarefa impossível sem seu momento também de pastor, de analista, de intérprete, de articulador, de irmão de fé e companheiro de caminho da comunidade eclesial que, no mesmo Espírito que os une e reúne, procura viver o Evangelho confrontado com os sinais dos tempos³¹.

2 A relação entre lugar social e lugar epistêmico

No processo de conhecimento, tanto a Ação Católica como a Teologia da Libertação estabelecem uma "relação teórica" com a práxis a partir da ação, assim como também uma "relação prática" ao fazerem o caminho da "volta à ação". Em ambas, seja o "discurso religioso nos meios de vida" dos jovens no seio da Ação Católica, seja uma teologia "na práxis" no caso da Teologia da Libertação, são expressão de que um conhecimento neutro e desinteressado é tarefa impossível, dado que o militante ou o teólogo são também agentes sociais, o que obriga fazer da teoria do conhecimento uma teoria crítica da sociedade, condição para uma visão analítica ou crítica da realidade. Isso implica, de um lado, distinguir entre "lugar social" e "lugar epistêmico", entre o regime de dependência e o regime de autonomia de uma ciência, no caso aqui da teologia e, de outro, articular ambos os lugares a partir de onde se articula o discurso, uma vez que a relação entre eles se dá na pessoa do militante ou do teólogo.

---

30. Ibid., p. 92. Cf. tb. BOFF, L.; BOFF, C. *Como fazer Teologia da Libertação*. Op. cit., p. 28-29.

31. Cf. BOFF, L.; BOFF, C. *Como fazer Teologia da Libertação*. Op. cit., p. 31. • BOFF, C. Epistemología y método de la teologia de la liberación. Op. cit., p. 95-97.

2.1 Distinção e articulação entre lugar social e lugar epistêmico

Em relação à práxis, a Ação Católica e a Teologia da Libertação se situam num contexto não só pós-idealista, como pós-positivista. Tal como demonstraram vários pensadores, em especial na segunda metade do século XX, entre eles J. Habermas[32], não existe conhecimento objetivamente puro ou neutro.

A teoria do conhecimento como teoria crítica da sociedade

A racionalidade moderna, mais especificamente a segunda Ilustração, horizonte no qual se situam a chamada "sociologia crítica" latino-americana e o "método Paulo Freire"[33], que muito influenciaram a Teologia da Libertação, rompeu com a inocência de três pressupostos básicos: que o observador ou investigador (sujeito) e a vida social observada (objeto) constituem realidades separadas e distintas; que o investigador chega a um verdadeiro conhecimento do objeto na medida em que consegue se distanciar de seus próprios pontos de vista pessoais, fazendo, assim, uma leitura "objetiva" da realidade e tirando dos dados recolhidos conclusões "científicas", em virtude de procedimentos puramente formais e analíticos; e que esse tipo de ciência social não constituiria uma ação política, pois seria independente do ponto de vista do investigador e isenta de favorecer uma determinada tendência ideológica na sociedade[34].

Na realidade, os positivistas ignoram a diferença entre o método de análise das ciências humanas e do social e o método das ciências naturais. Via de regra, a análise no campo das ciências naturais se realiza sobre elementos mensuráveis, ligados entre si pelas leis da física, da química ou da biologia. Já nas ciências humanas, na origem da análise, há um ato de abstração que implica opções, com o risco de simpli-

---

32. Cf. HABERMAS, J. *Conocimiento e interés*. Madri: Taurus, 1982.

33. Para uma visão do método, cf. BRANDÃO, C.R. *O que é método Paulo Freire*. São Paulo: Brasiliense, 1989. Coleção Primeiros Passos 38.

34. BAUM, G. Sociología y Teología. *Concilium*, Petrópolis, n. 91, p. 37, 1974. Cf. tb. BAGÚ, S. El universo del conocimiento de la realidad social. *Revista Mexicana de Sociología*, México, ano XXXIII, p. 375-393, abr.-jun./1972.

ficar uma realidade complexa como é toda situação histórico-social. Além disso, no campo das ciências naturais, as realidades passíveis de análise se apresentam como sistemas isolados, que formam um conjunto de um número determinado de elementos, passíveis de serem detectados com maior ou menor facilidade. Já nas ciências humanas, depara-se com uma complexidade de elementos diversos, sujeitos a um número quase indefinido de variáveis, não havendo outra alternativa que, pela abstração, isolar aspectos da realidade a ser conhecida. Na realidade, efetua-se um corte ou se estabelece um "marco" que permite proceder como se os objetos a serem estudados fossem parte de um sistema. Mas há ainda uma terceira diferença entre ciências naturais e ciências humanas relativa ao diagnóstico da realidade, que não se dá simplesmente pela repetição da análise. Nas ciências humanas e do social, por exemplo, não se pode tomar por objeto de análise uma mesma sociedade global, quando as comparações se dão sempre entre componentes e comportamentos particulares. Mesmo quando se trata de princípios gerais de análise, uma vez que são obtidos por indução, não são da mesma natureza que as leis das ciências naturais, que se expressam constantes. Além do mais, é difícil saber se tais princípios são verdadeiros para toda sociedade ou se somente para uma em particular, mesmo que inserida dentro de um determinado sistema.

Como dizia K. Marx, se entre aparência e essência houvesse coincidência, vã seria a ciência, ou se a visão do sujeito coincidisse com o objeto visto, vã seria a ciência. E. Kant já havia frisado que, dado ser sempre um sujeito que vê, toda objetividade é marcada pela subjetividade. Assim, uma razão crítica é o único meio para não cair no subjetivismo, assim como para romper com a pretensão da objetividade total. Nenhum conhecimento reflete ou reproduz objetivamente a realidade. Todo conhecimento da coisa ou de um fato é sempre mediado por um sujeito e por uma teoria. Por isso, conhecer é sempre interpretar[35]. Na compreensão da experiência de um determinado objeto, o sujeito sempre entra na estrutura hermenêutica de um saber com seus modelos, paradigmas e categorias, somados à mediação da linguagem. Na me-

---

35. BOFF, L. *Jesucristo y la liberación del hombre*. Madri: Cristiandad, 1981, p. 11.

dida em que o investigador e a realidade social por ele observada são parte de uma mesma história, o sujeito que observa e o objeto observado não constituem realidades independentes. Dado que a história pessoal do observador vai sempre se realizando através de um processo que inclui o contato com a realidade agora observada, há no objeto um aspecto do sujeito[36]. E como o sujeito não é uma razão pura, mas imerso num contexto sócio-histórico dado, inevitavelmente está movido por interesses pessoais e coletivos[37].

Daí a tese de J. Habermas que uma crítica do conhecimento só é possível sob a forma de uma teoria da sociedade. Em lugar da redução da teoria do conhecimento a uma teoria da ciência, ele postula uma teoria do conhecimento como teoria crítica da sociedade[38]. Neste sentido, o isolamento e o descompromisso com a realidade por parte do sujeito que vê, ao invés de se constituir em fator de objetividade, o impede de conhecer a "verdade" da ciência. E, mais complexo do que isso, se o observador herdou uma falsa consciência da realidade ou se por razões de conveniência social tem se alienado do objeto de suas investigações, a "verdade" só lhe será acessível na medida em que faça uma mudança de consciência[39].

Lugar social e lugar epistêmico: distinguir para estabelecer uma articulação crítica

Na Ação Católica e na Teologia da Libertação se busca assumir criticamente a inevitável influência do contexto ou da história na produção de conhecimento. O engajamento social do militante ou do teólogo incide na produção de sentido. A leitura da realidade bruta é passada pelo crivo da mediação analítica.

A Ação Católica, dada a precariedade dos instrumentos analíticos disponíveis em seu tempo, é muito mais permeável a interesses religioso-sociais e, normalmente, são assumidos sem serem suficientemente

---

36. BAUM, G. Sociología y Teología. Op. cit., p. 38.
37. Ibid.
38. TAMAYO-ACOSTA, J.J. *Para comprender la Teología de la Liberación.* Op. cit., p. 13.
39. BAUM, G. Sociología y Teología. Op. cit., p. 38.

criticados⁴⁰. Concretamente na JOC, seu programa de ação no mundo do trabalho se nutre das contingências da situação histórica da época. O militante, a partir do seu "meio de vida", ao ver "os fatos do cotidiano", procede a uma leitura dos mesmos com os instrumentos à sua disposição, que é a denominada "sociologia religiosa". O risco do subjetivismo é controlado pela utilização de instrumentos analíticos como a enquete e os resultados discutidos no grupo ou nas "células" do movimento, bem com em jornadas de estudo e nos congressos. Há a vontade deliberada por um conhecimento analítico, ainda que produzido pelos sujeitos a respeito de si mesmos. As dificuldades são compensadas pela produção de um conhecimento encarnado⁴¹ e engajado, com maior potencial de transformação da realidade.

Na perspectiva da Ação Católica, na Teologia da Libertação, se tem maior consciência e se assume mais consequentemente as implicações no fato de que o lugar social a partir do qual se interpreta uma situação histórica influi no processo de "produção de sentido". Sabe-se que toda produção teórica se insere no interior de uma situação histórica determinada⁴². Dado que o teólogo é um agente social e que sua reflexão, enquanto reflexão sobre a práxis da fé, é um *ato segundo*, traz as marcas da situação sócio-histórico-pastoral, tanto do autor como de sua obra⁴³. Trata-se da mediação analítica das ciências no processo de produção de sentido, não como uma teoria da ciência, mas uma teoria do conhecimento, uma teoria crítica da sociedade, sem com isso pretender se colocar acima da trama dos interesses do contexto, mas pelo menos buscando libertar-se das posturas que legitimam ou reforçam o *status quo* da sociedade⁴⁴.

---

40. Prova disso é seu programa intransigente, que se inscreve na ideologia da "terceira via", mas sem se ter verdadeiramente consciência deste alinhamento.

41. Cf. CARDIJN, J. *L'Église face aux problèmes de la jeunesse travailleuse*. Op. cit., p. 56-57.

42. BOFF, C. *Teologia e Prática – A Teologia do Político e suas mediações*. Op. cit., p. 304. Sobre a questão do lugar social na teologia, cf. AQUINO JUNIOR, F. *O caráter práxico-social da Teologia – Tópicos fundamentais de epistemologia teológica*. Op. cit., p. 98-116.

43. Ibid.

44. Cf. VIDALES, R. "Función crítica sobre la praxis". *Cuestiones en torno al método en la Teología de la liberación*. Lima: Centro de Documentación del Miec-Jeci 9, 1972, p. 15.

O controle da ambiguidade de um discurso religioso "nos meios de vida" ou de uma teologia "na" práxis implica, em primeiro lugar, distinguir o duplo lugar de produção de um discurso; o lugar social do lugar epistêmico. Trata-se do regime de autonomia e do regime de dependência de uma ciência, dado que entre teoria e prática há uma relação reflexa, não de causa e efeito[45]. O regime de autonomia, caso da teologia, diz respeito ao lugar epistêmico, ou seja, à teologia enquanto ciência, com suas próprias regras e normatividade teórica, independente de interesses externos[46]; e o regime de dependência diz respeito ao lugar social, seja do militante, seja do teólogo, lugar onde o lugar epistêmico e o regime de autonomia estão imersos pelas contingências do sujeito que pensa e recebe as influências do contexto onde está situado ou dos interesses que o mesmo defende, consciente ou inconscientemente[47]. É aqui que se dá o inevitável encontro com as ideologias enquanto mediação, inerente a toda reflexão, incluída a reflexão teológica ou pastoral, na medida em que ela não está isenta de outros interesses além dos puramente intrateológicos[48].

Em segundo lugar, além da distinção entre lugar social e lugar epistêmico, dada a ambiguidade de um discurso pastoral "nos meios de vida" no caso da Ação Católica, ou de uma teologia "na" práxis no caso da Teologia da Libertação, implica, também, estabelecer a articulação dos mesmos, condição para a produção de conhecimento. A explicitação das opções e dos interesses inerentes ao lugar social mostra que entre os dois lugares não existe um corte absoluto[49], ao contrário, pois tanto o lugar social como o lugar epistêmico estão presentes no sujeito que pensa, seja no militante no caso da Ação Católica, seja na pessoa do teólogo na Teologia da Libertação[50]. O sujeito do conhecimento faz

---

45. BOFF, C. *Teologia e Prática – A Teologia do Político e suas mediações*. Op. cit., p. 291.
46. Ibid., p. 60, 288.
47. Ibid., p. 61, 288.
48. LIBÂNIO, J.B. *Teología de la Liberación – Guía didáctica para su estudio*. Op. cit., p. 123-124.
49. BOFF, C. *Teologia e Prática – A Teologia do Político e suas mediações*. Op. cit., p. 290.
50. LIBÂNIO, J.B. *Teología de la liberación – Guía didáctica para su estudio*. Op. cit., p. 124.

parte de seu objeto, dado que o objeto conceitual do conhecimento e o objeto real são materialmente os mesmos[51].

Na Ação Católica, o militante é um agente "no" seu "meio de vida", quem capta os fatos do cotidiano do mundo do trabalho, ilumina-os com a doutrina e age para transformá-lo. Na Teologia da Libertação, o teólogo é um agente "na" práxis, um engajamento que se, por um lado, não garante por si só a qualidade interna da produção teológica, por outro, se constitui na condição necessária para articular em sua reflexão a práxis dos cristãos e das pessoas em geral. Tal como já ensaiava a Ação Católica, para a Teologia da Libertação somente uma correta articulação entre lugar epistêmico e lugar social permitirá à teologia captar as perguntas postas pelo contexto e, em consequência, encontrar a forma adequada de transformá-lo segundo os ideais do Reino de Deus, tarefa dos cristãos[52]. Do contrário, a teologia perde sua missão de ciência a serviço da compreensão e da prática da fé no seio das comunidades eclesiais, inseridas profeticamente na sociedade.

2.2 A inter-relação entre lugar social e lugar epistêmico

A inter-relação entre lugar social e lugar epistêmico, tanto na Ação Católica como na Teologia da Libertação, tem como referencial comum a ação ou práxis, dado que ambas buscam dar uma resposta, a partir da fé, às questões postas pelo contexto socioeclesial. Elas se situam no âmbito da razão prática e acentuam o aspecto performativo da fé, terreno da pragmática[53] a que se propõem sua prática ou seu discurso.

A relação com a práxis na Ação Católica e na Teologia da Libertação

Nesse particular, tanto a Ação Católica como a Teologia da Libertação superam a postura da teologia clássica neoescolástica, assim como

---

51. BOFF, C. *Teologia e Prática – A Teologia do Político e suas mediações*. Op. cit., p. 294.

52. Sobre o caráter social da teologia, cf. AQUINO JUNIOR, F. *O caráter práxico-social da Teologia – Tópicos fundamentais de epistemologia teológica*. Op. cit., p. 85-95.

53. LIBÂNIO, J.B. *Teología de la Liberación – Guía didáctica para su estudio*. Op. cit., p. 157. Sobre a noção de pragmática, cf. KALINOWSKI, G. *La logique des normes*. Paris: PUF, 1972, p. 100.

da teologia moderna europeia e as teologias do genitivo, na medida em que articulam sua reflexão a partir das perguntas postas pelo contexto ou pela práxis de sujeitos concretos[54], tomando distância de uma razão científica e filosófica apoiada na Tradição e nas verdades dogmáticas definidas *a priori*[55]. Tanto a Ação Católica como a Teologia da Libertação tentam responder não à pergunta da fé para a fé, mas à pergunta posta pela realidade sócio-histórica e pela experiência da fé. O significado não é dado *a priori*, a partir de um procedimento *dedutivo-regressivo*, mas se encontra no final de um processo de interpretação pela via *indutiva-progressiva*.

Por um lado, é verdade que tanto a Ação Católica como a Teologia da Libertação se colocam na perspectiva de continuidade da Teologia moderna europeia na medida em que assumem as implicações da unidade da história, as perguntas postas pela subjetividade e a intersubjetividade, assim como na linha de continuidade das teologias do genitivo, enquanto procuram responder às perguntas postas por situações históricas concretas, que levam a uma desprivatização da fé[56]. Entretanto, por outro lado, nem tudo é continuidade entre elas, dado que ambas não se contentam em ser simplesmente uma reflexão "da" práxis; isto é, não se limitam a estabelecer uma relação restrita ao âmbito teórico ou interpretativo. A práxis não é somente "matéria-prima" ou "ponto de partida" de sua reflexão, dado que se propõem também a fazer o caminho da volta à ação. A pergunta tanto da Ação Católica como da

---

54. Sobre a resposta da Ação Católica ao desafio da Modernidade, cf. LEPRIEUR, F.; HERVEU, B. Les 50 ans d'histoire de la JAC et du M.R.J.C. Études, p. 521-539, aqui, p. 525-525, nov./1979.

55. Trata-se da posição da teologia clássica baseada no método de especulação da escolástica que tem sua origem no século XIII, mas já presente desde a época patrística, que se prolonga após a Idade Média nos tempos modernos e floresce com vigor nos séculos XIX e XX. Cf. CONGAR, Y. Théologie. *Dictionnaire de Théologie Catholique*. Tome 14. Paris: Letouzey et Ané, 1961, col. 1.691-1.727.

56. A JOC de J. Cardijn se propõe a sair do plano estritamente religioso para se inserir nos meios de vida. Cf. AUBERT, R. Organisation et caractère des mouvements de jeunesse catholiques en Belgique. In: DE ROSA, G. (org.). *Gioventù Cattólica dopo l'Unità 1868-1968*. Roma: *Política e Storia 28*, 1972, p. 271-317, aqui p. 288. Como bem assinala J. Comblin, a Ação Católica nasceu com a missão de superar o fosso entre Igreja e Modernidade, recolocar a Igreja no meio da sociedade e de reconduzir esta ao Reino de Cristo. Cf. COMBLIN, J. *Échec de l'action catholique?* Paris: Universitaires, 1961, p. 61. Sobre a Teologia da Libertação enquanto resposta às questões postas pela segunda Ilustração, cf. GUTIÉRREZ, G. *A força histórica dos pobres*. Petrópolis: Vozes, 1981, p. 74-78 (Original: *La fuerza histórica de los pobres*. Lima: CEP, 1979).

Teologia da Libertação nasce da ação ou da práxis, dos compromissos assumidos por cristãos que não só querem entender, à luz da fé, as contradições de seu contexto sócio-histórico, como também dar uma resposta consequente com os desafios postos pela situação vivenciada[57]. Por isso, a Ação Católica se propõe inserir ou encarnar a religião ou a Igreja nos meios de vida, e a Teologia da Libertação quer ligar fé e realidade a partir da perspectiva dos pobres, no seio de uma sociedade marcada pela injustiça e a exclusão, em vista de sua transformação.

Mas nem tudo é continuidade entre a Ação Católica, a Teologia da Libertação e a teologia moderna europeia e as teologias do genitivo[58]. O "mundo do trabalho" da Ação Católica ou uma sociedade marcada pela injustiça institucionalizada e a exclusão da Teologia da Libertação não são realidades genéricas e abstratas, apreendidas a partir de mediações antropofilosóficas, mas um mundo concreto de cristãos engajados, seja em seus "meios de vida", seja na esfera política, em vista da transformação da sociedade. É a partir de um lugar social concreto que se vai apreender a realidade e as perguntas que se colocam à fé[59]. A Ação Católica vê a realidade a partir dos jovens operários em seus meios de vida, em vista de uma "ação humanizadora" dos ambientes e a Teologia da Libertação coloca o pobre como critério hermenêutico de interpretação da mesma, uma vez que Deus se revela partidário de sua libertação, se identifica com ele e o converte em "lugar" da história da salvação. Concretamente, a Teologia da Libertação assume da Teologia Política a dimensão crítico-social e a suspeita ideológica frente à apoliticidade da fé e da teologia, mas vai mais além dela, assumindo o

---

57. Sobre a diferença entre as perguntas fundamentais da teologia moderna europeia e da Teologia da Libertação, cf. SOBRINO, J. El conocimiento teológico en la teología europea y latinoamericana. *Encuentro Latinoamericano Liberación y cautiverio*. México, 1976, p. 177-207.

58. Para uma comparação da Teologia da Libertação com as atuais teologias modernas, cf. COMBLIN, J. *Teologia da Libertação, teologia neoconservadora e teologia liberal*. Petrópolis: Vozes, 1985. • GARCIA RUBIO, A. *Teologia da Libertação: política ou profetismo?* São Paulo: Loyola, 1977. • METZ, J.B. Teología europea y teología de la liberación, In: COMBLIN, J.; GONZÁLES FAUS, I.; SOBRINO, J. (orgs.). *Cambio social y pensamiento cristiano en América Latina*. Madri: Trotta, 1993, p. 263-269.

59. Neste sentido, a Instrução *Libertatis Nuntius*, de 1986, é um retrocesso em relação à postura da Ação Católica ao partir de uma realidade genérica, concebendo a libertação-opressão como um tema restrito à aspiração à liberdade por parte dos povos, analisada cultural e filosoficamente. Cf. capítulos 1 e 2.

pobre como "lugar" a partir do qual se faz essa crítica e questionando os próprios pressupostos da sociedade excludente[60]. Juntamente com a Teologia da Secularização, a Teologia da Libertação reconhece a autonomia do Político, a importância das mediações sociais na transformação da realidade, mas a supera dialeticamente, desmascarando certos aspectos ideológicos do fenômeno da secularização quando, em nome da autonomia da razão, se reforça privilégios de minorias privilegiadas[61]. Com a Teologia da Esperança[62], a Teologia da Libertação assume a crítica marxista em relação à religião e o imperativo do compromisso de uma ação solidária na sociedade da abundância, mas a supera dialeticamente, articulando melhor as promessas de Deus com a necessidade de realizações históricas no presente, através de uma práxis histórica libertadora, assim como pondo em relevo o caráter da realização histórica das promessas escatológicas[63].

Por fim, há igualmente descontinuidade entre Teologia da Libertação e Ação Católica com relação ao lugar social e ao lugar epistêmico. No âmbito de suas relações teóricas com a práxis, a "matéria-prima" do "ver" da Ação Católica, no caso da JOC, se restringe a dados da realidade do mundo do trabalho, dos meios de vida[64], enquanto que a realidade histórico-social da Teologia da Libertação abarca também o mundo da política, o social, a trama da organização estrutural da so-

---

60. Uma boa comparação entre Teologia da Libertação e Teologia Política, e também Teologia da Esperança, encontra-se em DUSSEL, E. *Teología de la Liberación y ética – Caminos de liberación latinoamericana II*. Buenos Aires: Latinoamérica/Libros SRL, 1974.

61. Cf. VV.AA. *Les deux visages de la théologie de la sécularisation*. Paris: Casterman, 1970.

62. Cf. MOLTMANN, J. *Teología de la esperanza*. Salamanca: Sígueme, 1969. • MOLTMANN, J. Hacia una hermenéutica política del Evangelio. *Cristianismo y sociedad*, 24-25, p. 6-22, 1970.

63. Uma crítica às teologias de Bultmann, Barth, Moltmann, mostrando as diferenças principalmente entre a Teologia da Libertação e a Teologia da Esperança de Moltmann, encontra-se em OLIVEROS, R. *Liberación y Teología – Génesis y crescimiento de una reflexión 1966-1977*. Lima: CEP, 1977, p. 152ss.

64. Para uma noção de "meio de vida" na Ação Católica, cf. DORÉ, J. L'Action Catholique aujourd'hui et demain. *La Documentation Catholique*, n. 1.974, p. 1.181-1.191, 18/12/1988, esp. p. 1.184. Cf. tb. MOUSSÉ, J. Avenir de l'Action Catholique. *Études*, p. 925-942, jun./1971, esp. p. 932-936. • PALARD, J. D'un christianisme de position à un christianisme de mouvement(s). *Nouvelle Revue Théologique*, 80, p. 853-878, aqui p. 855-856. • MARC, G. Jeunesse ou consomption de l'Action Catholique en l'an 2000? *Suplément*, 124, p. 81-92, 1978, aqui p. 87. Sobre a crise desta noção e seu alargamento, cf. DE VAUCELLES, L. Essai sur l'histoire et les difficultés présentes de l'Action Catholique. *Études*, p. 421-436, mar./1974, aqui p. 428.

ciedade. No seio deste "lugar social", o sujeito da JOC, por exemplo, é o jovem operário, ainda que inserido no conjunto da classe operária mundial, ao passo que o sujeito social da Teologia da Libertação é o "outro pobre", o pobre coletivo, inserido na periferia de um sistema socioeconômico responsável por uma pobreza estrutural. Na Ação Católica, utilizando-se do instrumental socioanalítico da "sociologia cristã", fundamentalmente, a realidade captada é marcada por categorias personalistas e intersubjetivas, enquanto que na Teologia da Libertação, apoiando-se numa análise de tipo estrutural, se chega a abarcar o social socialmente[65].

No que diz respeito ao conceito de "lugar social", a Teologia da Libertação em seus primórdios, quando ainda se apoiava na Teoria da Dependência como instrumental de análise de caráter estruturalista, restringia-se praticamente ao mundo da política, mas depois se abriu igualmente ao mundo da cultura, o que levaria a um alargamento do conceito de "pobre". Havia certa tendência, justamente para marcar distância de visões ingênuas da realidade, em colocar em relevo quase que exclusivamente a dimensão econômico-política da mesma. Com o tempo, essa dimensão não deixou de ser privilegiada, mas houve a abertura para outros aspectos da realidade, para além do socioeconômico.

A questão do sujeito, do lugar e do interesse de toda prática

A inter-relação entre lugar social e lugar epistêmico evoca também as opções subjacentes na relação teoria e práxis[66]. Na teologia clássica neoescolástica o discurso se articula a partir de uma ortodoxia previamente estabelecida, da qual são deduzidas, portanto de maneira dedutiva, consequências seja para a reflexão como para a ação. Dos princípios gerais da fé se deduzem outras verdades de fé, sem que o contexto incida na elaboração e explicitação destas verdades. Evidente que o teólogo estava inserido num determinado lugar social, mas

---

65. A expressão é do Cardeal A. Lorscheider ao comentar a visão míope da realidade feita pela Instrução *Libertatis Nuntius*, afirmando que ela é "incapaz de pensar o social socialmente" (LORSCHEIDER, A. Observações a respeito da Instrução sobre Alguns Aspectos da Teologia da Libertação. *REB*, 176, p. 700-708, 1984).

66. AQUINO JUNIOR, F. *O caráter práxico-social da Teologia – Tópicos fundamentais de epistemologia teológica*. Op. cit., p. 28-29.

este não é explicitamente levado em conta na articulação do discurso teológico[67].

A teologia moderna europeia superou estes limites, embora resquícios neoescolásticos a tenham levado a limitar-se a perguntas postas pela primeira Ilustração. Sua resposta tende a limitar-se às perguntas da razão científica e filosófica, marcadas por pretensões universalistas. E como a vinculação com a história limita-se aos parâmetros de uma teologia da criação, sua inconsequência social torna-a implicitamente inconsequente com os desafios concretos de seu tempo. Privilegia questões postas pela subjetividade e a intersubjetividade, atreladas ao sujeito individual, direcionando a reflexão para os aspectos ético-religiosos dos indivíduos no seio da sociedade[68].

Por sua vez, a relação teórica da Ação Católica e da Teologia da Libertação com a práxis marca uma tríplice novidade frente a este lugar-comum. Em primeiro lugar, como resposta às perguntas colocadas principalmente pela segunda Ilustração, ou seja, pelas perguntas relativas ao sujeito social, às condições materiais do conhecimento e à importância da práxis para o conhecimento e a formulação da verdade, a Ação Católica e a Teologia da Libertação colocam a questão dos *sujeitos,* dos *lugares* e do *interesse* de toda a prática, seja ela uma prática prático-prática (ação) ou uma prática prático-teórica (reflexão)[69].

A questão dos *sujeitos* rompe com a pretensão de objetivismo dos meios positivistas[70], como já mencionamos. Há sempre um sujeito que vê, e sua visão é contingente a pressupostos e supostos inevitáveis. Entretanto, embora marcada pela subjetividade, quando a leitura da realidade está mediada por instrumentos analíticos, não só o subjetivismo é controlado, como temos sujeitos produzindo um conhecimento a respeito deles mesmos. Além disso, o ato de conhecer se constitui, por

---

67. LIBÂNIO, J.B. *Teología de la Liberación – Guía didáctica para su estudio.* Op. cit., p. 125.
68. Ibid., p. 125-126.
69. METZ, J.B. La teología en el ocaso de la modernidad. *Concilium*, 191, p. 31-39, 1984, aqui, p. 34. O autor se refere, neste artigo, à tomada de posição obrigatória da teologia frente à segunda Ilustração.
70. Cf. TAMAYO-ACOSTA, J.J. *Para comprender la Teología de la Liberación.* Op. cit., p. 13. Para os positivistas, o conhecimento é um reflexo ou uma reprodução da realidade tal como ela é dada.

si só, uma intervenção na realidade que se quer transformar, portanto, em um ato político. Nesse particular, a Ação Católica reivindica para os próprios jovens uma reflexão, ação e organização "entre eles, por eles e para eles"[71], que se constituem, ao mesmo tempo, em matéria e sujeitos de estudo[72]. A enquete é mais que um mero instrumento de coleta de dados, uma vez que os próprios militantes devem adquirir um "espírito de enquete", de modo que sejam capazes, eles próprios, de problematizarem a própria realidade. Na Teologia da Libertação se toma os pobres em sua situação concreta de opressão, não como objeto de análise, mas como sujeitos de leitura da realidade global, assim como de transformação social. Na medida em que a teologia em âmbito profissional se articula a partir dos âmbitos popular e pastoral, há um saber popular, que é também dotado de um *logos* crítico, integrado ao processo de apreensão da realidade na qual estão inseridos seus atores.

A questão dos *lugares*, por sua vez, rompe com a pretensão de universalismo ou de um saber essencialista e a-histórico, consciente da relatividade de toda prática. Em lugar, pois, de ignorar o lugar do sujeito que vê, que inevitavelmente influirá em sua visão, se lhe assume criticamente. Neste particular, a Ação Católica especializada se desvencilha do hibridismo da Ação Católica geral, uniforme e dita aberta a todos, mas na realidade constituída por jovens "burgueses"[73], para assumir, como no caso da JOC, os jovens operários e os seus meios de vida como lugar de reflexão, de formação e de ação. Sem fazer uma opção de classe, ainda que J. Cardijn tenha sido acusado disso[74], a JOC se inscreve deliberadamente nos meios específicos para desenvolver "uma ação apostólica" adaptada a um contexto determinado[75]. Por sua vez, a Teologia da Libertação, ao tomar o pobre não como um tema

---

71. CARDIJN, J. *La JOC et la Paroisse*. Op. cit., p. 22.
72. VV.AA. *Va libérer mon peuple*. Op. cit., p. 78-79.
73. CARDIJN, J. *Laïcs en premières lignes*. Op. cit., p. 22.
74. FIÉVEZ, M.; MEERT, J. *Joseph Cardijn*. Op. cit., p. 67.
75. Sobre a forma de engajamento da JOC e o conflito com a Ação Católica da Juventude Belga (ACJB), cf. AUBERT, R. *Organisation et caractère des mouvements de jeunesse catholiques en Belgique*. Op. cit., p. 288.

genérico de reflexão, mas em sua situação histórica de opressão-libertação, ao lado da opção pelo *sujeito social*, faz igualmente uma opção por seu *lugar social*, a periferia, seja ela de um sistema socioeconômico excludente, seja ela das esferas de poder que sustentam este sistema.

A questão dos *interesses* de toda prática, seja ela uma prática prático-prática ou uma prática prático-teórica, traz à tona na pastoral e na teologia a possibilidade e a legitimidade da relação entre perspectiva evangélica e perspectiva ideológica, porquanto o sujeito é incapaz de se desvencilhar de suas próprias motivações, conscientes ou inconscientes[76]. Impõe-se explicitá-los e submetê-los ao crivo de uma crítica em relação ao compromisso com os ideais da mensagem revelada para a convivência humana. Neste particular, ainda que a Ação Católica tenha caído nas malhas do "intransigentismo"[77] de uma "terceira via", ela teve o mérito de sair da esfera dos "princípios gerais" ou do "ideal histórico concreto"[78], para descer aos "princípios médios", ao nível da "consciência histórica"[79] e, assim, fazer de modo consciente e consequente o caminho da volta à ação. Em seus primórdios, o "interesse" é "salvar" a massa operária, depois "humanizar" e, finalmente, "desproletarizar" a massa trabalhadora. Na Teologia da Libertação, a questão dos *interesses* da prática teórica é uma questão não só epistemológica, mas igualmente teológica e axiológica, na medida em que busca discutir a natureza e o valor evangélico de suas opções a partir da situação de "opressão-libertação", na qual se situam os pobres e libertar o próprio teólogo. É a partir da opção pelos pobres que tudo é visto e projetado.

---

76. Sobre o caráter interessado da atividade intelectiva, cf. AQUINO JUNIOR, F. *O caráter práxico-social da Teologia – Tópicos fundamentais de epistemologia teológica*. Op. cit.,70-73.

77. Como já se fez referência neste trabalho, o primeiro período da AC especializada é marcado pela *Rerum Novarum* que, como assinala R. Aubert, trata-se de uma encíclica "essencialmente antissocialista" (AUBERT, R. *Les débuts du Catholicisme Social*. Op. cit., p. 163). Sobre esta postura intransigente da Ação Católica, cf. JADOULLE, J.L. De Pottier à Cardijn, un siècle de démocratie chrétienne. *Revue Nouvelle*, 45, p. 106-111, 1989.

78. Sobre a questão do "ideal histórico concreto", inspirado no humanismo de Jacques Martitain, cf. GOMEZ DE SOUZA, L.A. *A JUC – Os estudantes católicos e a política*. Op. cit., p. 153-156.

79. Ibid, p. 198-200.

3 A inevitável contextualidade da fé e da teologia

Tanto a Ação Católica como a Teologia da Libertação, ao buscar encarnar o Reino de Deus em um contexto histórico específico, abarcam a globalidade da fé a partir de uma perspectiva particular. Com isso, afirmam a regionalidade de todo compromisso de fé, assim como de toda prática teórica, incluída a prática teológica.

3.1 Da relação razão-fé à relação teoria-práxis

Inversamente ao procedimento dedutivo da teologia clássica, que se move no horizonte da relação *razão-fé*, o *julgar* da Ação Católica e a mediação hermenêutica da Teologia da Libertação, em continuidade/descontinuidade com o procedimento indutivo da teologia moderna europeia, se situam no âmbito da relação *teoria-práxis*[80]. É apoiada na Ação Católica e na teologia moderna europeia que a Teologia da Libertação dá um passo adiante no que tange à constituição de sua pertinência própria em relação às demais teologias.

Da defesa dos dogmas à fundamentação da fé[81]

Um dos deslocamentos mais notáveis, levado a cabo pela teologia moderna europeia[82], foi a passagem da "apologética" à "teologia fundamental", no sentido de abandonar a defesa dos dogmas enquanto tarefa da teologia, para entrar no terreno da fundamentação da fé, da análise de seus pressupostos e de suas condições de possibilidade[83].

---

80. Sobre a questão da teoria-práxis na teologia, cf. AQUINO JUNIOR, F. *O caráter práxico-social da teologia – Tópicos fundamentais de epistemologia teológica*. Op. cit., p. 54-57.

81. Para uma visão comparativa entre a posição clássica e moderna em torno da articulação dogma-Escritura, cf. KASPER, W. *Dogma y palabra de Dios*. Bilbao: Mensajero, 1968. • KASPER, W. La relación entre evangelio y dogma. *Concilium*, 21, p. 144-156, 1967.

82. Sobre o método da teologia moderna europeia e algumas de suas regras sintáticas, cf. ALFARO, J. Problemática actual del método teológico en Europa. *Encuentro Latinoamericano de Teología, Liberación y Cautiverio*. México, 1976, p. 409-430.

83. Cf. TAMAYO-ACOSTA, J.J. *Para comprender la Teología de la Liberación*. Op. cit., p. 98-99. Esta era a empresa da Teologia Clássica. Para ela, a teologia é essencialmente *fides quaerens intellectum*, em que, pelo método da *analogia fidei*, buscam-se as coerências e as diversidades entre as verdades dogmáticas, através da articulação das *auctoritates*, as afirmações tiradas das Escrituras e da Tradição (*depositum fidei*) e a *ratio*. Sua empresa é responder às perguntas postas pela fé à fé. Neste sentido, a TC é uma teologia essencialmente *especulativa*, na medida em que procura

Tal como já fizemos referência, a teologia moderna europeia procura responder às perguntas, não postas pela fé à fé, prática típica da teologia clássica, mas às perguntas postas pela razão e pela experiência à fé, ainda que todavia restrita às questões postas pelos sujeitos individuais, dentro dos parâmetros da primeira Ilustração.

Metodologicamente, por um lado, seguindo o percurso do método *auditus fidei*, elabora um discurso nos termos de uma "teologia positiva", histórica, buscando a ordem sucessiva da história da comunicação e da explicitação no tempo das verdades reveladas, com base na razão crítico-histórico-literária, em que se desenvolvem novas técnicas de interpretação dos textos antigos, aplicando as teorias da história das formas, da história das tradições e da história da redação[84].

Da fundamentação da fé ao horizonte da razão prática

Por sua vez, para além da resposta da teologia moderna europeia às questões do sujeito individual postas pela primeira Ilustração, as denominadas "teologias do genitivo" procuram responder às questões postas pelo sujeito social, dentro dos parâmetros da segunda Ilustração. À pergunta da razão autônoma, da liberdade individual e da consciência pessoal, com os filósofos da práxis, aparecem as questões ligadas às condições materiais do conhecimento e a importância da práxis para o conhecimento e a formulação da verdade. Em consequência, a teologia passa também a mover-se no horizonte da "razão-prática", passando de uma análise da credibilidade da fé puramente existencial a uma teologia da práxis, na medida em que busca oferecer uma justificação do sentido da presença e da ação dos cristãos na história[85].

---

descobrir a ordem ontológica interna das verdades entre si, segundo as exigências profundas e suas relações de dependência, cf. LIBÂNIO, J.B. *Teología de la Liberación – Guía didáctica para su estúdio*. Op. cit., p. 211.

84. Desafiada a dar uma resposta às questões postas pela subjetividade e pela intersubjetividade, em que não se quer mais saber o que são as verdades em si mesmas, mas o que elas podem significar para o homem moderno, a teologia moderna europeia faz da antropologia uma pergunta teológica, elaborando uma síntese entre a transcendência e a imanência, entre o natural e o sobrenatural.

85. Sobre a passagem da teologia enquanto apologética à teologia fundamental, cf. METZ, J.B. Apologética. *Sacramentum mundo, I*. Madri: Herder, 1972, col. 361-371. • METZ, J.B. *La fe en la historia y la sociedad – Esbozo de una teología política fundamental para nuestro tiempo*. Madri: Cristiandad, 1979. G. Gutiérrez, citando J.B. Metz, fala que o problema hermenêutico fundamen-

A Ação Católica, muito antes da teologia moderna europeia e das teologias do genitivo, já postulava esta perspectiva, que seria assumida de maneira mais consequente pela Teologia da Libertação. É neste particular que se situa o grande esforço de superação da "teologia da separação dos dois planos" por parte do "julgar" do método da JOC. Coloca-se a subjetividade e a experiência como categorias de compreensão da realidade e de decisão, buscando também dar uma resposta aos desafios postos pelo sujeito social: a classe trabalhadora[86]. O *julgar* do método da JOC, enquanto iluminação "dos fatos constatados pelas enquetes"[87], sai do âmbito da relação "razão-fé", para situar-se no âmbito da relação "teoria-práxis", superando, assim, a concepção essencialista e dedutiva vigente, oriunda da teologia clássica[88]. J. Cardijn, ao direcionar a finalidade do *julgar*, na primeira fase da JOC em "salvar a massa operária"[89] e, na segunda, na "desproletarização, libertação e emancipação" da mesma[90], de certa maneira, coloca a práxis como lugar de verificação da verdade dos conteúdos da fé. Por sua vez, a Teologia da Libertação, ao se propor articular em sua reflexão "a práxis dos cristãos e das pessoas em geral"[91], que se interrogam sobre o significado da opressão aos olhos de Deus, viria nesta esteira, na medida em que se trata de "dar razão à esperança", não no abstrato, mas no concreto da "situação histórica dos oprimidos" em sua situação de "pobreza estrutural"[92].

---

tal da teologia não é o da relação entre teologia sistemática e teologia histórica, entre dogma e história, mas sim o da relação entre teoria e prática, entre entendimento da fé e prática social. Cf. GUTIÉRREZ, G. *A força histórica dos pobres*. Op. cit., p. 66.

86. CARDIJN, J. *La JOC et la Paroisse*. Op. cit., p. 23. • CARDIJN, J. *L'Église devant la révolution mondiale*. Op. cit., p. 15-19.

87. CARDIJN, J. *Les Méthodes Jocistes – Schéma de la Quatrième Semaine d'Études*. Op. cit., p. 21.

88. Cf. TAMAYO-ACOSTA, J.J. *Para comprender la Teología de la Liberación*. Op. cit., p. 98-99.

89. CARDIJN, J. *Sauver la masse*. Op. cit., p. 13.

90. CARDIJN, J. *L'Église devant la révolution mondiale*. Op. cit., p. 17.

91. BOFF, C. *Teologia e Prática – A Teologia do Político e suas mediações*. Op. cit., p. 67.

92. Nesta perspectiva, a Teologia da Libertação é uma teologia essencialmente pastoral, conforme pode se observar comparando seu método com o da Teologia Pastoral. Cf. FLORISTÁN, C. *Método Teológico de la Teología Pastoral*. *Liberación y cautiverio – Debates en torno al método de la teología en América Latina*. Op. cit., p. 235-252.

Assim, a hermenêutica libertadora da Teologia da Libertação, em descontinuidade com a teologia moderna europeia, ultrapassa seu individualismo subjacente, de corte existencial, para colocar em relevo, juntamente com a Ação Católica e as teologias do genitivo, não só a dimensão social e escatológica do cristianismo, mas, sobretudo, a eficácia da fé no seio de uma sociedade marcada pela opressão e a exclusão[93].

Do nível simbólico e conceitual ao nível performativo

A teologia, enquanto busca do nexo ontológico interno da Revelação, através da argumentação da razão imersa na fé com a finalidade de descobrir o nexo lógico das verdades reveladas, é uma ciência divino-humana, uma vez que a fé apela para a razão. A teologia se situa no encontro entre fé e razão, entre analogia e transanalogia, entre a razão "natural" e razão "sobrenatural", entre razão "racional" e a "razão iluminada pela fé"[94]. A fé é intuitiva, enquanto que a teologia é discursiva, trabalhando o dado revelado em três vias: a via da *negação*, a via da *afirmação* e a via da *eminência*[95].

Epistemologicamente, como Deus se revelou através de *conceitos*, *símbolos* e *ações*, a teologia trabalha três níveis, o *conceitual*, o *simbólico* e o *performativo*[96]. Historicamente, a teologia patrística trabalhou predominantemente os símbolos da fé, elaborando uma teologia de corte mais sapiencial (a teologia como *sapientia*); a teologia clássica ou escolástica distingue-se dela ao operar predominantemente no nível conceitual, elevando o discurso teológico ao patamar de ciência (a teologia como *scientia*); e, a teologia moderna europeia, sem menosprezar os demais níveis, privilegia a experiência, as ações, o mundo e a história, portanto, o nível performativo[97].

---

93. Cf. VIDALES, R. La praxis como lugar hermenéutico. *Cuestiones en torno al método de la Teología de la Liberación*. Op. cit., p. 18-19. • AQUINO JUNIOR, F. *O caráter práxico-social da Teologia – Tópicos fundamentais de epistemologia teológica*. Op. cit., p. 57-66.

94. LIBÂNIO, J.B. *Teología de la Liberación – Guía didáctica para su estudio*. Op. cit., p. 211.

95. Ibid.

96. Trilogia elucidativa evocada em LIBÂNIO, J.B. *Teología de la liberación – Guía didáctica para su estudio*. Op. cit., p. 212.

97. Ibid. Cf. tb. AQUINO JUNIOR, F. *O caráter práxico-social da Teologia –Tópicos fundamentais de epistemologia teológica*. Op. cit., p. 41-42, 44-45.

A hermenêutica do método da JOC e, sobretudo, a hermenêutica libertadora da Teologia da Libertação se caracterizam pela sua inscrição no horizonte da "razão-prática", ao dar ênfase ao aspecto *performativo* da mensagem revelada em relação ao *simbólico* e ao *conceitual* no discurso da fé. Na constituição de sua pertinência, ela também trabalha os símbolos, transimbolizando-os e desmitologizando-os, a fim de que mantenham sua fidelidade original; trabalha, igualmente, os conceitos, construindo contínuos marcos teóricos e conceituais novos, no intuito de guardar a relevância da mensagem revelada; mas, de modo especial, dá atenção particular às ações de Deus codificadas no texto revelado, com o cuidado de abordá-las nos parâmetros de uma contínua recontextualização e recompreensão da mensagem[98]. É neste sentido que a Teologia da Libertação se autocompreende como discurso da práxis da fé, um *ato segundo*, precedido do *ato primeiro* fundante, que é a práxis da fé e das pessoas em geral.

3.2 A contextualidade como especificidade

A visão da globalidade da realidade ou a releitura de todos os temas da revelação a partir de uma ótica particular coloca o desafio da possibilidade de conciliação entre o caráter absoluto da Fé e a relatividade de toda prática e de todo discurso.

A contextualidade da Ação Católica

Na Ação Católica, mais concretamente na JOC de J. Cardijn, se toma distância de toda fonte de conhecimento definida *a priori*[99]. Para J. Cardijn, em seu movimento, tudo é "comandado" por um problema central, o problema da juventude operária, situado no conjunto da classe operária mundial. Ao contrário de uma Ação Católica geral, organizada de maneira uniforme em todos os lugares e centrada no religioso, J. Cardijn via a Ação Católica multiforme, especializada por

---

98. LIBÂNIO, J.B. *Teología de la Liberación – Guía didáctica para su estudio*. Op. cit., p. 212. É neste sentido que se fala de Jesus Cristo como fundamento e princípio hermenêutico da fé. Cf. GUTIÉRREZ, G. *A força histórica dos pobres*. Op. cit., p. 92.

99. CARDIJN, J. *La JOC – Leçons données aux Journées Sacerdotales de Vienne*. Op. cit., p. 5-6.

meio específico de vida, adaptada aos jovens de seu meio específico e inserida num lugar social determinado, o mundo do trabalho[100]. Por isso, para ele, o movimento é conduzido pelos seus próprios membros – "entre eles, por eles e para eles"[101]; o método parte sempre da situação concreta dos jovens em seu próprio meio; e, na organização, o movimento se estrutura de maneira ascendente, pois são as seções locais que constituem a "base da pirâmide jocista"[102], que dão a vitalidade e a identidade do movimento.

Na JOC, o conhecimento da realidade e a própria interpretação da doutrina são feitos igualmente pelos jovens – "entre eles, por eles e para eles", a partir de seu lugar social, cujo resultado é um conhecimento encarnado[103] e, consequentemente, regional ou contextual, sem perder de vista a globalidade da realidade ou da mensagem revelada. Como vimos, a pedagogia do método *ver-julgar-agir* faz dos próprios jovens, sujeitos e matéria de estudo[104]. Em resumo, de um lado, a regionalidade ou contextualidade está no fato de fazer do particular o ponto de partida para chegar ao geral e, de outro, em fazer dos próprios jovens a última instância de juízo.

A contextualidade da Teologia da Libertação

Desde seus primórdios, a Teologia da Libertação se autocompreendeu como uma nova maneira de fazer teologia, portanto, uma nova teologia. Não uma teologia temática, do genitivo ou mesmo uma Teologia do Político. Como dizia Clodovis Boff na segunda fase de seu pensamento, a Teologia da Libertação é uma teologia materialmente global, na medida em que abarca a totalidade dos temas teológicos, mas ao mesmo tempo uma teologia formalmente particular[105], por-

---

100. CARDIJN, J. *Laïcs en premières lignes*. Op. cit., p. 22.

101. MOUGENOT, C.; MORMONT, M. *L'invention du rural*. Op. cit., p. 179. Conforme atestam esses autores, os jovens de Ação Católica se recusam a se deixar instrumentalizar mesmo pela instituição eclesial, ainda que digam que assumem sua "doutrina".

102. CARDIJN, J. *L'Église devant la révolution mondiale*. Op. cit., p. 24.

103. CARDIJN, J. *L'Église face aux problèmes de la jeunesse travailleuse*. Op. cit., p. 39, 56-57.

104. VV.AA. *Va libérer mon peuple!* Op. cit., p. 81.

105. BOFF, C. *Epistemología y método de la teología de la liberación*. Op. cit., p. 80.

quanto relê a Revelação a partir de uma ótica particular, não exclusiva, a ótica libertadora[106]. Ora, uma teologia materialmente global, ainda que formalmente particular, é uma teologia fundamental. Seu discurso se constrói através de uma articulação dialética entre fé e realidade, a partir da "experiência de Deus no pobre", que constitui seu polo dominante, sob pena de a teologia deixar de ser o que ela é[107]. Sua originalidade em relação às demais teologias é que ela não parte de temas gerais, mas de uma relação prática com a práxis.

Entretanto, fora dos meios ligados à Teologia da Libertação, desde seus primórdios, havia os que a classificavam como uma "teologia do político"[108], tal como Clodovis Boff a concebia na primeira e na terceira fase de seu pensamento, na medida em que se propõe abordar, à luz da fé, o compromisso sociopolítico dos cristãos, com o objetivo de ordená-lo em vista da promoção humana. Para estes, o maior problema metodológico-científico da Teologia da Libertação é conciliar método indutivo, que faz uso de uma mediação sociológica e tem como ponto de partida a realidade sociopolítica, com a pretensão de ser uma teologia global. Outros, em lugar de uma "teologia da libertação", a classificavam como uma "teologia da liberdade"[109], com o limite de eleger uma realidade social concreta como ponto de partida. Para estes, o ponto de partida adequado seria a pergunta filosófico-cultural atual acerca da liberdade, elegendo como mediação não as ciências do social, mas a filosofia, e no que diz respeito às possibilidades históricas da liberdade recorrer à mediação da Doutrina Social da Igreja[110]. Havia ainda os que classificavam a Teologia da Libertação como um

---

106. Cf. BOFF, C. Retrato dos 15 anos da Teologia da Libertação. *REB*, 182, p. 263-271, 1986, aqui p. 263.

107. É o que Paulo VI, na *Evangelii Nuntiandi* n. 29, denomina "interpelação recíproca".

108. É a posição, p. ex., de MONDIN, B. *I Teologi della Liberazione*, Roma: 1977, p. 171-175 [trad. bras. MONDIN, B. *Os teólogos da libertação*. São Paulo: Paulinas, 1980].

109. P.F. Carneiro de Andrade cita P. Bigo como expoente desta corrente. Cf. BIGO, P. Per una vera Teologia della Liberazione. In: AGNES, M. (org.). *Libertà cristiana e liberazione*. Roma: 1986, p. 260-266.

110. Diga-se de passagem que é este o método utilizado pela Instrução *Libertatis Constientia*, mas que tira da Teologia da Libertação toda sua pertinência, enquanto tenta responder a questões concretas que clamam libertação e não simples aspiração à liberdade.

ramo da "teologia moral"[111], não uma nova maneira de fazer teologia, uma teologia fundamental ou global, nem mesmo uma teologia do genitivo. Para estes, a Teologia da Libertação é parte da Teologia Moral, que estuda o ato social enquanto ato político, a ser aplicada em países subdesenvolvidos, sem conexão com a dogmática. Finalmente, não faltaram aqueles que viam a Teologia da Libertação como a "aplicação contextualizada da Doutrina Social da Igreja"[112], na medida em que busca nesta aquilo que diz respeito especificamente à situação latino-americana, difundindo e inculturando esta doutrina na situação social particular do continente[113].

Como se pode constatar nestas concepções, além da dificuldade em se admitir a possibilidade de uma teologia indutiva, se dissente de um "método progressivo", alicerçado sobre um lugar social particular, bem como de um sujeito social determinado e da legitimidade de se partir deste horizonte para buscar uma compreensão da globalidade da mensagem revelada, atualizando-a no concreto da história. No fundo, as reticências se devem não propriamente à valorização do lugar social na leitura da Palavra de Deus, mas por se reler a globalidade da revelação a partir "da experiência de Deus no pobre" e por fazer deste seu "ponto de partida". O fato é que a Teologia da Libertação não se contenta com os resultados da exegese moderna, como se eles fossem já a última palavra na interpretação das Escrituras. De forma crítica, como tematiza Carlos Mesters, ela busca submeter esses resultados

---

111. É a posição de Daniélou, para quem a Teologia da Libertação é uma subdivisão da Teologia Moral, mais precisamente a parte da Teologia que estuda o ato moral, parte da Moral que estuda o ato social, parte da Teologia do Social que estuda o ato político, enfim, parte deste que estuda o problema dos países subdesenvolvidos. A esse respeito cf. SCANNONE, J.C. Necesidad y posibilidades de una teología socio-culturalmente latinoamericana. In: ENCUENTRO DEL ESCORIAL. *Fe cristiana y cambio social en América Latina*. Salamanca: 1973, p. 356.

112. É a posição, p. ex., de LÓPEZ TRUJILLO, A. La Dottrina Sociale della Chiesa – Prassi concreta per la vera liberazione. In: AGNES, M. (org.). *Libertà cristiana e liberazione*. Op. cit., p. 312-331.

113. Para uma boa visão da relação Teologia da Libertação e Doutrina Social da Igreja, cf. ANTONCICH, R. Teología de la Liberación y Doctrina Social de la Iglesia. In: *Mysterium Liberationis*. Op. cit., I, p. 145-168. • LIBÂNIO, J.B. Doctrina Social de la Iglesia y Teología de la Liberación. In: VV.AA. *Doctrina Social de la Iglesia y lucha por la justicia*. Madri: Hoac, 1991, p. 111-128. • BOFF, C. Doctrina Social de la Iglesia y Teología de la Liberación: prácticas sociales opuestas? *Concilium*, 170, p. 468-477, 1981.

(texto) a uma nova leitura a partir do lugar social do pobre (pré-texto), no interior da comunidade de fé (contexto)[114].

3.3 A libertação e a opção pelos pobres como perspectiva particular

A perspectiva particular, a partir da qual se lê a globalidade da realidade e a globalidade da mensagem revelada, por um lado, na Ação Católica são os jovens em seus meios específicos e, na Teologia da Libertação, os pobres e, por outro, trata-se de um olhar em vista de sua libertação. Comecemos por caracterizar o que se entende por libertação.

A libertação como perspectiva particular

Na Teologia da Libertação, o termo "libertação" tem uma conotação distinta dos meios ligados à teologia moderna europeia, inclusive, das teologias do genitivo, que tendem a restringir a abordagem da libertação num plano mais teórico que prático[115]. O termo é polissêmico, empregado já por J. Cardijn[116], no sentido de uma "desproletarização interior", condição para uma "desproletarização exterior". Na Teologia da Libertação, ele sofreu um deslocamento semântico. Não é empregado no horizonte hermenêutico da *ortodoxia*, enquanto processo para se fazer livre de erros; ou no horizonte hermenêutico *psicológico*, enquanto processo para se fazer livre dos entraves pessoais subjetivos da ordem psíquica, moral e religiosa para chegar à autorrealização; ou mesmo no horizonte hermenêutico *social*, enquanto processo para fazer-se livre de um mundo de estruturas opressivas, para viver numa ordem de justiça e de fraternidade[117].

---

114. Este método exegético é trabalhado e foi elaborado de modo mais profundo em MESTERS, C. *Flor sem defesa*. Petrópolis: Vozes, 1983. Cf. esp. p. 87-187.

115. Sobre a diferença semântica do conceito de libertação entre Teologia da Libertação e Teologia Moderna Europeia, cf. BOFF, L. *Liberación como teoría o como práctica?* Op. cit., p. 51-54.

116. Cf. CARDIJN, J. *L'Église devant la révolution mondiale*. Op. cit., p. 17-18.

117. Estes três horizontes do termo "libertação" são tratados em LIBÂNIO, J.B. *Evangelização e libertação*. Petrópolis: Vozes, 1976, p. 154-197.

Na Ação Católica, o termo "libertação" começa a ser usado no horizonte hermenêutico de ortodoxia e, depois, no horizonte hermenêutico social. Na primeira fase da JOC, J. Cardijn fala em libertar os jovens de sua própria fragilidade e ignorância, a fim de que possam fazer frente às "teorias errôneas" e à "imoralidade nos meios de vida". Depois, vai falar da libertação como condição para a "desproletarização" da massa trabalhadora. Já na Teologia da Libertação, o termo "libertação", juntamente com a JOC em sua segunda fase, se aproxima do horizonte hermenêutico *social*, porém, sofrendo um deslocamento semântico[118]. O sentido do termo, por um lado, vem do social e, por outro, é situado no contexto do mistério pascal, que tem na libertação do povo de Israel da escravidão do Egito um referencial teológico fundante. Do ponto de vista social, em seus primórdios, se assume a perspectiva da Teoria da Dependência, no seio da qual a "libertação" é contraposta à ideologia do desenvolvimentismo e se faz dela uma categoria interpretativa da história como um todo. Mas, ao lado do ponto de vista social, se associa a libertação histórica com a história da salvação, deslocando seu significado para o horizonte da revelação[119]. Nos processos humanos de libertação se vê a presença libertadora de Deus, sejam eles ligados ou não a pessoas de fé, postulando a libertação histórica como mediação da libertação salvífica de Deus[120].

Os jovens ou os pobres como perspectiva particular

Na base da categoria "libertação" está uma realidade histórica concreta, que também se faz perspectiva particular para ler a realidade e reler a globalidade da mensagem revelada. Denomina-se "opção fun-

---

118. Sobre o significado do termo "libertação" na Teologia da Libertação, cf. GUTIÉRREZ, G. *Teología de la liberación*. Salamanca: Sígueme, p. 50-69. Sobre "libertação" enquanto conceito teológico articulado com a realidade social, cf. GARCÍA RUBIO, A. *A Teologia da Libertação: política ou profetismo?* São Paulo: Loyola, 1977, aqui p. 204-208. • BOFF, L.; BOFF, C. *Libertad y liberación*. 2. ed. Salamanca: Sígueme, 1985, p. 67-85.

119. Sobre a aparição da consciência libertadora no seio da sociedade e da Igreja, cf. BOFF, L. *Teología del Cautiverio y de la Liberación*. Op. cit., p. 13-26.

120. LIBÂNIO, J.B. *Teología de la Liberación – Guía didáctica para su estudio*. Op. cit., p. 148. Sobre o significado e os perigos em torno do termo "libertação", cf. ASSMANN, H. *Teología de la praxis de la liberación*. Salamanca: Sígueme, 1973, esp. p. 103-113. Sobre a articulação das libertações sócio-históricas com a libertação cristã na Teologia da Libertação, cf. BOFF, C. *Sinais dos tempos*. São Paulo: Loyola, 1979.

damental", que na Ação Católica são os jovens em seus meios específicos e, na Teologia da Libertação, são os pobres enquanto excluídos em uma sociedade marcada pela injustiça estrutural. Concretamente, na JOC, há uma opção pelos jovens trabalhadores, uma opção fundamental, tanto que seus problemas comandam as enquetes, determinam os temas da iluminação dos dados levantados, delimitam a ação e condicionam a organização do movimento. Tomando distância da ótica de classe do marxismo, os jovens são vistos, sobretudo, como indivíduos ou pessoas atingidas em sua dignidade no seio da massa operária[121]. Para J. Cardijn, "um único jovem operário vale mais do que todo o ouro do mundo"[122].

Na Teologia da Libertação, a categoria "libertação" está associada à opção pelos pobres. Diferente da teologia moderna europeia, cujo sujeito social é o "homem" moderno e emancipado, na Teologia da Libertação o sujeito social é o "não homem", o outro "pobre e oprimido"[123]. O "eu moderno" é um ser humano centrado sobre si mesmo – *"cogito ergo sum"*; o pensamento é um produto seu e o "outro" é um *cogitatum,* que só existe na medida em que é pensado[124]. Já na Teologia da Libertação, o "outro pobre" não é um indivíduo pensado a partir de categorias universalizantes, mas a multidão de rostos concretos dos oprimidos e excluídos, sobretudo dos países do Hemisfério Sul, rostos do Cristo sofredor na figura de crianças abandonadas, de idosos dos quais prescinde a lógica do lucro, de mulheres marginalizadas, de trabalhadores empregados com salários de fome, subempregados e desempregados, de negros submetidos a outras formas de escravidão ou de índios concebidos como entraves à Modernidade[125]. A situação desse "outro pobre" é conhecida não por

---

121. MOUGENOT, C.; MORMONT, M. *L'invention du rural.* Op. cit., p. 150.

122. É o epitáfio em sua sepultura na Igreja de Laeken.

123. Carlos Mendoza Álvarez fala do "assumir a negatividade da experiência e da história dos vencidos". Cf. MENDOZA ÁLVAREZ, C. *Deus Liberans – La Revelación Cristiana en diálogo con la Modernidad: los elementos fundacionales de la estética teológica.* Friburgo: Universitaires, 1996, p. 433.

124. LIBÂNIO, J.B. *Teología de la Liberación – Guía didáctica para su estudio.* Op. cit., p. 126.

125. Cf. Puebla n. 32ss.

um ato voluntário da razão que o transforma em *cogitatum*, mas através de "uma experiência espiritual de Deus nos pobres"[126]. Em lugar de tema, ele é fato concreto e experiência, sacramento de um Deus que sendo rico se fez pobre para nos enriquecer com sua pobreza.

Como se pode perceber, o sujeito social da Ação Católica e da Teologia da Libertação é compreendido para além das fronteiras do "mundo da moradia", como no caso do Catolicismo Social[127], visto meramente como indivíduo e socorrido por programas assistenciais, ainda que na fase final do movimento a assistência é feita de forma organizada, situando-se no "mundo do trabalho"[128]. Concretamente, a JOC situa o seu sujeito social no mundo do trabalho, diagnosticando como causas da pobreza, de um lado, a "fragilidade pessoal"[129], o que implicaria um programa de educação para a sua promoção e, de outro, a situação na fábrica, o que exige a denúncia e reivindicação frente ao patrão, inclusive frente ao Estado, mas sempre e unicamente em vista de melhorias nas condições de trabalho[130]. A ação dos jovens trabalhadores tem uma dimensão social, sem ser deliberadamente política[131], fruto da restrição do raio de ação no terreno religioso para marcar a diferença e a distância dos partidos políticos e do sindicalismo cristão[132].

Na Teologia da Libertação, a dimensão política da opção pelos pobres constitui uma característica fundamental e fundante de seu discurso[133]. Sem negar a importância da assistência, nem subestimar a necessidade de uma promoção humana através da educação, a Teologia da Libertação situa o fenômeno da pobreza para além do mundo

---

126. BOFF, C. Préface. *Theorie et pratique – La méthodes des théologies de la liberation*. Paris: Du Cerf, 1990, p. II.

127. Cf. AUBERT, R. Les débuts du Catholicisme Social. *Nouvelle Histoire de l'Église – Tome 5: L'Église dans la société libérale et dans le monde moderne (1848 à nos jours)*. Paris: Seuil, 1975, p. 156-177.

128. A caridade privada, depois a caridade organizada e, por fim, a educação, são as características do Catolicismo Social francês, bem como alemão e italiano. Sobre a questão, é sugestivo o trabalho de R. Kothen: *La pensée et l'action sociale des catholiques, 1789-1944*. Lovaina: 1945.

129. CARDIJN, J. *Les Méthodes Jocistes – Schéma de la Quatrième Semaine*. Op. cit., p. 26.

130. MOUGENOT, C.; MORMONT, M. *L'invention du rural*. Op. cit., p. 124.

131. CARDIJN, J. *Les Méthodes Jocistes – Schéma de la Quatrième Semaine*. Op. cit., p. 26.

132. MOUGENOT, C.; MORMONT, M. *L'invention du rural*. Op. cit., p. 125.

133. LIBÂNIO, J.B. *Teología de la Liberación – Guía didáctica para su estudio*. Op. cit., p. 129.

do trabalho, a partir de uma análise conflitiva-estrutural da sociedade[134]. Em grande medida, a pobreza é vista como o subproduto de um sistema socioeconômico, que gera ricos cada vez mais ricos à custa de pobres cada vez mais pobres. A pobreza é vista como fruto da "injustiça institucionalizada"[135], o que implica não unicamente a assistência e a promoção humanas, mas, igual e principalmente, a transformação das bases da sociedade, um processo de libertação, cujos protagonistas sejam os próprios excluídos. Por isso, o processo libertador deve ser endógeno, a partir dos pobres, pois eles não são apenas carência a ser socorrida, mas protagonistas de uma sociedade inclusiva de todos e portadores de um potencial evangelizador. Para a Teologia da Libertação, é impossível amar os pobres de maneira eficaz, prescindindo de suas condições sociais e inclusive de sua situação de classe[136]. A opção pelos pobres inclui a consciência da diferença entre classes sociais, ainda que a trama das relações sociais seja mais complexa do que uma mera relação de classes antagônicas[137]. Assume a existência de classes como um fato, sem, entretanto, apostar na luta de classes como meio de superação do fenômeno da exclusão social[138]. Trata-se de uma opção pelos pobres, não contra os ricos, mas contra a pobreza, através da superação de uma situação de injustiça que gera pobres, a qual concerne especialmente aos ricos.

---

134. Cf. BOFF, L.; BOFF, C. *Libertad y liberación*. Op. cit., p. 72-84.

135. Sobre esta noção, cf. Puebla n. 509 e 562.

136. LIBÂNIO, J.B. *Teología de la Liberación – Guía didáctica para su estudio*. Op. cit., p. 130.

137. Mas não se pode ignorar, entretanto, que apesar do simplismo da análise de classes de Marx, ela acena para as diferenças sociais e seus interesses antagônicos, ainda que todos os conflitos e interesses não se resumam aos de classe.

138. Cf. LIBÂNIO, J.B. *Teología de la Liberación – Guía didáctica para su estudio*. Op. cit., p. 130-131. Sobre a universalidade do amor cristão, cf. GUTIÉRREZ, G. Teología y ciencias sociales. *Páginas*, vol. IX, n. 63-64, p. 13-14, set./1984.

8
Ver-julgar-agir e método da Teologia da Libertação

No capítulo anterior explicitou-se a inter-relação entre o método *ver-julgar-agir* da Ação Católica e epistemologia da Teologia da Libertação. Terminando esta segunda unidade, do nível pedagógico e epistemológico de uma e outra, vamos passar agora para o nível especificamente metodológico. Começaremos pelas implicações metodológicas relativas à dupla relação, seja do método da Ação Católica com a realidade dos "meios de vida" dos jovens, seja do método da Teologia da Libertação com a práxis. Ambas, ao partirem da ação, começam fazendo o caminho da prática para a teoria e, depois, ao estarem determinadas a voltar para a ação, fazem o caminho da teoria para a prática, um percurso que tem também suas mediações teóricas. Não há dúvidas que, neste particular, a prática do método da Ação Católica foi fonte inspiradora na arquitetura do método da Teologia da Libertação, até porque é este o caminho da racionalidade histórica e contextual moderna, em especial, da segunda Ilustração, tematizada pelos filósofos da práxis. Tal como no método da JOC, em que os dois primeiros momentos da trilogia estão em função do "agir" – "ver e julgar para agir" –, a Teologia da Libertação está longe de ser uma teologia incongruente com os desafios postos à fé pela realidade. O método da Teologia da Libertação, como reflexão "da" práxis, "na" práxis e "pela" práxis quer ser, também e antes de tudo, uma reflexão "para" a práxis da fé das comunidades eclesiais, inseridas profeticamente na sociedade, em perspectiva transformadora.

Metodologicamente, a relação teórica com a ação ou com a práxis coloca também a questão do modo de apreensão da realidade dos meios de vida dos jovens ou da práxis das comunidades eclesiais, inseridas profeticamente no mundo. Um modo crítico exige necessariamente uma mediação analítica, seja da "sociologia religiosa" no caso da Ação Católica, seja da mediação das ciências humanas e sociais no seio da Teologia da Libertação. Do contrário, a realidade entraria na articulação do discurso da fé como "matéria-prima" bruta, comprometendo um procedimento científico. Tomando distância dos meios positivistas, dada a impossibilidade do "sujeito" que vê estabelecer uma relação direta com o "objeto" visto, impõe-se a distinção entre a "ordem da coisa" da "ordem do conhecimento". Isso tem suas implicações, pois, por um lado se assume o risco de uma "visão comprometida" da realidade sócio-histórica, dado que "conhecer é sempre interpretar" e, por outro, tomando distância do risco do subjetivismo, recorrendo-se a mediações analíticas críticas da situação.

Resta ainda a questão metodológica relativa à articulação do ideal da fé ao real da realidade apreendida analiticamente. No método da Ação Católica, diz respeito ao momento do "julgar" a realidade apreendida pelo "ver" aplicado nos meios de vida dos jovens. No método da Teologia da Libertação, diz respeito à "mediação hermenêutica", concretamente, ao modo de reflexão da práxis "à luz da fé". Veremos como ambas neste momento do método, ao se apoiarem sobre o "sujeito" da fé, ou seja, sobre os grupos de militantes ou as comunidades eclesiais, tomam distância da "hermenêutica *do logos*" da teologia clássica, a-histórica, pretensamente alicerçada "na verdade", apenas buscando atualizar o sentido do texto de ontem para hoje, portanto, fazendo uma "hermenêutica da hermenêutica". Na medida em que se busca o sentido da ação do movimento ou da práxis das comunidades eclesiais à luz da fé, fazem uma "hermenêutica da dialética", uma interpretação histórica, fundada em uma análise sincrônica e diacrônica do texto revelado, em estreita relação com o contexto histórico, que se faz lugar teológico.

1 A relação teórica com a práxis

A Ação Católica e a Teologia da Libertação estabelecem uma dupla relação com a realidade ou com a práxis. Comecemos pela relação teórica. Da relação prática com a práxis nos ocuparemos no último item deste capítulo.

Na Ação Católica, até a Segunda Guerra, que corresponde à fase moralizadora do movimento na Europa, a realidade dos "meios de vida" dos jovens é um espaço vazio, campo de aterrissagem do *julgar*, que se sobrepõe ao *ver*. Na segunda fase, após a Segunda Guerra, a realidade passa a ser também fonte de reflexão. Os problemas identificados nos meios específicos vão orientar, sobretudo, a elaboração do "plano apostólico" no momento do *agir*. Com o surgimento da noção de "revisão de vida"[1], a realidade a ser conhecida é integrada pela própria ação do movimento, uma espécie de "ato primeiro" da reflexão no seio do método[2]. Entretanto, mesmo que em sua fase mais madura o *agir* da Ação Católica fosse a melhor introdução ao *ver*[3], na JOC a realidade é basicamente um dado a ser conhecido, influindo pouco sobre o momento do *julgar*.

Na Teologia da Libertação, na perspectiva da Ação Católica, a história ou a realidade social é muito mais do que um dado ou simplesmente matéria-prima apreendida pela mediação das ciências humanas. Enquanto práxis histórica da fé e das pessoas em geral, a realidade não é simplesmente lugar de aterrissagem de uma ortodoxia previamente determinada; é, sobretudo, fonte de reflexão, *lugar epistêmico* de uma teologia que se articula a partir da experiência espiritual de Deus no rosto do pobre, em seu processo de libertação[4]. É o compromisso vivo

---

1. Cf. DORÉ, J. *L'action catholique aujourd'hui et demain*. Op. cit., esp. p. 1.183.
2. Cf. PALARD, J. *D'un christianisme de position à un christianisme de mouvement(s)*. Op. cit., p. 861-867.
3. MOULAERT, J. *La pédagogie de Cardijn*. Op. cit., p. 248.
4. Carlos Mendoza Álvarez cita Bartolomeu de las Casas, que dizia ver "a presença de Cristo sofredor no índio despojado". Cf. MENDOZA ÁLVAREZ., C. *Deus Liberans – La Revelación Cristiana en diálogo con la Modernidad: los elementos fundacionales de la est*ética teológica. Op. cit., p. 434. Uma contraposição entre compreensão teórica e prática da libertação se encontra em BOFF, L. Liberación como teoría o como acción práctica? In: VV.AA. *Teología de la Liberación – Documentos sobre una polémica*. Costa Rica: DEI, 1984, p. 51-54.

com uma prática concreta que constitui um *ato primeiro* de uma teologia que, enquanto reflexão sistemática, é um *ato segundo*[5]. Trata-se de uma experiência fundante, constitutiva da epistemologia e do próprio método da Teologia da Libertação, sem a qual a libertação não passa de um tema abstrato, facilmente abordado desde uma perspectiva genérica antropofilosófica, como acontece na Instrução *Libertatis Nuntius*, para a qual a libertação é um tema relativo à aspiração à liberdade por parte dos povos, analisada cultural e filosoficamente[6].

1.1 Uma perspectiva particular como "ponto de partida"

Ir à mensagem revelada com as questões postas pela práxis da fé ou reler a globalidade da revelação a partir de uma perspectiva particular coloca a complexa questão do chamado "ponto de partida", seja da ação pastoral no caso da Ação Católica, seja da reflexão teológica na Teologia da Libertação. Há duas maneiras de concebê-lo, uma no sentido habitual e, outra, na perspectiva da nova teologia nascente[7].

Ponto de partida e lugar da revelação

Habitualmente, por "ponto de partida" da ação pastoral ou da teologia, consiste em colocar a revelação e não a práxis como fundamento e princípio de compreensão, lugar a partir do qual a teologia entende, interpreta e lê todas as realidades, inclusive a práxis libertadora. Entre-

---

5. Sobre a articulação do discurso da Teologia da Libertação a partir da práxis, cf. SOBRINO, J. Como fazer teologia – Proposta metodológica a partir da realidade salvadora e latino-americana (Material de trabalho). *Perspectiva Teológica*, 21, p. 285-303, 1989. • GALILEA, S. *Teologia da Libertação – Ensaio de síntese*. São Paulo: Paulinas, 1978, p. 13s. [original: *Teología de la Liberación – Ensayo de síntesis*, 1977). • SCHOOYANS, M. *Théologie et Libération – Questions disputées*. Collection Essais. Quebec: Le Préambule, 1987, p. 25-28.

6. Cf. *Libertatis Nuntius*, cap. I e II. A este respeito, cf. a análise de PALÁCIO, C. A Igreja da América Latina – A Teologia da Libertação e a Instrução do Vaticano: um discernimento. *Perspectiva Teológica*, 43, p. 293-323, 1985. Sobre o princípio fundante da opção pelos pobres na Teologia da Libertação, cf. BOFF, L. La Teología de la Liberación: recepción creativa del Vaticano II desde la óptica de los pobres. *Teología desde el lugar del pobre*. Santander: Sal Terrae, 1986, p. 13-41. • VIDALES, R. *Cuestiones en torno al método en la Teología de la Liberación*. Lima: Centro de Documentación del Miec-Jeci 9, 1972, p. 11-12.

7. Sobre as implicações epistemológicas da inserção do teólogo na caminhada do povo, boa visão da problemática se encontra em BOFF, L. *Y la Iglesia se hizo Pueblo: Eclesiogénesis – La Iglesia que nace de la fé del pueblo*. Santander: Sal Terrae, 1986 [original bras.: BOFF, L. *E a Igreja se fez povo*. Petrópolis: Vozes, 1986].

tanto, não é nisso que reside o problema. Tanto na Ação Católica como na Teologia da Libertação se reconhece que se o "ponto de partida" não for a revelação, a teologia deixa de ser o que ela é[8]. A questão do "ponto de partida" é mais complexo, metodologicamente falando. Cabe perguntar-se sobre o "lugar" da revelação e, sobretudo, sobre o sentido de sua interpretação. Estaria seu sentido na letra morta de um texto, numa interpretação previamente definida por um sistema teológico ou na inter-relação entre texto revelado e experiência de fé, no seio da Tradição das comunidades eclesiais? Na Ação Católica, quando se fala em "partir da vida" ou dos meios específicos, "nada *a priori*", será que se exclui a presença das "luzes do Evangelho"?

Para a Teologia da Libertação, as Escrituras são incontestavelmente o "lugar constitutivo"[9] da teologia. Entretanto, enquanto lidas no seio da Tradição viva da Igreja e, inevitavelmente, interpretadas a partir de um lugar social concreto, a prática libertadora dos cristãos se constitui em "lugar hermenêutico" desta Palavra. Ou seja, se vai à revelação com as questões postas pela práxis e os princípios com os quais se responde a essa pergunta procedem da revelação[10]. Como dizia Clodovis Boff na segunda fase de seu pensamento, a "libertação" ou a "opção pelos pobres" é "ponto de partida", no sentido de que se "parte dos pobres partindo de Deus" ou se "parte de Deus a partir dos pobres"[11], uma

---

8. Nos meios da Teologia da Libertação, H. Assmann é tido por J.C. Scanonne, p. ex., como um teólogo que, ao colocar como ponto de partida "a práxis de grupos revolucionários", converte sua teologia numa espécie de "ideologia da libertação". Cf. SCANONNE, J.C. Teología de la Liberación. In: FLORISTÁN, C.; TAMAYO, J.J. (eds.). *Conceptos fundamentales de Pastoral.* Madri: Cristiandad, 1983, p. 562-579, aqui nota 13, p. 570. Tamayo, porém, discorda de Scanonne, classificando sua crítica de "injusta a todas luces y peca a su vez de reduccionista", afirmando e demonstrando que o discurso, tanto de H. Assmann quanto de Pablo Richard, de modo algum se reduzem "a um mero lenguage sociologicamente cristiano, puesto al servicio de la lucha de classes". Cf. TAMAYO-ACOSTA, J.J. *Para comprender la Teología de la Liberación.* Op. cit., p. 128.

9. BOFF, C. Préface. *Theorie et pratique – La méthodes des Théologies de la Liberation.* Op. cit., p. VI.

10. Ibid., p. VI.

11. Ibid. Sobre as implicações, também epistemológicas, da opção pelos pobres, cf. BOFF, C.; PIXLEY, J. *Opção pelos pobres.* Petrópolis: Vozes, 1986. Sobre a opção pelos pobres enquanto opção fundamental da Teologia da Libertação, cf. GUTIÉRREZ, G. Pobres y opción fundamental. *Mysterium Liberationis.* Op. cit., I, p. 303-322. • ALMEIDA CUNHA, R. *A opção pelos pobres.* Rio de Janeiro, 1980. • CUSSIÁNOVICH, A. *Desde los pobres de la tierra.* Lima: CEP, 1975. • SOBRINO, J. Como fazer teologia – Proposta metodológica a partir da realidade salvadorenha e latino-americana. *Perspectiva Teológica*, 21, p. 285-303, 1989, aqui p. 297-303 (Trabalho apre-

vez que a experiência da fé estabelece uma relação dialética entre os dois polos. Assim, quando a Teologia da Libertação fala da práxis libertadora como "ponto de partida" da articulação de seu discurso, se refere ao pressuposto teológico da "experiência de Deus no pobre"[12], não no sentido de um lugar teológico constitutivo, que só pode ser a revelação, mas como *lugar hermenêutico* da epistemologia e do método do discurso teológico[13]. É o que está em gérmen na Ação Católica, pois, na medida em que se começa a "ver" a partir do "agir", a ação do movimento, enquanto "ação apostólica" impregnada da fé, é o lugar constitutivo da reflexão, que tem os meios de vida como uma chave hermenêutica.

Do particular ao geral na Ação Católica

Para a JOC, no método *ver-julgar-agir*, não existe nada de *a priori*[14]. Como dizia J. Cardijn, na JOC, não há nada predefinido, nem nos conteúdos, nem na pedagogia e nem na organização, tudo é comandado, segundo ele, por um problema central, o problema da juventude operária, inserida no contexto da classe operária mundial[15]. Com isso, no plano socioanalítico, parte-se de um problema ou de uma *situação particular*, para chegar a uma visão da globalidade da realidade; e, no plano teológico, a partir da dignidade de todo trabalhador enquanto filho de Deus e da teologia do trabalho em particular, se interroga a globalidade da revelação[16].

---

sentado em reunião de diretores de faculdades de Teologia dirigidas pelos jesuítas, realizada em Roma, 28/03-02/04/1989). • SOBRINO, J. *Ressureição da verdadeira Igreja – Os pobres, lugar teológico da eclesiologia* (trad. bras.). São Paulo: Loyola, 1982.

12. Sobre a "mística do pobre" como lugar do nascimento da Teologia da Libertação, cf. BOFF, L.; BOFF, C. *Libertad y liberación*. Op. cit., p. 13-14.

13. Cf. SOBRINO, J. Como fazer teologia – Proposta metodológica a partir da realidade salvadorenha e latino-americana. Op. cit., p. 286-290. • VIDALES, R. La praxis de liberación como experiencia espiritual. *Cuestiones en torno al método de la Teología de la Liberación*. Op. cit., 12-13.

14. CARDIJN, J. *Leçons données aux Journées Sacerdotales de Vienne*. Op. cit., p. 5-6.

15. CARDIJN, J. *L'Église devant la révolution mondiale*. Op. cit., p. 18.

16. CARDIJN, J. *La JOC – Leçons données aux Journées Sacerdotales de Vienne*. Op. cit., p. 5-6. Cf. tb. PINTO CARVALHEIRA, M. Movimentos históricos e desdobramentos da Ação Católica no Brasil. *REB* 43, p. 10-28, 1983, aqui p. 27.

No seio da Ação Católica, mais concretamente em sua primeira fase, entretanto, dados os limites das mediações analíticas de então, o resultado fica sempre longe do desejado. O método *ver-julgar-agir* foca muito bem o "ponto de partida", ou seja, uma situação particular pertinente, que é a situação dos jovens em seu meio de vida. Metodologicamente, também se procede corretamente ao se propor buscar o significado global a partir desta situação particular. Mas, dados os limites de seu instrumental socioanalítico, a denominada "sociologia cristã", e a ausência de uma teologia que interrogasse a globalidade da revelação a partir de uma perspectiva particular que se constituísse como chave de leitura da mesma, não se consegue chegar ao final do processo de interpretação de maneira indutiva.

Isso explica o "obreirismo"[17] da JOC no momento do *ver* e o seu "moralismo"[18] no momento do *julgar*. Em outras palavras, a Ação Católica parte do particular, mas não consegue ler o global a partir dessa perspectiva particular. Permanece dentro dos limites do "mundo do trabalho", não chegando a abarcar o social, à luz da fé, socialmente. Daí as diretrizes do movimento, marcadamente direcionadas para a conversão pessoal, sem concomitantemente colocar o imperativo da transformação das estruturas, como também responsáveis pela sua visão de "desmoralização" do mundo do trabalho[19]. Responsáveis, igualmente, pela miopia do *ver* da Ação Católica em relação à complexidade do tecido das relações sociais, bem como do *julgar*, enquanto concebido como a "aplicação de uma doutrina segura"[20]. Por um lado, há um procedimento indutivo na medida em que o *ver* determina os temas a serem evocados no momento da iluminação, mas, por outro, o *julgar* permanece dedutivo, dado que não permite que a realidade também emita uma luz sobre a mensagem

---

17. Lembra-se que se denomina por "obreirismo" a visão restrita à problemática operária e à militância circunscrita ao mundo do trabalho.

18. Por "moralismo" entende-se a aplicação, no momento do "julgar", da "moral social católica" sobre a realidade levantada.

19. Cf. CARDIJN, J. *Ite Missa Est*. Op. cit., p. 10. • CARDIJN, J. *Sauver la Masse*. Op. cit., p. 24-25.

20. CARDIJN, J. *Les Méthodes Jocistes – Schéma de la Quatrième Semaine d'Études de la JOC*. Op. cit., p. 23.

revelada, o que acaba comprometendo a possibilidade de uma hermenêutica contextualizada.

Do particular ao geral na Teologia da Libertação

O procedimento metodológico da Teologia da Libertação, mesmo que se partindo do *particular* não se chegue sem riscos de equívocos ou de reducionismos ao *global*, pelo menos vai mais longe que a Ação Católica. Primeiramente, porque a perspectiva particular da Teologia da Libertação é muito mais abrangente e universalizável que a perspectiva da Ação Católica, inclusive da teologia moderna europeia. No seio desta, o sujeito social é o "eu moderno", ficando no abstrato, ao contrário da Ação Católica que coloca os jovens em seus meios específicos, algo concreto, mas que não consiga, a partir do particular, chegar ao global. A teologia moderna europeia tende a ficar no horizonte da ontologia e, a Ação Católica, no mundo do trabalho. Já o sujeito social da Teologia da Libertação, enquanto é o "outro pobre", o pobre coletivo, o oprimido, o humilhado, o filho de Deus desfigurado[21], não deixa de ser uma perspectiva particular, mas concreta e assumida metodologicamente como princípio fundante de um discurso teológico, que se propõe ler a globalidade da revelação a partir desta perspectiva particular[22].

Em segundo lugar, na Teologia da Libertação, essa particularidade não é assumida, tal como na Ação Católica, apenas como um dado apreendido pelo *ver*, independente do *julgar*. Nem como algo generalizante e abstrato como na teologia moderna europeia. Nem mesmo como um tema, algo corrente no seio das teologias do genitivo. Na Teologia da Libertação, a particularidade é uma experiência de fé, no seio de uma comunidade eclesial concreta, inserida profeticamente na sociedade. Não se trata, aqui, apenas de uma particularidade oriunda "da" práxis, mas assumida e compreendida antes de tudo "na" práxis, neste particular, próxima da Ação Católica. A libertação

---

21. Cf. BOFF, L.; BOFF, C. *Como fazer Teologia da Libertação*. Op. cit., p. 41-42. Para uma associação entre Jesus e o pobre, cf. GUTIÉRREZ, G. *A força histórica dos pobres*. Op. cit., p. 78-85.

22. Sobre a diferença entre lugar teológico da teologia europeia e da Teologia da Libertação, cf. LIBÂNIO, J.B. Teologia no Brasil – Reflexões crítico-metodológicas. *Perspectiva Teológica*, 9/17, p. 56-58, 1977.

não é uma categoria genérica, nem apenas um tema de reflexão nos parâmetros das teologias do genitivo, mas uma realidade histórica concreta, que se faz particularidade a partir da qual a teologia busca fazer uma hermenêutica global da mensagem revelada, ainda que não se imponha como única leitura possível e nem reduzindo todos os conteúdos da fé ou os diversos aspectos da realidade a esta dimensão[23]. Trata-se de uma leitura pertinente do ponto de vista epistemológico e relevante do ponto de vista social, que se torna um imperativo, sobretudo diante do contexto sócio-histórico-pastoral vigente[24].

Em terceiro lugar, cumpre também assinalar que, superando os limites da Ação Católica, que contava como mediação para apreender a realidade de uma sociologia incipiente, a Teologia da Libertação se faz mediar por um instrumental socioanalítico mais abrangente, que lhe permite apreender a realidade como um todo ou o social socialmente. No contexto teológico pré-conciliar, isso era impossível. E com relação à teologia moderna europeia, a Teologia da Libertação se serve de mediações para além da filosofia, integrando as ciências humanas em geral e, em particular, as ciências do social. A elaboração de uma teologia sistemática, a partir das questões postas por sujeitos inseridos em contextos concretos, portanto de maneira indutiva ou mais propriamente dialética, é a inovação da Teologia da Libertação.

---

23. BOFF, C. Epistemología y método de la Teología de la Liberación. Op. cit., p. 51. Para uma visão do método da Teologia da Libertação, cf. VIDALES, R. *Cuestiones en torno al método en la Teología de la Liberación*. Op. cit. • ELLACURÍA, I. Tesis sobre posibilidad, necesidad y sentido de una obra teológica latinoamericana. In: VV.AA. *Teología y mundo contemporáneo – Homenaje a K. Rahner*. Madri: Cristiandad, 1975, p. 325-350. • ALONSO, A. Una nueva forma de hacer teología. *Iglesia y praxis de liberación*. Salamanca: Sígueme, 1974, p. 50-87. • BOFF, L. *Qué es hacer teología desde América latina?* In: MALDONADO, E. (org.). *Liberacion y cautiverio: debates en torno al método de la teologia en América Latina – Encuentro latinoamericano de Teología*. Op. cit., p. 129-154.

24. Sobre o conceito de "libertação" na Teologia da Libertação, cf. SEGUNDO, J.L. Libertadad y liberación. *Mysterium Liberationis*, I. Op. cit., p. 373-391. • SCHOOYANS, M. Théologie et Libération: quelle libération? *Revue Théologique de Louvain*, t. 6, n. 2, p. 165-193, 1975. • SCHOOYANS, M. Chemins et impasses de la théologie de la libération. *Esprit et Vie*, 87/6, p. 81-94, 1977. • SCHOOYANS, M. La Théologie de la Libération. *Revue Théologique de Louvain*, 6, p. 309-328, 1976.

1.2 Do dedutivo ao indutivo e dialético

A racionalidade pré-moderna é dedutiva, ao passo que a moderna é indutiva e, de modo ainda mais consequente com a realidade história ou experiencial, é propriamente dialética. O mesmo se dá na reflexão teológica. O método da Ação Católica, assim como na teologia moderna europeia e nas teologias do genitivo, se caracteriza por um percurso *indutivo* na medida em que é a realidade dos meios de vida, o polo de articulação da dialética no método. Na Teologia da Libertação, em comum com a teologia moderna europeia e as teologias do genitivo, parte-se do particular ao geral; portanto, de modo indutivo. Porém, o polo de articulação da dialética do método – a práxis da fé – é mais preciso e determinado do que a realidade do "homem moderno".

O percurso dedutivo da teologia clássica e indutivo da teologia moderna

A teologia clássica articula seu discurso no seio de um método dedutivo na medida em que parte do geral para descer ao particular. O método da teologia moderna europeia faz o caminho inverso, é indutivo, parte do particular para chegar ao geral. Na teologia clássica se aborda o particular a partir de uma perspectiva global, fazendo um percurso regressivo, ao passo que na teologia moderna europeia e nas teologias do genitivo é abordado o global a partir de uma perspectiva particular, seguindo um percurso progressivo.

O método dedutivo, tal como ele é praticado no seio da teologia clássica, percorre quatro passos *regressivos*: primeiro, as verdades reveladas menos conhecidas se explicam e são demonstradas por meio das mais conhecidas; segundo, as verdades da fé se explicam pela analogia com as coisas que a razão natural conhece; terceiro, das verdades reveladas, mediadas pela filosofia, se deduzem novas verdades, já que estavam ocultamente contidas nelas; e, quarto, o nexo entre as verdades reveladas se demonstra pela razão, organizando-as num sistema científico[25]. O ponto de partida é a autoridade da revelação codificada no texto revelado, trabalhado a partir de dois instrumentos, as *aucto-*

---

25. LIBÂNIO, J.B. *Teología de la Liberación – Guía didáctica para su estudio*. Op. cit., p. 159.

ritates e a *ratio*, pelos quais a razão, apoiada na filosofia, faz seu percurso especulativo.

O método *indutivo*, tal como ele é praticado pela teologia moderna europeia, percorre o caminho inverso. Em lugar de estabelecer um enunciado para, depois, seguindo o princípio das *auctoritates*, recorrer às Escrituras e à Tradição para encontrar provas, busca a compreensão da Palavra e da ação de Deus na história concreta da humanidade. Aqui, não é a fé que interroga a fé pela razão, mas são as perguntas que brotam do mundo das pessoas em geral que interrogam a fé, em busca de um significado que está no final de um processo interpretativo ou hermenêutico[26].

O caráter indutivo e dialético na Ação Católica

Metodologicamente, a Ação Católica faz a ponte entre a racionalidade pré-moderna (dedutiva) e a racionalidade moderna (indutiva). Em sua primeira fase, que coincide com o período que precede a Segunda Grande Guerra, antes do surgimento da noção de "revisão de vida", os momentos do método *ver-julgar-agir* se inter-relacionam de maneira pouco dialética, ainda que, deliberadamente, J. Cardijn queira "contrapor à dialética do materialismo marxista a dialética jocista"[27]. O *julgar*, enquanto "aplicação da doutrina moral e social católica sobre os casos revelados pelas enquetes"[28], faz um percurso marcadamente dedutivo. Para J. Cardijn, julgar é "distinguir a verdade do erro"[29], verdade que é "una e objetiva"[30]; é confrontar a realidade com "a luz de Cristo, tal qual ela emana do Evangelho e da doutrina da Igreja"[31].

Entretanto, mesmo nesta fase, o que seria explicitado na fase seguinte, na medida em que o procedimento do *julgar* leva os jovens a

---

26. Ibid.
27. Cf. CARDIJN, J. *Laïcs en premières lignes*. Op. cit., p. 9-10.
28. CARDIJN, J. *Les Méthodes Jocistes – Schéma de la Quatrième Semaine d'Études*. Op. cit., p. 23.
29. CARDIJN, J. *Problèmes fondamentaux: le salut par la vérité, la personne humaine*. Op. cit., p. 13.
30. Ibid.
31. VAUTHIER, E. *Initiation à l'Action Catholique*. Lyon: Chronique Sociale de France, 1962, Collection "Savoir pour agir" 9, p. 174.

"questionarem-se a si mesmos" e a "formar um juízo pessoal"[32], na realidade, o procedimento não é propriamente dedutivo. Ao discernir se determinados "comportamentos" são ou não conformes "à vontade de Cristo" e ao "espírito do Reino", inevitavelmente o "ver" emite igualmente uma luz sobre o "julgar" e não simplesmente no sentido inverso[33]. No método *ver-julgar-agir*, na medida em que "não há nada de '*a priori*', tudo é comandado pelo problema da juventude operária"[34], mesmo que J. Cardijn fale do *julgar* como o momento de emitir uma luz "sobre" os fatos revelados pelas enquetes; na prática, esses próprios fatos levam, se não verdadeiramente a interpretar, pelo menos a organizar diferentemente os dados da fé. Os fatos constatados levam, no mínimo, a invocar uns textos das Escrituras ao lado de outros, tornando a Revelação relevante no contexto dos meios de vida da juventude operária. Neste sentido, o *julgar* é influenciado pelo *ver* e o *ver* é esclarecido pelo *julgar*.

Na segunda fase da Ação Católica, quando se introduz a noção de "revisão de vida", que faz com que o *agir* seja a "melhor introdução ao ver", como se trata de uma ação pastoral, a fé perpassa os três momentos da trilogia, articulados dialeticamente a partir do polo de uma realidade, que a Teologia da Libertação caracterizaria como a "práxis da fé". Há uma dialética articulada a partir de um procedimento indutivo.

O caráter indutivo e dialético na Teologia da Libertação

No seio da Teologia da Libertação, a relação teórica com a práxis avança, tanto em relação às teologias clássica e moderna como em relação à Ação Católica, ainda que se apoie no método *ver-julgar-agir*. Concretamente, a realidade apreendida pela mediação das ciências humanas e sociais é interpretada na confrontação com a mensagem revelada, a qual, por sua vez, é lida na confrontação com a realidade, o que produz uma dupla mudança de sentido, tanto da realidade pelo impacto das luzes da mensagem revelada sobre ela como desta pelo

---

32. Cf. LELOTTE, F. *Pour réaliser l'Action Catholique – Principes et Méthodes*. Op. cit., p. 170-171.
33. NDONGMO, A. *Action Catholique, dimension normative de la pastorale*. Op. cit., p. 61.
34. CARDIJN, J. *La JOC – Leçons données aux Journées Sacerdotales de Vienne*. Op. cit., p. 5-6.

impacto da realidade na apreensão dos dados da fé[35]. Há, aqui, uma relação dialética entre dado revelado, interpretado no seio da tradição da Igreja, e a realidade histórico-social, lida pela mediação das ciências humanas e sociais[36]. O sentido da realidade é produzido à luz da Revelação e, por sua vez, o sentido da Revelação é produzido no contexto da realidade dos sujeitos que os produzem[37].

Este caráter indutivo, no seio de um procedimento metodológico dialético, está na base do método da Teologia da Libertação, a qual, desde o princípio, se autocompreendeu como *ato segundo* de um "ato primeiro", que é a práxis da fé em favor da justiça no seio de comunidades eclesiais concretas, inseridas profeticamente na sociedade[38]. Dado que a libertação não é um tema genérico, a-histórico ou teoricamente elaborado enquanto aspiração à liberdade, mas como "luta dos oprimidos para sair da opressão", antes de fazer teologia, se faz necessário fazer libertação. A Igreja da libertação precede uma teologia da libertação. Diferente do método da teologia moderna europeia, que centra sua investigação nas Sagradas Escrituras, passando pela tradição patrística, pelo magistério dos concílios e dos papas, pelo pensamento dos grandes teólogos, para enfim desembocar numa reflexão pessoal do investigador, o método da Teologia da Libertação rompe com esta lógica de busca da verdade pela via da história da teoria. Em lugar de priorizar a investigação de doutrinas, ideias, saberes, conhecimentos, tradições teóricas, interpretando interpretações[39], a Teologia da Libertação se diferencia da teologia moderna europeia por "partir de Deus partindo dos pobres", e por "partir dos pobres partindo de Deus"[40].

---

35. Chama-se a atenção, aqui, para uma grande diferença entre *julgar* e *mediação hermenêutica*. No primeiro, a realidade analisada leva a organizar diferentemente os Dados da Fé; no segundo, ela leva a produzir um novo sentido da Mensagem, um sentido atualizado.

36. Cf. VIDALES, R. Confrontación dialética con la palabra. *Cuestiones en torno al método de la Teología de la Liberación*. Op. cit., p. 16.

37. Cf. LIBÂNIO, J.B. Metodologia da Teologia da Libertação. *Teocomunicação*, 48, p. 118-126, 1980, aqui p. 123.

38. LIBÂNIO, J.B. *Teología de la liberación – Guía didáctica para su estudio*. Op. cit., p. 129.

39. Ibid., p. 127.

40. BOFF, C. Préface. In: *Theorie et pratique – La méthodes des Théologies de la Liberation*. Op. cit., p. IV.

Em comum com a teologia moderna também assume em seu método o *auditus fidei* e o *intellectus fidei*, articulados entre si segundo os postulados da hermenêutica moderna. Não há *auditus fidei* que não suponha o *intellectus fidei*, como não há *intellectus fidei* que não seja *auditus fidei*. É verdade que todo dado apreendido é um dado interpretado. Entretanto, na teologia moderna europeia, há uma opção básica pela investigação do dado teórico, pensado, teologizado no passado, como um momento primeiro da teologia, como tarefa primordial. Tanto que a própria Teologia da Libertação tem sido um "objeto de estudo" para a teologia moderna europeia, em que se investiga suas publicações, se compara seu procedimento metodológico com as regras teológicas clássicas e seu produto final com a ortodoxia explicitada pela tradição teológica ou magisterial[41]. Na Teologia da Libertação, ainda que se assuma o *intellectus fidei*, trata-se de uma fé vivida no seio de comunidades concretas, em perspectiva libertadora, fazendo da teologia um "ato segundo", a inteligência da práxis da fé na perspectiva da opção pelos pobres[42].

Enquanto "ato segundo", o sujeito da Teologia da Libertação, na medida em que é precedida pela "práxis da fé dos cristãos e das pessoas em geral", é a comunidade eclesial, inserida profeticamente na sociedade, à qual está vinculado o teólogo. Assim, o lugar da teologia não é a academia. A teologia, enquanto reflexão "profissional", é precedida pela reflexão teológica nos níveis pastoral e popular. Com isso, deixa de ser uma teologia repetidora da tradição e do magistério para ser sua consciência crítica e um serviço às comunidades eclesiais e à sociedade.

A realidade como matéria-prima não bruta

A relação teórica com a práxis, tanto na Ação Católica como na Teologia da Libertação, traz à tona o modo de apreensão da realidade e sua introdução, seja na reflexão teológico-pastoral, seja na articulação do discurso da teologia propriamente dita. Por um lado, está

---

41. LIBÂNIO, J.B. *Teología de la liberación – Guía didáctica para su estudio*. Op. cit., p. 127.
42. Ibid., p. 129.

a necessidade de superar uma visão empírica e pragmática do contexto, trazendo para dentro da pertinência da teologia uma realidade bruta, sem um crivo analítico ou crítico e, de outro, como estabelecer a mediação das ciências humanas e sociais na apreensão da matéria-prima, de modo que esta entre no âmbito da teologia de maneira metabólica, sem superposição de discursos ou bilinguismos[43]. A tarefa fica ainda mais complexa quando se depara com a diversidade de mediações analíticas no campo das ciências, desde a filosofia, passando pelas ciências humanas em geral e pelas ciências do social em particular. E mais que isso, no seio de cada uma das ciências existem correntes epistemológicas distintas, umas mais apropriadas que outras para apreender a realidade a partir de uma determinada ótica, como a dos pobres, que exige a explicitação de critérios para a seleção da mediação adequada.

Questão anterior a estas está a relação fé-razão, uma questão de sempre, mas acirrada com o advento das ciências metodologicamente arreligiosas. Subjacente está a questão da autonomia do mundo, a superação da teologia dos dois planos natural-sobrenatural, que no debate se vai desde a oposição até à distinção sem separação, à autonomia da razão frente à fé.

2 A vinculação do ideal da fé ao real da realidade

A inter-relação entre lugar social e lugar epistêmico não é simplesmente uma questão acadêmica ou teórica, mas a busca de articulação de um discurso consequente com os desafios do contexto dos sujeitos, tanto da prática prático-prática (ação) como da prática prático-teórica (reflexão). E os desafios, na perspectiva da mensagem revelada, dizem respeito à utopia do Reino de Deus, transcendente, mas a ser trazido para a imanência, dado que a salvação se dá na unidade da história. Por isso, tanto na pastoral, no caso da Ação Católica como na teologia, no caso da Teologia da Libertação, o ponto de chegada (o ideal que se

---

43. Sobre a relação teologia e ciências sociais, especialmente em Gustavo Gutiérrez e Clodovis Boff, cf. AQUINO JUNIOR, F. *O caráter práxico-social da Teologia – Tópicos fundamentais de epistemologia teológica*. Op. cit., p. 117-136.

persegue) incide sobre o ponto de partida (o compromisso pessoal e social) e vice-versa. Uma boa utopia é sempre a realidade que se tem, transfigurada pelo mistério pascal. A transfiguração é a melhor metáfora da ressurreição.

2.1 O ideal da fé na Ação Católica

Na Ação Católica, em sua primeira fase que vai até a Segunda Guerra, perdurou um certo "idealismo" ou "logocentrismo teológico", dado que a "verdade de fé" (doutrina) se confunde com "a verdade de método" (pastoral) na medida em que "salvar" a massa significava "conhecer as verdades". Na segunda fase, o ideal é vinculado ao real da realidade, e "salvar" tem estreita relação com "humanizar" ou "desproletarizar".

O caráter idealista da Ação Católica antes do jocismo internacional

No método *ver-julgar-agir*, no seio da JOC, a finalidade última do *julgar* é "salvar a massa operária"[44]. Para J. Cardijn, "a Igreja não existe senão para salvar a massa"[45], uma "necessidade absoluta, incondicional", uma "vontade de Deus", porque "a massa trabalhadora é composta de pessoas humanas"[46], atingidas em sua "dignidade de pessoas divinizadas" em Jesus Cristo[47]. Essa dignidade implica "devolver a vida divina à massa"[48]. A concepção de salvação nesta fase da JOC aproxima-se de um "logocentrismo teológico"[49] na medida em que para J. Cardijn salvar consiste em "educar a massa", dado que a JOC é antes de tudo "uma escola"[50]. Em estreita conti-

---

44. CARDIJN, J. *Sauver la masse*. Op. cit., p. 13.
45. CARDIJN, J. *Prêtres et Laïcs*. Op. cit., p. 15.
46. CARDIJN, J. *Sauver la masse*. Op. cit., p. 6-7.
47. CARDIJN, J. *Jeunes travailleurs face aux temps nouveaux*. Op. cit., p. 9.
48. CARDIJN, J. *Sauver la masse*. Op. cit., p. 13.
49. BOFF, C. *Teologia e prática – A Teologia do Político e suas mediações*. Op. cit., p. 196.
50. CARDIJN, J. *Manuel de la JOC*. Op. cit., p. 31-32. • MOUGENOT, C.; MORMONT, M. *L'Invention du rural*. Op. cit., p. 156.

nuidade com o Catolicismo Social, a pobreza tem como causa maior a falta de educação, um problema que é atacado mais sobre o terreno religioso-moral do que político-social. Nesta fase da Ação Católica, o programa da JOC consiste em "sanar moralmente o meio operário"[51]. Sua missão é despertar nos jovens "a sede e o conhecimento da verdade", dar "formação doutrinal"[52], em resumo, "reinfundir o espírito católico"[53]. Presa ainda à teologia escolástica, o posicionamento da JOC vai de encontro à concepção de que o conhecimento da Revelação é necessário para a salvação, pois "sem conhecer a Deus é impossível chegar até ele"[54]. Tanto que, para reconquistar a classe operária para a Igreja, é preciso que ela conheça "a doutrina social e moral católica"[55].

Trata-se, aqui, de um certo "idealismo teológico" na medida em que a salvação é essencialmente restrita à sua consciência ou conhecimento e depende da recepção explícita da mensagem revelada, de uma doutrina que, por sua vez, está ligada a ritos, a sacramentos e à inserção na instituição eclesial[56]: *Extra Ecclesiam nulla Salus*. Daí o conhecido intransigentismo da Ação Católica frente aos valores do mundo moderno, em sua primeira fase[57] e, também, seu "apolitismo"

---

51. CARDIJN, J. *La JOC est une école*. Op. cit., p. 6.
52. CARDIJN, J. *Les Méthodes Jocistes – Schéma de la Quatrième...* Op. cit., p. 26.
53. CARDIJN, J. *La JOC et la Paroisse*. Op. cit., p. 6. • CARDIJN, J. *L'Action Catholique dans la classe ouvrière*. Op. cit., p. 2.
54. BOFF, C. *Teologia e prática – A Teologia do Político e suas mediações*. Op. cit., p. 196. Nesta fase, a JOC é mais paroquial do que os meios de vida.
55. CARDIJN, J. *L'Église devant la révolution mondiale*. Op. cit., p. 15. • GOMEZ DE SOUZA, L.A. *A JUC. Os estudantes e a política*. Op. cit., p. 100.
56. BOFF, C. *Teologia e prática – A Teologia do Político e suas mediações*. Op. cit., p. 196.
57. Em seu livro, *Église contre Bourgeoisie* (Paris: Casterman, 1977), E. Poulat classifica a Ação Católica como uma das formas de "catolicismo intransigente", para o qual trata-se de instaurar uma "ordem cristã" diferente daquela proposta pelos não cristãos, representados na França, p. ex., pela burguesia voltairiana e liberal e pela ascensão dos socialismos. Frente a eles, o "catolicismo intransigente" se define como antimoderno, antiburguês, antirrevolucionário, antiliberal e antissocialista. Ele se confronta, de um lado, com a ordem "liberal" e "individualista", ligada ao capitalismo, e, de outro, com o "coletivismo", que busca uma nova ordem econômica "socialista" ou "comunista". Esta ideologia, o "intransigentismo", engaja-se em sua própria via, uma *terceira via*. Segundo E. Poulat, o "intransigentismo" vai inspirar a Doutrina Social da Igreja, o sindicalismo cristão, a democracia cristã, a Ação Católica etc. Lembra-se que a "terceira via" que a Ação Católica vai desenvolver irá precisamente estabelecer uma outra relação entre o religioso e o político, diferente da simples submissão dos fiéis às normas políticas e sociais editadas pela

na medida em que concebe a "esfera religiosa", primeiramente "ao lado" e, depois, "sobre" a "esfera política"[58]. Nesta fase, no "terreno político", os movimentos de Ação Católica especializada seguirão o modelo da JOC, tida como um "tipo acabado de Ação Católica", autocompreendendo-se como um "corpo representativo", não para lutar diretamente no plano político, tal como faziam o sindicalismo cristão e o Partido Católico na Bélgica, nem no plano social como o Catolicismo Social, mas para exercer uma ação representativa de tipo reivindicativo junto ao Estado e aos patrões[59].

A Ação Católica e a superação da teologia dos dois planos

Tal como já fizemos referência, a segunda fase da Ação Católica, que corresponde à fase do jocismo internacional aberto à realidade e aos desafios oriundos do "Terceiro Mundo", é marcada pela superação do idealismo teológico[60]. Agora, para J. Cardijn, por exemplo, a dignidade da pessoa humana enquanto pessoa divinizada em Cristo implica a "desproletarização, a libertação, a emancipação da massa"[61], pois "a alma dos jovens não é independente do corpo, sua vida espiritual está li-

---

Igreja. O método da Ação Católica traduz concretamente esta perspectiva na medida em que ele opera uma distinção, implícita mas clara, entre os valores cristãos que servem ao julgamento da realidade e a ação social e política. Prova disso é a concepção de "meios de vida" que não se identificam nem com as classes sociais nem com as estruturas sociopolíticas, colocando em destaque o engajamento pessoal que se opõe à submissão às organizações existentes. Em resumo, a Ação Católica se recusa a ser um simples instrumento político ou um simples porta-voz de uma organização política que se diz católica. Sobre isso, cf. MOUGENOT, C.; MORMONT, M. *L'Invention du rural*. Op. cit., p. 125.

58. A superposição da esfera religiosa "sobre" a esfera política é uma característica típica do regime de Neocristandade. É justamente o que Pio XI, em 1922, prescreve ao instituir a AC através da Encíclica *Urbi Arcano Dei*, como "participação dos leigos no apostolado hierárquico da Igreja, para além e sobre os partidos políticos, para o estabelecimento do Reino Universal de Cristo". PICARD, M. *Pie XI – Pape de l'Action Catholique*. Op. cit., p. 100-101.

59. Cf. CARDIJN, J. *Manuel de la JOC*. Op. cit., p. 26-27. • CARDIJN, J. *La JOC et la détresse intellectuelle*. Op. cit., p. 24.

60. Em tese porque, tanto na primeira fase quanto na segunda, J. Cardijn, p. ex., mescla categorias teológicas clássicas e modernas, talvez num ato político diante dos conflitos permanentes com os grupos remanescentes da AC geral e com boa parte do clero. Entretanto, é inegável o avanço do discurso de Cardijn após 1945.

61. CARDIJN, J. *L'Église devant la révolution mondiale*. Op. cit., p. 17. Entretanto, na realidade, Cardijn insiste mais na "desproletarização interior" do que numa mudança de estruturas.

gada à vida do trabalho"[62]. Para J. Cardijn, "o destino eterno e o destino temporal são inseparáveis"[63]. Uma doutrina que "ignorasse a dignidade dos trabalhadores e seus direitos irrevogáveis em todos os aspectos de sua vida terrestre – vida de trabalho, vida familiar, vida social – seria um ópio, e Marx teria tido razão em prevenir os trabalhadores contra ela"[64]. Fala-se da JOC muito mais como "um serviço"[65] do que "uma escola", em que os jovens recebem "uma formação para a ação e pela ação", e insiste-se em "ver e julgar para agir"[66], em "humanizar o mundo do trabalho"[67]. A eficácia da fé, as obras, adquirem uma significação salvífica e o movimento move-se no seio de uma teologia situada no horizonte da "razão-prática". Nessa fase, na medida em que "o agir é a melhor introdução ao ver"[68], a dialética entre os três momentos do método da JOC se articula a partir do polo do *agir*.

2.2 O ideal da fé na Teologia da Libertação

Neste particular, a Teologia da Libertação, ainda que apoiada sobre a Ação Católica, a ultrapassa, frisando que o fato de atribuir a Salvação à ordem sobrenatural não significa opô-la à ordem natural. A categoria "sobrenatural-natural" é concebida apenas como uma distinção semântica, pois, na verdade, não existe "natureza pura"[69], como se a ordem sobrenatural estivesse para a ordem natural assim como a Graça está para o pecado[70]. Isto equivaleria a confundir ordem so-

---

62. CARDIJN, J. *Manuel de la JOC*. Op. cit., p. 23. Trata-se de uma tentativa de superar o platonismo ainda encravado na teologia da época.

63. CARDIJN, J. *L'Église face aux problèmes de la jeunesse travailleuse*. Op. cit., p. 29. • PINTO CARVALHEIRA, M. *Movimentos históricos e desdobramentos da ACB*. Op. cit., p. 15.

64. CARDIJN, J. *L'Église devant la révolution mondiale*. Op. cit., p. 17.

65. Desde o início J. Cardijn fala da JOC como um "serviço, mas, aqui, essa característica torna-se a primordial. Cf. CARDIJN, J. *Manuel de la JOC*. Op. cit., p. 32.

66. CARDIJN, J. *La personne, la famille, l'éducation, notre congrès*. Op. cit., p. 124.

67. CARDIJN, J. *L'Église devant la révolution mondiale*. Op. cit., p. 17-18. • GOMEZ DE SOUZA, L.A. *A JUC – Os estudantes e a política*. Op. cit., p. 123.

68. MOULAERT, J. *A pedagogia de Cardijn*. Op. cit., p. 248.

69. DE LUBAC, H. *Surnaturel*. Paris: Aubier, 1965, p. 107.

70. Esta concepção se remete a Santo Agostinho que, ao opor graça e pecado, aproxima a noção deste à noção de natureza.

brenatural e Graça e pensar a categoria "pecador" como sinônimo de "homem natural"[71].

O ideal como o natural elevado à sua destinação[72]

Segundo C. Boff, em sua abordagem da mediação hermenêutica na teologia, o sobrenatural deve ser pensado como "o próprio natural elevado ao nível de sua destinação divina"[73]. Nisso reside um dos pontos centrais da pertinência hermenêutica da Teologia da Libertação: a concepção unitária da história da salvação na história da humanidade. Não há duas histórias, uma profana e outra sagrada, nem justapostas nem apenas estreitamente unidas, mas como único vir a ser humano assumido irreversivelmente por Cristo[74]. O ser humano tem uma única vocação: a participação na vida divina, concedida gratuitamente por Deus e que engloba todas as tarefas humanas na construção de um mundo plenamente humano[75]. Na Teologia da Libertação, o próprio conceito de "libertação", enquanto associado ao conceito de "salvação", postula a unidade da história[76].

Neste particular, a Teologia da Libertação avança em relação à teologia moderna europeia, que também assume a unidade da história, mas a partir de sua finalidade última. Preocupada com o perigo da confusão entre os níveis sagrado e profano, espiritual e temporal, eclesial e político da história, acentua de tal modo a distinção entre os dois níveis, que a finalidade fica sendo o único argumento de fundamentação da unidade de ambos. O temporal tende a ficar esvaziado de

---

71. BOFF, C. *Teologia e prática – A Teologia do Político e suas mediações*. Op. cit., p. 182.

72. Cf. MIGUÉLEZ, X. Pressupostos epistemológicos. *La Teología de la liberación y su método*. Op. cit., p. 79-80.

73. Ibid., p. 181.

74. Esta concepção é explicitada claramente em GUTIÉRREZ, G. *Teología de la Liberación – Perspectivas*. Lima: CEP, 1971, p. 193-241.

75. Para uma abordagem sobre a unidade da história, cf. GARCIA RUBIO, A. *Teologia da Libertação: política ou profetismo?* São Paulo: Loyola, 1977, p. 160-175.

76. O postulado da unidade da história, uma das teses centrais da hermenêutica da Teologia da Libertação, ainda que acolhida na tese de C. Boff, não lhe é dada aí toda a importância que ele merece. Sobre a relação entre libertação cristã (salvação) e as libertações sociopolíticas, cf. BOFF, C.; BOFF, L. *Da libertação – O teológico das libertações sócio-históricas*. Petrópolis: Vozes, 1979, esp. p. 58-65.

sua importância salvífica. A Ação Católica avança em relação à teologia moderna, ainda que mantendo um discurso ambíguo. Defende, na perspectiva de Teillard de Chardin, que a unidade da história acontece na cristofinalização da obra da criação, mas hora acentuando que esta se dá na história humana, hora na escatologia final. Dizia J. Cardijn, "a divinização da pessoa humana, Deus a realiza pela Graça, pela Revelação, pelas virtudes sobrenaturais e, após a morte, pela visão beatífica"[77]. Ele deixa transparecer a existência de uma história da salvação se realizando na história da humanidade, mas, em sua essência, separada da profana[78]. A própria noção de "desproletarização" e "libertação" está marcada por essa ambiguidade. Frisava J. Cardijn que "toda desproletarização exterior resultará numa caricatura, numa decepção e num desastre, se não estiver acompanhada de uma desproletarização interior"[79]. O acento recai sobre a dimensão interior, esvaziando sua dimensão histórica e social[80].

O "não homem" como ponto de encontro entre história humana e divina

O esvaziamento da dimensão histórica e social da fé na Ação Católica tem como consequência maior a absorção do Reino de Deus pela Igreja[81]. A distinção nunca foi explicitada por J. Cardijn, mesmo após o Concílio. Para ele, a missão da Ação Católica é, basicamente, construir a Igreja, fazer cristãos. A defesa de uma "humanização

---

77. CARDIJN, J. *Jeunes travailleurs face aux temps nouveaux.* Op. cit., p. 9.

78. Sobre essa relação na Ação Católica, especialmente na JUC do Brasil, cf. GOMEZ DE SOUZA, L.A. *A JUC – Os estudantes e a política.* Op. cit., p. 100.

79. CARDIJN, J. *L'Église devant la révolution mondiale.* Op. cit., p. 18.

80. Comblin constata um fenômeno de espiritualização e de individualização na Igreja, que fatalmente vão influenciar a Ação Católica. Cf. COMBLIN, J. *Échec de l'Action Catholique?* Op. cit., p. 103-104.

81. Na realidade, a Ação Católica assume a historicidade, um dos valores do mundo moderno, mas dentro dos parâmetros do projeto de Neocristandade. A Igreja aparece como uma tarefa na história, mas crendo-se ainda o centro da salvação. Cf. GUTIÉRREZ, G. *Líneas pastorales de la Iglesia en América Latina.* 5. ed. Lima: CEP, 1979, p. 43-44. Sobre a distinção Igreja/Reino, J. Comblin assinala que, quando se faz a história da consciência da Igreja nos últimos séculos, constata-se que o fenômeno da espiritualização crescente enfraquece a noção de Reino de Deus. O Povo de Deus se transforma em Igreja, uma superestrutura espiritual, fora do contexto do mundo. Cf. COMBLIN, J. *Échec de l'Action catholique?* Op. cit., p. 92-93.

do mundo do trabalho", que em certa medida significa a recepção do postulado da unidade da história, é concebida como "cristianização" (integrar à Igreja) e não como "cristificação" (o humano elevado à plenitude de Cristo)[82]. Para ele, "a pessoa humana, resgatada por Cristo, é uma pessoa cristã"[83]. Em outros países, especialmente na França, Canadá e na América Latina, a Ação Católica vai postular a necessidade desta distinção. Na França, por exemplo, o convívio de jovens da JOC com jovens socialistas durante a Segunda Guerra tinha aberto espaço para um trabalho comum sobre o terreno social, contribuindo para a consciência que o Reino Deus está presente para além das fronteiras da Igreja[84].

Superando esta ambiguidade da Ação Católica, a Teologia da Libertação fundamenta a unidade da história pela articulação mística do cristianismo com o temporal e o político[85], portanto, não simplesmente a partir da finalidade, mas, sobretudo, em função dos desafios apresentados pelo mundo dos pobres. O ponto de encontro entre história humana e divina é o escândalo da existência do "não homem", da pobreza estrutural, fruto da exclusão por razões econômicas, étnicas, raciais, etárias, de gênero etc.

---

82. Para a Ação Católica do pós-guerra, o cristão deve prolongar o mistério de Cristo. Como este é o Filho de Deus encarnado, o cristão também deve ser encarnado para cristificar a história concreta dos homens. Cf. PALARD, J. *D'un christianisme de position à un christianisme de mouvement(s)*. Op. cit., p. 858.

83. CARDIJN, J. *Jeunes travailleurs face aux temps nouveaux*. Op. cit., p. 9.

84. Lembra-se que essa posição da JOC francesa provocou um conflito com a JOC belga. Sem chegarem a um acordo, a JOC francesa iria se deslocar cada vez mais do terreno religioso ao terreno político-social, influenciando diretamente a criação da Ação Católica especializada na América Latina, implantada a partir do Canadá, enquanto que a JOC belga continuaria priorizando a ação sobre o campo religioso. Na França, esta abertura aos meios socialistas iria inspirar o movimento dos "padres operários" que seria, a seguir, condenado por Roma. Cf. LEPRIEUR, F. *Quand Rome condamne, dominicains et prêtres-ouvriers*. Paris: Plon/Cerf, Collection "Terre Humaine", 1989. Aparece, neste tipo de compromisso, uma clara articulação entre religião e ética, entre salvação e libertação, humanização-evangelização.

85. Para uma boa visão das compreensões da unidade da história nas TMs em comparação com a Teologia da Libertação, cf. DUQUOC, C. Une unique histoire. *Recherches de Science Religieuse*, 74, p. 201-215, 1986. Em relação à Teologia da Libertação, cf. SCANNONE, J.C. O desafio atual à linguagem teológica latino-americana sobre a libertação. *Síntese Nova Fase*, p. 3-30, 1974.; VIDALES, R. La unidad histórica. *Cuestiones en torno al método en la Teologia de la Liberación*. Op. cit., p. 7. Um questionamento sobre essa unidade se encontra em VALADIER, P. Signes des temps, signes de Dieu? *Études*, p. 261-279, 971. • LIMA VAZ, H. C. *Escritos de filosofia – Problemas de fronteira*. São Paulo: Loyola, 1986, p. 190-222.

Da unidade da história, na Teologia da Libertação, derivam duas importantes consequências em ordem à salvação: o acesso a ela pela prática da fé e a distinção entre Reino de Deus e Igreja. Se, por um lado, a salvação pode dar-se independentemente de seu conhecimento, por outro, dada a unidade da história, ela não será jamais independente da "prática do Ágape". Daí o imperativo de uma busca crescente da eficácia da fé pelas obras ou pela práxis, que passam a ser lugar de verificação de sua autenticidade. A ordem da fé e a ordem da ética estão intrinsecamente unidas pela prática do Amor[86], pois, as obras, marcadas pela graça, constituem, com esta, uma única realidade. Em consequência, Igreja e Reino de Deus não coincidem. Desde Santo Agostinho se entendia que o Reino de Deus é antecipado historicamente na Igreja e, por isso, o espaço eclesial devia dominar todos os demais espaços políticos e culturais, o que levou à configuração do regime de Cristandade. Com o Vaticano II, a Teologia da Libertação entende que a Igreja antecipa o Reino de Deus, sim, mas de maneira sacramental, como seu gérmen e princípio (*LG* 5). Ele pode ser acolhido, antecipado e manifestado igualmente fora da Igreja "nas" e "pelas" pessoas de boa vontade[87].

2.3 A dialeticidade da confrontação situação-revelação

Na Ação Católica, a formalidade do momento do *julgar* se dá pela confrontação da situação dos meios de vida, apreendida pelas enquetes, com a "luz da doutrina". Na Teologia da Libertação, a formalidade do momento da mediação hermenêutica se dá pela confrontação da práxis, apreendida pela mediação das ciências humanas e sociais, em relação dialética com a mensagem revelada.

Modos distintos de confrontação na Ação Católica e na Teologia da Libertação

Embora em menor grau na Ação Católica, mas tanto nela quanto na Teologia da Libertação, o confronto situação-revelação gera uma

---

86. Ibid., p. 189.
87. Cf. SOBRINO, J. Centralidad del Reino de Dios. *Mysterium Liberationis*, I. Op. cit., p. 467-510.

dupla modificação de sentido. A relação que se estabelece entre a problemática suscitada pela situação e a mensagem revelada provoca, por um lado, uma modificação na compreensão das Escrituras pelo impacto da novidade da situação sobre ela e, por outro, a incidência da Palavra sobre a realidade gera um novo sentido da mesma ou uma nova compreensão[88].

Concretamente, no momento do *julgar* da Ação Católica, a incidência da situação sócio-histórica sobre a Revelação é menor do que no interior do círculo hermenêutico da Teologia da Libertação. De um lado há uma relação indutiva na medida em que, ao se iluminar "os fatos constatados", a realidade comanda a escolha de determinados textos frente a outros; mas, por outro, embora esses mesmos fatos tenham contribuído para priorizar um determinado sentido frente à possibilidade de outros, se fala em "aplicar a doutrina" aos fatos revelados pelas enquetes, procedendo de maneira dedutiva. O encontro do indutivo e o dedutivo não chega a construir um procedimento verdadeiramente dialético, o que na Teologia da Libertação se alcança de maneira deliberada e consequente, provocando uma dupla novidade de sentido, tanto da realidade apreendida como da Palavra revelada.

A novidade de sentido da Palavra e da realidade

O momento do *julgar* da Ação Católica opera uma novidade de sentido, mais da realidade do que da Palavra que a ilumina. Já na Teologia da Libertação, o momento da mediação hermenêutica opera uma dupla novidade: uma novidade de sentido da Palavra, fruto do impacto da realidade sobre ela e uma novidade de sentido da realidade, fruto do impacto da Palavra sobre a mesma. Nisso consiste a originalidade da especificidade do discurso teológico gerado no seio da Teologia da Libertação, em continuidade/descontinuidade com a Ação Católica. Há uma nova compreensão atualizadora da Revelação, o que não seria possível sem o impacto sobre a realidade cientificamente analisada, e uma nova percepção da realidade, que também

---

88. LIBÂNIO, J.B. *Teología de la Liberación – Guía didáctica para su estudio*. Op. cit., p. 217.

não seria possível sem a Palavra iluminadora[89]. A dupla novidade se deve, de um lado, à leitura da globalidade da revelação a partir de uma particularidade – o desafio do "não homem" – que atualiza a Revelação num contexto determinado, tornando-a pertinente e, de outro, a da particularidade de um contexto de opressão iluminado pela globalidade da Revelação, que leva a ver nos atos libertadores dos pobres a ação salvadora de Deus[90].

3 A relação prática com a práxis

Além de uma relação teórica com a práxis, tal como vimos no primeiro item deste capítulo, tanto a Ação Católica como a Teologia da Libertação, ao partirem da ação para voltar à ação, estabelecem igualmente uma relação prática com a ação ou com práxis. A práxis é uma exigência da fé, sob pena de ser uma fé morta e, portanto, alheia ao cristianismo. É verdade que a práxis não é fonte de fé, mas critério de averiguação de sua autenticidade, também na teologia, sobretudo na perspectiva da racionalidade moderna, no seio da qual a verdade precisa passar pela veracidade; isto é, por sua atestação histórica.

O Catolicismo Social, e na sequência a Ação Católica, foram dois atores pioneiros da Igreja na resposta à crítica da religião como alienação. Para isso, tiveram que se desvencilhar de uma racionalidade essencialista e a-histórica, pautar-se pela unidade da história, superando a separação entre natural e sobrenatural, assim como colocar em evidência a dimensão performativa da mensagem cristã. Passa-se a postular a vinculação da fé com o compromisso social dos cristãos na concretude da história. A práxis é entendida não como lugar de aterrissagem de uma ortodoxia previamente determinada, mas como lugar da experiência da fé, do encontro com Deus e, no campo da racionalidade, torna-se também fonte criadora de ideias. Em sintonia com a racionalidade indutiva moderna, postula-se que "as boas ideias

---

89. Cf. MENDOZA ÁLVAREZ, C. *Deus Liberans*. Op. cit., p. 163.
90. LIBÂNIO, J.B. *Teología de la Liberación – Guía didáctica para su estúdio*. Op. cit., p. 217.

não caem do céu"[91]. Elas têm suas bases na realidade histórica e estão estreitamente vinculadas a práticas concretas.

3.1 A práxis como imperativo da fé

Para melhor caracterizar a relação da fé com a práxis na Ação Católica e na Teologia da Libertação, convém começar pelo menos mencionando os diferentes modos possíveis. Na sequência, explicitar a prática da dimensão social da fé na Ação Católica e na Teologia da Libertação.

Três modos possíveis de relação entre fé e compromisso social

O primeiro consiste em viver a fé sem compromisso social. Nesse caso, fé e compromisso social constituem na vida do cristão duas realidades desligadas entre si, pois o que conta é a esfera religiosa ou mais propriamente espiritual. Neste caso, é a fé que dá sentido à vida, e como se trata de vida cristã, a práxis social não tem relação com a fé. Trata-se, aqui, de uma fé a-histórica e de uma experiência religiosa restrita ao rito e a uma moral intimista e pessoal, apoiados numa doutrina fixada pela tradição.

Uma segunda maneira de relacionar fé e práxis, análoga à primeira, trata-se do compromisso social sem fé. É outra forma de separar fé e práxis social. Acredita-se que o processo de transformação do mundo é autônomo em relação à fé, dada sua esfera própria, separado do mundo sobrenatural. O compromisso social é importante para garantir a materialidade da vida terrena, mas não conta para a outra vida. Além do mais, a fé não tem nenhuma contribuição a dar e a instituição eclesial, inclusiva, é concebida como uma força que atrasa a mudança social.

Uma terceira forma de relacionar fé e práxis, assumida pela Ação Católica e a Teologia da Libertação, é conceber compromisso social como um imperativo da fé. "Sociais porque católicos", dizia Henri Bazire no final da era do Catolicismo Social[92] ou "revolucionários porque

---

91. Este é o título da obra do teólogo francês G. Casalis, G.: *Las buenas ideas no caen del cielo – Elementos de teología inductiva* (Salamanca: Sígueme, 1983, citado por TAMAYO-ACOSTA, J.J. *Para comprender la Teología de la Liberación*. Op. cit., p. 13).

92. Cf. FOLLIET, J. Catholicisme Social. *Catholicisme*. Tomo III, 1949, col. 703-722. • AUBERT, R. Les débuts du Catholicisme Social. Op. cit., p. 146-177.

cristãos", diria na mesma linha J. Cardijn[93]. A fé leva necessariamente ao compromisso social, pois é ela que dá, em Cristo, a verdadeira medida do amor ao próximo e da construção de uma sociedade inclusiva de todos.

Na Ação Católica, entretanto, a relação fé-práxis se dá de modo mais restritivo que na Teologia da Libertação. A fé é tomada não somente como causa, mas único meio de autêntico compromisso social, dado que se trata de "fazer cristãos"[94], de cristianizar o mundo e de levar a Igreja para o mundo do trabalho. Na Teologia da Libertação, a fé é causa de compromisso social, mas não único meio, pois no Espírito, convergem para Cristo, também a ação das pessoas de boa vontade, com quem se pode e se deve colaborar, para além das fronteiras eclesiais.

A prática da dimensão social da fé

A JOC nasceu com J. Cardijn ao romper com a Ação Católica "geral, única e uniforme em toda parte e para todos"[95], para criar um movimento de Ação Católica "essencialmente especializada [...] adaptada às necessidades e aos diversos meios"[96]. No caso da JOC, a especialização do movimento quer, antes de tudo, responder às necessidades e aos desafios postos pelo mundo do trabalho, o que implicará uma metodologia, uma formação e uma organização "comandada pelos problemas da juventude trabalhadora"[97]. No que diz respeito à formação, objetivo maior do movimento, ela passa a adaptar-se à especificidade de cada meio, seja ele o meio operário, agrário, estudantil ou independente e,

---

93. CARDIJN, J. *L'Église devant la révolution mondiale*. Op. cit., p. 30.
94. Cf. *Hino da JOC francófona belga*. Op. cit.
95. CARDIJN, J. *Laïcs en premières lignes*. Op. cit., p. 22.
96. Ibid.
97. CARDIJN, J. *La JOC – Leçons données aux Journées Sacerdotales de Vienne*. Op. cit., p. 5-6. O "agir" na Ação Católica, quer fazer do "fiel" um "militante", um homem ativo, capaz de transformar, de assumir responsabilidades. O mundo social, mesmo em sua definição generalizante de "meio", transforma-se, assim, num mundo a observar, a analisar e a transformar. Cf. MOUGENOT, C.; MORMONT, M. *L'invention du rural*. Op. cit., p. 130. Este caráter maximalizante da formação na Ação Católica, em que se dizia na Argentina dos inícios dos anos de 1960, que "a principal atividade da Ação Católica consiste em estudar o que é a Ação Católica", é assinalada por J. Comblin (*Échec de l'Action Catholique?* Op. cit., p. 50).

consequentemente, a formação vai se dar "na" ação[98]. A metodologia, embora inscrita no âmbito pastoral, mas sendo essencialmente uma metodologia de reflexão, promove a educação dos jovens levando-os a conhecer, através de enquetes, sua própria realidade, a iluminá-la com uma "doutrina segura"[99], para agir em vista da "salvação"[100], mais tarde, da "humanização"[101] e, finalmente, da "desproletarização"[102] dos operários ou dos trabalhadores. A ação enquanto tal tem igualmente um caráter educativo na medida em que, para J. Cardijn, se educa os jovens "confiando-lhes responsabilidades"[103]. Essa ação dos militantes e dirigentes deve constituir-se numa "ação da elite *na* massa"[104]. Na prática, entretanto, a formação na Ação Católica vai dar-se também "pela" ação. A formação nos meios específicos, especialmente na fase em que a metodologia integra a noção de "revisão de vida", passa a conceber a ação igualmente como um critério para averiguar a eficácia da fé. No momento do *ver*, a ação se dá na elaboração de um juízo crítico sobre os objetivos do movimento, assim como sobre a maneira de organizar os dados da Revelação, evocados para iluminar a prática. Em resumo, como a própria expressão indica, através da "revisão de vida", a ação passa a ser também um lugar de mudança pessoal, mesmo que não se dispusesse dos instrumentos suficientes para criticar a práxis. A "revisão de vida", praticada de maneira oral, mas não totalmente espontânea, percebe os efeitos das chamadas "teorias errôneas", ainda que não exerça sobre sua própria prática a denominada "vigilância ideopolítica" como se dá no seio da Teologia da Libertação.

---

98. Sobre essa militância original da Ação Católica, concretamente da JOC em relação à Associação Católica da Juventude Francesa (A.C.J.F.), cf. DORÉ, J. *L'Action Catholique aujourd'hui et demain*. Op. cit., p. 1.184. Neste sentido, fala-se de um método revolucionário. Cf. MOUSSÉ, J. Avenir de l'Action catholique. *Études*, p. 925-942, jun./1971, aqui p. 930.

99. CARDIJN, J. *Les Méthodes Jocistes – Schéma de la Quatrième Semaine d'Études,* Op. cit., p. 29.
• MOUGENOT, C.; MORMONT, M. *L'invention du rural*. Op. cit., p. 126.

100. CARDIJN, J. *L'action catholique dans la classe ouvrière*. Op. cit., p. 2. Na realidade, este foi o primeiro e grande objetivo da Ação Católica. Cf. COMBLIN, J. *Échec de l'Action Catholique?* Op. cit., p. 55-58.

101. CARDIJN, J. *Les Jeunes travailleurs face aux temps nouveaux*. Op. cit., p. 13-16.

102. CARDIJN, J. *Sauver la masse*. Op. cit., p. 35.

103. CARDIJN, J. *L'Heure de la classe ouvrière*. Op. cit., p. 37.

104. CARDIJN, J. *Ite missa est*. Op. cit., p. 29.

Por sua parte, em descontinuidade com a Ação Católica e a teologia moderna europeia e em continuidade com as teologias do genitivo, a Teologia da Libertação assume como pressuposto que a fé tem uma dimensão social e, em consequência, também o tem a práxis cristã e seus modos de institucionalização na Igreja. Postula-se a inter-relação entre fé e práxis social, ainda que com o cuidado para não cair em reducionismos e confusão, sob pena de fazer volatilizar a especificidade própria da fé e da práxis cristã na esfera social. Tanto para as teologias do genitivo como para a Teologia da Libertação, a relação entre fé e política se dá no fato de sua imanência recíproca, o que leva a conceber o ponto preciso de interseção entre ambas, não no nível da racionalidade política – análises, opção concreta, estratégias e táticas –, mas no nível de um projeto de humanização, em razão da dimensão imanente da fé. Porém, em descontinuidade com as teologias do genitivo, a Teologia da Libertação marca sua originalidade frente a elas, pelo modo particular de situar a práxis da fé em relação com a práxis político-social. A teologia política, por exemplo, esquece com frequência que uma teologia que se autocompreenda como reflexão da práxis da fé, para apreender a realidade, se obriga a passar pelo desvio da análise sócio-histórica dessa mesma práxis, sob pena de elaborar um discurso teórico abstrato e, na volta à ação, de comprometer a própria eficácia da fé. Sem a mediação das ciências humanas e sociais na apreensão da realidade, cai-se na armadilha de uma teologia idealista-dedutiva e na pretensão de inter-relacionar elementos epistemológicos heterogêneos, manipulando inconscientemente o conceito teológico-normativo da fé pela sobreposição de conceitos sociológico-empíricos[105]. A Teologia da Libertação se propõe a ter uma postura epistemológica coerente, postulando, por um lado, a inadequação da inter-relação de um conceito teórico-normativo de fé e um conceito sócio-histórico de práxis política e, por outro, exigindo que se inter-relacione conceitos igualmente sócio-históricos de fé e de práxis política. Em outras palavras, uma postura epistemológica coerente implica a in-

---

105. GUTIÉRREZ, G. *A força histórica dos pobres*. Op. cit., p. 73.

ter-relação entre fé concreta, ação pensada dos cristãos a partir da fé e ação pensada dos não cristãos[106].

Nesta perspectiva, para a Teologia da Libertação, a fé concreta não é apenas força que leva a um compromisso social. Ela constitui, também, um ideal de sociedade, um ideário para o compromisso social dos cristãos[107]. Entretanto, mesmo que a fé mobilize em vista deste ideal, no respeito à autonomia do temporal, não é ela que pode dar um projeto histórico determinado. O projeto histórico é, em si, autônomo da fé. A fé influi nele, mas ele é dotado de uma racionalidade própria. Assim, se por um lado os cristãos se movem a partir da fé concreta em vista da concretização do ideal da fé, por outro lado, há outros grupos de não cristãos que também se propõem a projetos históricos semelhantes e buscam os meios mais adequados para alcançá-los. Estes não são movidos pela fé, mas algo os mobiliza que converge com os ideais cristãos. Com isso, abre-se para a Teologia da Libertação a possibilidade da colaboração, no nível de uma ação pensada, com projetos históricos de ambos os grupos. Com os "homens de boa vontade" não se pode compartilhar a fé concreta e nem a reflexão de revisão da ação a partir da fé, mas pode-se e deve-se fazer com eles uma reflexão e uma ação comum a partir de um humanismo autêntico e integral[108].

3.2 O caminho da volta à ação

A relação prática com a práxis, tanto na Ação Católica como na Teologia da Libertação, se dá na volta à ação[109], de onde se havia par-

---

106. A este respeito, cf. DEL VALLE, L.G. Teología fundante, acción pensada y reflexión teológica. *Contacto*, ano 11, n. 2, p. 42-69, abr./1974. Sobre a práxis política na Teologia da Libertação, cf. BERRYMAN, P.E. *La teología latinoamericana de la liberación*. In: TORRES, S.; EAGLESON J. (orgs.). *Teología en las Américas*. Salamanca: Sígueme, 1980, p. 97-104.

107. Cf. GUTIÉRREZ, G. *A força histórica dos pobres*. Op. cit., p. 72-74.

108. Nesta perspectiva abre-se a possibilidade não só de um trabalho ecumênico ou macroecumênico, mas também em colaboração com grupos partidários, corpos intermediários e mesmo com os chamados ateus sinceros, desde que professem um humanismo não fechado ao absoluto, conforme expressão de Paulo VI na *Populorum Progressio*, n. 42. Sobre a questão o papa se refere a DE LUBAC, H. *Le drame de l'humanisme athée*. 3. ed. Paris: Spes, 1945, p. 10.

109. Sobre o caráter "eficaz" do método da AC, cf. MOUGENOT, C.; MORMONT, M. *L'invention du rural*. Op. cit., p. 126-200.

tido no momento da relação teórica com ela. Em ambas, dadas as perguntas do contexto em que se inserem, se dá ênfase à dimensão social do compromisso cristão.

O caminho da volta à ação na Ação Católica

O caminho da volta à ação na Ação Católica, mais especificamente na JOC, ainda que procure levar os jovens a um engajamento social consequente com os desafios oriundos dos meios de vida, caracteriza-se por uma pretensa apoliticidade da fé. O perfil da Ação Católica definido por Pio XI traduz bem o tipo de relação do movimento com o mundo da política. Para o Papa, o *agir* da Ação Católica deve dar-se "para além e sobre os partidos políticos"[110]. Parte-se do princípio que a fé e seus modos de institucionalização na Igreja são realidades "transcendentes", essencialmente transideológicas, contrapostas e confrontadas "de fora" com o mundo das realidades político-sociais[111].

Nestes parâmetros, a ação se reduz a duas áreas fundamentais: às relações de instituição a instituição, entre a Igreja e o poder institucionalizado do Estado e à responsabilidade política dos cristãos, enquanto cidadãos[112], mas já sem nenhum vínculo eclesial. A ação se dá em termos de diferenciação e harmonização de funções e competências recíprocas, dada à pretensa apoliticidade da fé. As relações entre Igreja e âmbito político-social se limitam rigorosamente ao nível da defesa e promoção dos princípios éticos na esfera do humano. Daí a afirmação da "neutralidade" política da Igreja institucional, que é correlativa à afirmação da "liberdade de opção política" dos cristãos enquanto cidadãos[113]. Uma análise histórico-sociológica desse modo de relação mostra que tal postura não passa de uma posição ideológico-idealista.

---

110. Cf. PICARD, M. *Pie XI – Pape de l'Action Catholique*. Op. cit., p. 100-101.

111. PAGÉ, J.G. La théologie du laïcat de 1945 a 1962. *Communio*, v. 4, n. 2, p. 17-26, 1979, aqui p. 19.

112. JIMÉNEZ, G. La dimensión socio-política de la práctica de la fe. *Contacto*, ano 10, n. 1, p. 36, fev./1973. • MOUGENOT, C.; MORMONT, M. *L'invention du rural*. Op. cit., p. 150. Lembra-se que a Ação Católica leva os jovens a se interessarem pelas questões sociais e políticas, sem que o movimento seja um movimento político. É pelo engajamento individual dos membros, pela exigência pessoal de ação dos cristãos na vida social, que o movimento quer exercer seu papel. Cf. ibid., p. 150-153.

113. JIMÉNEZ, G. *La dimensión socio-política de la práctica de la fe*. Op. cit., p. 37.

Nesta perspectiva, na primeira fase da JOC, supõe-se *a priori* que a Igreja e a prática da fé se encontram situadas num espaço exterior ao mundo ideológico-político, paralelo às vicissitudes da história e dos conflitos humano-sociais[114].

Na segunda grande fase, após a Segunda Guerra, se vai postular justamente o contrário. Supõe-se *a priori* que a Igreja e a prática da fé se encontram imersas no mundo sociopolítico. Entretanto, diferente da Teologia da Libertação, se tende a crer que se esteja protegido pelo envoltório da "transcendência", que torna o movimento e sua ação impermeáveis a toda e qualquer infiltração de fatores ideológico-políticos[115]. Isso se deve ao fato de a Ação Católica estar não somente estreitamente condicionada pelo sistema sociopolítico vigente, como também sendo parte dele e frequentemente reforçando-o, na medida em que desempenha em seu seio uma função política de integração. J. Cardijn, por exemplo, não se dava conta que, ao pretender agir independentemente do Partido Católico belga e do Sindicalismo Cristão, restringindo a atuação da JOC ao terreno estritamente religioso, pelo fato da inserção do movimento na sociedade global, este não deixava de desempenhar em seu seio uma função político-social. A apoliticidade da Ação Católica era uma ilusão ideológica.

O caminho da volta à ação na Teologia da Libertação

A relação prática da Teologia da Libertação está em continuidade-descontinuidade com a Ação Católica. Em comum está a volta à ação[116]. A descontinuidade, também com relação à teologia moderna

---

114. MOUGENOT, C.; MORMONT, M. *L'invention du rural*. Op. cit., p. 155. Mesmo após a Segunda Grande Guerra, quer-se ficar estritamente sobre o terreno religioso, conforme atesta o conflito com a JOC francesa a que já se referiu este trabalho. Na realidade, a Neocristandade é uma reação contra a Cristandade, vista como demasiado "religiosa". A Neocristandade quer apresentar um novo rosto de Igreja, preocupada com o homem concreto e com o estabelecimento da justiça. A "ação apostólica" tem um fim religioso, mas uma finalidade própria, a promoção humana, tendo sempre como marco um contexto cristão. Pensa-se numa projeção do cristão sobre o político que torne possível uma simbiose de ambos. No fundo, a ação responde às aspirações do homem moderno: a eficácia. Sobre isso, cf. GUTIÉRREZ, G. *Líneas pastorales de la Iglesia en América Latina – Análisis Teológico*. Op. cit., p. 22-24.

115. Mesmo quando a JOC se colocou em busca de sua "terceira via", não se tinha consciência de tratar de um programa ideológico. Agia-se em nome da Doutrina Social da Igreja.

116. Sobre o caráter "eficaz" do método da Ação Católica, cf. MOUGENOT, C.; MORMONT, M. *L'invention du rural*. Op. cit., p. 126-200.

europeia, está no fato da volta não ser somente dirigida *para* a práxis, mas de se dar também *na* práxis e se deixar criticar *pela* práxis[117]. O que se busca é estabelecer uma nova relação com a práxis que supere os limites de ausência de espírito crítico em relação a ela, tal como a redução de suas análises às dimensões subjetivas, intersubjetivas e existenciais. A Teologia da Libertação, epistemologicamente, é uma teologia que se interessa pela explicitação, tematização e manifestação das implicações teóricas de uma reflexão inserida "na" práxis e, teologicamente, se propõe a discutir a natureza e o valor evangélico, a qualidade cristã de suas opções fundamentais, tal como a opção pelos pobres[118]. Diante das perguntas postas pela práxis, a resposta da teologia, tal como se dava também na Ação Católica, não se restringe ao âmbito das relações teóricas. Também o discurso teológico, quando consequente com as questões postas pela práxis, precisa contribuir igualmente para respondê-las, sob pena de ser uma teologia cínica, tal como advertia Hugo Assmann já em seus primórdios[119].

Além disso, enquanto teologia *pela* práxis, a Teologia da Libertação estabelece como última instância de juízo de sua reflexão sistemática a Palavra da Revelação, mas associado a ela postula também o critério da *ortopráxis*[120]. Pergunta-se se a reflexão *da* práxis, *na* práxis e *para* a práxis da fé está sendo consequente com os desafios de seu contexto, em especial com os imperativos da libertação integral de todos, a partir dos pobres[121]. Enquanto teologia *pela* práxis, esta se constitui num lugar de verificação de sua autenticidade enquanto teologia alinhada aos postulados da fé cristã.

---

117. Cf. LIBÂNIO, J.B. *Teología de la Liberación – Guía didáctica para su estudio*. Op. cit., p. 98.

118. Ibid., p. 117. Sobre a relação Teologia-práxis, cf. GUTIÉRREZ, G. *A força histórica dos pobres*. Op. cit., p. 89-92.

119. Cf. SCANNONE, J.C. La relación Teoria-Praxis en la teología de la Liberación. *Teología de la Liberación y Doctrina Social de la Iglesia*. Op. cit., p. 104-124.

120. Cf. MIGUÉLEZ, X. *La Teología de la Liberación y su método*. Op. cit., p. 80-81.

121. Segundo C. Boff, há uma relação dialética entre transformação social e verificação de fé, no sentido de que a fé mede, critica, estimula, orienta a transformação social e esta exprime, realiza e verifica a verdade da fé e seus valores. Um se comprova pelo outro, e, neste sentido, para ele, as obras são critério que julgam a fé. Cf. BOFF, C. *Teologia e prática – A Teologia do Político e suas mediações*, Op. cit., p. 348-350.

Conclusão

Quase cem anos depois, o método *ver-julgar-agir* guarda toda sua pertinência e relevância. Sua pertinência deve-se ao mérito de ter abarcado o estatuto da ação, explicitado na segunda Ilustração pelos filósofos da práxis e operacionalizado pelas ciências administrativas. Em sua esteira, no campo eclesial, viria também uma teologia da ação, ainda que somente na segunda metade do século XX. Já sua relevância se remete à ordem da eficácia, um imperativo da racionalidade moderna, seja na esfera das práticas sociais, seja pastorais, sob pena de se padecer a história, em lugar de ser seu artífice. Pedagógica e metodologicamente, o método da Ação Católica nestes cem anos se fez presente sempre e quando se assumiu a contingência da razão moderna, inevitavelmente contextual, relativa ao sujeito, ao lugar e ao interesse inerente a toda prática, seja ela uma prática prático-teórica, seja uma prática prático-prática. Apesar dos limites da racionalidade moderna, passo importante foi a superação de uma racionalidade dedutiva, a-histórica e essencialista, por uma racionalidade indutiva, histórica e existencial. J. Cardijn estava muito bem sintonizado com seu tempo, tanto no âmbito sociocultural como no campo eclesial. Na gênese de sua obra, em mais de uma oportunidade, ele foi ao encontro dos segmentos do Catolicismo Social, que procuravam situar a Igreja no seio da sociedade e os cristãos no espaço político, bem como dos representantes da nova teologia, que procuravam articular o discurso teológico a partir da experiência da fé na concretude da história.

Isso não significa que o método *ver-julgar-agir*, neste percurso de quase cem anos, quando usado tenha aparecido sempre de maneira explícita. Mesmo sem que a trilogia seja nomeada, muitas vezes ela se faz presente com outras nomenclaturas (p. 9). Relativo ao *ver* é comum referir-se a "discernir a realidade", "partir do contexto", "partir da realidade", "partir da ação", "marco da realidade", "ler a situação", "fazer a análise da conjuntura", "pré-texto e contexto do texto", "ter os pés no chão", "quem somos", ter presente "o real da realidade" etc. Relativo ao *julgar* aparecem expressões como "iluminar", "utopia cristã", "horizonte da Palavra revelada", "ponto de chegada", "marco doutrinal", "quem queremos ser", "olhos no horizonte", "desígnios de Deus para a realidade", "emitir a luz da fé sobre a realidade" etc. E relativo ao *agir* estão expressões como "intervenção na realidade", "volta à ação", "marco operacional", "momento da aterrissagem" etc. Nestas e outras expressões não aparece explicitamente a trilogia, mas ela se faz presente seja na pedagogia, seja na metodologia da reflexão e da ação. Ela tornou-se um *habitus* tanto no procedimento dos agentes de pastoral como daqueles no campo da reflexão teológica.

Vimos que, por tratar-se de uma metodologia ativa, o método *ver-julgar-agir* nasceu concebido como um método de ação. E assim foi assumido pelo magistério em seus primórdios na Encíclica de João XXIII *Mater et Magistra*. Entretanto, desde seu berço, que é a JOC, sempre se quis fazer dela o método de uma "escola de formação" da juventude operária e, portanto, também uma metodologia de reflexão. Não de uma reflexão qualquer, mas precisamente de uma reflexão oriunda e voltada para a ação. Foi por este viés que o método entrou no Vaticano II, mais precisamente na *Gaudium et Spes*, no discernimento e resposta aos desafios dos "sinais dos tempos", inclusive ampliando seu alcance. Na Ação Católica, no momento do *ver* se estabelecia um diálogo com a "sociologia religiosa", já no Vaticano II há uma reflexão teológica em estreita relação com as ciências humanas e sociais em geral. No momento do *julgar*, para além das fronteiras do método da JOC, os padres conciliares e os teólogos assessores fazem um diálogo com as ciências hermenêuticas através de uma leitura das fontes reveladas, apoiada em uma análise histórico-crítica. Em um terceiro momento, se desce ao âmbito das respostas que a Igreja precisa dar para ser consequente com a fé em seu tempo. Não por nada este procedimento iria, na sequência, tornar-se a base do método da Teologia da Libertação, que nasce ao redor da Conferência de Medellín, quando se faz do método *ver-julgar-agir* um modo de refletir teologicamente e inclusive de estruturar seus dezesseis documentos. Assim, de um método de ação e depois assumido como também de reflexão no seio da JOC, o método da Ação Católica se tornaria igualmente um método pastoral e um método teológico. Como método pastoral, entre outros, será a espinha dorsal do planejamento participativo, e como método teológico seria matriz da epistemologia e do método da Teologia da Libertação.

Dada a transcendência e o papel que o método *ver-julgar-agir* tem exercido nestes cem anos, até por justiça diante de tamanha contribuição à Igreja, fazia-se necessária uma abordagem sistemática, infelizmente uma tarefa ainda pendente. Há muita reflexão e publicações sobre o método da JOC, mas faltava uma sistematização da trilogia, em seus passos e na relação entre eles. Em grande medida, trata-se de um vazio justificável, pois, para fazê-lo, somente a partir das fontes, ou seja, do pensamento e da obra de J. Cardjin e sua JOC, o que não é tarefa fácil. Primeiro pelo acesso a elas, disponíveis somente em arquivos, em Bruxelas e Lovaina. Segundo pelo fato de J. Cardijn, enquanto homem de ação, de sua parte, nunca ter se preocupado não somente com a sistematização da trilogia, como também em colocar por escrito o que não se cansava de dizer, reiteradamente, em reuniões e conferências em congressos. Entretanto, felizmente, nada do que ele fez e disse se perdeu. A JOC tinha uma secretaria superorganizada, que registrou e classificou todas as alocuções de J. Cardijn em mais de quatrocentos escritos. Por razões diversas, nem a própria secretaria da JOC ou mesmo algum jocista, na época ou mais tarde, se lançaram a esta tarefa. Daí a satisfação de ter feito este trabalho e de poder oferecer à JOC, da qual a Igreja tanto recebeu, uma abordagem sistemática do *ver-julgar-agir*, bebendo das fontes, dos ditos e feitos de J. Cardijn no seio de seu movimento, bem como de seus pronunciamentos em eventos dos outros ramos da Ação Católica especializada – a JAC, JEC, JIC e JUC.

Aspecto importante, constatado no percurso desta pesquisa, é o fato de as ideias de J. Cardijn terem nascido de suas práticas e evoluído com caminhar de seu movimento. E nisso está a peculiaridade do método *ver-julgar-agir*, pois as boas ideias não caem do céu, mas brotam da realidade. J. Cardijn soube ser fiel à realidade e consequente com ela mesmo quando as adversidades foram tamanhas, a ponto de se encontrar em muitos momentos completamente sozinho. Na gênese de sua obra, não encontrando respaldo nem no episcopado belga, teve de recorrer diretamente ao papa, pois estava convicto que seu movimento poderia contribuir para "salvar" a classe operária, como expressou ao romano pontífice. Felizmente, depois de muito insistir, teve a ventura de não só ter sido recebido pelo papa, como de conseguir a bênção para seu movimento e, ao final da vida, ver reconhecida sua obra pelo próprio papa, assim como sua trajetória pessoal pela nomeação ao cardinalato, o que lhe possibilitou a ventura de participar da última sessão do Concílio Vaticano II como padre conciliar. Em cortejo, ele entrou na Basílica de São Pedro acenando para o povo, tal como tinha feito a vida inteira ao entrar em estádios repletos de jovens. Ali estava um apóstolo incansável da juventude, que havia dado contribuição decisiva à Igreja para sua passagem, ainda que tardia, da Cristandade à Modernidade, de uma racionalidade teológica dedutiva e a-histórica a uma racionalidade indutiva e contextual. Ali estava um homem à frente de seu tempo, que pela ação e pela palavra, havia contribuído para a superação de uma Igreja autorreferencial por uma Igreja inserida no mundo, em uma perspectiva de diálogo e serviço.

Logo depois do Concílio, a Ação Católica em seus diversos ramos pouco a pouco iria se eclipsar enquanto movimento, mas sem que seus postulados saíssem de cena ou se tornassem obsoletos. Pelo contrário, aquilo que era obra de um homem de ação e seu movimento passaria a ser integrado à Igreja como um todo, seja na nova teologia do laicato e no novo modo de presença da Igreja no mundo, seja no engajamento dos cristãos na edificação de uma sociedade justa e solidária, inclusiva de todos. O próprio método da Ação Católica deixaria de ser dela para tornar-se pedagogia e método de uma Igreja que, a partir da fidelidade aos desafios postos pela realidade, à luz da fé, busca ser consequente com o evangelho social através de um *agir* consequente com o *ver*, segundo os desígnios de Deus discernidos no momento ativo-contemplativo do *julgar*.

Referências

1 Bibliografia referente à Ação Católica

1.1 Escritos de Joseph Cardijn[1] (por ordem cronológica)

1907

L'industrie à domicile en Allemagne. *Revue Sociale Catholique*, Lovaina, p. 170-173, abr./1907; p. 333-348, out./1907.

1911

L'organisation ouvrière anglaise. *Revue Sociale Catholique*, Lovaina, p. 20-30, out./1911; p. 381-390, nov./1911.

1913

L'ouvrière isolée. *Revue Sociale Catholique*, Lovaina, p. 97-113, fev/1913

1914

À l'oeuvre! *La Femme Belge*, p. 358-359, dez./1914.
La population féminine en Belgique. *La Femme Belge*[2], p. 266-271, fev./1914.
Syndicalisme féminin. *La Femme Belge*, p. 358-359, mar./1914.

1915

Cercle d'*Étude des jeunes filles*, 14/09/1915. *Archives Cardijn*.

---

1. A rigor, Joseph Cardijn publicou um único livro (*Laïcs en première ligne*) em 1963 e que, na verdade, é uma coletânea de conferências de 1935 e 1951, com exceção de um capítulo original sobre o Concílio. Como homem de ação, os escritos de Cardijn se resumem a pequenos artigos e sobretudo em múltiplas conferências públicas e diversos manuscritos inéditos.

2. Trata-se de uma revista francófona do "Mouvement Social Féminin Chrétien de Belgique et de L'École Normale Sociale Catholique", editada em Bruxelas e que circulou de 1913 a 1935.

1917

Douze études sur la *Rerum Novarum. Archives Cardijn*, n. 109-111 (inédito).

Étude sur la situation à Bruxelles. Archives Cardijn, n. 109-111 (inédito).

Le Syndicat de l'Aiguille. *Archives Cardijn*, n. 109-111 (inédito).

Manuscrit de Monseigneur Cardijn à la Prison de St. Gilles. *Archives Cardijn*, Cellule 58 (inédito). Rue de Ruysbroek, 2-6, Bruxelas.

Messages aux ouvrières du Cercle d'Études. *Archives Cardijn*, n. 109-111 (inédito).

Nos oeuvres sociales féminines – Étude adressée aux cercle d'études de Laeken, 04/02/1917. *Archives Cardijn*, n. 24/1 (inédito).

Réflexion sur la valeur des oeuvres de Laeken. *Archives Cardijn*, n. 109-111 (inédito).

1919

L'Adolescente ouvrière. *La Femme Belge*, p. 274-282, out./1919.

Employées. *La Femme Belge*, p. 319-335, nov./1919.

1919-1921

Correspondances. *Sources inédites relatives aux débuts de la JOC*. In: WALCKIERS, M.A. Lovaina: Nauwelaerts, 1970, p. 3-19, 119.

1921

Des cours de puériculture. *La Femme Belge*, p. 235-237, set./1921.

Éducation religieuse. La Femme Belge, p. 671-683, dez./1921.

L'éducation ménagère de l'adolescente ouvrière. *La Femme Belge*, p. 249-255, ago./1921.

L'éducation morale, religieuse, sociale, professionnelle des adolescentes ouvrières. *La Femme Belge*, p. 289-301, out./1921.

Le Syndicat des petites Apprenties. La *Femme Belge*, p. 86-102, jul./1921.

L'Institutrice. *La Femme Belge*, p. 39-52, jun./1921.

1922

Éducation générale des adolescentes ouvrières. La Femme Belge, p. 882-889, fev./1922.

1924

La famille dans la vie moderne – Cours professé à la Semaine Sociale des Universitaires Catholiques, 1924. 2. ed. Bruxelas: Jocistes.

1925

Action Catholique dans la Classe Ouvrière. Bruxelas: Jocistes.

La JOC et la Paroisse – Rapport présenté à la Semaine Liturgique de Louvain, 04/08/1925. Bruxelas: Jocistes, n. 1.

Manuel de la JOC[3]. Bruxelas: Jocistes.

1926

La Vie Morale des Jeunes travailleurs au travail – Rapport présenté au deuxième Congrès Général de la JOC à Namur, 11/04/1926. 3. ed. Bruxelas: Jocistes, n. 5.

1928

Le Travail des Jeunes Salariés et la Charte Jociste du Travail – Rapport du Quatrième Congrès de la JOC, 15/04/1928. Bruxelas: Jocistes, n. 11.

*Comment connaître et comprendre les problèmes à résoudre par la JOC – Première leçon à la Quatrième Semaine d'*Étude de la JOC, 11-15/08/1928. Bruxelas: Jocistes, p. 19-24.

*Les Méthodes Jocistes – Schéma de la Quatrième Semaine d'*Étude de la JOC à Basse-Wavre. Bruxelas: Jocistes, n. 13.

1929

La Famille dans la vie moderne. Bruxelas: Jocistes.

1930

La JOC et la détresse morale et intellectuelle des Jeunes Travailleurs. Bruxelas: Jocistes, n. 24.

1932

L'Apostolat sacerdotal. *Notes de Pastoral Jociste,* p. 17-19, nov./1932.

L'Apostolat sacerdotal et l'Apostolat laïc. *Notes de Pastorale Jociste,* p. 22-23, dez./1934.

Le rôle du Prêtre. *Notes de Pastoral Jociste,* p. 25-28, jul./1932.

Méthodes Jocistes – La JOC est une École. *Notes de Pastorale Jociste*[4], p. 15-17, mai./1932.

---

3. Esta obra é essencialmente um relatório do Primeiro Congresso Nacional Belga da JOC, nos dias 18-19/04, que contém conferências de Cardijn, nas quais ele retoma basicamente muitos de seus manuscritos da Prisão de Saint Gill.

4. Boletim dos Assistentes da JOC e JOCF, Bruxelas. A partir de outubro de 1957 passou a se intitular *Notes de Pastorale Ouvrière*.

1933

Formation des dirigeants. *Notes de Pastorale Jociste*, p. 49-51, mar./1933.

Ite Missa est. *Conférence donnée à Reims, le 26 juillet, à l'occasion de la Semaine Sociale*. Bruxelas: Jocistes.

Problèmes Fondamentaux: Le salut par la vérité, La personne humaine. La société humaine – Leçons données à la Semaine d'*Études de Godinne*, 21-25 avril [mimeo]. Bruxelas: Secrétariat Général. *Archives Cardijn* n. 272/3 [mimeo].

1934

À *méditer sans cesse* – Trois pierres de touche de la vraie JOC. *Notes de Pastorale Jociste*, n. 4, p. 49-52, mar/1934.

L'Action Catholique et la Paroisse. *Notes de Pastorale Jocistes*, p. 89-103, jun./1934.

L'année jociste 1934-1935 – Année de Conquête. *Notes de Pastorale Jociste*, p. 1-5, out./1934.

La mystique de la JOC, objectifs et méthodes. *La Vie Spirituelle*, p. 316-317, mar./1934.

Vers un ordre professionnel chrétien, vers l'épanouissement de la vie eucharistique. *Notes de Pastorale Jociste*, p. 71-73, mai./1934.

1935

Allocution à la réunion des Séminaristes – Semaine d'Études Internationale de la JOC, 25-29 août. Bruxelas: Jocistes, p. 185.

La formation des Militants – Semaine d'Études Internationale de la JOC, 25-29 août. Bruxelas: Jocistes, p. 153-164.

La portée religieuse du Congrès Jubilaire. *Notes de Pastorale Jociste*, p. 82-84, jun./1935.

L'entraide sacerdotal des Aumôniers d'Action Catholique – Semaine d'Études Internationale de la JOC, 25-29 août. Bruxelas: Jocistes, p. 283-286.

Le Jocisme Féminin – Semaine d'Études Internationale de la JOC, 25-29 août. Bruxelas: Jocistes, p. 333-340.

Le Laïcat Ouvrier. Bruxelas: Jocistes.

Le Laïcat. *Notes de Pastorale Jociste*, p. 61-64, abr./1935.

Le Laïcat Ouvrier. *Notes de Pastorale Jociste*, p. 77-81, jun./1935.

Le problème de la Jeunesse Ouvrière et sa solution par l'Action Catholique des Jeunes Ouvriers – Semaine d'Études Internationale de la JOC, 25-29 août. Bruxelas: Jocistes, p. 71-78.

Les Services Jocistes – Semaine d'Études Internationale de la JOC, 25-29 août. Bruxelas: Jocistes, p. 229-235.

L'idéal Chrétien du Mariage. Bruxelas: Jocistes.

Programme d'*études* et d'action pour 1935-1936 – La Conquête du Milieu Familial. *Notes de Pastorale Jociste,* p.104-107, ago./1935.

1936

L'Action Catholique dans la Classe Ouvrière – XXIII Semaine Sociale Wallonne. Bruxelas: Secrétariat Général de la JOC.

La vocation divine des jeunes travailleurs – Semaine Sociale de Godinne, 1936 [inédito]. *Archives Cardijn,* n. 275.

Une classe ouvrière nouvelle par des familles ouvrières nouvelles. *Notes de Pastorale Jociste,* p. 6-9, out./1936.

1937

Face au nouveau paganisme – Journées d'Aumôniers Jocistes. Paris: Jocistes.

La Formation religieuse. *Notes de Pastorale Jociste,* p. 123-127, ago./1937.

Le programme d'étude et d'action pour 1937-1938 – Une jeunesse nouvelle pour un monde nouveau. *Notes de Pastorale Jociste,* p. 1-5, out./1937.

Le recrutement jociste. *Notes de Pastorale Jociste,* p. 89-91, jun./1937.

Les rapports entre les États – Exposé à la Semaine d'Étude des Dirigeants Fédéraux de la JOC à Godine, 1937 [inédito]. *Archives Cardijn,* n. 276/2.

L'Immoralité dans le milieu du travail. *Notes de Pastorale Jocistes,* p. 6-50, fev./1937.

1938

Devant un nouveau paganisme. *Notes de Pastorale Jociste,* p. 141-145, ago./1938.

La JOC – Leçons données aux Journées Sacerdotales de Vienne, les 3 et 4 janvier 1938. Bruxelas: Jocistes.

L'influence de la JOC et la conquête du dimanche pour la messe. *Notes de Pastorale Jociste,* p. 146-149, ago./1938.

Ma visite à Rome et mon voyage en Europe Centrale. *Notes de Pastorale Jociste,* p. 2-4, out./1938.

1939

L'Action Catholique doit rechristianiser la vie de la Masse. *Notes de Pastorale Jociste,* p. 77-80, abr./1939.

La Jeunesse Ouvrière Chrétienne dans le Monde. Bruxela: Jocistes.

L'Apostolat des Masses. *Notes de Pastorale Jociste*, p. 50-51, fev./1939.

Les militants Jocistes. *Notes de Pastorale Jociste*, p. 52-55, fev./1939.

1940

Entraide Sacerdotale. *Notes de Pastorale Jociste*, p. 69-70, abr./1940.

La JOC est une école. *Notes de Pastorale Jociste*, p. 66-67, abr./1940.

La JOC et l'après-guerre. *Notes de Pastorale Jociste*, p. 44-48, fev./1940.

La responsabilité jociste. *Notes de Pastorale Jociste*, p. 62-65, abr./1940.

L'Église et l'après-guerre. *Notes de Pastorale Jociste*, p. 71-72, abr./1940.

Les jeunes travailleurs doivent préparer à assurer eux-mêmes la Paix – Allocution à la Deuxième Semaine d'*Étude de Godinne* [inédito]. *Archives Cardijn*, n. 279.

1942

Jeunes travailleurs face aux temps nouveaux – Quatre leçons à la Semaine d'Étude des dirigeants Fédéraux, Pâques 1942. Bruxelas: Jociste.

La formation personnelle des Jeunes travailleurs [inédito]. *Archives Cardijn*.

Les Aumôniers [inédito]. *Archives Cardijn*.

Manuscrit de Monseigneur Cardijn à la prison [inédito]. *Archives Cardijn*.

1943

Discours du Chanoine Cardijn à Roubaix, 23 février [inédito]. *Archives Cardijn*, n. 1.395.

1944

Après la libération. *Notes de Pastorale Jociste*, p. 3-5, out./1944.

Courants et tendances de l'heure. *Notes de Pastorale Jociste*, p. 21-24, dez./1944.

1945

La JOC et le projet de Charte internationale. *Notes de Pastorale Jociste*, p. 28-29, dez./1945.

L'Église est-elle l'alliée du capitalisme? *Notes de Pastorale Jociste*, p. 86-88, jun./1945.

L'organisation professionnelle. *Notes de Pastorale Jociste*, p. 65-69, abr./1945.

Pour la déprolétarisation de la masse ouvrière. *Notes de Pastorale Jociste*, p. 46-48, fev./1945.

Pour nous, c'est l'heure H! *Notes de Pastorale Jociste*, p. 5-6, out./1945.

Présence de l'*Église dans la Révolutio*n Ouvrière. *Notes de Pastorale Jociste*, p. 39-41, dez./1945.

Sauver la Masse – Leçons à la Semaine d'Études nationale 1945. Bruxelas: Jocistes.

1946

L'Action Catholique. *Notes de Pastorale Jociste*, p. 59-60, fev.-mar./1946.

Action Catholique et formation religieuse. *Lumen Vitae,* n. 1, p. 122-128, jan.-mar./1946.

Action Catholique et formation religieuse. *Notes de Pastorale Jociste*, p. 7-20, dez./1946-jan./1947.

Cardijn dans les trois Amériques. Bruxelas: Jocistes.

Dans les trois Amériques. *Notes de Pastorale Jociste*, p. 4-5, out.-nov./1946.

La formation spirituelle pour la masse. *Notes de Pastorale Jociste*, p. 47-52, fev.-mar./1946.

La révision de vie ouvrière au Cercle d'Étude. *Notes de Pastorale Jociste*, p. 7-11, out.-nov./1946.

La vie morale de Jeunes Travailleurs au travail. Bruxelas: Jocistes.

Les jeunes travailleurs, c'est nous! – Exposé de Cardijn à la Semaine d'Étude des dirigeants fédéraux de la JOC à Basse-Wavre [inédito]. *Archives Cardijn,* n. 570/2a.

Rome et la JOC. *Notes de Pastorale Jociste,* p. 100-103, ago.-set./1946.

1947

En Mission prolétarienne. *Notes de Pastorale Jociste,* p. 44-45, fev.-mar./1947.

L'Abbé Godin, homme providentiel. *Notes de Pastorale Jociste,* p. 42-44, fev.-mar./1947.

La Mystique de la Cotisation et le Recrutement. *Notes de Pastorale Jociste*, p. 20-22, dez./1946-jan./1947.

Le Christ, cet inconnu. *Notes de Pastorale Jociste*, p. 33-37, dez./1947-jan./1948.

L'Église devant la révolution mondiale. Bruxelas: Jocistes.

L'émancipation des jeunes travailleurs par la sainte utilisation des temps libres. *Notes de Pastorale Jociste*, p. 13-15, out.-nov./1947.

Le problème mondial – Allocution dans la Semaine Nationale de dirigeants Fédéraux de la JOC à Woluwe [inédito]. *Archives Cardijn*, n. 571.

Les responsabilités des prêtres devant les problèmes actuels de la Jeunesse ouvrière. *Masses Ouvrières*, n. 39, dez./1947.

Message de Cardijn à la JOC Canadienne. Montreal: Ouvrières.

Premières impressions d'une randonnée mondiale. *Notes de Pastorale Jociste*, p. 37-42, dez./1947-jan./1948.

Sur la Terre comme au Ciel. Notes de Pastorale Jociste, p. 49-52, abr.-mai./1947.

Vers la vraie émancipation du prolétariat. *Notes de Pastorale Jociste*, jun.--jul./1947, p. 67-71.

1948

L'heure de la Classe Ouvrière – Leçons données aux dirigeants fédéraux de la JOC au Collège Saint-Paul, Godinne-sur-Meuse, et aux dirigeantes Fédérales de la JOCF au Cénacle à Bruxelles, Pacques 1948. Bruxelas: Jocistes.

Premières impressions d'une randonnée mondiale [contin.]. *Notes de Pastorale Jociste*, p. 73-75, fev.-mar./1948.

1949

La Formation Jociste. *Notes de Pastorale Jociste*, p. 165-170, ago.-set./1949.

La Fraternité Universelle entre les jeunes travailleurs. Bruxelas: Jocistes.

La JOC, mouvement "à repenser" toujours. *Nous Prêtres*: Bruxelas: Jocistes, p. 25-39.

L'Église face au problème de la Jeunesse Travailleuse[5]. Bruxelas: Jocistes.

Le Jeune Travailleur: La Jeune travailleuse devant la vie – Exposés à la Semaine d'Étude des Dirigeantes et Dirigeants Fédéraux de la JOC/F. 3. ed. Bruxelas: Jocistes.

Le Pape et le problème ouvrier et la Jeunesse Travailleuse. *Notes de Pastorale Jociste*, p. 33-38, dez./1949-jan./1950.

Le Problème missionnaire dans un monde nouveau. *Notes de Pastorale Jociste*, p. 98-109, abr.-mai./1949.

Rien ne se fera sans un laïcat de combat. *Témoignage Chrétien*, n. 249, 15/041949.

1950

Charité et Vérité. *La Cité*, 14/11/1950.

La Personne, La famille, L'Éducation, Notre Congrès – Leçons données aux dirigeants fédéraux de la JOC au Collège St-Paul à Godinne et aux dirigeantes fédérales de la JOCF à l'Institut de la Sainte Union à Kain. Bruxelas: Jocistes.

La Proclamation du dogme de l'Assomption. *Notes de Pastorale Jociste*, p. 33-35, dez./1950-jan./1951.

---

5. Esta obra não leva o nome de Cardijn como autor; mas, segundo testemunhos de Jacques Meert e Marguerite Fiévez, ela é de seu próprio punho.

L'Église face au problème ouvrier dans le monde – Exposé à la Journée Sacerdotale Internationale du 4 septembre 1950. *Jocisme et Clergé*. Bruxelas: Jocistes.

L'État et l'Église. *La Cité*, 23/11/1950.

Le Pape et le problème de l'action catholique ouvrière. *Notes de Pastorale Jociste*, p. 74-79, fev.-mar./1950.

Le Radio-Message de Saint-Père au Congrès Jubilaire. *Notes de Pastorale Jociste*, p. 36-39, dez./1950-jan./1951.

Moeurs politiques. *La Cité*, 08/12/1950.

Nous vivons à un tournant de l'histoire – Exposé à l'équipe du Secrétariat international de la JOC, 9 octobre 1950 [inédito]. *Archives Cardijn*, n. 1.837.

Prêtres et laïcs et la rechristianisation de la Jeunesse Travailleuse – Leçons données à la Semaine d'Études de Aumôniers de la JOC: Namur, 27-29 décembre 1950. Bruxelas: Jocistes.

Religion et Politique. *La Cité*[6], 23/10/1950.

1951

Ceux qui vont quitter l'école. *La Cité*, 23/05/1951.

Coexistence du régime et du régime capitaliste. *La Cité*, 22/03/1951.

Culture ouvrière. *La Cité*, 28/03/1951.

Des écoles de véritable promotion ouvrière. *La Cité*, 04/04/1951.

Et nous irons jusqu'au bout du monde. *La Cité*, 09/06/1951.

L'abandon des masses; L'insuffisance du clergé; L'apostolat des laïcs. *Notes de Pastorale Jociste*, p. 3-9, out.-nov./1951.

L'Apostolat des laïcs. *Notes de Pastorale Jociste*, p. 98-100, abr.-mai./1951.

La clé du nouveau-monde [inédito]. *Archives Cardijn*.

La Fabrication de l'opinion ouvrière. *La Cité*, 05/12/1951.

La Marche vers l'unité. *La Cité*, 16/01/1951.

La Paroisse vivante. *Notes de Pastorale Jociste*, p. 79-81, fev.-mar./1951.

Le Congrès de laïcs à Rome. *La Cité*, 20/10/1951.

Le Congrès Mondial de l'apostolat des laïcs. *Notes de Pastorale Jociste*, dez./1951-jan./1952.

L'*Église face au* problème ouvrier dans le monde. *Jocisme et clergé*. Bruxelas: Jocistes, p. 7-17.

Le monde d'aujourd'hui et l'Apostolat des Laïcs: Leçon d'ouverture au Congrès Mondial de l'Apostolat des Laïcs – Actes du Congrès Mondial pour l'apostolat des laïcs, 8 octobre 1951. Roma: Comité Permanent.

---

6. A partir de 1950 até 1963 Cardijn publicou 213 trabalhos neste jornal diário de Bruxelas, entre editoriais e artigos.

Le monde de 1951. *Notes de Pastorale Jociste*, p. 65-73, fev.-mar.1951.

Le monde est-il encore viable? *La Cité*, 23/01/1951.

Le problème de la famille populaire. *La Cité*, 16/05/1951.

Le respect des familles ouvrières. *La Cité*, 09/05/1951.

Les fondements doctrinaux de la JOC. *Jocisme et clergé*. Bruxelas: Jocistes, p. 125-134.

Nos responsabilités ouvrières envers nos frères de travail du monde entier. *La Cité*, 31/10/1951.

Nos responsabilités ouvrières, l'arme suprême. *La Cité*, 28/10/1951.

Nos responsabilités ouvrières, le problème familial. *La Cité*, 04/11/1951.

Nos responsabilités ouvrières, responsabilités professionnelles. *La Cité*, 07/11/1951.

Paix morale et paix militaire. *La Cité*, 08/03/1951.

Paraliturgie. *Notes de Pastorale Jociste*, p. 92-93, fev.-mar./1951.

Patrie, Religion, Famille. *La Cité*, 14/12/1951.

Prêtres et laïcs dans la mission de l'Église: Exposée à la Session d'Étude des Prêtres du Diocèse de Breda (Pays Bas) – Brochure-rapport publiée sous le titre Arbeidersjeugd in de Zending van de Kerk. Bruxelas: Jocistes.

Prêtres et laïcs et la rechristianisation de la Jeunesse Travailleuse. Bruxelas: Jocistes.

S'unir ou périr. *La Cité*, 06/03/1951.

1952

Les Jeunes doivent être ou à l'école ou au travail. *La Cité*, 29/02/1952.

L'Union de chrétiens. *La Cité*, 22/01/1952.

Nos responsabilités ouvrières dans le domaine de la politique, en matière de civisme en matière religieuse (I-II-III). *La Cité*, 05/03, 12/03 e 02/04/1952.

Pour sortir de l'impasse. *La Cité*, 06/02/1952.

Retour aux sources. *Bulletin d'Information (de la JOC internationale)*, n. 25, 15/03/1952.

Une Utopie? *La Cité*, 04/06/1952.

1953

Après une randonnée au Congo. *Notes de Pastorale Jociste*, p. 53-56, dez./1953-jan./1954.

Du robot au martyr. *La Cité*, 19/06/1953.

En marge d'un tour du Monde. *Notes de Pastorale Jociste*, p. 132-137, jun.-jul./1953.

La mission de la JOC en Europe – Exposée à la Première Rencontre européenne de la JOC à Hilversum, 1953 [inédito]. *Archives Cardijn*, n. 998.

L'*éducation de base. La Cité*, 15/05/1953.

Rapport du voyage en Asie [inédito]. *Archives Cardijn*, n. 1.449.

Un esprit international. *La Cité*, 12/06/1953.

1954

Élite et Masse. Notes de Pastorale Jociste, p. 165-172, ago-set./1954.

La formation de l'élite. *Notes de Pastorale Jociste*, p. 80-93, dez./1954.

La formation eucharistique des jeunes travailleurs. *Notes de Pastorale Jociste*, p. 90-93, fev.-mar./1954.

Marie et les jeunes travailleurs. *Notes de Pastorale Jociste*, p. 101-104, abr.-mai./1954.

Prêts pour la vie. *La Cité*, 11/07/1954.

1955

Catholicisme politique? – Anticléricalisme ou anti-religion? *La Cité*, 22/12/1955.

Coexistence dans la vérité. *La Cité*, 05/02/1955.

En Amérique Latine à l'occasion du Congrès Eucharistique International de Rio de Janeiro, 1955 [inédito]. *Archives Cardijn*, n. 1463.

Jeunesse! *La Cité*, 15/02/1955.

La paix dans le monde. *La Cité*, 15/12/1955.

L'Avenir de la JOC – Note aux membres du Bureaux International de la JOC, 25 mars 1955 [inédito]. *Archives Cardijn*, n. 1.156.

L'Église en état de mission. *Notes de Pastorale Jociste*, p. 31-32, jun.-jul.1955.

Le prêtre à l'*Église, le pays au travail. La Cité*, 30/04/1955.

1956

À chacun sa bombe. La Cité, 19/04/1956.

De toute race et de toute couleur. *La Cité*, 18/01/1956.

Jeunesse Ouvrière Chrétienne. *Revue Civilisation*, vol. VI, n. 1, p. 61-76, 1956.

La guerre, un anachronisme. *La Cité*, 26/04/1956.

Le pays "sous mandat. *La Cité*, 15/03/1956.

Le respect de l'adversaire. *La Cité*, 07/01/1956.

Les travailleurs et les perspectives mondiales de l'apostolat – Exposé présenté à la XXXVIII Semaine Sociale Wallonne, Godinne Sur-Meuse/Bruxelas: Jocistes.

Pour la solution chrétienne des problèmes du monde du travail, il faut un laïcat organisé à la dimension du monde. *La Cité*, 25/08/1956.

Réflexion sur l'enquête. *Bulletin d'Information de la JOC*, n. 49, p. 20-24, mar.--abr./1956, p. 20-24.

Un défi au monde libre. *La Cité*, 10/03/1956.

Une jeunesse nouvelle pour un monde nouveau. *Civilisations*, vol. VI, n. 1.

1957

Allez dans le Champs du Seigneur. *Bulletin d'Information (de la JOC internationale)*, n. 57, jul.-out./1957.

Éducation politique. La Cité, 13/06/1957.

La Justice internationale. *La Cité*, 12/08/1957.

La Lumière du monde. *La Cité*, 21/04/1957.

Les dommages de la course aux armements. *La Cité*, 24/12/1957.

Science et guerre. *La Cité*, 08/11/1957.

1958

Conscience de la misère. *La Cité*, 29/03/1958.

*L'âge de l'*instabilité. *La Cité*, 15/04/1958.

Le respect de la vie humaine. *La Cité*, 11/08/1958.

Rapport du voyage en Asie, en Australie et en Nouvelle-Zélande [inédito]. *Archives Cardijn*, n. 1.472.

1959

L'aide aux population sous-développées. *La Cité*, 11/06/1959.

Jeunesse inadaptée. *La Cité*, 22/09/1959.

1960

Après une relève dans la JOC internationale. *La Cité*, 05/04/1960.

Carte de relation et mise en action de Jeunes travailleurs. *Notes de Pastorale Ouvrière*, p. 40-42, out.-nov./1960.

Impressions générales et souhaits présentés aux autorités ecclésiastiques [inédito]. *Archives Cardijn*, n. 1.486.

Le travail. *Notes de Pastorale Ouvrière*, p. 23-24, out.-nov./1960.

Mouvement ouvrier et éducation ouvrière, 15 février [inédito]. *Archives Cardijn*, n. 1.854.

Tournée en Afrique de l'Est et du Nord, impressions [inédito]. Archives Cardijn, n. 1.486.

1960-1965

Réflexions et Suggestions destinées à la Commission Pontificale de l'Apostolat de Laïcs du Concile Vat. II[7].

1960

Brève note sur l'Apostolat des Laïcs (n. 1).

L'Apostolat des Laïcs – Les deux aspects essentiels (n. 2).

L'Apostolat des Laïcs; Notions et définitions; Formes et méthodes. *Formation à l'apostolat* (n. 3).

Prêtres et Laïcs dans l'Apostolat (n. 4).

1961

La JOC Internationale – Contenu fondamental et histoire (n. 5).

De missione canonica et mandato Hierarchiae (n. 6).

Formation religieuse des dirigeants d'Action Catholique (n. 7).

L'animation spirituelle de l'apostolat dans le temporel (n. 8).

1962

L'Apostolat essentiel, propre et irremplaçable des Laïcs (n. 12).

L'Apostolat dans la vie temporelle, d'après quelques données d'expérience (n. 13).

Remarques generales sur l'apostolat des Laïcs (n. 14).

Apostolat formellement laïc des Laïcs; Apostolat matériellement laïc des Laïcs (n. 15).

De apostolatu laicorum in communitale Ecclesiae (n. 16).

De apostolatu apud juvenes hujus temporis (n. 17).

À propos de ce qui préoccupe énormément nos dirigeants des différents continents (n. 18).

1963

D'un Pontificat à l'autre, Jean XXXIII-Paul VI. *Notes de Pastorale Ouvrière*, p. 173-175, jun.-jul./1963.

---

7. Escritos inéditos, dos Archives Cardijn, em Bruxelas. A numeração ao final de cada trabalho refere-se à numeração do arquivo.

Laïcs en premières lignes – Ensemble d'articles et de travaux rassemblés à l'intention des Pères du Concile Vat. II. Bruxelas/Paris: Éd. Universitaires/Vie Ouvrière.

La JOC – Mystique et mouvement. Bruxelas: Jocistes.

Les trois Papes que j'ai connus. *La Cité,* 22/06/1963.

1964

À propos d'un Centre Romain de l'Apostolat des Laïcs (n. 21).

De Apostolatu Laicorum (n. 26).

1965

De Ministerio et Vita Presbyterorum (n. 1).

De Apostolatu Laicorum (n. 2).

De Libertate Religiosa (n. 3)

De Ecclesia in mundo huius temporis (n. 4)[8].

1962

Apostolat formellement laïc et apostolat matériellement laïc des laïcs. Note n. 15, 08/03/1962 [inédito]. *Archives Cardijn,* n. 1.577/4.

Jeunesse: une mission et une formation. *La Cité,* 22/03/1962.

Les derniers événements à portée mondiale [inédito]. *Archives Cardijn,* n. 1.854.

1967

Rapport de mon voyage en Asie du Nord [inédito]. *Archives Cardijn,* n. 1.523.

1.2 Referências "da" e "sobre" a Ação Católica e seu contexto

a) Acervo/arquivos

Archives Cardijn. Archives Générales du Royaume. Rue de Ruysbroek, 2-6. 1000 Bruxelles.

Archives de la JOC. Rue des Moucherons, 3. 1000 Bruxelles.

Archives de la JOC Internationale. Rue Platin, 11. 1000 Bruxelles.

Archives de la KAJ/VKAJ. Katholiek Documentatie – En Onderzoekscentrum (Kadoc). Mgr Ladeuzeplein, 21. 3000 Louvain.

Archives de l'Archévêché de Malines-Bruxelles. Fonds Mercier et Fonds Van Roey. Pastoraal Centrum. Frederik de Merodestraat, 18. 2800 Malines.

---

8. Estes dois últimos trabalhos recolhem as intervenções de J. Cardijn na quarta Sessão do Concílio Vaticano II.

*Archives de l'*Évêché de Namur. Fonds Collard. Rue de l'Évêché, 1. 5000 Namur.

*Archives de l'*Évêché et du Chapitre Cathedral de Tournai. Fonds Fernand Tonnet e Fonds des aumôniers des oeuvres sociales. Place de l'Évêché. 7500 Tournai.

Archives des Anciens et Anciennes de la JOC. Rue des Moucherons, 3. 1000 Bruxelles.

Arquivos do Instituto Nacional de Pastoral. Conferência Nacional dos Bispos do Brasil. SE/Sul, Quadra 801– Conjunto "B". Brasília.

Bibliothèque de Cardijn (section spéciale consacrée aux brochures, concernant directement la JOC, ses méthodes, ses activités et son histoire). Centre Générale de Documentation de l'Université Catholique de Louvain. Louvain-la-Neuve.

Jadot, Mgr J. *Notes autobiographiques – Période Ste-Gertrude 1934-1939.* Arquivos da Faculdade de Teologia de Louvaina – UCL [Papier J. Jadot, Boîte 1].

b) Periódicos publicados pela JOC belga

Bulletin des dirigeants [JOC] (1924-1952).

Bulletin des dirigeantes de la jeunesse ouvrière chrétienne féminine (1925-1965).

Bulletin des dirigeants préjocistes (1933-1939).

Bulletin des dirigeantes préjocistes (1936-1947).

Bulletin des militantes de la jeunesse ouvrière chrétienne féminine (1938-1939).

Bulletin fédéral de la JOCF (1930.1934).

Clarté [JOC] [1946-1956].

Club d'aînés [JOC] (1940-1958).

Club des jeunes [JOCF] (1940-1942).

L'Élan jociste (1946-1947).

En Mission – Revue des chefs d'équipes de la jeune JOC (1953-1966).

En Route – Journal préjociste publié par la JOCF (1931-1940).

Et voici... notre mission – Directives aux chefs d'équipe de la Jeune JOC (1942-1947).

Jeune JOC (2ème série) (1942-1947).

Jeune JOC – Message aux jeunes (1943-1947).

JOC – Organe officiel de la JOC (1929-1939).

Joie et Travail – Organe de la JOCF (1922-1965).

La Jeunesse Ouvrière (1924-1965).

La Jeunesse Syndicaliste (1920-1924).

Le Jeune Chômeur – Journal de combat des sans-travail (1933-1934).

L'Élan jociste (1946-1947).

L'Équipe – Revue des militants de la JOC (1952-1969).

Le Message de la grande amie (1928-1932).

Lettre aux aumôniers (1936-1944).

Lettre aux fédéraux de la JOC (1945-1947).

Message aux jeunes – Directives pour chefs de groupe Jeune JOC (1940-1955).

Militante (1944-1949).

Mon avenir – Journal préjociste (1931-1940).

Notes de la pastorale jociste – Bulletin des aumôniers de la JOC et de la JOCF (1931-1957).

Trait d'union – Bulletin des équipiers fédéraux de la JOC (1948-1953).

c) Obras sobre J. Cardijn

ARNOULD, E. Le Cardinal Cardijn e la promotion feminine. *Les Dossiers*, p. 379-386, ago.-set./1967.

ARRUTHNOTT, E. *Joseph J. Cardijn, Priest and Founder of the Y.C.W.* Londres, 1966.

AUBERT, R. La signification historique de l'ouvre de Monseigneur J. Cardijn. *Collectanea Mechliniensia*, 47, p. 602-610, nov./1962.

DE LA BEDOYERE, M. *The J. Cardijn Story*. Londres, 1958.

DHANIS, T.J. Cardijn prophète – Son influence dans le renouveau théologique contemporain. *Les Dossiers*, p. 361-364, ago-set./1967.

FIÉVEZ, M.; MEERT, M. *J. Cardijn*. Bruxelas: Vie Ouvrière, 1969.

MEERT, J.J. Cardijn – L'homme universel. *Les Dossiers*, p. 365-368, ago-set./1967.

MEERT, J.; Malagon, T. *J. Cardijn*. Madri: Augustinas, 1968.

MICHEL, V. Monsegneur, le monde du travail vous dit "merci". *Les Dossiers*, p. 387-393, ago-set./1967.

PEEMANS, F. Cardijn. *Biographie National*, XLVI, 1985, col. 155-164.

SECRETARIAT AC/BELGE. J. Cardijn, un homme, un mouvement. *Actes du Colloque de 18-19/11/82*. Lovaina: Éd. Universitaire/Kadoc.

SECRETARIAT JOC/BELGE. *J. Cardijn, fundador da JOC*. Rio de Janeiro: Jocistas, 1956.

SECRETARIAT JOC/BELGE. *Un Message Libérateur – Hommage à J. Cardijn*. Bruxelas: Ouvrière, 1963.

SECRETARIAT JOC/CANADA. *J. Cardijn – Père de la JOC Mondiale*. Montréal: Jocistes, 1947.

SECRETARIAT JOC/CANADA. *J. Cardijn – The Workers' Apostle*. Montréal: Jocistes, 1947.

SELLESÇACH, F. À l'origine du Conseil National de la Jeunesse – La discussion Cardijn-Haulot à la prison de Forest (1942). *Bulletin du Centro de Recherche et d'Études Historiques de la Seconde Guerre Mondiale*, VIII, p. 41-50, mar./1978.

VERHOEVEN, J. *Joseph Cardijn – Prophète de notre temps*. Bruxelas: Labor, 1971.

VV.AA. *Va libérer mon peuple! – La pensée de Joseph Cardijn*. Paris/Bruxelas: Éd. Ouvrière/Vie Ouvrière, 1982.

WALCKIERS, M. *Joseph J. Cardijn jusqu'avant la fondation de la JOC* (Thèse de doctorat UCL, Louvain-la-Neuve 1981, dact.).

d) Fontes impressas ou editadas pela Ação Católica

SECRETARIAT AC/BELGE. *L'Action catholique des Hommes – Manuel pratique*. Bruxelas: Action Catholique des Hommes, s.d.

SECRETARIAT AC/BELGE. *Le programme de la démocratie chrétienne en Belgique*. Charleroi: Gobbe, 1929.

SECRETARIAT AC/BELGE. *Sa Sainteté Pie Xi et l'Action Catholique*. Liège: La pensée catholique, 1929.

SECRETARIAT AC/BELGE. *Manuel de l'A.C.J.B.* Lovaina: Secrétariat Général d'Action Catholique, 1929.

SECRETARIAT AC/BELGE. *L'Action Catholique et la Nation – Actes du Congrès Doctrinal de l'Association Catholique de la Jeunesse Belge*. Lovaina: ACJB, 1938.

SECRETARIADO AC/Brasil. Conclusões do I Congresso Nacional da Ação Católica Brasileira. REB, 6, p. 942-953, 1948.

SECRETARIAT AC/CANADA. *La formation des chefs en Action Catholique*. Montreal: Fides, s.d.

SECRETARIAT AC/FRANCE. *L'Action Catholique – Traduction française des documents pontificaux (1922-1933)*. Paris: Maison de la Bonne, 1934.

SECRETARIAT AC/FRANCE. *L'Action Catholique spécialisée*. Paris: Desclée de Brouwer, 1935.

SECRETARIAT AC/FRANCE. *Notion de milieu – Mouvements spécialisés de l'ACF*. Paris: Secrétariat Général de l'ACF, 1937.

SECRETARIAT ACJB. *Manuel de l'ACJB*. Lovaina: Secrétariat Général d'Action Catholique, 1929.

SECRETARIAT ACJB. *L'Action Catholique et la Nation – Actes du Congrès Doctrinal de l'Association Catholique de la Jeunesse Belge*. Lovaina: ACJB, 1938.

SECRETARIAT JAC/FRANCESE. *Manuel de la JAC*. Paris: JAC, 1935.

SECRETARIAT JEC/BELGE. *La JEC – Son programme, ses méthodes et son organisation*. Lovaina: Jécistes, 1929.

SECRETARIAT JOC/ARGENTINA. *Para ser jocista/JOC*. Buenos Aires: JOC, 1942.

SECRETARIAT JOC/ARGENTINA. *¿Qué es la JOC?* Buenos Aires: Junta Central de la Acción Católica, 1943.

SECRETARIAT JOC/BELGE. *À toi jociste – Ce qu'il faut savoir de la JOC*. Bruxelas: Jocistes, s.d.

SECRETARIAT JOC/BELGE. *Agir au milieu de travail*. Bruxelas: Secrétariat Générale de la JOC, s.d.

SECRETARIAT JOC/BELGE. *Cardijn na América*. São Paulo: JOC, s.d.

SECRETARIAT JOC/BELGE. *Como iniciar a JOC – Manual dos pioneiros/JOC*. [s.l.]: Secretariado Regional da JOC, s.d.

SECRETARIAT JOC/BELGE. *L'Action jociste dans le milieu de travail*. Bruxelas: s.d.

SECRETARIAT JOC/BELGE. La Jeunesse Ouvrière Chrétienne. *Dossiers de l'Action Catholique*, set./1924.

SECRETARIAT JOC/BELGE. *Le plan de la JOC en 1928 – Programme Général d'Études et d'Action*. Bruxelas: Secrétariat Général de la JOC, 1928.

SECRETARIAT JOC/BELGE. *Manuel de la JOC/F*. Bruxeles: Jocistes, n. 15, 1929.

SECRETARIAT JOC/BELGE. *Sa Sainteté Pie XI et l'Action Catholique*. Liège: La Pensée Catholique, 1929.

SECRETARIAT JOC/BELGE. *Manuel de la JOC*. 2. ed. Bruxelas/Paris: Belge, 1930.

SECRETARIAT JOC/BELGE. *Manuel de la JAC*. Paris: JAC, 1935.

SECRETARIAT JOC/BELGE. *El llamado de la JOC – Estatutos/JOC*. Buenos Aires, 1941.

SECRETARIAT JOC/BELGE. *Para ser jocista/JOC*. Buenos Aires: JOC, 1942.

SECRETARIAT JOC/BELGE. Mgr. Cardijn parle aux jocistes. *Album Jubilaire JOC*. Bruxelas, 1945.

SECRETARIAT JOC/BELGE. *Nuestra JOC/Juventud Obrera Católica*. Santiago, 1946.

SECRETARIAT JOC/BELGE. *Les jeunes travailleurs face aux grands courants actuels – Semaines d'Études des Dirigeants Fédéraux de la JOC*. Godinne, 1951.

SECRETARIAT JOC/BELGE. *La situation religieuse des jeunes travailleurs dans le monde – Enquête internationale*. Bruxelas: Secrétariat international de la JOC/Centre de Recherches Socio-religieuses, 1957.

SECRETARIAT JOC/BELGE. *Cardijn face aux événements: 1950-1963 [200 éditoriaux parus dans La Cité]*. Bruxelas: Vie Ouvrière, 1976.

SECRETARIAT JOC/BELGE. Le 50ème anniversaire de la JOC. *Doc. Cath.*, v. 75, n. 1.742, p. 457-461, 1978.

SECRETARIAT JOC/CHILE. *Nuestra JOC/Juventud Obrera Católica*. Santiago, 1946.

SECRETARIAT JOC/PORTUGAL. *Ergue tua fronte! – Educar para observar, observar para educar [Resumo das lições do IV Curso Rotativo/JOC*. Lisboa: JOC/Portugal, 1946.

VV.AA. *L'Action Catholique aux missions – Compte rendu de la 10ème Semaine de Missiologie de Louvain*. Lovaina: Museum Lessianum et l'Aucan, 1932.

e) Referências sobre ou em torno à Ação Católica

ALBA, V. *Le mouvement ouvrier en Amérique Latine*. Paris: Ouvrières, 1953.

ANGELI, R. *La dottrina sociale di G. Toniolo*. Roma: Pignerol, 1956.

ANTONAZZI, G. *L'Enciclica Rerum Novarum – Testo autentico e reazioni preparatoria dai documenti originali*. Roma, 1957.

ARENDT, J. *La Jeunesse Ouvrière Chrétienne de Belgique*. Paris, 1927 [Brochures de l'Action Populaire, n. 23].

ARENDT, J. *Action catholique et ordre social*. 2. ed. Lovaina: Secrétariat Général de l'ACJB, 1933.

ARNOLD, E. *La résistance dans le mouvinent jociste (JOC-JOCF-KAJ-VKAJ) pendant la guerre 1940-1945*. Bruxelas: Ouvrières, 1985.

AUBERT, R. *Le pontificat de Pie IX*. Paris, 1952 [Coll. Hist. de l'Église, 21].

AUBERT, R. Aux origines de la doctrine sociale catholique. *Dossiers de l'Action Sociale Catholique*, p. 247-278, abr./1966.

AUBERT, R. Organisation et caractère des mouvinents de Jeunesse Catholiques en Belgique. In: OSBAT, L.; PIVA, F. (org.). *Politica e Storia – La Gioventù Cattolica dopo l'unità, 1868-1968*. Roma: Storia e Letteratura, 1972, p. 270-323.

AUBERT, R. La crise moderniste (cap. 10). *Nouvelle Histoire de l'Église – Tome 5: L'Église dans la société libérale et dans le monde moderne (1848 à nos jours)*. Paris: Seuil, 1975, p. 200-220.

AUBERT, R. Les débuts du Catholicisme Social (cap. 7). *Nouvelle Histoire de l'Église – Tome 5: L'Église dans la société libérale et dans le monde moderne (1848 à nos jours)*. Paris: Seuil, 1975, p. 156-177.

AUBERT, R. *Développinent de l'enseigninent social de l'Église en Europe de Leon XIII à Pie XII*. In: Hoffe, O. (dir.). *L'Église et la question sociale aujourd'hui*. Friburgo, 1984.

BACH, G.M. Paroles de croyantes. *Lumière Vie*, n. 145, p. 41-54, 1980.

BAMBIRRA, V. *El capitalismo dependiente latino-americano*. 2. ed. México: Siglo XXI, 1975.

BAYART, P. *L'Action Catholique spécialisée*. Bruxelas: Desclée de Brower, 1935.

BEOZZO, O. *Cristãos na política e na universidade – História da JUC e da AP*. Petrópolis: Vozes, 1984.

BILLIET, J.; GERARD, E. Eglise et politique – Les relations difficiles entre les organisations catholiques et leur parti politique avant 1940. *La Belgique et ses dieux – Eglises, mouvinents religieux et laïques*. Louvain-la-Neuve, 1985, p. 81-110.

BONHOTAL, J.P. Groupes et réseaux dans le catholicisme continporain – Le cas de l'Action Catholique à l'aube du XXe. siècle. In: Dujardin, P. (ed.). *Du groupe au réseau: Réseaux religieux, politiques, professionnels – Table ronde "Goupes et réseaux": Approches socio-historiques*. Paris: CNRS, 1988, p. 59-86.

BORAN, J. *Senso crítico e método Ver, Julgar e Agir*. 7. ed. São Paulo: Loyola, 1979.

BORGES, P. *Métodos misionales en la cristianización de América*. Madri, 1960.

BORLEE, P. En marge d'un anniversaire – Les 25 ans de la JOC. *La Revue Nouvelle*, XII, p. 145-150, 1950.

BÖSS, M. *Notes documentaires au sujet de l'historique de l'Action Catholique de la jeunesse belge féminine (ACJBF), de 1921 à 1951*. Gand, 1963 [À l'aide des archives personnels de C. de Hinptine, 1963].

BRIGHENTI, A. L' Azione católica e il nuevo posto della Chiesa nella societá. *Concilium*, v. 4, 2007, p. 53-66.

BRIGHENTI, A. Método Ver-Julgar-Agir. *Dicionário do Concílio Vaticano II*. São Paulo: Paulinas/Paulus, 2015, p. 608-615.

BULOT, R. Théologie des réalités terrestres et spiritualite du laïcat. *Concilium*, n. 19, p. 37-48.

CALVEZ, J.Y. et al. *Formation et défense des "ortodoxies" dans les églises et les groupinents d'inspiration politique – Colloque Facultés Notre Dame e la Paix*. Namur, 1987.

CAMBIER, L. *Relations internationales au sein de la Jeunesse Ouvrière Chrétienne, 1927-1939 (Mémoire de Licence en Histoire)*. Louvain-la-Neuve: UCL, 1974.

CAPART, P. *JEC. Manuel des carrières – Aux éducateurs et aux jeunes gens/JEC*. Bruxelas: Rex, 1930.

CAPPELLINI, E. *Azione catolica e movimenti politici di inspirazione cristiana nell'insegnamento di Pio XII*. Roma: Pont. Athenaeun Lateranense/Facultas Utriusque Juris, 1960.

CARPAY, H. *L'Action Catholique – Essai de justification historique et de précision doctrinale*. Tournai: Casterman, 1948.

CARYL, J.; PORTIER, V. La mission des laïcs dans l'Eglise. *Chronique Social*. Lion, 1949.

CASTANOLA, A. *La Jeunesse Ouvrière Chrétienne Féminine en tant que mouvinent social – Contribution à l'histoire de la JOCF belge, 1925-1940 (Mémoire de licence en Histoire)*. Louvain-la-Neuve: UCL, 1978.

CHASTEL, A.; Klein, K. *L'Âge de l'humanisme*. Paris: Deux-Mondes, 1963.

CHAUNU, P. *Le temps des Réformes*. Paris: Fayard, 1975.

CHENU, M. D. *La doctrine sociale de l'Eglise comme ideologie*. Paris: Cerf, 1979.

CIVARDI, L. *Manuel d'Action Catholique – Essai théorique* Trad. de l'italien par le C. Claes. Bruxelas: Cité Chrétienne, 1934.

CLEMENT, G. *Histoire de l'Action Catholique au Canada français*. Montréal: Fides, 1972.

COMBLIN, J. *Échec de l'action catholique?* Paris: Universitaires, 1961.

COMBLIN, J. *A Ideologia de Segurança Nacional – O poder militar na América Latina*. 2. ed. Rio de Janeiro: Civilização Brasileira, 1978.

COMBLIN, J. Le débat actuel sur l'universalité chrétienne. *Concilium*, 155, p. 87-96, 1980.

CONGAR, Y. *Jalons pour une théologie du laïcat*. Paris: Cerf, 1953.

CONGAR, Y. *Civilisation chrétienne – Approche d'une idéologie: XVIII-XX siècles*. Paris: Cerf, 1975.

COSTE, R. L'Église et l'avèninent de la société nouvelle. *Nouvelle Revue Théologique*, n. 8, p. 849-874, out./1970.

DABIN, P. *L'Action Catholique – Essai de synthèse*. Paris: Bloud et Gay, 1929.

DABIN, P. *La direction laïque dans l'Action Catholique*. Liège: La Pensée Catholique, 1931 [Coll. Études Religieuses].

DABIN, P. *L'Apostolat laïque*. Paris: Librerie Bloud et Gay, 1931.

DABIN, P. *L'idée de l'Action catholique*. Tournai/Paris: Casterman, 1937.

DANSETTE, A. *Destin du catholicisme français 1926-1956*. Paris: Flamarion, 1957.

DE VAUCELLES, L. Essai sur l'histoire et les difficultés présentes de l'Action Catholique. *Études*, p. 421-436, mar./1974.

DE VAUCELLES, L. Foi et Politique – L'évolution de leurs rapports au sein des mouvinents d'Action Catholique spécialisée. *Communio*, 4, n. 2, p. 45-52, 1979.

DE VAUCELLES, L. L'évolution du catholicisme français de la Restauration à nos jours. *Culture et Foi*, n. 86, p. 17-27, 1982.

DE VAUCELLES, L. Le problème de la pertinence sociale du christianisme – L'Action Catholique et la doctrine sociale en France entre 1960 et 1972. *Revue de l'Institut Catholique de Paris*, 12, p. 57-73, 1984.

DELCUVE, G. Les mouvements catholiques de jeunesse en Belgique et en France – Regard sur leur évolution depuis 1940. *Nouvelle Revue Théologique*, 67, p. 541-560, nov.-dez./1945.

DENIS, P. Les catholiques belges dans sa cise des années trente. *La foi et le temps*, XIII, p. 235-246, 1983.

DENIS, P. La JOC depuis 1970 – Histoire d'une mutation. *La Revue Nouvelle*, LXXXIV, p. 507-517, 1986; LXXXV, p. 79-91, 1987.

DHANIS, T. Sociologie et Théologie. *Au service du Clergé Rural*, 20, p. 10-13, 1960.

DIRKS, W. Démocratie Chrétienne – *Réflexions d'*Allemagne. *Concilium*, 213, 69-76, 1987.

DOM HELDER CAMARA. *Les conversions d'un Évêque – Entretien avec Joseph de Broucker*. Paris: Seuil, 1977.

DONGHI, T.H. *História continporánea de América Latina*. Madri: Alianza, 1970.

DORAN, M. *L'Action Catholique, nature et structures*. Ottawa/Montréal: Du Lévrier, 1945.

DORÉ, J. *L'*Action Catholique aujourd'hui et demain. *Documentation Catholique*, n. 1974, p. 1.181-1.191, 18/12/1988.

DRESDEN, S. *L'humanisme et la Renaissance*. Paris: Hachette, 1967.

DRESSE, R. *Le Statut de la Jesunesse travailleuse et le congrès de la JOC d'août 1945* (Mémoire de Licence). Louvain-la-Neuve: UCL, 1984.

DULONG, R. L'Église et le débat politique. *Lumière Vie*, 28, n. 142, p. 35-49, 1979.

DUPRIEZ, N. *La vision du monde proposée aux jeunes ouvrières chrétiennes par les publications de la JOC entre les deux guerres* (Mémoire de Licence). Louvain--la-Neuve: UCL, 1989.

DUQUESNE, J. Colloque sur l'Action catholique. *Parole et Mission*, n. 52, p. 389-430, set./1970.

DUROSELLE, J.B. *Les débuts du catholicisme social en France (1822-1870)*. Paris: Cerf, 1951.

DUSSEL, E. Introducción general de la história de la Iglesia en América Latina. *História general de la Iglesia en América Latina*. Tomo I/1. Salamanca: Sígueme/Cehila, 1983, p. 205-268.

DUSSEL, E. Expansion de la Chrétienté – Sa crise et l'époque actuelle. *Concilium*, 213, p. 77-87, 1987.

ENGLER, J. O elemento formalmente constitutivo da Ação Católica. *REB*, vol. 13, fasc. 2, p. 323-350, jun./1953.

FERNÁNDEZ, M.G. *Bartolomé de las Casas – Delegado de Cisneros (1516-1517)*. Sevilha, 1953.

FIÉVEZ, M. *La vie de Fernand Tonnet, premier jociste*. Bruxelas/Paris, 1947.

FIÉVEZ, M. Naissance et premiers développinents de la JOC féminine en Brabant wallon. *Cahiers du Comité d'Histoire Religieuse du Brabant Wallon*, I, p. 15-31, 1985.

FIÉVEZ, M.; Meert, J. *Cardijn*. Bruxelas: Ouvrières, 1969.

FLEET, M. Démocratie Chrétienne – Le cas du Chili. *Concilium,* 213, p. 99-110, 1987.

FOLLIET, J. Catholicisme Social. *Catholicisme*, tomo III, col. 703-722, 1949.

GABRIEL, M. Jeunesse ou consomption de l'Action Catholique en l'an 2000? *Suplément*, 124, p. 81-92, 1978.

GARRONE, G.M. *L'Action Catholique – Son histoire, sa doctrine, son panorama, son destin*. Paris: Fayard, 1958.

GAUDEMET, J. *Les origines de la démocracie chrétienne à Liège*. 2 vol. Bruxelas: Sirey, 1958-1959.

GERARD, E. La responsabilité du monde catholique dans la naissance et l'essor du rexisme. *La Revue Nouvelle*, 84, p. 66-77, 1986.

GERARD, E. *Eglise et mouvinent ouvrier en Belgique – Sources inédites relatives à la direction des oeuvres sociales, 1916-1940*. Lovaina/Paris, 1988 [Cahiers du Centre Interuniversitaire d'Histoire Contemporaine, 104].

GERIN, P. Catholiques Liégeois et question sociale (1833-1914). *Cahiers des Études Sociales*. Bruxelas, 1959.

GIMÉNEZ, G. Intoducción a una pedagogia de la pastoral universitária. *Servicio de Documentación Miec-JEC*, Montevidéu, serie 1, doc. 14, 1968.

GODEFROID, F. *Le jocisme*. Bruxelas: L'Englantine, 1930.

GODIN, H. *Le Christ dans la construction du foyer*. Paris: Beauchesne, 1943.

GOMEZ DE SOUZA, L.A. *Cristianismo hoje*. Rio de Janeiro: Universitária, 1962.

GOMEZ DE SOUZA, L.A. *A JUC – Os estudantes e a política*. Petrópolis: Vozes, 1984.

GOULARD, A. *Pour l'action catholique*. Paris: Beauchesne, 1913.

GROLLA, V. *L'Azione Cattolica dopo il Concilio Vat. II* (Tese doct.). Roma: Théol. Université Lateranensis, 1969.

GUERRA, A. Situación espiritual contemporánea. *Rev. Espirit. Esp.*, 39, n. 156-157, 415-416, 1980.

GUERRY, E.; COURBE, S. *L'Action Catholique – Textes pontificaux*. 3. ed. Paris: Desclée de Brouwer, 1936.

GUTIERREZ, G. *Líneas pastorales de la Iglesia en América Latina*. 5. ed. Lima: CEP, 1979.

HEMPTINNE, C. *L'A.C.J.B.F – Histoire, but, rôle, réalisations, méthode, organisation*. Bruxelas: Ouvrières, 1929.

HENSMANS, M. *Les origines de la démocratie chrétienne en Belgique*. Bruxelas: Mouvement Ouvier Chrétien, 1953.

HERVIEU, B., *Itinéraire d'une crise – Les mouvements d'Action Catholique de la jeunesse rurale en Europe et en Amérique latine*. Paris-X, s.d [Étude publié dans le cadre de l'université].

HERVIEU-LÉGER, D. *De la mission à la protestation – L'*évolution des étudiants chrétiens. Paris: Cerf, 1973.

HEYLEN, T. L. *L'Action Catholique de la jeunesse d'après les enseigninents de l'Eglise*. Bruxelas: Ouvrières, 1932.

HOORNAERT, E. *Formação do catolicismo brasileiro*. Petrópolis: Vozes, 1978.

HORNER, F. *L'Église et la démocratie chrétienne*. *Concilium*, 213, p. 41-52, 1987.

HOUTART, F.; Pin, E. *L'Église à l'heure de l'Amérique Latine*. Tournai/Paris: Casterman, 1965.

HOYOIS, G. *L'Association Catholica de la Jeunesse Belge – Aperçu sommaire*. Bruxelas/Paris: Religieuses, 1925.

HOYOIS, G. *Gestes de jeunes – L'Association Catholique de la Jeunesse Belge, 1912-1937*. Lovaina: Ouvrières, 1937.

HOYOIS, G. *Mgr Picard – Aux origines de l'Action Catholique*. Bruxelas: Action Catholique des Hommes, 1959.

JADOULLE, J.L. De Pottier à Cardijn – Un siècle de démocratie chrétienne. *La Revue Nouvelle*, 45ème année, n. 1, p. 106-111, 1989.

JARLOT, G. *Doctrine pontificale et histoire – L'enseigninent de Léon XIII, Pie X et Benoit XV vu dans son ambiance historique*. Roma: Universitá Gregoriana, 1964.

JONES, R.R. L'ideologie de l'Action catholique (1939-1971). *Rev. Hist. Amér.*, 27, n. 1, p. 63-76, 1973.

JONES, R. *L'ideologie de l'Action Catholique (1917-1939)*. Laval: Presses de l'Université Laval, 1974.

JORET, B. *Les origines de la J.O.C.F. 1912-1925* (Mémoire de licenceen Histoire). Lovaina: UCL, 1970.

JOSET, C. (dir.). *Un siècle de l'Eglise catholique en Belgique (1830-1930)*. Tomo II. Bruxelas, 1933.

KOTHEN, R. *La pensée et l'action sociale des catholiques (1789-1944)*. Lovaina: UCL, 1945.

LABBÉ, Y. Catégorie de la Modernité. *Nouvelle Revue Théologique*, n. 6, p. 358-380, 1982.

LADRIÈRE, P.; LUNEAU, R. (eds.). *Le rêve de Compostelle: Faut-il reconstruire une Europe chrétienne? – Enjeux et dissonances*. Paris: Centurion, 1989.

LALANDE, G. M. *Conversion au réel – Un essai sur l'Action catholique: Expériences étudiantes*. Montreal: Fides, 1948.

LANGLET, C. *La presse belge devant le mouvement jociste (1926-1932)* (Mémoire de Licence). Lovaina: UCL, 1971.

LE BRAS, L. Pentecôte pour ce temps – *Réfléxions sur l'enjeu de l'Action Catholique*. Nouv. Rev. Théol., n. 9, p. 854-866, 1975.

LECLERCQ, J. *Essai sur l'Action Catholique (Avec une lettre préface de Mgr Picard)*. Bruxelas: Cité Chrétienne, 1928.

LELOTTE, F. *Pour* réaliser l'*Action Catholique – Principes et méthodes*. 3. ed. Paris: Casterman, 1945.

LEPRIEUR, F. Un cas de dépérissinent de la doctrine sociale de l'Eglise – L'évolution du mouvement JAC-MRJC. *Lumière Vie*, v. 33, n. 170, p. 13-24, 1984.

LEPRIEUR, F. *Quand Rome condamne – Dominicains et prêtres-ouvriers.* Paris: Plon/Cerf, 1989 [Coll. Terre Humaine].

LEPRIEUR, F.; HERVIEU, B. Les 50 ans d'histoire de la J.A.C et du M.R.J.C. Études, p. 521-539, nov./1979.

LIMA VAZ, H.C. *Cristianismo e consciência histórica*. São Paulo: Loyola, 1963.

LONNE, K.E. Les débuts des partis démocrates-chrétiens en Allemagne, en Italie et en France après 1943-1945. *Concilium*, 213, p. 19-29, 1987.

MADURO, O. *Religión y conflictos sociales*. México: Centro de Estudios ecuménicos, 1980.

MADURO, O. La démocratie chrétienne et l'option de libération des opprimés dans le catholicisme latino-américain. *Concilium*, 213, p. 111-125, 1987.

MAINWARING, S. A JOC e o surgimento da Igreja na base (1958-1970). REB, v. 43, p. 29-92, mar./1983.

MAINWARING, S. *Igreja Católica e política no Brasil, 1916-1985*. São Paulo: Brasiliense, 1989.

MAMPAEY, A. *L'Action Catholique d'après les décrets du V° Concile Provincial de Malines*. Bruxelas: Novissima, 1939.

MARC, G. Jeunesse ou consomption de l'Action catholique en l'an 2000? *Supplément,* Paris, n. 124, p. 81-92, 1978.

MARGOLIN, J.C. *L'humanisme européen à l'époque de la Renaissance*. Paris: PUF, 1981.

MARITAIN, J. *L'antimoderne*. Paris: Aubier, 1922.

MARITAIN, J. *Humanisme intégral – Problèmes temporels et spirituels d'une nouvelle chrétienté*. Paris: Aubier, 1936.

MAYENCE, A. *La qualification juridique de l'Action Catholique*. Lovaina: Publications Universitaires de Louvain, 1963.

MAYER, J.M. Catholicisme intransigeant – Catholicisme social, democratie chretienne. *Annales*, p. 483-499, mar.-abr./1972.

MAYER, J.M. Aux origines de l'enseigninent social de l'*Église sous Léon XIII*. *Revue de l'Institut Catholique de Paris*, n. 12, p. 11-33, 1984.

MENOZZI, D. Démocratie Chrétienne – Le cas de l'Italie. *Concilium*, 213, p. 77-87, 1987.

MOLETTE, C. *L'association catholique de la jeunesse française (1886-1907)*. Paris: Aubier, 1968.

MOREIRA ALVES, M. *L'Église et la politique au Brésil*. Paris: Cerf, 1974.

MORLION, F. Metodologia da Ação Católica. *REB*, I, p. 631-655, 1941.

MOUGENOT, C.; MORMONT, M. *L'invention du rural*. Bruxelas: Vie Ouvrières, 1988.

MOUSSÉ, J. Avenir de l'Action Catholique. *Études*, p. 925-942, jun./1971.

NDONGMO, A. *Action Catholique – Dimension normative de la pastorale*. Paris: Ouvrières, 1968.

NOKERMAN, D. *La Jeunesse Ouvrière Chrétienne pendant la guerre, 1940-1945* (Mémoire de Licence en Histoire). Lovaina: UCL, 1975.

PAGÉ, J.C. La théologie du laïcat de 1945 à 1962. *Communio*, v. 4, n. 2, p. 17-26, 1979.

PALARD, J. D'un christianisme de position à un christianisme de mouvinent(s) – La notion de milieu social: Ortodoxie et ortopraxie. *Nouv. Rev. Théol.* 80, p. 853-878.

PARMIL, F. *Action Catholique et politique*. Liège/Paris: Pensée Catholique, 1932.

PASSICOS, J. Du mandat à la mission exercée "au nom de l'Eglise" – Les laïcs dans l'Eglise. *L'Année Canonique*, 29, p. 105-113, 1985-1986.

PHIEGER, A. *Le vrai chrétien en face du monde réel – Un appel aux militants de l'Action Catholique*. Paris: Salvator Mulhouse, 1938.

PHILIPS, G. *Le rôle du laïcat dans l'Eglise*. Tournai/Paris: Casterman, 1954.

PICARD, M. *Pie XI – Pape de l'Action Catholique*. Bruxelas: Action Catholique des Hommes, 1939.

PICARD, M.; HOYOIS, G. *L'Association catholique de la jeunesse belge – Ses peincipes, son histoire*. Lovaina: Ouvrières, 1924.

PIKE, F.B. Le catholicisme en Amérique Latine aprés la Seconde Guerre mondial (cap. 4). *Nouvelle Histoire de l'Église – Tome 5: L'Église dans la société libérale et dans le monde moderne*. Paris: Du Seuil, 1975, p. 400-420.

PINTO CARVALHEIRA, M. Movimentos históricos e desdobramentos da ACB. *REB*, 43, p. 10-28, 1983.

POLLET, V.M. *L'Action Catholique* à la lumière de la théologie thomiste. Paris: Desclée de Brouwer, 1937.

PONTAL, O. *Histoire des Conciles Mérovingiens*. Paris: Cerf/IRHT, 1989.

PORTO, C.J.B. *Ação Católica*. Rio de Janeiro: ABC, 1937.

POULAT, E. *Eglise contre bourgeoisie*. Paris: Casterman, 1977.

RAMA, C. M. *História del movimiento obrero y social latinoamericano contemporáneo*. Montevidéu: Palestra, 1967.

RÉMOND, R. Démocratie chretienne – Le cas de la France. *Concilium*, 213, p. 89-98, 1987.

REMY, J. Le défi de la modernité – La stratégie de la hiérarchie catholique au XIX siècle et l'idée de chrétienté. *Social Compas*, XXXIV (2-3), p. 151-173, 1987.

REZSOHAZY, R. *Origines et formation du catholicisme social en Belgique*, 1842-1909. Lovaina: Universitaires, 1958.

RICCARDI, A. Le Vatican de Pie XII et le parti catholique. *Concilium*, 213, p. 53-68, 1987.

RICHARD, P. *Morte das cristandades e nascimento da Igreja*. São Paulo: Paulinas, 1984.

RICHARD, P. L'organisation politique des chrétiens en Amérique Latine – Nouveau modèle de démocratie chrétienne. *Concilium*, 213, p. 31-40, 1987.

RIOUX, F. *A técnica jocista e o assistente – Primeira Semana Nacional de Assistentes, 19-24 de janeiro*. Rio de Janeiro: Jocista, 1948.

ROCHA, M. A Ação Católica nos documentos de Pio XII. *REB*, VII, p. 200-211, 1947.

RODIANO, R. La formation religieuse par les mouvements et les oeuvres de jeunesse. *Nouvelle Revue Théologique*, 68, p. 563-594, 600-603, 1946.

ROGIER, J. *La religion et les lumières (cap. 1). Nouvelle Histoire de l'Église – Tome 4: Siècles des Lumières, Révolutions, Restaurations (1715-1848)*. Paris: Du Seuil, 1966.

ROLLET, H. *L'action sociale des catholiques en France*. 2 vol. Paris: Cerf, 1951-1958.

ROLLET, J. *Libération sociale et salut chrétien*. Paris: Cerf, 1974.

SABATER MARCH, J. *Derecho constitucional de l'Acción Católica*. Barcelona: Herder, 1950.

SACCHI, H.M. *El movimiento obrero en América Latina*. Buenos Aires: Ceal/Biblioteca Fundamental del Hombre Moderno, 1972.

SARTORI, L.M.A. Sugestão de bases para uma estrutura geral da ação Católica Brasileira. *REB*, vol. 12, fasc. 1, p. 9-65, mar./1952.

SAUVIGNY, B. La pensée catholique de 1800 à 1846 (cap. 7). *Nouvelle Histoire de l'Église – Tome 4: Siècle des Lumières, Révolutions, Restaurations (1715-1848)*. Paris: Seuil, 1966, p. 409-433.

SAUVIGNY, B. L'Amérique Latine (cap. 6). *Nouvelle Histoire de l'Église* – Tome 4: *Siècles des Lumières, Révolutions, Restaurations (1715-1848)*. Paris: Seuil, 1966, p. 383-408.

SCHMIT, J. *Les semaines d'études nationales pour dirigeants fédéraux jocistes (1931-1951)* (Mémoire de Licence). Lovaina: UCL, 1971.

SECRETARIADO NACIONAL DA A.C.B. *Movimentos especializados da A.C.B. – Sentido, linhas de ação e método*. Rio de Janeiro, abr./1964 [mimeo.].

SIGRIST, J.L. *A JUC no Brasil – Evolução e impasse de uma ideologia*. São Paulo: Cortez/Unimed, 1982.

SIMON, M. *Les Premiers Chrétiens*. Paris: PUF, 1960.

SORAS, A. *Action Catholique et action temporelle – Simples réflexions sur des expériences*. Paris: Spes, 1938.

SUENENS, Card. Multiforme unidade da Ação Católica. *REB*, v. 24, fasc. 2, jun./1964 [Trad. do original *La Nouvelle Rev. Théologique*, t. 80, p. 2-21, 1958].

TALMY, R. *L'Association catholique des patrons du Nord,* 1884-1895. Lille: Thèse complémentaire la Faculté des Lettres de Lille, 1962.

TALMY, R. *Aux sources du catholicisme social – L'*École de la Tour de *Pin*. Paris: Seuil, 1963.

THIBERGHIEN, P. *L'Action Catholique – Expériences passées, vues d'avenir*. Lille: Comprendre, 1945.

THILS, G. *Christianismes et Christianisme*. Tournai/Paris: Casterman, 1951.

THILS, G. *La chrétienté en débat*. Paris: Cerf, 1984.

TONNET, H. *Fernand Tonnet – Président fondateur de la JOC*. Bruxelas: Ouvirères, 1957.

TRANIELLO, F.; CAMPANINI, G. *Dizionario Storico del Movimento Cattolico in Italia*, 1860-1980. Sob a direção de F. Traniello e G. Campanini. 5 vol. Turim: 1981-1984.

TÜCHLE, H. Les germes de la sécularisation, la royauté absolue et la pensée nouvelle – Nouvelle Histoire de l'Église (cap. 9). *Réforme et Contre-réforme* (1500-1715). Tome 3. Paris: Seuil, 1968.

TÜCHLE, H. L'humanisme – Nouvelle Histoire de l'*Église* (cap. 2). *Réforme et Contre-réforme (1500-1715)*. Tome 3. Paris: Seuil, 1968, p. 43-53,

VAN ASSCHE, E. *La JOC face à la montée des fascismes: Espagne, Italie, Allinagne 1933-1940* (Mémoire de Licence en Histoire). Louvain-la-Neuve: UCL, 1988.

VAN DER BRUGGEN, C. Le rôle social et éducatif du mouvinent de jeunesse. *La Revue Nouvelle,* I, p. 288-298, 1945.

VARRO, R. Analphabètes de Dieu? *Christus*, v. 21, n. 83, p. 315-322, 1974.

VAUSSARD, M. *Histoire de la démocratie chrétienne: France, Belgique, Italie*. Tounai/Paris: Casterman, 1956.

VAUTHIER, E. *Initiation à l'Action Catholique*. Lyon: Chronique Sociale de France, 1962 [Coll. Savoir pour Agir, 9].

VERMEERSCH, A.; MÜLLER, A. *Manuel social – La législation et les oeuvres en Belgique*. 2. vol. 3. ed. Lovaina/Paris, 1909.

VILLERMÉ, M. *Tableau de l'état physique et moral des ouvriers*. 2 vol. Paris: Jules Renouard, 1840.

VIZCARRA, Z. *Curso de Acción Católica*. Madri: Acción Católica Espagnola, 1953.

VV.AA. *Relações Igreja/Estado no Brasil*. Rio de Janeiro: Centro Pastoral Vergueiro, 1981.

VV.AA. *La JOC – Regards d'historiens*. Paris: Ouvières, 1984.

WALCKIERS, M. *Sources inédites relatives aux débuts de la JOC, 1919-1925*. Lovaina/Paris, 1970 [Cahiers du Centre Interuniversitaire d'Histoire Contemporaine, 61].

ZIMMERMANN, M. *Structure sociale et* Églises *– Doctrine et praxis des rapports Église-État du XIIIème siècle à Jean Paul II*. Estrasburgo: Cerdic, 1981.

2 Referências sobre a Ação Católica, ação pastoral e reflexão teológica

ALFARO, J. Problemática actual del método teológico en Europa. *Encuentro Latinoamericano de teología, Liberación y Cautiverio*. México, 1976, p. 409-430.

ALMEIDA CUNHA, R. *A opção pelos pobres*. Rio de Janeiro, 1980.

ALONSO, A. Una nueva forma de hacer teología. *Iglesia y praxis de liberación*. Salamanca: Sígueme, 1974, p. 50-87.

ANTOINE, C. *L'Église et le pouvoir au Brésil*. Paris: Desclée, 1971.

ANTONCICH, R. Teología de la liberación y doctrina social de la Iglesia. *Mysterium Liberationis – Conceptos fundamentales de la Teología de la Liberación*. Tomo I. Madri: Trotta, 1990, p. 145-168.

AQUINO JUNIOR, F. *O caráter práxico-social da Teologia – Tópicos fundamentais de epistemologia teológica*. São Paulo: Loyola, 2017.

ASSMANN, H. *Teología de la praxis de la liberación*. Salamanca: Sígueme, 1973.

ASSMANN, H. *Teología desde la praxis de la liberación – Ensayo teológico desde la América dependiente*. Salamanca: Sígueme, 1973 [Col. Agora].

AUBERT, R. Organisation et caractère des mouvements de jeunesse catholiques en Belgique. In: DE ROSA, G. (org.). *Gioventù Cattólica dopo l'Unità 1868-1968*. Roma, 1972, p. 271-317 [Política e Storia 28].

AUBERT, R. *Les débuts du Catholicisme Social. Nouvelle Histoire de l'Église – Tome 5: L'Église dans la société libérale et dans le monde moderne (1848 à nos jours)*. Paris: Seuil, 1975, p. 156-177.

BACHER MARTÍNEZ, C. El discernimiento de los signos de los tiempos en el Pueblo de Dios – Una lectura desde la teología pastoral fundamental. In: ASCUY, V.R.; GARCIA, D.; SCHICKENDANTZ, C. (orgs.). *Lugares e interpelaciones de Dios – Discernir los signoso de los tiempos*. Santiago de Chile: Universidad Alberto Hurtado/Centro Teológico Manuel Larraín, 2005, p. 133-162.

BAGÚ, S. El universo del conocimiento de la realidad social. *Revista Mexicana de Sociología*, México, ano XXXIII, 1972, p. 375-393, abr.-jun./1972.

BAUM, G. Sociología y Teología. *Concilium*, n. 91, p. 691-820, 1974.

BOFF, C. *Sinais dos tempos*. São Paulo: Loyola, 1979.

BERRYMAN, P.E. La teología latinoamericana de la liberación. In: TORRES, S.; EAGLESON, J. (orgs.). *Teología en las Américas*. Salamanca: Sígueme, 1980, p. 97-104.

BIGO, P. Per una vera Teologia della Liberazione. In: AGNES, M. (org.). *Libertà Cristiana e Liberazione*. Roma, 1986, p. 260-266.

BOFF, C. *Teologia e prática – A Teologia do Político e suas mediações*. Petrópolis: Vozes, 1978.

BOFF, C. Doctrina Social de la Iglesia y teología de la liberación: prácticas sociales opuestas? *Concilium*, 170, p. 468-477, 1981.

BOFF, C. *Como trabalhar com o povo*. 8. ed. Petrópolis: Vozes/Ibase, 1988 [Coleção Fazer].

BOFF, C. Préface. *Theorie et Pratique – La méthodes des théologies de la liberation*. Paris: Du Cerf, 1990 [Cogitatio Fidei, 157].

BOFF, C. Epistemología y método de la teologia de la liberación. In: ELLACURÍA, I.; SOBRINO, J. (orgs.). *Mysterium Liberationis – Conceptos fundamentales de la Teología de la Liberación*. 2 tomos. Madri: Trotta, 1990, p. 91-98.

BOFF, C.; BOFF, L. *Da libertação – O teológico das libertações sócio-históricas*. Petrópolis: Vozes, 1979.

BOFF, C.; BOFF, L. *Como fazer Teologia da Libertação*. Petrópolis: Vozes/Ibase, 1986.

BOFF, C.; PIXLEY, J. *Opção pelos pobres*. Petrópolis: Vozes, 1986.

BOFF, L. Qué es hacer teología desde América latina? In: MALDONADO, E. (org.). *Liberacion y cautiverio: Debates en torno al método de la teologia en América Latina – Encuentro latinoamericano de Teología*. México, ago./1975, p. 129-154.

BOFF, L. *Teología del cautiverio y de la liberación*. 3. ed. Madri: Paulinas, 1978.

BOFF, L. *Jesucristo y la liberación del hombre*. Madri: Cristiandad, 1981.

BOFF, L. Liberación como teoría o como acción práctica? In: VV.AA. *Teología de la liberación – Documentos sobre una polémica*. Costa Rica: DEI, 1984, p. 51-54.

BOFF, L. *...Y la Iglesia se hizo pueblo – Eclesiogénesis: La Iglesia que nace de la fé del pueblo*. Santander: Sal Terrae, 1986 [orig. bras. BOFF, L. *E a Igreja se fez povo*. Petrópolis: Vozes, 1986].

BOFF, L. La teología de la liberación: recepción creativa del Vaticano II desde la óptica de los pobres. *Teología desde el lugar del pobre*. Santander: Sal Terrae, 1986, p. 13-41.

BOFF, L.; BOFF, C. *Libertad y liberación*. 2. ed. Salamanca: Sígueme, 1985.

BONHOEFFER, D. *Resistencia y sumisión*. Barcelona: Ariel, 1969.

BRANDÃO, C.R. *O que é Método Paulo Freire*. São Paulo: Brasiliense, 1989 [Coleção Primeiros Passos 38].

BRIGHENTI, A. *Metodologia para um processo de planejamento participativo*. São Paulo: Paulinas, 1988.

BRIGHENTI, A. "Igreja Povo a caminho da libertação". – O Sínodo Diocesano de Planejamento Participativo. *Arquivos do Secretariado Diocesano de Pastoral*, dez./1990.

BRIGHENTI, A. Raíces de la epistemología y del método de la teología latinoamericana. *Medellín*, Santafé de Bogotá, v. 78, p. 207-254, 1994.

BRIGHENTI, A. *Reconstruindo a esperança – Como planejar a ação da Igreja em tempos de mudança*. São Paulo: Paulus, 2000.

BRIGHENTI, A. Méthode Théologique de la Théologie de la Libération. *Dictionaire Historique de la Théologie de la Libération – Les thèmes, les lieux, les acteurs*. Namur/Paris: Lessius/Éd. Jésuits, 2017, p. 320-324.

CABELLO, M. et al. *Manual de planificación pastoral*. Santiago: Paulinas, 1985

CARNEIRO DE ANDRADE, P.F. *Fé e eficácia – O uso da sociologia na Teologia da Libertação*. São Paulo: Loyola, 1991 [Coleção Fé e Realidade 29].

CASALIS, G. *Las buenas ideas no caen del cielo – Elementos de teología inductiva*. Salamanca: Sígueme, 1983

COMBLIN, J. *Échec de l'action catholique?* Paris: Universitaires, 1961.

COMBLIN, J. *Teologia da Libertação, teologia neoconservadora e teologia liberal*. Petrópolis: Vozes, 1985.

CONGAR, Y. *Théologie. Dictionnaire de Théologie Catholique*. Tome 14. Paris: Letouzey et Ané, 1961, col. 1.691-1.727.

CONGAR, Y.M. *Situation et tâches présentes de la théologie*. Paris: Cerf, 1967 [Col. Cogitatio Fidei 27].

CONGREGAÇÃO PARA A DOUTRINA DA FÉ. Instrução Libertatis Nuntius sobre alguns aspectos da Teologia da Libertação. In: CNBB (ed.). *Instrução sobre a Teologia da Libertação*. São Paulo, 1986, p. 7-41 [Documentos e Comentários 3].

CONGREGAÇÃO PARA A EDUCAÇÃO CATOLICA. Orientations pour l'*étude et l*'enseignement de la doctrine sociale de l'*Église da*ns la formation sacerdotale. *Documentation Catholique*, n. 1.990, p. 774-794, 17/09/1989.

COSTADOAT, J. ¿Hacia um nuevo concepto de revelación? – La historia como "lugar teológico" en la Teología de la Liberación. In: ASCUY, V.R.; GARCIA, D.; SCHICKENDANTZ, C. (orgs.). *Lugares e interpelaciones de Dios – Discernir los signos de los tiempos*. Santiago de Chile: Universidad Alberto Hurtado/Centro Teológico Manuel Larraín, 2005, p. 105-132.

CROATTO, S. Historicidad de la Revelación y hermenéutica bíblica en América Latina. *Medellín*, 86, p. 121-137, 1996.

CUSSIÁNOVICH, A. *Desde los pobres de la tierra*. Lima: CEP, 1975.

DE LUBAC, H. *Le drame de l'humanisme athée*. 3. ed. Paris: Spes, 1945.

DE LUBAC, H. *Surnaturel*. Paris: Aubier, 1965.

DEL VALLE, L.G. Teología fundante, acción pensada y reflexión teológica. *Contacto*, México, ano 11, n. 2, p. 42-69, abr./1974.

DE VAUCELLES, L. Essai sur l'histoire et les difficultés présentes de l'Action Catholique. *Études*, p. 421-436, mar./1974.

DORÉ, J. L'action catholique aujourd'hui et demain. *La Documentation Catholique*, n. 1.974, p. 1.181-1.191, 18/12/1988.

DUQUOC, C. Une unique histoire. *Recherches de Science Religieuse*, 74, p. 201-215, 1986.

DUSSEL, E. *Teología de la liberación y ética – Caminos de liberación latinoamericana II*. Buenos Aires: Latinoamérica Libros/SRL, 1974.

ELLACURÍA, I. Tesis sobre posibilidad, necesidad y sentido de una obra teológica latinoamericana. In: VV.AA. *Teología y mundo contemporáneo – Homenaje a K. Rahner*. Madri: Cristiandad, 1975, p. 325-350.

FLORISTÁN, C. Método Teológico de la Teología Pastoral. *Liberación y cautiverio – Debates en torno al método de la teología en América Latina*. México: p. 235-252, ago./1975.

FOLLIET, J. Catholicisme Social. *Catholicisme*. Tomo III. Paris, 1949, col. 703-722.

GALILEA, S. *Teologia da Libertação – Ensaio de síntese*. São Paulo: Paulinas, 1978, p. 13s. [orig.: *Teología de la Liberación – Ensayo de síntesis*, 1977].

GARCÍA RUBIO, A. *A Teologia da Libertação: política ou profetismo?* São Paulo: Loyola, 1977.

GERA, L. Cultura y dependencia a la luz de la reflexión teológica. *Stromata*, tomo 30, n. 1-2, 1974.

GOMEZ DE SOUZA, L.A. *A JUC – Os estudantes e a política*. Petrópolis: Vozes, 1984.

GUTIÉRREZ, G. *Teología de la Liberación – Perspectivas*. Lima: CEP, 1971.

GUTIÉRREZ, G. *Líneas pastorales de la Iglesia en América Latina*. 5. ed. Lima: CEP, 1979.

GUTIÉRREZ, G. *A força histórica dos pobres*. Petrópolis: Vozes, 1981 [orig.: *La fuerza histórica de los pobres*. Lima: CEP, 1979].

GUTIÉRREZ, G. Teología y ciencias sociales. *Páginas*, vol. IX, n. 63-64, p. 13-14, 1984.

GUTIÉRREZ, G. Pobres y opción fundamental. *Mysterium Liberationis – Conceptos fundamentales de la Teología de la Liberación*. Tomo I. Madri: Trotta, 1990, p. 303-322.

HABERMAS, J. *Conocimiento e interés*. Madri: Taurus, 1982.

HERVIEU-LÉGER, D. *De la mission à la protestation – L'évolution des étudiants chrétiens*. Paris: Du Cerf, 1973.

JADOULLE, J.L. De Pottier à Cardijn, un siècle de démocratie chrétienne. *Revue Nouvelle*, 45 (1), p. 106-111, 1989.

JIMÉNEZ, J.; PEÑA, E. *Interpretación de la realidad*. Bogotá: Centro de Publicaciones del Celam, 1993.

JIMÉNEZ, J.; PEÑA, E. *Planeación Pastoral Participativa*. Bogotá: Centro de Publicaciones del Celam, 1993.

JOÃO XXIII. Bula *Humanae Salutis*, 25/12/1961.

KALINOWSKI, G. *La logique des normes*. Paris: PUF, 1972.

KASPER, W. La relación entre evangelio y dogma. In: *Concilium*, 21, p. 144-156, 1967.

KASPER, W. *Dogma y palabra de Dios*. Bilbao: Mensajero, 1968.

KOTHEN, R. *La pensée et l'action sociale des catholiques, 1789-1944*. Lovaina, 1945.

LEPRIEUR, F. *Quand Rome condamne, dominicains et prêtres-ouvriers*. Paris: Plon/Cerf, 1989 [Collection Terre Humaine].

LEPRIEUR, F.; HERVEU, B. Les 50 ans d'histoire de la JAC et du M.R.J.C. Études, p. 521-539, nov./1979.

LIBÂNIO, J.B. *Evangelização e libertação*. Petrópolis: Vozes, 1976.

LIBÂNIO, J. B. Teologia no Brasil – Reflexões crítico-metodológicas. *Perspectiva Teológica*, 9 (17), p. 56-58, 1977.

LIBÂNIO, J.B. Metodologia da Teologia da Libertação. *Teocomunicação*, 48, 1980, p. 118-126.

LIBÂNIO, J.B. *Teología de la liberación – Guía didáctica para su estudio*. Santander: Sal Tarrae, 1989.

LIMA VAZ, H.C. *Cristianismo e consciência histórica*. São Paulo: Loyola, 1963.

LIMA VAZ, H.C. *Escritos de filosofia – Problemas de fronteira*. São Paulo: Loyola, 1986, p. 190-222.

LÓPEZ TRUJILLO, A. La Dottrina Sociale della Chiesa – Prassi concreta per la vera liberazione. In: AGNES, M. (org.). *Libertà cristiana e liberazione*. Vaticano, 1986, p. 312-331.

LORSCHEIDER, A. Observações a respeito da Instrução sobre Alguns Aspectos da Teologia da Libertação. *REB*, 176, p. 700-708, 1984.

MARC, G. Jeunesse ou consomption de l'Action Catholique en l'an 2000? *Suplément*, 124, p. 81-92, 1978.

MENDOZA ÁLVAREZ, C. *Deus Liberans – La Revelación Cristiana en diálogo con la modernidad: los elementos fundacionales de la estética teológica*. Friburgo: Universitaires, 1996.

MESTERS, C. *Flor sem defesa*. Petrópolis: Vozes, 1983.

METZ, J.B. Apologética. *Sacramentum mundi*. Tomo I. Madri: Herder, 1972, col. 361-371

METZ, J.B. *La fe en la historia y la sociedad – Esbozo de una teología política fundamental para nuestro tiempo*. Madri: Cristiandad, 1979.

METZ, J.B. La teología en el ocaso de la modernidad. *Concilium*, 191, p. 31-39, 1984.

METZ, J.B. Teología europea y teología de la liberación, In: COMBLIN, J.; GONZÁLES FAUS, I.; SOBRINO, J. (orgs.). *Cambio social y pensamiento cristiano en América Latina*. Madri: Trotta, 1993, p. 263-269.

MOLTMANN, J. *Teología de la esperanza*. Salamanca: Sígueme, 1969.

MOLTMANN, J. Hacia una hermenéutica política del Evangelio. *Cristianismo y Sociedad*, 24 (25), p. 6-22, 1970.

MONDIN, B. *I Teologi della Liberazione*. Roma, 1977 [Trad. bras.: MONDIN, B. *Os teólogos da libertação*. São Paulo: Paulinas, 1980].

MOREIRA ALVES, M. *L'Église et la politique au Brésil*. Paris: Du Cerf, 1974.

MOUSSÉ, J. Avenir de l'Action Catholique. *Études*, p. 925-942, jun./1971.

OLIVEROS, R. *Liberación y Teología – Génesis y crescimiento de una reflexión 1966-1977*. Lima: CEP, 1977.

PALÁCIO, C. A Igreja da América Latina – A Teologia da Libertação e a Instrução do Vaticano: um discernimento. *Perspectiva Teológica*, 43, p. 293-323, 1985.

PALARD, J. D'un christianisme de position à un christianisme de mouvement(s). *Nouvelle Revue Théologique*, 80, p. 853-878.

PAPA FRANCISCO. Alocução no Encontro com a Comissão de Coordenação do Celam por ocasião de sua visita ao Brasil, no Centro de Estudos do Sumaré,

Rio de Janeiro, dia 28 de julho. *Palavras do Papa Francisco no Brasil*. São Paulo: Paulinas, 2013.

PINTO CARVALHEIRA, M. Movimentos históricos e desdobramentos da ACB. *REB*, 43, p. 10-28, 1983.

RICHARD, P. *Mort des Chrétientés et naissance de l'Église*. Paris: Centre Lebret, 1978.

SCANNONE, J.C. Necesidad y posibilidades de una teología socio-culturalmente latinoamericana. In: Encuentro del Escorial. *Fe cristiana y cambio social en América Latina*. Salamanca, 1973.

SCANNONE, J.C. O desafio atual à linguagem teológica latino-americana sobre a libertação. *Síntese Nova Fase*, 1 (20, p. 3-30, 1974.

SCANONNE, J.C. Teología de la Liberación. In: FLORISTÁN, C.; TAMAYO, J.J. (eds). *Conceptos fundamentales de Pastoral*. Madri: Cristiandad, 1983, p. 562-579.

SCANNONE, J.C. La relación Teoria-Praxis en la teología de la Liberación. *Teología de la Liberación y Doctrina Social de la Iglesia*. Madri/Buenos Aires: Cristiandad/Guadalupe, 1987, p. 104-124.

SCANNONE, J.C. *Teología de la liberación y Doctrina social de la Iglesia*. Madri/Buenos Aires: Cristiandad/Guadalupe, 1987.

SCHICKENDANTZ, C. Signos de los tiempos – Articulación entre principios teológicos y acontecimientos históricos. In: ASCUY, V.R.; GARCIA, D.; SCHICKENDANTZ, C. (orgs.). *Lugares e interpelaciones de Dios – Discernir los signos de los tiempos*. Santiago de Chile: Universidad Alberto Hurtado/Centro Teológico Manuel Larraín, 2005, p. 33-69.

SCHICKENDANTZ, C. Un cambio en la *ratio fidei* – Asociación (aparentemente ilícita) entre principios teológicos y datos empíricos. *Teología y Vida*, 57 (2), p. 157-184, 2016.

SCHICKENDANTZ, C. Una transformación metodológica inadvertida? – La novedad introducida por *Gaudium et Spes* en los escritos de Joseph Ratzinger. *Teología y Vida*, 57 (1), p. 9-37, 2016.

SCHOOYANS, M. Théologie et liberation: quelle libération? *Revue Théologique de Louvain*, t. 6, n. 2, p. 165-193, 1975.

SCHOOYANS, M. La théologie de la libération. *Revue Théologique de Louvain*, t. 6, p. 309-328, 1976.

SCHOOYANS, M. Chemins et impasses de la théologie de la libération. *Esprit et Vie*, 87 (6), p. 81-94, 1977.

SCHOOYANS, M. *Théologie et libération – Questions disputées*. Quebec: Le Préambule, 1987, p. 25-28 [Collection Essais].

SECRETARIADO DIOCESANO DE PASTORAL. *Diocese de Tubarão, quem somos? – Monografia da realidade social e eclesial*. Tubarão: Dehon, 1984.

SECRETARIADO DIOCESANO DE PASTORAL. A Diocese em Sínodo. *Diocese em Foco – Órgão Oficial de divulgação da Diocese de Tubarão* [mais de 20 artigos publicados por A. Brighenti, que fazem um relatório de cada passo do processo durante os anos de 1984, 1985 e 1986].

SECRETARIADO DIOCESANO DE PASTORAL. *Diocese de Tubarão, para onde vamos? – Marco doutrinal para a realidade da região sul do Estado*. Tubarão: 1985.

SECRETARIADO DIOCESANO DE PASTORAL. *Compêndio dos documentos do Sínodo de Planejamento Pastoral Participativo – Plano Diocesano de Pastoral 1986-1990*. Tubarão: Dehon, 1987.

SEGUNDO, J.L. Libertad y liberación. *Mysterium Liberationis*, I. Op. cit., p. 373-391.

SEGUNDO, J.L. *Teología de la liberación – Respuesta al Cardenal Ratzinger*. Madri: Cristiandad, 1985.

SOBRINO, J. *Ressureição da verdadeira Igreja – Os pobres, lugar teológico da eclesiologia*. São Paulo: Loyola, 1982.

SOBRINO, J. El conocimiento teológico en la teología europeia y latinoamericana. *Encuentro Latinoamericano – Liberación y cautiverio*. México, 1976, p. 177-207.

SOBRINO, J. Como fazer teologia – Proposta metodológica a partir da realidade salvadorenha e latino-americana (Material de trabalho). *Perspectiva Teológica*, 21, p. 285-303, 1989.

TAMAYO-ACOSTA, J.J. *Para comprender la Teología de la Liberación*. Navarra: Verbo Divino, 1990.

VALADIER, P. Signes des temps, signes de Dieu? *Études*, p. 261-279, 1971.

VELA, J.A. Racionalidad interna de toda Planificación Pastoral. *Theol. Xav.* 85, p. 433-474, 1987.

VELA, J.A. *El proceso de planificación y planificación participativa*. Bogotá: CIV/Casa de la Juventud, 1988, n. 141-142.

VELA, J.A. *El proceso de la planificación*. Bogotá: CIV/Casa de la Juventud, 1993, n. 170.

VELA, J.A. *El proceso de la planificación y la planificación participativa* (módulo 1). Bogotá: CIV/Casa de la Juventud, 1995, n. 170.

VELA, J.A. *El proceso de la planificación y la planificación participativa* (módulo 2). Bogotá: CIV/Casa de la Juventud, 1995, n. 170.

VELASCO, R. *A Igreja de Jesus*. Petrópolis: Vozes, 1996.

VIDALES, R. *Cuestiones en torno al método en la Teología de la Liberación*. Lima: Centro de Documentación del Miec-Jeci 9, 1972, p. 11-12.

VIDALES, R. Función crítica sobre la praxis. *Cuestiones en torno al método en la Teología de la liberación*. Lima: Centro de Documentación del Miec-Jeci 9, 1972.

VIDALES, R. Confrontación dialética con la palabra. *Cuestiones en torno al método de la Teología de la Liberación*. Lima: Centro de documentación del Miec-Jeci 9, 1972.

VIDALES, R. La praxis como lugar hermenéutico. In: *Cuestiones en torno al método de la Teología de la Liberación*. Lima: Centro de documentación del Miec-Jeci 9, 1972.

VIDALES, R. La praxis de liberación como experiencia espiritual. In: *Cuestiones en torno al método de la Teología de la Liberación*. Lima: Centro de documentación del Miec-Jeci 9, 1972.

VV.AA. *Les deux visages de la théologie de la sécularisation*. Paris: Casterman, 1970.

WITAKER FERREIRA, F. *Planejamento sim e não*. Rio de Janeiro: Paz e Terra, 1981.

Índice de assuntos

Prefácio, 7

Introdução, 15

Unidade I – O método ver-julgar-agir na Ação Católica, 23

1 A personalidade e as grandes etapas do pensamento e da obra de J. Cardijn, 25

  1 Alguns traços da vida e da obra de Cardijn, 26

    1.1 Sua vocação social, 26

    1.2 O contato direto com o Catolicismo Social, 28

    1.3 Do Catolicismo Social à Ação Católica juvenil, 31

    1.4 O apóstolo da Juventude Sindicalista em Laeken: Fase embrionária da JOC, 32

    1.5 A fundação da JOC e o nascimento da AC especializada, 34

    1.6 A evolução do pensamento de Cardijn e da JOC, 37

      A fase embrionária da JOC (1912-1918), 38

      A fase de separação da Ação Católica especializada da Ação Católica geral (1919-1922), 38

      A fase de criação da JOC (1923-1924), 39

      A fase de implantação e estruturação interna da JOC (1925-1926), 40

      A consolidação da independência da JOC em relação à Ação Católica geral (1927-1928), 41

      A conquista e reconquista do mundo operário (1929-1945), 41

      O problema operário num contexto de Terceiro Mundo (1946-1952), 43

A influência do personalismo de Emmanuel Mounier (1953-1960), 44

A substituição do programa de "conquista" pela "transformação" do mundo (após 1960), 46

2 Alguns aspectos gerais do método da JOC, 46

2.1 A Ação Católica, herdeira do Catolicismo Social, 47

2.2 A pedagogia da Associação Católica da Juventude Francesa como base da pedagogia da JOC, 48

2.3 Uma metodologia indutiva e ativa e, por fim, dialética, 49

2.4 Os três momentos do método e sua relação entre si, 50

2 Ver a realidade: condição para a inserção da Igreja nos meios de vida, 54

1 "Por que" ver a realidade? – O imperativo de uma metodologia indutiva e ativa, 57

1.1 Razão de ordem antropoteológica, 57

1.2 Razão de ordem pastoral, 59

1.3 Razão de ordem pedagógica, 61

2 "Para que" ver a realidade? – A finalidade do "ver" e suas consequências na determinação dos aspectos da realidade a ser conhecida, 63

2.1 A apostasia da massa operária e sua necessária reconquista, 63

2.2 O meio operário como lugar da apostasia da massa operária, 65

3 "O que" ver? – A realidade do mundo do trabalho e seus diferentes componentes, 67

3.1 Uma visão global da realidade a partir de um problema central, 67

3.2 A noção cardijniana de "meio de vida" e "mundo do trabalho", 71

4 Ver a realidade "através de quem"? – Os jovens operários, matéria e sujeitos de estudo, 74

4.1 A JOC enquanto sujeito coletivo, 74

4.2 Os jovens, matéria e sujeitos de estudo, 76

5 "Como" ver a realidade? – O levantamento de dados através de enquetes pessoais e coletivas, 78

5.1 As enquetes dentro de um círculo dialético, 79

    5.2 As principais características das enquetes jocistas, 81
    5.3 O modo de aplicação das enquetes e o destino de seus resultados, 86

3 Julgar a realidade: a confrontação do real com o ideal, 91
  1 O exame da realidade à luz da doutrina, 92
    1.1 O que Cardijn entende por julgar, 93
      Uma atitude de avaliação, 93
      Questionar-se a si mesmo, 94
      Formar um juízo pessoal, 95
    1.2 A finalidade do Julgar no pensamento de Cardijn, 95
      Julgar para ultrapassar obstáculos e evitar perigos, 96
      Julgar para dar uma formação doutrinal à juventude operária, 98
      Julgar para salvar a massa trabalhadora, 99
  2 O ideal como luz para o real, 100
    2.1 O ideal como verdade objetiva, 101
      A verdade como una e objetiva, 101
      Adotar, diante da verdade, uma atitude de desinteresse pessoal, 102
      A verdade é o plano de Deus a respeito do homem e do mundo, 102
      A verdade como essência da doutrina, 103

    2.2 A dignidade humana como verdade fundamental, 104
      A dignidade do ser humano enquanto pessoa, 105
      A pessoa humana é uma pessoa divinizada, 106
      O ser humano é uma pessoa social, 107
    2.3 A verdade como doutrina moral e social católica, 107
  3 A teologia subjacente ao momento do julgar, 108
    3.1 A superação da teologia da separação dos dois planos, 109
    3.2 A eclesiologia do Corpo Místico, 110
      Do Cristo "cabeça" ao clero "cabeça" da Igreja, 111
      Porém, a Igreja toda é missionária, 112
    3.3 O eclesiocentrismo aplicado ao movimento, 112
  4 O procedimento do julgar no seio das seções locais, 114

4.1 Os passos da construção da pertinência do método, 114
 Antes de tudo, ver melhor para julgar, 114
 Expor a doutrina sobre o sujeito da enquete, 115
 Tornar a verdade, vida, 116
 Buscar os efeitos, 116
 Encontrar as causas, 117
 Descer aos princípios, 118
 Buscar o sentido, 118
 Ver as consequências de certas teorias, 119
 Preparar a ação, 119
4.2 Forma de discernimento, 119

4 Agir no mundo para humanizar o ambiente do trabalho, 121
 1 O que Cardijn entende por agir, 121
  1.1 Ver e julgar para agir, 122
   Uma ação relacionada, mas independente dos partidos políticos, 123
   Prioridade à ação religiosa, 125
  1.2 Agir a partir de dentro, 126
   Agir para formar, 126
   Ser a revolução interior, 127
   Nada de solução exterior, 128
  1.3 Aprender a agir, agindo, 128
 2 O lugar da ação da JOC, 129
  2.1 A ação "sobre" o mundo da família ou da moradia, 129
   A JOC como organismo de complementação da educação familiar, 130
   Reivindicação de uma habitação humana, 130
   A JOC como sacramento de vida familiar, 132
   A JOC diante da escola e da paróquia, 132
  2.2 A ação "sobre" o mundo do trabalho, 133
   Uma ação educativa, 133
   Humanizar o meio ambiente do trabalho, 134
 3 A finalidade última da ação da JOC, 135
  3.1 Da reconquista à conquista, 135

3.2 Uma emancipação através da educação, 136
　Conquistar a verdade, 137
　Realizar a verdade, 138
3.3 Uma emancipação pela desproletarização, 139
4 O programa de ação da JOC, 140
　4.1 A JOC é, antes de tudo, uma escola, 141
　　Uma escola de conquista, 141
　　Uma escola que forma responsáveis, 142
　　Uma escola prática, 143
　4.2 A JOC é um serviço, 144
　　Um serviço concreto, prático, metódico, 144
　　Um serviço de combate, 144
　4.3 A JOC é um corpo representativo, 145
　　Agir sobre a sociedade, 145
　　Um serviço reivindicativo, 145
　　Um serviço em parceria com outras instituições, 146
　4.4 As realizações concretas da JOC, 147
　　Uma ação indireta, 148
　　O leque da ação, 148
　　Os serviços não propriamente educativos, 150
5 Tipo de ação e a forma de organização da JOC, 151
　5.1 Uma ação de massa, 151
　5.2 Uma ação "entre eles, por eles e para eles", 152
　5.3 Uma ação coordenada por "líderes operários", 153
　　A JOC como sacramento do novo meio de vida, 153
　　A equipe de dirigentes como núcleo atuante, 154
　5.4 Uma ação de conjunto e organizada, 154
　　O núcleo de militantes como "Estado-maior", 155
　　O clero como "comandante" dos dirigentes, 155
　　O plano apostólico como instrumento de ação orgânica, 156
　5.5 Uma ação através de um movimento organizado e estruturado, 156
　　A organização, 156
　　A estruturação, 157

Considerações finais sobre o método ver-julgar-agir no pensamento e na obra de J. Cardijn, 160
    Quanto às bases do pensamento de J. Cardijn e às origens da JOC, 160
    Quanto à evolução do pensamento de J. Cardijn, 162
    Quanto à distinção entre pedagogia e metodologia da JOC, 164
    Quanto aos três momentos do método, 165
    Quanto ao momento do ver, 166
    Quanto ao momento do julgar, 168
    Quanto ao momento do agir, 168
    Quanto à relação dos três momentos do método entre si, 170

Unidade II – O método ver-julgar-agir na ação pastoral e na reflexão teológica, 173

5 O método ver-julgar-agir no magistério da Igreja, 177
  1 O método ver-julgar-agir no magistério social da Igreja, 179
    1.1 O método da Ação Católica nas Encíclicas sociais, 179
    1.2 O método da Ação Católica no estudo e ensino da Doutrina Social, 182
  2 Método ver-julgar-agir e *Gaudium et Spes*, 185
    2.1 Discernir os sinais dos tempos, 185
    2.2 Revelação e história, 186
    2.3 Ler os sinais dos tempos na história, 188
    2.4 Sinais que provêm do tempo, 189
  3 O método ver-julgar-agir no magistério da Igreja na América Latina, 191
    3.1 Medellín, 192
    3.2 Puebla, 193
    3.3 Santo Domingo, 199
  4 Do distanciamento ao resgate do método ver-julgar-agir, 196
    4.1 Limite do método ou mal-entendido?, 196
    4.2 Aparecida e o resgate do método, 198
    4.3 Na *Evangelii Gaudium*, a reafirmação do método, 200
6 O método ver-julgar-agir na pastoral, 203

1 A herança da Ação Católica e seu método na pastoral, 205
   1.1 Fases da Ação Católica e ação pastoral, 205
   1.2 O método da Ação Católica na ação pastoral, 207
2 A radicalização e a crise da Ação Católica, 209
   2.1 A crise da Ação Católica na Itália e na França, 209
   2.2 A crise da Ação Católica no Brasil, 211
3 Método ver-julgar-agir e planejamento pastoral, 212
   3.1 Os três momentos do planejamento participativo, 214
   3.2 A inter-relação dialética dos momentos entre si, 215
4 Método ver-julgar-agir e o Sínodo de planejamento da Diocese de Tubarão, 218
   4.1 A metodologia dialética, ativa e participativa do Sínodo de planejamento, 219
   4.2 O processo do Sínodo em seus três grandes momentos, 222
      A definição do Marco da Realidade, 223
      A definição do Marco Doutrinal, 225
      A definição do Marco Operacional, 226
   4.3 Considerações sobre o processo metodológico percorrido, 229
7 Ver-julgar-agir e epistemologia da Teologia da Libertação, 232
   1 Vínculos, inter-relação e desnível metodológico, 234
      1.1 A relação histórica, 235
      1.2 A relação epistemológica, 237
      1.3 O desnível metodológico, 239
         Um método de reflexão em níveis distintos, 239
         Uma teologia integrada e integradora, 241
   2 A relação entre lugar social e lugar epistêmico, 243
      2.1 Distinção e articulação entre lugar social e lugar epistêmico, 244
         A teoria do conhecimento como teoria crítica da sociedade, 244
         Lugar social e lugar epistêmico: distinguir para estabelecer uma articulação crítica, 246
      2.2 A inter-relação entre lugar social e lugar epistêmico, 249
         A relação com a práxis na Ação Católica e na Teologia da Libertação, 249
         A questão do sujeito, do lugar e do interesse de toda prática, 253

3 A inevitável contextualidade da fé e da teologia, 257
   3.1 Da relação razão-fé à relação teoria-práxis, 257
      Da defesa dos dogmas à fundamentação da fé, 257
      Da fundamentação da fé ao horizonte da razão prática, 258
      Do nível simbólico e conceitual ao nível performativo, 260
   3.2 A contextualidade como especificidade, 261
      A contextualidade da Ação Católica, 261
      A contextualidade da Teologia da Libertação, 262
   3.3 A libertação e a opção pelos pobres como perspectiva particular, 265
      A libertação como perspectiva particular, 265
      Os jovens ou os pobres como perspectiva particular, 266

8 Ver-julgar-agir e método da Teologia da Libertação, 270
   1 A relação teórica com a práxis, 272
      1.1 Uma perspectiva particular como "ponto de partida", 273
         Ponto de partida e lugar da revelação, 273
         Do particular ao geral na Ação Católica, 275
         Do particular ao geral na Teologia da Libertação, 277
      1.2 Do dedutivo ao indutivo e dialético, 279
         O percurso dedutivo da teologia clássica e indutivo da teologia moderna, 279
         O caráter indutivo e dialético na Ação Católica, 280
         O caráter indutivo e dialético na Teologia da Libertação, 281
         A realidade como matéria-prima não bruta, 283
   2 A vinculação do ideal da fé ao real da realidade, 284
      2.1 O ideal da fé na Ação Católica, 285
         O caráter idealista da Ação Católica antes do jocismo internacional, 285
         A Ação Católica e a superação da teologia dos dois planos, 287
      2.2 O ideal da fé na Teologia da Libertação, 288
         O ideal como o natural elevado à sua destinação, 289
         O "não homem" como ponto de encontro entre história humana e divina, 290
      2.3 A dialeticidade da confrontação situação-revelação, 292

Modos distintos de confrontação na Ação Católica e na Teologia da Libertação, 292
  A novidade de sentido da Palavra e da realidade, 293
 3 A relação prática com a práxis, 294
  3.1 A práxis como imperativo da fé, 295
  Três modos possíveis de relação entre fé e compromisso social, 295
  A prática da dimensão social da fé, 296
  3.2 O caminho da volta à ação, 299
  O caminho da volta à ação na Ação Católica, 300
  O caminho da volta à ação na Teologia da Libertação, 301

Conclusão, 303

Referências, 309

Leia também!

Conecte-se conosco:

📘 facebook.com/editoravozes

📷 @editoravozes

🐦 @editora_vozes

▶️ youtube.com/editoravozes

💬 +55 24 2233-9033

www.vozes.com.br

Conheça nossas lojas:
www.livrariavozes.com.br

Belo Horizonte – Brasília – Campinas – Cuiabá – Curitiba
Fortaleza – Juiz de Fora – Petrópolis – Recife – São Paulo

  Vozes de Bolso

EDITORA VOZES LTDA.
Rua Frei Luís, 100 – Centro – Cep 25689-900 – Petrópolis, RJ
Tel.: (24) 2233-9000 – E-mail: vendas@vozes.com.br